빅데이터 분석을 위한

# 데이터 마이닝

최상현 지음

# Data Mining

## *for* Big Data Analysis

생능

## 빅데이터 분석을 위한 데이터 마이닝

**초판인쇄** 2025년 1월 6일
**초판발행** 2025년 1월 15일

**지은이** 최상현
**펴낸이** 김승기, 김민정
**펴낸곳** (주)생능 / **주소** 경기도 파주시 광인사길 143
**출판사 등록일** 2014년 1월 8일 / **신고번호** 제406-2014-000003호
**대표전화** (031)955-0761 / **팩스** (031)955-0768
**홈페이지** www.booksr.co.kr

**책임편집** 이종무 / **편집** 신성민, 최동진 / **디자인** 유준범, 노유안
**마케팅** 최복락, 김민수, 심수경, 차종필, 백수정, 송성환, 최태웅, 명하나
**인쇄** 성광인쇄(주) / **제본** 일진제책사

ISBN 979-11-86689-56-1 93000
정가 28,000원

# 머·리·말

데이터 마이닝은 원래의 자료(raw fact) 그 자체만으로는 제공되지 않는 정보를 추출하기 위해 자료를 분석하는 과정, 사용된 알고리즘, 이를 지원하는 일련의 도구들을 말한다. 자료가 모여 데이터가 되고 데이터에 포함된 의미들을 찾아낸 후 이를 정보로 활용하게 된다. 정보를 찾기 위한 방법으로 통계학이 많이 활용되었으며, 20세기 후반에는 핵심적인 학문 분야로 진화해 왔다. 1990년대 이후에는 엄청난 양의 데이터 소스가 폭발적으로 증가하면서 빅데이터 분석의 중요성이 더욱 커졌다. 빅데이터 분석에서는 다양한 데이터 형태의 데이터를 어떻게 통합적으로 관리하고 분석하는 것이 효과적이고 효율적인지에 관해 관심이 크게 증가하고 있다.

대부분의 기업은 업무 효율성 향상을 위해 정보시스템을 활용하고 있다. 정보시스템에 축적된 다양한 형태의 비즈니스 데이터가 폭발적으로 증가하면서 비즈니스 분야의 빅데이터 분석 응용이 전략적으로 중요해지고 있다. 이와 같은 빅데이터 분석을 위한 알고리즘 등의 데이터 마이닝 활용은 기업들의 필수적이며 전략적인 무기가 되고 있다. 이 책에서는 데이터 마이닝의 시작이라고 할 수 있는 기초 분석에서부터 데이터 전처리 방법, 다양한 알고리즘 및 이를 사용한 다양한 활용 사례에 대해 설명한다.

또한 이 책에서는 경영정보학 전공 학생뿐만 아니라 일반 경영학 전공 학생들과 기업/기관의 일반 분석 실무자들에게 어떻게 데이터 마이닝 기법이 빅데이터 분석을 위해 사용될 수 있는지 제반 지식을 전달하고자 한다. 빅데이터 분석을 수행하기 위해 필요한 기본적인 알고리즘에 대한 소개, 범용적인 데이터 마이닝 도구인 웨카 사용 방법을 주로 다룬다. 이 외에도 데이터 사이언티스트들도 활용할 수 있도록 R 프로그래밍과 파이썬 코드도 같이 소개한다.

필자는 20여 년간 빅데이터 분석에 사용될 수 있는 하나하나의 알고리즘을 사용하려는 방법을 학습하기 위한 교재를 만드는 과정에서 여러 가지 강의 자료를 정리하여 사례와 함께 실습할 수 있도록 노력하였다. 책을 집필하는 과정에서 모든 번거로움을 감당해 주신 생능출판사 관계자 여러분과 사례 등의 추가에 있어 도움을 준 지능정보시스템 연구실의 류승현 연구원, 최우석 연구원, 신현준 연구원을 비롯한 모든 연구실원들에게 감사드린다.

저자 최상현

# 강·의·진·도·표

| 주 | 단원 | 내용 | 비고 |
|---|---|---|---|
| 1 | 제1장 데이터 마이닝 개요<br>제13장 부록: 소프트웨어 소개 및 설치 | 데이터마이닝 개념 및 활용 분야 소개, 관련 소프트웨어 설치 | 학기 과제 소개 및 도구 설치 |
| 2 | 제2장 데이터 기초 분석 | 척도 개념, 엑셀 도구 중 히스토그램, 피봇테이블 등을 활용한 실습 | 엑셀을 활용하여 간단한 데이터 기초 분석 실습 |
| 3 | 제3장 데이터 마이닝 프로세스 | 데이터 마이닝 적용 단계, 데이터 마이닝 도구 실습 | |
| 4 | 제4장 차원 축소 | 데이터 요약 해석, 상관관계 분석, 주성분 분석 개념 소개 및 실습 | |
| 5 | 제5장 분류 및 예측 성능의 평가 | 알고리즘 예측 성능 평가를 위한 방법 | |
| 6 | 제6장 회귀 분석 | 다중선형회귀분석의 기본적인 개념, 변수 선정 방법의 소개 | 데이터 마이닝 도구 사용법 및 옵션 설정 |
| 7 | 제7장 K 최근접이웃기법 | 정량적, 정성적 변수의 유사도 계산 방법, K최근접이웃기법의 개념 소개 | 학기 과제 중간 점검 |
| 8 | 복습 및 중간평가 | 중간고사 | |
| 9 | 제8장 나이브 베이즈 분류 모형 | 확률론의 베이지안 이론에 근거한 나이브 베이즈 분류 모형의 개념 및 실습 | 웨카 도구를 활용한 개념 소개 후 R프로그래밍 또는 파이썬 코드를 활용한 실습 수행 |
| 10 | 제9장 분류와 회귀나무 | 의사결정 나무로 알려진 회귀나무 알고리즘 개념 및 주요 변수 선정 방법 | |
| 11 | 제10장 군집분석 | 객체 간 유사도를 활용한 군집 분석 방법, 군집 분석 도구 실습 | |
| 12 | 제11장 인공 신경망 | 딥러닝 기법의 근간이 되는 인공신경망 개념 소개 및 실습 | |
| 13 | 제12장 연관성 규칙 | 객체들 간의 관계성을 파악하기 위한 시장바구니 분석 | |
| 14 | 학기 과제 평가 | 학기 과제 발표 및 피드백 | 학기 과제 최종 점검 |
| 15 | 복습 및 기말평가 | 기말고사 | |

# 차·례

## CHAPTER 2 데이터 기초 분석



## CHAPTER 3 데이터 마이닝 프로세스

## CHAPTER 4 차원 축소



## CHAPTER 5 분류 및 예측 성능의 평가



## CHAPTER 6 회귀 분석

## CHAPTER 7 k 최근접이웃기법



## CHAPTER 8 나이브 베이즈 분류 모형

## CHAPTER 9 분류와 회귀나무



## CHAPTER 10 군집분석

## CHAPTER 11 인공 신경망



## CHAPTER 12 연관성 규칙

## CHAPTER 13 부록: 소프트웨어 소개 및 설치

1

CHAPTER

# 데이터 마이닝 개요

대부분의 기업들은 업무 효율성 향상을 위해 정보시스템을 활용하고 있다. 정보시스템에 축적된 빅데이터 분석이 전략적으로 중요해지고 있다. 이와 같은 빅데이터 분석을 위한 알고리즘 등의 데이터 마이닝 활용은 기업들의 필수적인 전략적 무기가 되고 있다. 데이터 마이닝의 의미를 살펴보고 다양한 활용 분야에 대해 설명한다. 데이터 마이닝은 어떤 부분에서 필요하며, 어떠한 시스템 구조를 가지는지에 대해서도 살펴본다. 또한, 데이터 마이닝을 이해하기 위해 필요한 관련 용어 및 기술에 대해서도 살펴본다.

## 1. 데이터 마이닝의 의미

오늘날 기업들은 정보시스템을 단순한 업무 효율성 향상의 차원을 넘어 기업의 성패를 좌우하는 전략적 무기로 활용하는 추세에 있다. 기업들은 신속한 업무 처리를 위해 정보시스템을 활용할 뿐만 아니라 정보시스템에 축적된 정보를 기반으로 마케팅, 신상품 개발 등의 다양한 목적으로 활용하고 있다. 이와 같은 정보 활용 방법으로 급속하게 주목을 받고 있는 영역이 데이터 마이닝이다.

데이터 마이닝

**데이터 마이닝**(Data Mining)이란 무엇인가? 많은 학자들이 다양한 정의를 하고 있는데 이를 살펴보고 공통적인 정의를 도출해 보고자 한다.

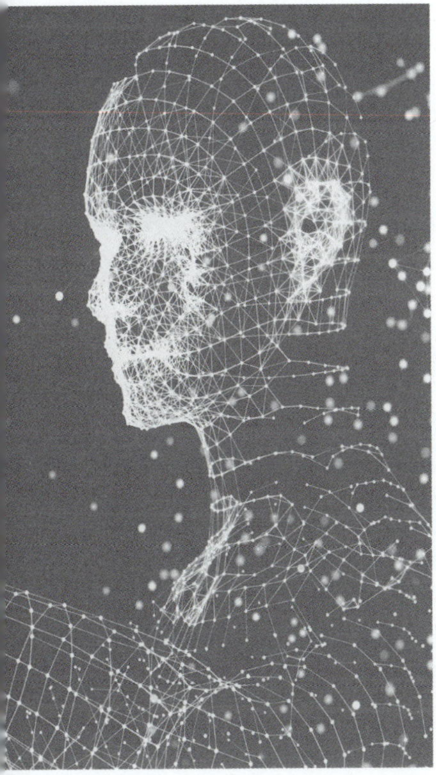

데이터 마이닝이란 "대규모 데이터에서 가치 있는 정보 추출"을 의미한다(Linoff & Berry, 1997). 지하에 묻힌 광물을 찾아낸다는 마이닝(mining)이란 단어가 사용된 이유는 데이터에서 정보를 추출하는 과정이 탄광에서 석탄을 캐거나 대륙붕에서 원유를 채굴하는 작업처럼 숨겨진 가치를 찾아낸다는 특징을 가졌기 때문이다.

데이터 마이닝이 본격적으로 연구되기 시작한 1990년대 말에 Berry and Linoff는 데이터 마이닝이란 "의미 있는 패턴과 규칙을 발견하기 위해서 자동화되거나 반자동화된 도구를 이용하여 대량의 데이터를 탐색하고 분석하는 과정(Berry and Linoff, 1997, 2000)"으로 정의했으며, 가트너 그룹에서는 "통계 및 수학적 기술뿐만 아니라 패턴인식 기술들을 이용하여 데이터 저장소에 저장된 대용량의 데이터를 조사함으로써 의미 있는 새로운 상관관계, 패턴, 추세 등을 발견하는 과정이다(Gartner Group, 2004)."라고 정의하였다.

데이터 마이닝과 관련된 용어로 전산학에서는 KDD(Knowledge Discovery in Database)라는 용어를 사용했다. KDD는 유효하고 새롭고 잠재적으로 유용한 궁극적으로 이해할 수 있는 패턴을 데이터에서 찾는 프로세스이다. KDD의 목표는 데이터베이스에 저장된 데이터로부터 분명하지만 숨겨져 있는 관련성, 패턴, 상관관계를 알아내는 것이다.

정리해 보면, 데이터 마이닝이란 기업 내·외부에서 습득한 대량의 다양한 데이터로부터 의미 있는 패턴과 규칙을 발견하여 기업경영에 활용하기 위한 자동화되거나 반자동화된 분석 과정으로 정의할 수 있다.

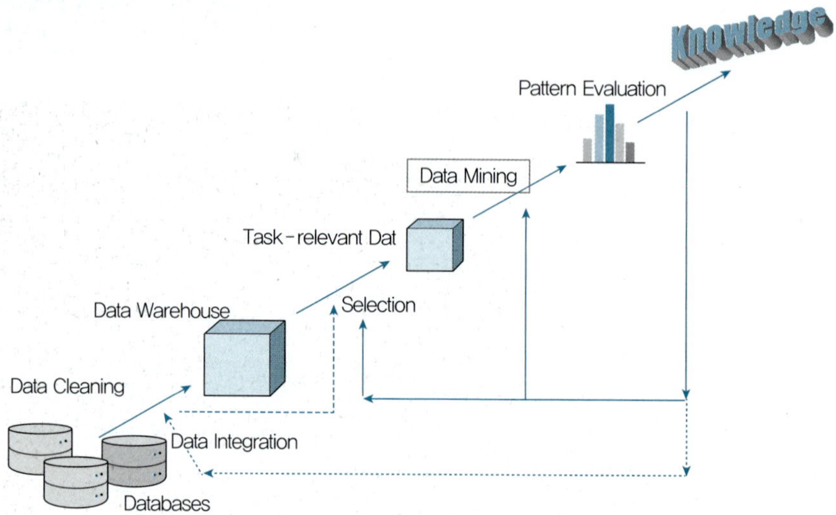


**[그림 1.1]** KDD 프로세스

**[그림 1.1]**은 데이터베이스에서의 지식 발견(KDD) 프로세스에 관한 그림으로 다음과 같은 절차를 가진다.

먼저, 기업 내·외부 정보시스템으로부터 축적된 데이터베이스(Database)에 저장된 데이터를 정제(Data Cleaning), 통합(Data Integration)하여 데이터의 잡음과 불일치를 제거하고 다수의 데이터 원천들을 통합한다. 정제되고 통합된 데이터는 데이터 웨어하우스(Data WareHouse)에 저장된다. 즉, 데이터 웨어하우스는 많은 다른 소스로부터 추출된 데이터를 정제하고 통합하여 저장되는 저장소이다.

결측치
극단치

다음 단계에서는 분석에 필요한 데이터를 데이터 웨어하우스로부터 추출(Selection)한다. 데이터 웨어하우스로부터 추출된 데이터는 사전 처리, 변환과정을 거치게 된다. 이 과정에서 **결측치**, **극단치** 등을 제거하여 데이터 마이닝을 위한 적합한 형태로 데이터를 변환하는 것이다. 데이터 분석에 알맞게 변환된 데이터는 데이터 마이닝의 여러 기법을 통해 패턴을 발견하고 유의미한 결과를 도출한다.

마지막으로 패턴화된 데이터는 시각화와 지식 표현 기법을 사용하여 Knowledge가 된다. 데이터 마이닝은 지식 발견(KDD)의 중요한 요소이며, 분석을 위한 데이터를 만드는 전처리 과정이나 결과를 해석, 평가하는 것은 넓은 의미로는 데이터 분석에 해당한다. 이런 관점에서 데이터 마이닝은 지식 발견의 구성 요소라기보다는 지식 발견의 전 과정을 포괄하는 개념이다(Han et al., 2012).

## 2. 데이터 마이닝과 비즈니스 인텔리전스

비즈니스 인텔리전스(Business Intelligence)는 최종 사용자 질의 및 보고(End User Query and Reporting)를 아우르는 의미로 1990년대 초 가트너 그룹의 하워드 드레스너(Haward Dresner)에 의해 만들어진 신조어이다. 가트너 그룹은 BI를 "정보화되고 진보된 의사결정을 위해서 필요한 정보에 접근, 탐색, 분석하는 능력"으로 정의하고 있다. 또한 TDWI(The Data Warehousing Institute)에 의하면 BI는 "IT 기술을 활용하여 정보를 효율적으로 비즈니스 활동에 이용하는 것"이라고 정의하고 있다.

즉, 기업에서는 종이 문서, 파일, 정보 제공자들, 데이터베이스 시스템, 실시간 처리시스템(OLTP, On-Line Transaction Processing) 등 다양한 소스로부터 수집된 데이터 중에 의사결정 지원을 위한 데이터가 데이터 웨어하우스와 **데이터 마트**(Data Mart)에 저장된다. 저장된 데이터를 데이터 질의 빛 보고(data Querying and Reporting) 도구와 데이터 마이닝, 시각화 기법(Visualization Techniques) 등을 통해 처리, 분석하는 일련의 과정을 비즈니스 인텔리전스라고 하는 것이다.

데이터 마트

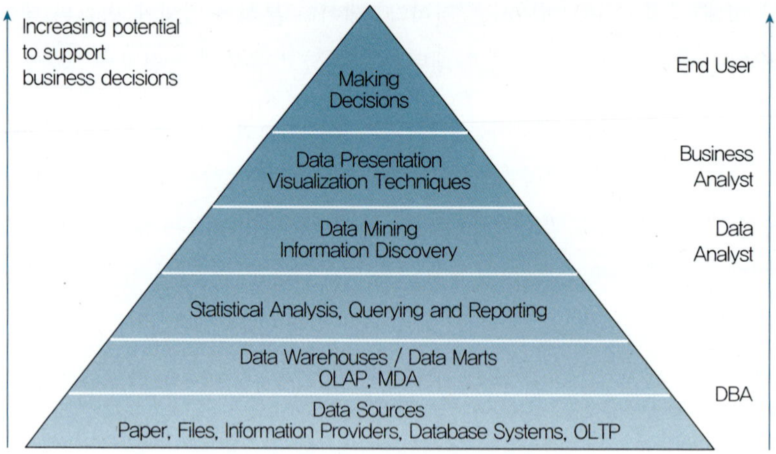


**[그림 1.2]** 비즈니스 인텔리전스의 활용 단계

쿼링(Querying)
리포팅(Reporting)

**[그림 1.2]**를 살펴보면, 우선 비즈니스 인텔리전스에서 활용하기 위해 데이터베이스 관리자(DBA, DataBase Administrator) 수준에서 다양한 소스로부터 데이터를 가져와서 데이터 웨어하우스 혹은 데이터 마트에 모은다. 데이터 분석가(Data Analysis)는 데이터베이스나 데이터 웨어하우스에 있는 데이터를 통계적인 분석이나 **쿼링**(Querying), **리포팅**(Reporting)하거나 데이터 마이닝의 기초적인 역할을 한다. 비즈니스 분석가(Business Analysis)는 데이터를 시각화하여 데이터를 발표한다. 최종 사용자(End User)에는 기업의 간부나, 중역과 같은 의사결정자가 속하며, 시각화된 데이터를 통해 의사결정을 내린다. 아래에서 위쪽으로 올라갈수록 의사결정을 지원하기 위한 잠재력은 높아지지만, 분석을 위한 난이도는 높아지게 된다.

## 3. 데이터 마이닝의 활용 분야

데이터 마이닝의 활용 분야는 기업의 의사결정 문제, 고객관리, 생물정보학에서의 데이터 분석, 인터넷에서 문서 또는 정보 검색을 위한 웹 마이닝 등 다양하며, 비즈니스에서 주요 활용 분야를 나열하면 다음과 같다.

(1) 수많은 가망 고객 목록 중 어느 고객이 우리 회사의 마케팅에 반응할 가능성이 가장 높은가?

인구 통계학 데이터 및 기타 데이터들을 이용하여 기존의 최고 우량고객들과 가장 비슷한 속성을 가지는 개인들을 파악하기 위해서 다양한 분류기법들(로지스틱 회귀분석, 분류나무 또는 다른 기법들)을 사용할 수 있다. 또 이와 유사하게 개별 가망고객들이 얼마나 많이 소비할 것인가를 미리 추정하는 예측 모형을 사용할 수 있다.

(2) 가장 부정거래를 할 가능성이 높거나, 이미 부정거래를 하였을 것 같은 고객은 누구인가?

부정행위 적발의 목적은 신용거래 등에서 고도의 사기행위를 발견할 수 있는 패턴을 알아내는 것이다. 은행에서는 발견된 패턴을 이용하여 신용카드 거래 사기 및 불량 수표를 적발할 수 있고, 통신회사에서는 전화카드 거래 사기를 방지하며, 보험회사에서는 불필요한 장기 입원, 의료비의 허위 및 과다 청구를 예방할 수 있다. 주로 분류분석이 사용되는데, 학습 데이터에 부정 거래의 건수는 상대적으로 적으므로 특별한 샘플링 기법의 추가가 필요한 경우가 많다.

(3) 어떤 대출 신청자가 파산할 것 같은가?(신용평가)

신용평가는 금융기관에서 고객의 우량/불량 여부를 판별하거나 고객의 신용등급 관리를 위해 중요시하는 분야이다. 이는 불량채권 발생률을 미연에 방지하고 고객에 따라 차별화된 금융상품 및 혜택을 제공함으로써 원활한 고객관계관리를 실현하여 궁극적으로 기업의 수익을 증대시키고자 함이다. 신용평가를 위해 기업이 갖고 있는 고객들의 인구통계학적 자료를 바탕으로 재정적인 위험을 판단할 수 있고, 이 외에 고객의 거래내역 데이터를 추가로 분석하여 신용상태를 평가할 수 있다.

(4) 전화, 스트리밍 서비스 등 가입 서비스를 포기할 것 같은 고객은 누구인가?

이탈 고객들을 식별하기 위해 '이탈확률'값을 부여하는 로지스틱 회귀분석 등의 분류기법을 사용할 수 있다. 이 경우 이탈고객관리를 통해 할인 또는 다른 유인책들을 선별적으로 내놓을 수 있다.

## 4. 데이터 마이닝의 필요성

기존의 통계적 분석이나 OLAP은 세워진 모형이나 가설에 의거해 이를 검증하거나 요약 또는 보고하는 데 초점을 맞추고 있는 반면, 데이터 마이닝의 목적은 궁극적으로 예측에 초점을 두는 것이다. 데이터 마이닝에 사용되는 인공지능 기법은 그 어떠한 기법보다 모형의 예측 성과를 높이는 데 가장 우수한 기법이다.

**[그림 1.3]**에서 보는 바와 같이, 흰색 원과 검은색 원을 구분하기 위해서 기존의 통계적 분석 방법은 선형모형과 같은 방식으로 구분한다. 이에 비하여 데이터 마이닝 기법들은 특정한 형태의 모델을 가정하지 않고 기계학습 등의 방법을 통해 비선형으로 구분하게 된다.

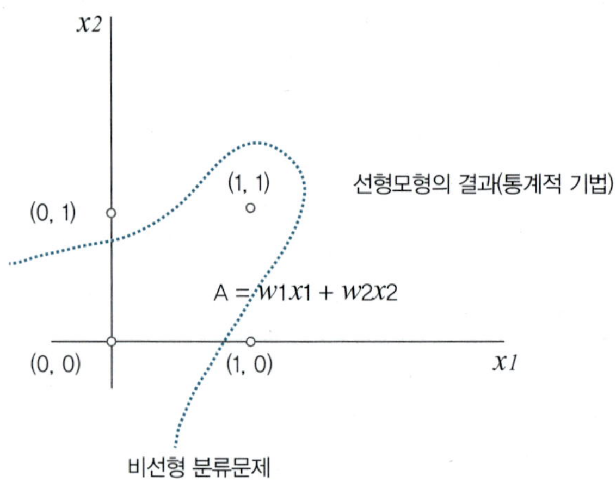


**[그림 1.3]** 통계분석과 데이터 마이닝의 적용 방법의 차이

전통적 통계 분석방법과 데이터 마이닝 방법을 **〈표 1.1〉**과 같이 비교해 볼 수 있다. 전통적인 통계 분석방법은 현실 적용이 어려운 가정, 가설검증 목적으로 활용되고 있는 반면에, 데이터 마이닝 방법은 특정한 형태에 대한 가정이 없으며, 미래 결과값을 예측하는 것을 목적으로 하며, 비선형 분류 문제에 적용 능력이 뛰어나다는 장점이 있다.

〈표 1.1〉 전통적인 통계 분석방법과 데이터 마이닝 방법 비교

| 전통적인 통계 | 데이터 마이닝 |
|---|---|
| - 현실에 적용하기에 부적합한 가정(Assumption)<br>예) 모집단의 정규분포, 선형성, 동분산성 등<br>- 제안된 가설에 대한 검증이 주 목표<br>- 알고리즘이 선형성에 기반을 두고 있음 | - 현실적인 잡음 데이터에 대한 가정이 없음<br>- 미래를 예측하는 데 주 목적<br>- 알고리즘이 비선형성에 기반을 두고 있음<br>- 예측 성과가 통계기법보다 우수한 것으로 많은 실증 연구에서 검증되었음<br>- 현실의 데이터는 대부분 비선형이며, 따라서 비선형 문제를 해결하기 위해서는 비선형 모형이 필요함 |

## 5. 데이터 마이닝 시스템의 구조

데이터 마이닝 시스템은 내부/외부 데이터베이스, 데이터 웨어하우스 등의 저장소와 저장소를 관리하는 서버, 데이터 마이닝 알고리즘들로 이루어진 엔진, 예측결과 평가 모듈 그리고 사용자에게 정보를 제공하는 GUI로 구성되어 있다.

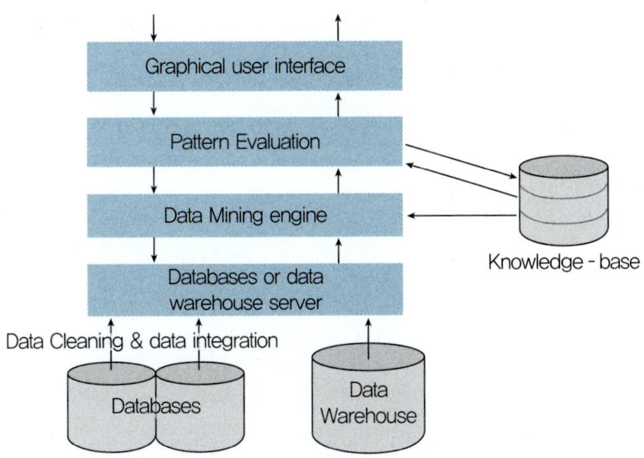


[그림 1.4] 데이터 마이닝 시스템 구조

(1) 데이터베이스, 데이터 웨어하우스, 그 밖의 저장소: 하나의 데이터베이스 및 데이터베이스들의 집합, 데이터 웨어하우스(Data Warehouse), 그 밖의 다른

종류의 정보 저장소(information repository)로서 데이터 정제와 통합 기법들이 이 데이터에 대해서 수행된다.

(2) **데이터베이스 또는 데이터 웨어하우스 서버**: 데이터베이스 또는 데이터 웨어하우스 서버는 사용자의 데이터 마이닝 요구를 토대로 관련된 데이터를 가져오는 책임을 맡는다.

(3) **지식 베이스(Knowledge base)**: 탐색을 안내하거나 결과 패턴들의 흥미도를 평가하는 데 이용되는 도메인 지식을 말한다. 이러한 지식에는 개념계층(conception hierarchies)이 포함될 수 있는데, 속성이나 속성값들을 여러 다른 수준의 추상화 단계로 체계화하는 데 사용된다. 패턴의 흥미도를 의외성에 기초하여 평가하는 데 이용될 수 있는 사용자의 신념과 같은 지식도 포함될 수 있다. 도메인 지식의 다른 예로는 부가적인 흥미도 제약조건(constraint)이나 절단값(threshold), 그리고 메타 데이터(meta data, 다수의 이질적 데이터 원천으로부터 나온 데이터들에 대한 설명) 등이 있다.

(4) **데이터 마이닝 엔진(Data mining engine)**: 데이터 마이닝 시스템의 필수요소로서, 특성화(characterization), 연관성과 상관분석(association and correlation analysis), 분류(classification), 예측(prediction), 군집분석(cluster analysis), 이상치 분석(outlier analysis), 전개분석(evolution analysis) 등과 같은 마이닝 작업들을 위한 함수 모듈의 집합으로 구성된다.

(5) **패턴평가 모듈(Pattern evaluation module)**: 이 부분은 주로 성과평가 척도들을 이용하여 흥미로운 패턴으로 탐색의 초점이 맞추어지도록 데이터 마이닝 모듈과 상호작용하며, 성과평가 척도의 절단값을 사용하여 발견된 패턴들을 걸러내기도 한다. 사용되는 데이터 마이닝 기법을 어떻게 구현하느냐에 따라서, 패턴평가 모듈은 마이닝 모듈과 통합되기도 한다. 효율적인 데이터 마이닝을 위해서는 패턴 흥미도에 대한 평가를 가능한 깊숙하게 마이닝 과정 속에 내장시켜서 흥미로운 패턴에만 탐색이 국한되도록 하는 것이 좋다.

(6) **사용자 인터페이스(User interface)**: 이 모듈은 사용자와 데이터 마이닝 시스템 사이의 소통을 담당하며, 사용자로 하여금 데이터 마이닝 질의나 작업을 명시하여 시스템과 상호작용할 수 있도록 하고, 탐색에 초점이 맞추어지도록 정보를 제공하며, 데이터 마이닝의 중간 결과물을 기초로 하여 데이터 마이

닝 탐사를 수행한다. 또한, 이 모듈은 사용자가 데이터베이스 또는 데이터 웨어하우스의 스키마나 자료구조를 탐색하고, 채굴된 패턴들을 평가하며, 다른 형식으로 패턴들을 시각화하는 것을 돕는다.

데이터 웨어하우스의 시각에서 보면 데이터 마이닝은 온라인 분석처리(OLAP)의 진보된 단계라고 볼 수 있지만, 데이터 마이닝은 데이터를 이해하기 위한 훨씬 진보된 기법들을 갖춤으로써 데이터 웨어하우스를 요약식으로 분석·처리하는 좁은 범위를 넘어선다.

## 6. 데이터 마이닝 관련 용어 정리

KDD, 비즈니스 인텔리전스 이외에 데이터 마이닝과 관련된 용어에는 데이터 웨어하우스, 온라인분석처리기(OLAP), 의사결정지원시스템(DSS) 등이 있다. [그림 1.5]에서 보는 바와 같이 데이터 마이닝은 패턴, 규칙 등의 개념적인 지식 추출을 위한 목적으로 사용되는 반면, 데이터 웨어하우스는 데이터 통합의 기반을 제공하고 OLAP은 실시간 다차원적 질의를 처리하며, DSS는 각 구성요소 중 의사결정에 도움이 될만한 기능들을 모은 것으로 정리할 수 있다.

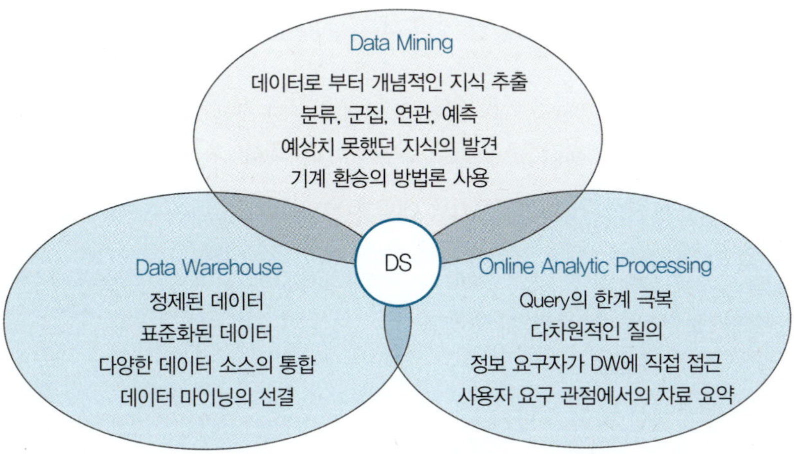


[그림 1.5] 데이터 마이닝 관련 용어들과의 관계

W.H. 인몬(W.H. Inmon)은 데이터 웨어하우스를 "데이터의 주제 지향적이고 통합되어 있으며, 서로 다른 시간대의 비휘발성 데이터의 집합으로 경영 의사결정을 지원한다."라고 정의하고 있으며, 데이터 웨어하우스는 다음과 같은 특징을 갖는다(CRM을 위한 데이터 마이닝 48p).

(1) 정제된 데이터
(2) 표준화된 데이터
(3) 다양한 데이터 소스의 통합: 데이터 웨어하우스는 주로 관계형 데이터베이스, 플랫파일, 온라인 트랜잭션 레코드 등과 같은 여러 가지 이질적 원천들을 통합하여 구축된다(데이터 마이닝 개념과 기법 100p).
(4) 데이터 마이닝 선결 조건

데이터 웨어하우스 시스템은 데이터 분석과 의사결정 역할을 담당하는 사용자나 지식 노동자들을 돕는다. 이러한 시스템은 여러 사용자들의 다양한 요구를 수용할 수 있도록 데이터를 여러 가지 형식으로 구성하고 표현할 수 있다. 이 시스템이 온라인 분석처리(OLAP; On-Line Analytical Processing)이다. OLAP의 특징은 다음과 같다.

(1) Query의 한계 극복
(2) 다차원적인 질의
(3) 정보 요구자가 DW에 직접 접근
(4) 사용자 요구 관점에서의 자료 요약

데이터 마이닝(Data Mining)은 숨겨진 패턴과 연관성을 찾고, 분석모델을 구축하고, 분류와 예측을 수행하고, 시각화 도구를 사용하여 마이닝 결과를 표현함으로써 지식발견을 지원한다(데이터 마이닝 개념과 기법 100p). 데이터 마이닝의 특징은 다음과 같다.

(1) 데이터로부터 개념적인 지식 추출
(2) 분류, 군집, 연관, 예측
(3) 예상치 못했던 지식의 발견
(4) 기계 학습의 방법론 사용

데이터 마이닝과 데이터 웨어하우스는 어떤 관계가 있을까? 데이터 마이닝은 데이터 웨어하우스의 정보를 토대로 데이터를 분석한다. 그렇다면 데이터 마이닝과 OLAP은 어떤 관계가 있을까? OLAP은 데이터 분석의 간편화를 돕는 데이터 요약/집계 도구인 반면, 데이터 마이닝은 대량의 데이터에 숨겨진 암시적 패턴과 흥미로운 지식을 발견할 수 있게 한다. OLAP 도구는 상호작용적 데이터 분석을 단순화하고 지원하는 데 목표가 잡혀 있는 반면, 데이터 마이닝 도구의 목표는, 여전히 사용자가 그 과정을 안내하도록 허용하면서도, 그 과정을 가능한 최대로 자동화하는 것이다. 이러한 관점에서 보면 데이터 마이닝은 전통적인 OLAP을 한 걸음 넘어선 것이다(데이터 마이닝 개념과 기법 138~140p).

## 7. 데이터 마이닝 기원

데이터 마이닝은 통계학과 기계학습(machine learning: 인공지능으로도 알려짐)으로 알려진 두 학문 분야의 합류점에서 존재한다. 데이터를 탐색하고 모델을 구축하는 다양한 기법들은 통계학 분야에서 오랫동안 존재해 왔다. 예를 들어, 여기에는 선형 회귀분석, 로지스틱 회귀분석, 판별분석, 주성분 분석 등이 포함된다. 그러나 충분한 데이터와 계산 능력을 가진 데이터 마이닝의 응용 분야에서는 이러한 고전적인 통계학의 핵심원리(계산이 어렵고 데이터가 희소하다는 것)가 적용되지 않는다.

이러한 이유로 해서 Daryl Pregibon은 데이터 마이닝을 "규모와 속도의 통계학"으로 묘사하고 있다(Pregibon, 1999). 이를 좀더 확장한 개념은 "규모, 속도 및 단순성의 통계학"이다. 이 경우의 단순성이란 알고리즘의 단순성뿐만 아니라 추론 논리의 단순성을 의미한다. 전통적인 통계환경 하에서는 데이터가 희소하기 때문에 추정치를 계산하고 추정치가 얼마나 신뢰할 만한가를 결정하는 데 동일한 표본이 사용된다. 그 결과, 추론을 위해 사용되는 신뢰구간과 가설검정에 대한 논리는 대부분의 경우에 이해하기가 쉽지 않으며, 또한 이러한 한계점들은 잘 인식되지 못하고 있다. 이와는 반대로 하나의 표본으로 모델을 적합시킨 후 다른 표본으로 모델의 성과를 평가하는 데이터 마이닝의 이론적 구조는 이해하기가 쉽다.

오늘날 컴퓨터 과학은 우리에게 의사결정 나무(decision tree) 또는 신경망(neural

networks)과 같은 기계학습기법(machine learning techniques)을 제공한다. 기계학습 기법은 강력한 계산 능력에 의존하며, 전통적인 통계모형보다는 덜 구조화되어 있다. 아울러 현재 성장하고 있는 데이터베이스 관리분야 또한 부분적으로 이 기법들의 영역에 속한다.

전통적인 통계학은 추론(하나의 패턴 또는 흥미로운 결과가 우연히 발생하였는지를 결정하는 것)에 초점을 두고 있지만, 데이터 마이닝은 그렇지 않다. 통계학과 비교할 때, 데이터 마이닝은 다양한 방식으로 대량의 데이터 집합을 다루기 때문에 추론에서 요구하는 것처럼 엄격한 제약을 둘 필요가 없다.

그러나 이로 인해서 데이터 마이닝에 대한 접근은 일반적으로 과적합화(overfitting)의 위험성에 쉽게 노출된다. 즉, 하나의 모형이 모형개발에 사용된 표본 데이터에 너무 가깝게 적합화되면 이 모형은 데이터가 갖는 구조적 특성뿐만 아니라 우연적 특수성을 모두 반영하게 되어 과적합화 현상이 발생하게 된다. 공학적인 관점에서 이러한 모형은 신호가 아닌, 잡음을 적합시킨 모형이 되고 만다.

## 8. 데이터 마이닝: 다양한 학문의 합류점

데이터 마이닝은 그림에서 보듯이 데이터베이스 시스템, 통계학, 기계학습, 시각화(visualization), 정보과학(information science) 등의 여러 학문들이 합류하는 분야이다. 또한, 사용되는 데이터 마이닝 접근방식에 따라서 신경망(neural network), 퍼지이론(fuzzy theory), 지식표현(knowledge representation), 귀납논리 프로그래밍(inductive logic programming), 고성능 컴퓨팅(high performance computing) 등과 같은 다른 분야의 기술들이 적용될 수도 있다. 마이닝될 데이터의 종류 또는 주어진 데이터 마이닝 응용분야에 따라서는 공간 데이터 분석(spatial data analysis), 정보검색(information retrieval), 패턴인식(pattern recognition), 영상분석(image analysis), 신호처리(signal processing), 컴퓨터 그래픽스, 웹 기술, 경제학, 생물정보학(bioinformatics), 심리학 분야 등의 기술도 통합될 수 있다.

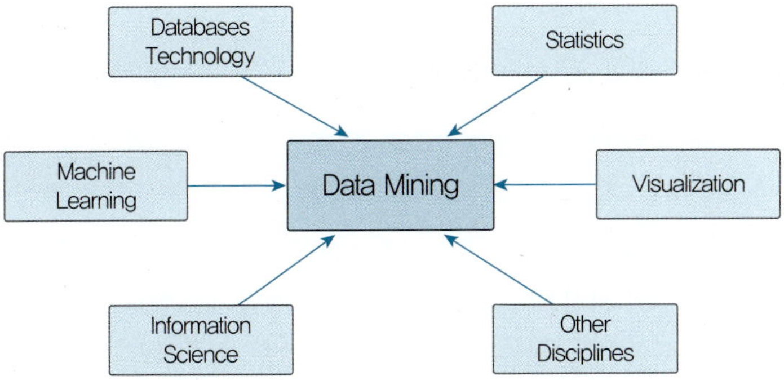


**[그림 1.6]** 데이터 마이닝 관련 학문 분야들

이처럼 데이터 마이닝에 공헌하는 다양한 학문 분야들로 인하여, 데이터 마이닝의 연구를 통해 수많은 데이터 마이닝 시스템들이 생겨날 것으로 예상된다. 따라서 데이터 마이닝 시스템에 대한 명료한 분류의 제시가 요구된다. 그렇게 분류함으로써 잠재적 사용자들로 하여금 데이터 마이닝 시스템들을 구별할 수 있도록 해주며, 그들이 가장 적합한 시스템을 찾는 데 도움을 줄 수 있다. 데이터 마이닝 시스템은 다음과 같은 4가지 기준에 따라서 분류될 수 있다.

(1) **마이닝이 되는 데이터베이스의 종류에 따른 분류**: 데이터 마이닝 시스템은 마이닝되는 데이터베이스의 종류에 따라서 분류할 수 있다. 데이터베이스 시스템 자체도 데이터 모델이나 데이터의 유형 또는 관련 응용분야 등의 다른 기준에 따라서 분류될 수 있으며, 각각의 데이터베이스 시스템은 그 자신만의 데이터 마이닝 기법이 요구된다. 따라서 데이터 마이닝 시스템은 이에 따라 적절히 분류될 수 있다.

예를 들어, 데이터 모델에 따라 분류한다면 관계형, 트랜잭션, 객체지향, 객체-관계형, 데이터 웨어하우스 마이닝 시스템 등이 될 수 있다. 취급하는 특별한 데이터 유형에 따라서 분류한다면 공간, 시계열, 텍스트, 멀티미디어 데이터 마이닝 시스템 혹은 World Wide Web 마이닝 시스템 등이 될 수 있다.

(2) **마이닝되는 지식의 종류에 따른 분류**: 데이터 마이닝 시스템은 그것이 마이닝하는 지식의 종류에 따라서 분류될 수 있다. 다시 말하면 특성화, 차별화, 연관성, 분류, 군집화, 이상치 분석, 전개분석 등의 데이터 마이닝의 기능성을

기초로 분류할 수 있다.

또한 데이터 마이닝 시스템은 일반화된 지식(추상화의 높은 수준에 있는), 원시적 단계의 지식(원시 데이터 수준에 있는), 또는 다수준의 지식(추상화의 여러 수준을 고려하는) 등을 포함하여 마이닝되는 지식의 추상화 수준이나 세분화의 단위를 토대로 구분될 수 있다. 진보된 데이터 마이닝 시스템은 다양한 추상화 수준에서의 지식 발견이 용이하도록 설계되어야 한다.

데이터 마이닝 시스템은 데이터의 규칙성(통상적으로 발생하는 패턴)을 마이닝하는 시스템과 데이터의 불규칙성(예외나 이상치 같은)을 마이닝하는 시스템으로도 분류할 수 있다. 일반적으로 개념서술(concept description), 연관성 분석, 분류, 예측, 군집화 등은 잡음과 같은 이상치들을 배제하면서 데이터의 규칙성을 마이닝한다. 이러한 방법들은 이상치를 탐지하는 데에도 도움이 될 수 있다.

(3) **이용되는 기법의 종류에 따른 분류:** 데이터 마이닝 시스템은 바탕에 쓰이는 데이터 마이닝 기법에 따라서 분류할 수 있다. 이러한 기법들은 자치적 시스템, 상호작용식 탐색 시스템, 질의중심 시스템과 같이 사용자 상호작용의 정도에 따라서 혹은 데이터베이스 지향이나 데이터 웨어하우스 지향 기법, 기계학습, 통계학, 시각화, 패턴인식, 신경망 등의 데이터 분석방법에 따라서 기술될 수 있다. 정교한 데이터 마이닝 시스템은 종종 여러 데이터 마이닝 기법들을 채택하거나, 몇 개의 개별적 접근방식들의 장점들을 조합한 효율적이고 통합적인 기법을 활용한다.

(4) **적용된 응용분야에 따른 분류:** 데이터 마이닝 시스템은 그것이 적용시킨 응용분야에 따라 분류될 수 있다. 예를 들어, 재정, 원격통신, DNA, 주식시장, 전자메일 등에 특별히 맞춰진 데이터 마이닝 시스템이 있을 수 있다. 여러 다른 응용분야에서 그 응용에 맞는 방법들의 통합을 요구하고 있다. 따라서 일반적인 범용 데이터 마이닝 시스템은 영역에 특화된 마이닝 작업에는 맞지 않을 수 있다.

## 9. OLAM 구조

OLAM(On-Line Analytical Mining; 온라인 분석 마이닝)은 OLAP을 데이터 마이닝 및 다차원 데이터 베이스에서의 지식 마이닝과 함께 통합한다.

### (1) 온라인 분석 마이닝 구조

OLAM 서버는 OLAP 서버가 온라인 분석처리를 수행하는 것과 유사한 방식으로 데이터 큐브에서 분석 마이닝을 수행한다. 다음 그림은 OLAM 및 OLAP의 통합 구조를 보여주고 있으며, OLAM과 OLAP 서버 모두 그래픽 사용자 인터페이스 API를 통하여 사용자 온라인 질의(또는 명령)를 받아들이며, 데이터 분석 시 데이터 큐브 API를 통하여 데이터 큐브와 협동한다.

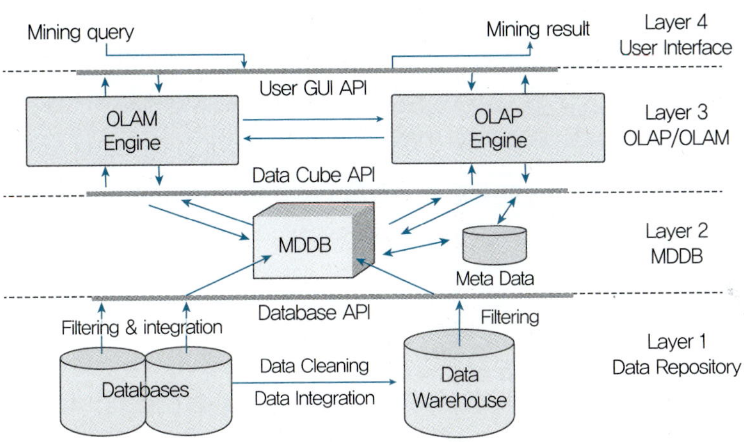


[그림 1.7] OLAM 구조

메타 데이터 디렉토리는 데이터 큐브에 대한 접근을 안내하는 데 이용된다. 데이터 큐브는 MDDB API를 통하여 다수의 데이터베이스를 접근과 통합함으로써, 또는 OLE DB나 ODBC 연결을 지원하는 데이터베이스 API를 통하여 데이터 웨어하우스를 필터링함으로 구축될 수 있다. OLAM 서버는 개념서술, 연관성, 분류, 예측, 군집화, 시계열 분석 등의 여러 가지 데이터 마이닝 작업들을 수행할 수 있으므로 일반적으로 다수의 통합된 데이터 마이닝 모듈들로 구성되며, OLAP 서버보다 정교하다.

## 10. 데이터 마이닝의 급속한 성장

여러분들이 가장 선호하는 산업이나 비즈니스에 관한 잡지들의 최신호를 들추어 보면 아마도 데이터 마이닝에 대한 기사들을 쉽게 찾을 수 있을 것이다. 왜 많은 IT 업계와 마케팅 분야에서 데이터 마이닝이 급속하게 성장한 이유는 무엇일까?

아마도 데이터 마이닝의 성장을 가속화시킨 가장 중요한 계기는 데이터의 증가에 있다. 2003년 다시 대규모 유통 소매업체인 월마트는 10테라바이트(terabyte) 용량의 데이터베이스에 매일 2천만 건의 거래 데이터를 저장하였다. 반면에 1950년 가장 큰 규모의 회사들은 전자문서 형태로 수십 메가바이트를 담을 수 있을 정도의 데이터만 갖고 있었다. Laman and Varian(2003)은 1999년에 생산된 정보의 두 배에 해당되는 5엑사바이트(Exabyte)의 정보가 2002년에 생산되었고 이 중 40%의 정보는 미국에서 생산되었다고 추정하였다.

데이터가 증가한 이유는 단순히 경제와 지식베이스가 확장되어서만이 아니라 데이터를 자동적으로 얻는 데 소요되는 비용이 절감되고 이에 대한 가용성이 증가했기 때문이다. 보다 많은 사건들이 기록될 뿐만 아니라 각 사건당 보다 많은 정보들이 수집되고 있다. 예를 들어 바코드, POS(Point-Of-Sale)장치, 마우스 클릭 기록 정보 및 위치추적위성(GPS; Global Positioning Satellite) 데이터 등을 그 예로 들 수 있다.

1800년대 초반 구멍가게의 주인이라면 단지 몇 백명의 고객들만을 관리하기 때문에 데이터 마이닝을 사용할 필요를 느끼지 못했다. 하지만 오늘날 수십만 명에서 수백만 명에 이르는 고객을 확보하고 있는 대리점들은 고객에 관한 데이터를 일관되게 접근하고 저장할 수 있는 공간이 필요해졌으며, 이 공간이 바로 데이터 웨어하우스다. 데이터 웨어하우스는 데이터 마이닝 도구들을 이용할 수 있는 산이라 할 수 있고, 데이터 웨어하우징과 데이터 마이닝을 하나로 묶는 개념이 된다. 데이터 웨어하우징은 이러한 산을 만들 수 있게 해주며, 데이터 마이닝은 이렇게 만들어진 산으로부터 유용하다고 생각되는 본질적인 정보를 걸러낼 수 있게 해주는 것이다.

데이터 마이닝에서 사용되는 많은 탐색적, 분석적 기법들은 현재와 같은 연산 능력 없이는 불가능하다. 데이터 저장과 검색의 비용이 지속적으로 줄어듦에 따라 대용량의 데이터를 저장하고 생성하는 데 필요한 설비를 구축하는 것이 가능해졌다. 결론적으로 빠르고 지속적인 연산능력의 향상은 데이터 마이닝을 발전시키는 핵심 원동력이라고 할 수 있다.

## 11. 데이터 마이닝의 응용 분야

〈표 1.2〉 데이터 마이닝의 응용 분야

| 문제 유형 | 응용 분야 | 사용된 방법 |
|---|---|---|
| 예측 | Forecasting bankruptcies | - NN [Tam & Kiang, 1992; Altman et al., 1994; Wilson & Sharda, 1994]<br>- IL [Sung et al., 1999] |
| | Forecasting defaulting loans | - IL [Messier & Hansen, 1998] |
| | Forecasting stock price | - NN [Barr & Mani, 1997; Walxzak, 1999; Shi et al., 1999<br>- NN and GA [Kim & Han, 2000; Leigh et al., 2002] |
| | Credit assessment | - IL [Carter & Catlett, 1987] |
| | Forecasting foreign exchange rates | - NN [Zhang & Hu, 1998; Shin & Han, 2000] |
| | Portfolio management | - IL [John et al., 1996] |
| | Forecasting interest rates | - NN [Hong & Han, 1996]<br>- NN and CBR [Kim & Noh, 1997]<br>- NN and Pettitt test [Oh & Han, 2000] |
| | Forecasting price of index futures | - IL and NN [Tsaih et al., 1998; Tay & Cao, 2001] |
| | Forecasting mutual fund | - NN [Indro, 1999] |
| | Loan approval | - IL and visualization [Becker, 1997] |
| | Corporate bond rating | - CBR and IL [Buta, 1994; Shin & Han, 2001] |
| 분류 | Risk classification | - IL [Shaw, 1990]<br>- NN [Piramuthu, 1998] |
| | Financial customer classification | - IL [Rauch & Berka, 1997] |

| | | |
|---|---|---|
| 탐지 | Detecting delinquent bank loans | - NN and visualization [John & Zhao, 1997] |
| | Identifying suspicious transactions | - NN [Brachman et al., 1996]; IL [Kokkinaki, 1997; Senator et al., 1995] |
| | Risk management | - Visualization [Gershon & Eick, 1997] |

※ 출처: Bose and Mahapatra, "Business Data Mining", Information and Management, 2001, 39, 211~225

## 12. 왜 다양한 데이터 마이닝 기법들이 존재하는가?

이 책을 포함한 다른 데이터 마이닝 문헌에서 볼 수 있듯이 예측 및 분류를 위한 방법들은 다양하게 존재한다. 왜 이 기법들이 공존하는지와 어떤 기법이 다른 기법

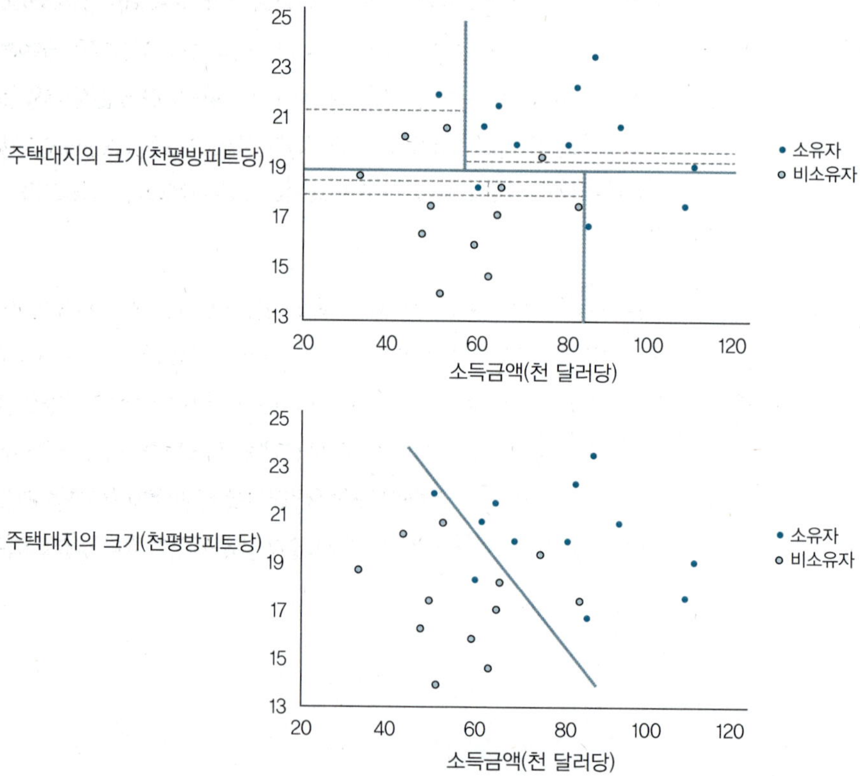


[그림 1.8] 구매자와 비구매자를 구분하는 2가지 방법

보다 더 좋은지를 독자 스스로 자문해 볼 필요가 있다. 이에 대한 대답은 각 기법이 나름대로의 장단점을 갖는다는 것이다. 어느 한 기법의 유용성은 데이터 집합의 크기, 데이터에 존재하는 패턴의 유형, 해당 기법의 요구하는 몇 가지 기본 가정을 해당 데이터가 충족시키는지 여부, 데이터 잡음의 정도, 그리고 특수한 분석 목적 등 다양한 요인들에 의해 영향을 받는다.

[그림 1.8]은 하나의 사례를 보여주는데, 이 사례의 목적은 승차식 잔디 깎기 기계의 구매자와 비구매자를 구분해 주는 가계소득기준과 주택대지 크기의 조합을 찾는 것이다. 상단의 첫 번째 방법은 구매자와 비구매자를 구분해 주는 수평선과 수직선을 찾는 방식이다. 반면에 하단의 두 번째 방법은 하나의 대각선을 찾는 방식이다.

이처럼 다양한 방법들이 서로 다른 결과를 보여줄 수 있고, 이에 대한 성과도 다를 수 있다. 따라서 일반적으로 통용되는 방식은 여러 가지 다양한 데이터 마이닝 기법들을 적용해 보고, 그 중에 목적에 맞는 가장 유용한 한 가지 기법을 선택하는 것이다.

## 13. 용어와 표기

(1) **속성**(Attribute): 보통 X로 표기되며, 특성, 입력변수, 독립변수 또는 데이터베이스 관점에서 필드(field)라고 한다.

(2) **특성**(Feature): 보통 X로 표기되며, 예측변수, 입력변수, 독립변수 또는 데이터베이스 관점에서 필드라고도 한다.

(3) **관찰치**(Observation): 고객, 거래 등의 측정치를 갖는 분석의 단위로서 사례, 레코드, 패턴 또는 행(row)이라고도 한다(각 행은 레코드를 나타내고, 각 열은 변수를 의미한다).

(4) **사례**(Case): 고객, 거래 등의 측정치를 갖는 분석의 단위로서 관찰치, 레코드, 패턴 또는 행이라고도 한다(각 행은 레코드를 나타내고, 각 열은 변수를 의미한다).

(5) **입력 변수**(input variable): 보통 X로 표기되며, 특성, 예측변수, 독립변수, 또는 데이터베이스 관점에서 필드라고도 한다.

(6) **종속변수**(Dependent variable): 보통 Y로 표기되며, 지도 학습으로 예측되는 변수이다. 또한 반응변수, 출력변수, 목표변수 또는 성과변수라고도 한다.

(7) **모형**(Model): 데이터 집합에 적용되어 모수(parameter)를 결정하는 알고리즘을 말한다(많은 알고리즘은 사용자가 조정할 수 있는 모수를 갖는다).

(8) **알고리즘**(Algorithm): 특정 데이터 마이닝 기법, 예를 들어 분류나무, 판별분석 등을 실행하기 위해 사용되는 특정 절차

(9) **추정**(Estimation): 연속형 출력변수의 가치를 예측하는 것을 말하며, 예측이라고도 한다.

(10) **예측**(Prediction): 연속형 출력변수의 가치를 예측하는 것을 말하며, 추정이라고도 한다.

(11) **점수**(Score): 예측값 또는 예측집단을 나타낸다. 새로운 데이터에 점수를 매기는 것은 학습용 자료를 가지고 개발된 모형을 이용하여 새로운 자료에 출력값을 예측하는 것을 뜻한다

(12) **성공집합**(Success class): 두 집단의 분류 성과를 나타내는 집합을 말한다. 예를 들어, 구매/비구매의 성과를 나타내는 구매자 집단이 성공집합에 해당한다.

(13) **신뢰도**(Confidence): 이 용어는 다음과 같이 두 가지 의미를 갖는다.

- 첫째, 'A와 B가 구매된다면 C 또한 구매될 것이다.'라는 연관성 규칙에서 사용되며, 이때 신뢰도는 A와 B가 구매된다는 조건하에서 C가 구매될 조건부 확률을 말한다.
- 둘째, 신뢰도는 또한 통계학의 신뢰구간과 같이 좀 더 넓은 의미로 쓰인다. 다른 표본과는 반대되는 표본을 선택함으로 인해 발생하는 추정치의 오차정도를 말한다.

(14) **지도학습**(Supervised learning): 알고리즘(로지스틱 회귀분석, 회귀나무 등)을 주요 종속변수가 알려져 있는 자료에 적용하는 과정을 말한다. 알고리즘은 출력변수가 알려져 있지 않은 신규 자료를 가지고 출력변수값을 예측하는 방법을

학습한다.

(15) **자율학습**(Unsupervised learning): 주요 출력값을 예측하는 것보다는 데이터에 대한 무엇인가를 학습하는 시도하는 분석(예를 들어, 군집들의 소속 여부 등)

(16) **예비용 표본**(Holdout sample): 모형을 적합시키는 데 사용되지 않고 모형의 성과를 평가하는 데 사용되는 데이터 표본이다. 이 책에서는 예비용 표본이라는 용어 대신에 검증용 집합(validation set)이라는 용어를 사용하거나 평가용 집합(test set)이라는 용어를 사용한다.

(17) **검증용 집합**(Test data or test set): 최종 선택모형이 새로운 데이터에 대하여 얼마나 좋은 성과를 갖는지를 평가하기 위해서 모형 구축 및 모형 선택과정이 끝난 후에만 사용되는 데이터를 말한다.

(18) **학습용 집합**(Training data or training set): 모형을 적합화시키기 위해 사용되는 데이터를 말한다.

(19) **평가용 집합**(Validation data or validation set): 모형이 얼마나 잘 적합화되었는지 평가하고, 일부 모형들을 조정하며, 구축된 모형들 중에서 가장 좋은 모형을 선택하기 위한 목적으로 사용되는 데이터를 말한다.

**(참고)**

### WEKA 소프트웨어 사용 및 설치

웨카는 뉴질랜드의 와이카토 대학에서 개발되었으며, Waikao Environment for Knowledge Analysis의 약자이다. 웨카는 자바 기반으로 개발됐으며, 대부분의 플랫폼에서 사용 가능하다.

웨카는 분류, 예측, 군집, 연관규칙, 속성 선택 알고리즘 등 데이터 마이닝 및 통계 기법을 포괄적으로 다룬다. 또한 여러가지 데이터 시각화 기능들과 데이터 전처리 도구들을 제공하고 있으며, arff 파일 형식을 기본 파일 형식으로 취하지만, csv, xlsx 등 다양한 파일 형식으로도 데이터 로딩이 가능하다.

- 설치: www.cs.waikato.ac.nz/ml/weka에서 다운로드가 가능하며, 자바가 설치된 컴퓨터라면 자바의 jar 실행 파일을 다운로드하거나 특정 플랫폼에 의

존적인 설치 파일을 다운로드하면 된다.

- 이용: weka를 실행시키고 Explorer를 클릭하면 다양한 분석이 가능하다.

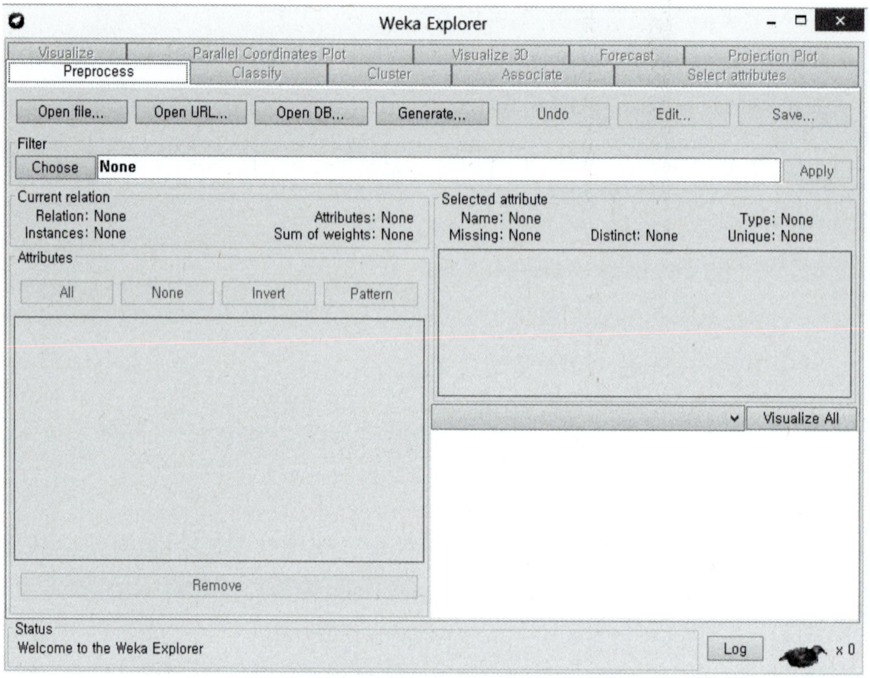


**[그림 1.9]** Weka 화면

## R 소프트웨어 사용 및 설치

R은 통계 계산과 시각화를 위한 프로그래밍 언어이다. 뉴질랜드 오클랜드 대학의 로버트 젠틀맨(Robert Gentleman)과 로스 이하카(Ross Ihaka)가 개발하였다. 오픈 소스로 배포되고 있어 무료로 사용할 수 있다. R 언어에는 대부분의 통계 기법과 데이터 분석 기법이 라이브러리 패키지로 구현이 되어 있으며, 사용자는 사용하고자 하는 알고리즘을 담고 있는 라이브러리를 찾아 이용하면 된다.

- 설치: https://www.r-project.org에서 CRAN 메뉴를 클릭하고 한국 홈페이지 서버를 찾아 자신의 OS에 맞게 다운로드한다.

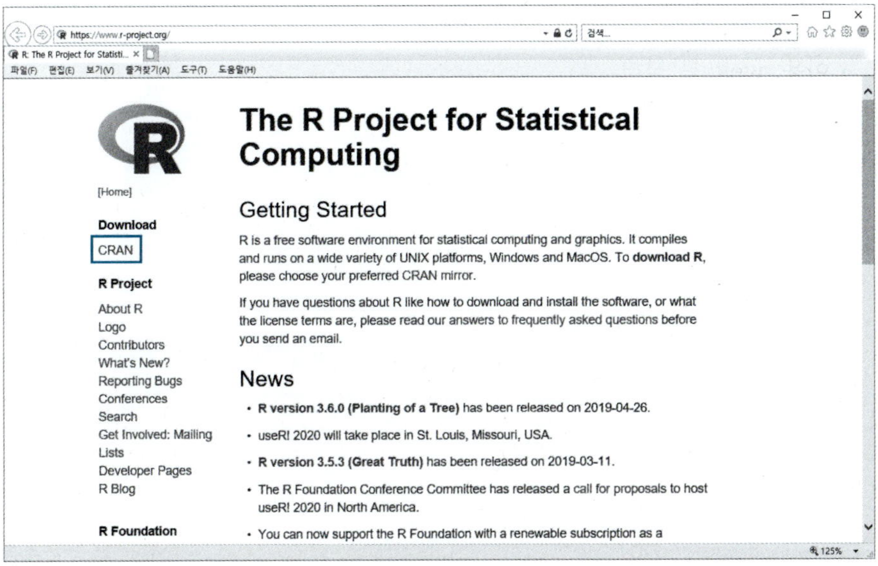


**[그림 1.10]** R 화면

설치할 때, 경로를 직접 재설정해주어야 한다. R를 사용할 때 설치한 경로에 공백이 있으면 발생하는 오류가 많다. 따라서 설치할 때부터 경로를 직접 재설정하여 공백을 없애 주어야 한다.

기본 경로 'C:₩Program Files₩R₩R-3.6.0'은 Program Files에 공백이 들어가 있기 때문에 'C:₩R₩R-3.6.0'으로 경로를 바꾸어 준다.

## R-Studio 소프트웨어 사용 및 설치

R 언어를 이용한 코딩, 디버깅 등 여러 작업을 쉽게 하도록 도와주는 통합개발환경이다. 프로그래밍 언어 콜드 퓨전의 개발자 JJ Allaire가 만들었다.

R을 위한 자유-오픈 소스 통합 개발 환경이며, 그냥 사용할 수도 있지만, R-studio를 이용하면 훨씬 간편하게 작업을 진행할 수 있다.

- 설치: https://www.rstudio.com/에 접속해서 다운로드 Rstudio를 클릭한다.

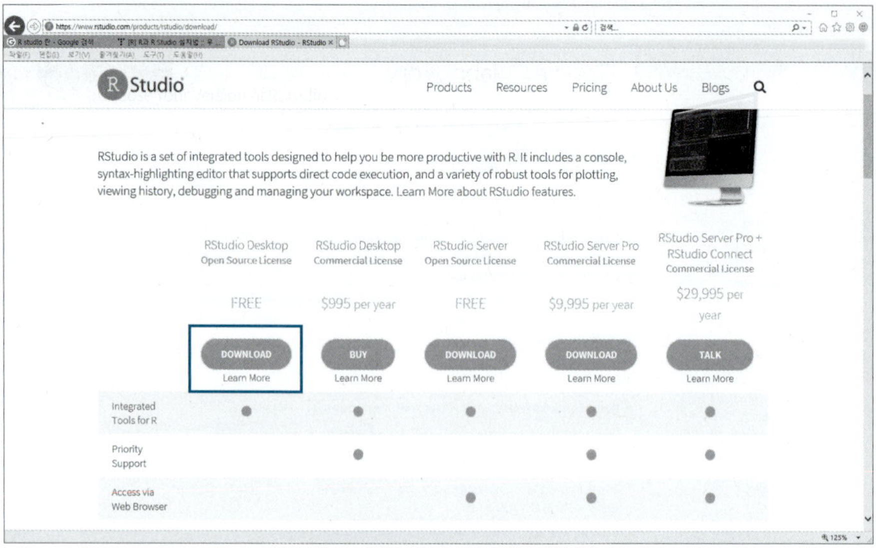


**[그림 1.11]** R-Studio 화면

프리 버전을 클릭하고 자신의 os에 맞게 다운로드 하면 된다. 앞선 R과 마찬가지로 경로를 직접 재설정해주면 좋다.

## Colab 소프트웨어 사용

구글에서 무료로 제공하는 딥러닝 환경으로 무료 GPU를 적용할 수 있는 개발환경이다. 대부분의 라이브러리는 자동으로 설치되어 있으므로 따로 설치과정이 불필요하다. Google Drive와 Jupyter Notebook(.ipynb)을 사용하기에 따로 설치하는 과정이 없고, 클라우드 상에서 동작한다. 인터넷 브라우저로 실행하기에 사용이 간단하고, 다른 사람과의 코드 공유, 공동 개발도 쉽다. 코드는 ipynb 파일, 학습에 사용하는 데이터도 구글 드라이브에 올려놓으면 된다.

- 이용 방법: colab.goole 링크에 접속하여 구글 계정 또는 회원 가입 후 NEW NoteBook을 클릭한다. 파일 탭에서 새 노트를 클릭하거나 기존 노트를 열 수 있다.

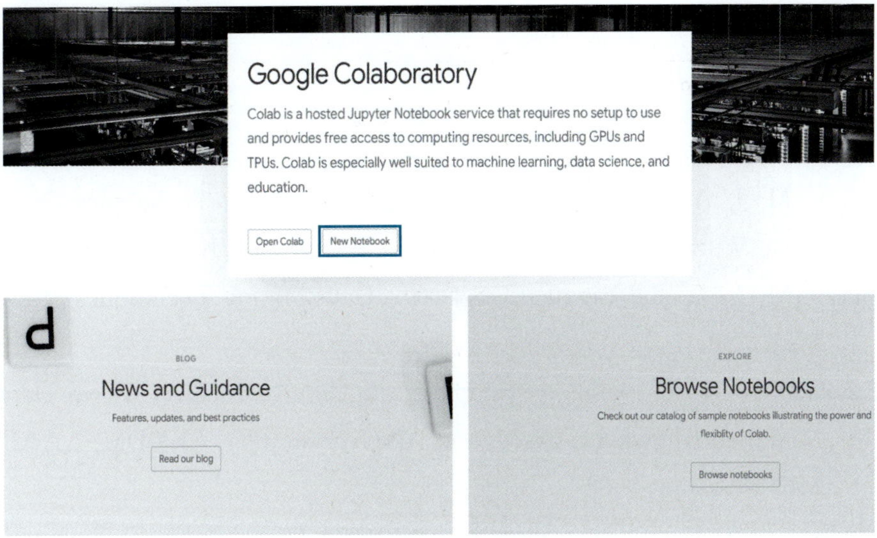


[그림 1.12] Colab 화면

파일 업로드는 왼쪽 툴바에 파일 네모 박스를 클릭하거나 클릭 후 빈 공간으로 드래그해서 업로드한다.

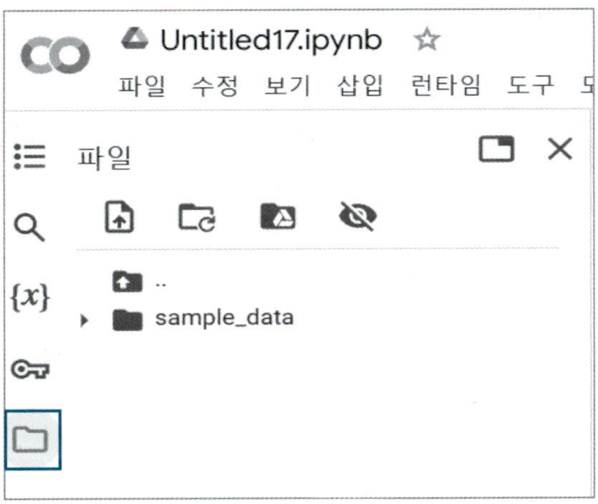


[그림 1.13] Colab 파일 업로드

# 참·고·문·헌

Berry, M. J. A, and Linoff, G. S.(1997). Data Mining Techniques. New York: Wiley.

Berry, M. J. A, and Linoff, G. S.(2000). Data Mining Techniques. New York: Wiley.

Fayyad, U. M., G.Piatetsky-Shapiro, and Smyth, P.(1996). From Data Mining to Knowledge Discovery: An Overvuew, in AKDDM, AAAI/MIT Press, pp.1-30

Michael J. A. Berry, and Gordon Linoff(1997). Data Mining Techniques: For Marketing, Sales, and Customer Support. USA: John Wiley & Sones, Inc.

Alex Berson, Stephen Smith, and Kert Theling (2000). CRM을 위한 데이터 마이닝(홍성완 외 6 역). 서울: 대청미디어 (원저 1999년 출판)

GALIT SHMUELI, NITIN R. PATEL and PETER C. BRUCE(2009). 비즈니스인텔리전스를 위한 데이터 마이닝(신택수, 홍태호 역). 파주: 사이텍미디어. (원저 2006년 출판)

Han, Jiawei. and Kamber, Micheline(2007). 데이터 마이닝: 개념과 기법(강창완 외 11 역). 서울: 사이플러스 (원저 2005년 출판)

전치혁 (2012). 데이터 마이닝 기법과 응용. 서울: 한나래

컴퓨터인터넷IT용어대사전. 전산용어사전편찬위원회 엮음 (2011). 일진사.

이덕수 (2008). 비즈니스 인텔리전스 인덱스 테스트를 통한 제조업과 유통업 비교 연구. 석사학위논문, 중앙대학교 대학원.

# 연·습·문·제

1. 데이터 마이닝의 관련 용어에는 비즈니스 인텔리전스, KDD 등이 있는데, 데이터 마이닝과의 공통점과 차이점을 설명하시오.

2. 데이터 마이닝 용어 중에서 다음의 개념에 대해서 설명하고 관련된 예시를 제시하시오.

   1) Online Analytic Processing(OLAP)

   2) 데이터 웨어하우스(Datawarehouse(DW)

3. 목표변수와 예측변수에 대해서 설명하고 목표변수 또는 예측변수와 비슷한 의미의 용어들을 나열하시오.

2

CHAPTER

# 데이터 기초 분석

이 장에서는 데이터셋의 다양한 탐색을 하기 위해 데이터 필드들의 종류, 척도 등을 살펴보면서 척도에 따라 적합한 시각화 기법들을 살펴본다. 필드들은 크게 수치형 자료와 범주형 자료로 구분할 수 있으며, 세부적으로는 범주형(또는 정성적) 변수는 명목, 서열로 구분할 수 있으며, 수치형(또는 정량적) 변수는 구간, 비율로 구분할 수 있다. 각각의 필드의 유형에 따라 적합한 시각화 기법들을 설명한다. 기본적으로 도수분포표는 모든 유형의 변수들을 시각화할 수 있으며, 히스토그램, 산포도 등은 정량적 변수들에 적합하다. 마지막으로 데이터의 유형에 관계없이 다양한 분석과 시각화 작업을 수행할 수 있는 피벗테이블을 학습한다.

## 1. 변수의 종류

데이터 마이닝에서는 여러 가지 형태의 자료가 이용되며, 자료의 형태에 따라 적용되는 기법이 상이하다. 데이터 세트(data set)는 다수의 관측대상들로 구성되는데, 각 관측치 데이터 세트의 기본단위가 된다.

관측치(Observation)는 원소에 대한 변수의 값이며, 관측치의 또 다른 말은 사건(cases)이나 레코드(records)이다. 각각의 열은 관측치에 해당된다. 관측치의 수는 하나의 데이터 세트(data set)로부터 다른 데이터 세트에 이르기까지 매우 다양하다.

예제 데이터 MallCustomer.xls는 한 쇼핑몰에서 보유하고 있는 68명의 가상의 고객에 대한 정보에 대한 관측치(observation)를 보여

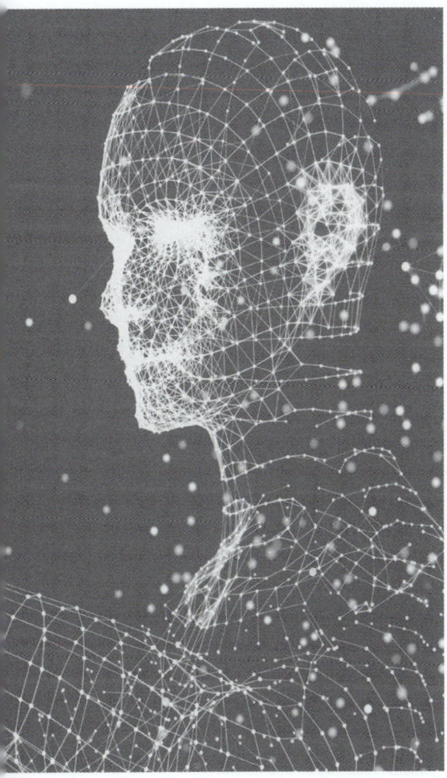

| | A | B | C | D | E | F | G |
|---|---|---|---|---|---|---|---|
| 1 | **Data from Customer information at a Mall** | | | | | | |
| 2 | | | | | | | |
| 3 | CustID | Gender | Age | HouseType | CustGrade | TotalAmt | |
| 4 | 7142 | 1 | 27 | 3 | 1 | 995500 | |
| 5 | 9612 | 1 | 28 | 4 | 4 | 130000 | |
| 6 | 11508 | 2 | 29 | 1 | 2 | 877600 | |
| 7 | 11768 | 2 | 29 | 3 | 4 | 476000 | |
| 8 | 12388 | 2 | 29 | 4 | 4 | 124000 | |
| 9 | 12654 | 1 | 29 | 1 | 5 | 63000 | |
| 10 | 13794 | 2 | 29 | 3 | 3 | 144000 | |
| 11 | 15832 | 2 | 30 | 4 | 3 | 200700 | |
| 12 | 17284 | 2 | 31 | 3 | 1 | 668380 | |
| 13 | 18625 | 2 | 31 | 1 | 5 | 201000 | |
| 14 | 20651 | 1 | 32 | 3 | 4 | 38000 | |
| 15 | 27152 | 2 | 37 | 3 | 3 | 787614 | |
| 16 | 31459 | 2 | 41 | 1 | 1 | 1244000 | |
| 17 | 48438 | 1 | 63 | 2 | 2 | 1420342 | |
| 18 | 912 | 1 | 23 | 3 | 5 | 49000 | |
| 19 | 1917 | 2 | 24 | 7 | 4 | 441000 | |
| 20 | 2377 | 2 | 24 | 3 | 5 | 99000 | |
| 21 | 2953 | 1 | 25 | 3 | 5 | 56000 | |
| 22 | 3609 | 2 | 25 | 4 | 4 | 263500 | |

주는 데이터이다. 또한 데이터는 행과 열 형태로 정리되어 있다. 보통 자료를 구분할 때는 변수를 기준으로 하는 것이 일반적이다. 변수는 엑셀에서 각각의 칼럼(column)에 해당하며, 다른 말로 필드(field)라고 한다. 앞의 사례에서는 –CustID, Gender, Age, HouseType(주거유형), CustGrade(고객 등급), TotalAMT(한 달간 구매금액)– 총 여섯 개의 변수가 있다. 변수의 이름은 열(row)에 해당하며, 명백한 의미를 지니고 있어야 한다.

변수는 기본적으로 다음과 같이 크게 세 가지로 분류된다. 각 변수의 측정 방식에 따라 수치형 변수와 범주형 변수로 나뉜다. 또한, 시간의 흐름에 따라 관측된 시계열 자료와 같은 시점에 관측된 횡단면 자료로 구분된다.

### 1.1 수치형 변수와 범주형 변수

모든 통계자료는 관측 값의 속성에 따라 수치형 변수(Numerical variables)와 범주형 변수(categorical variables)로 나눌 수 있다. 수치형 변수는 크기를 가진 수치로 표현된 자료이므로 체중, 연봉과 같은 변수가 이에 해당한다. 범주형 변수는 남성과 여성과 같이 두 개의 범주로 나뉘어지거나, 택시, 지하철, 버스 등 대중교통의 분류와 같이 여럿으로 나뉘어지는 자료를 의미한다.

앞 사례의 5가지 변수를 수치형 변수와 범주형 변수로 분류해 보면, 수치형 변수에는 TotalAMT가 이에 속하며, 범주형 변수에는 CustID, Gender, HouseType, CustGrade가 속한다. 하지만 Age와 같은 변수는 분류하기가 애매할 수 있다. Age 같은 경우 수치형 변수로 대부분 사용되지만, 범주형으로서 다뤄질 수도 있기 때문이다.

### 1.2 시계열 자료와 횡단면 자료

월 생산실적, 분기별 판매실적, 주식가격 변동, 결근현황 등과 같이 자료가 기록된 시간적 순서에 의미가 있을 때, 그 자료를 시계열 자료(time–series data)라 한다. 한편, 1/4분기의 작업반별 생산성이나 1998년도 상반기 공개법인들의 영업실적과 같이 같은 시점에서 관찰한 자료는 횡단면 자료(cross–sectional data)라 부른다.

## 2. 자료의 측정

측정이란 우리의 관심대상이 되는 특성에 수치를 부여하는 것을 말하며, 이 때 우리는 네 가지 척도(scale)를 사용하여 측정한다. 네 가지 척도란 서열척도, 구간척도, 비율척도를 말한다.

### 2.1 명목척도

명목척도(nominal scale)는 측정 대상이 속한 범주나 종류에 따라 분류될 수 있도록 측정 대상에 수치나 부호를 부여한 것이다. 예를 들어, ABC대학의 학생에 대해 남자에게는 1, 여자에게는 2를 부여한다면 남녀라는 두 개의 범주를 가진 명목척도가 된다. 명목 척도를 사용하여 획득한 데이터를 명목데이터라고 부르며, 명목 데이터에서 나타난 수치는 단지 분류의 목적으로 사용된 것이기 때문에 이러한 수치에는 크기의 개념이 없다. 따라서 명목데이터에 있어 비교(>, <) 혹은 사칙연산이 적용되지 않으며, 산술적 의미를 가지지 못한다. 특히, 설문조사 항목 등에서 직업, 취미 등의 항목들을 조사할 때 여러 개의 옵션 중에서 선택하는 경우에 많이 사용되고 있는데, 이를 수치화하여 데이터를 정리하는 경우를 자주 보게 된다.

이때, 해당되는 옵션을 숫자로 표기하여도 산술적 의미를 갖지 않으므로 분석 시에 주의해야 하며, 해당 옵션들은 MECE(Mutually Exclusive and Collectively Exhaustive) 특성에 잘 맞는지 검토되어야 한다. 상호 배타적(mutually exclusive) 특성은 한 범주에 속한 자료는 다른 범주에는 해당할 수 없는 것이고 전체 포괄적(collectively exhaustive) 특성은 해당 항목들이 모든 가능한 경우를 다 포함하도록 범주로 분류되어야 한다.

MECE(Mutually Exclusive and Collectively Exhaustive)

### 2.2 서열척도

서열척도(ordinal scale)는 변수의 상대적 크기(서열)를 나타내는 척도이며, 서열 척도를 사용하여 얻은 데이터를 서열데이터라 한다. 서열데이터에는 데이터 간의 상대적 비교가 가능하지만, 서열화된 각 수치들의 간격의 차이는 일정하지 않다. 예를 들어, 학부학생 서열, 군대의 계급, 직장의 직급 등이 해당한다. 서열 데이터의 수치는 상대적인 크기를 나타내기는 하지만, 수치들 간의 간격이 동일하지 않기 때문에 명목척도와 마찬가지로 사칙연산은 의미가 없으며, 단지 비교만 가능하다. 따라서, =, ≠, ≤, ≥만이 가능하다. 또, 평균값은 의미가 없고, 서열 데이터의 경우 중앙값(median)이 주로 사용되며, 산포도를 측정하기 위해서는 백분위수 혹은 사분위수가 이용된다.

### 2.3 구간척도

구간척도(interval scale)는 관심 대상의 특성을 나타내는 측정치 사이의 거리를 일정한 간격으로 표시하는 척도이며, 구간척도를 사용하여 얻은 데이터를 구간데이터라 한다. 서열척도와 명목척도의 의미를 포함하며, 숫자 간의 간격이 의미를 지닌다. 구간 척도가 사용되는 대표적인 예는 온도, IQ, 성적, 시간, 효용이다. 구간데이터는 척도의 기준이 되는 절대 0점이 없다. 예를 들어, 기온 10도와 40도에서 40도는 10도보다 4배 더운 것이 아니다. 40도는 찌는 더위이지만, 10도는 더위와 상관없이 서늘한 것을 의미하기 때문이다.

### 2.4 비율척도

비율척도(ratio scale)는 앞의 세 척도가 가지는 특성을 모두 가지고 있으며, 절대적 원점을 갖기 때문에 숫자 간의 비율이 산술적 의미를 가진다. 비율척도로 측정하여 획득한 데이터를 비율데이터라고 한다. 비율척도에 의한 데이터는 모두 산술적인 연산이 가능하며, 키, 무게, 압력, 매출액, 확률 등 숫자로 관측되는 대부분의 데이터가 비율척도이다. 예를 들어, 매출액이 0이면, 매출이 전혀 없음을 의미한다.

## 3. 자료의 정리

### 3.1 도수분포표

도수분포표는 데이터가 가지고 있는 특성을 기준으로 몇 개의 구간을 나누고 각 구간별로 관측 값의 수를 세어 정리하는 것이다.

도수분포표를 작성하는 방법은 다음과 같다.

(1) **구간의 수 결정:** 일반적으로 데이터 크기의 제곱근 값에 근접하도록 하며, 5보다는 크고 20보다는 작게 설정한다.

(2) **구간의 크기 결정:** 데이터의 최대값과 최소값의 차이를 계급구간의 수로 나눈 값이 된다.

(3) **구간의 크기:** (자료의 최대값 − 자료의 최소값) / 구간의 수

(4) **경계 값 설정:** 계산된 구간 폭은 정수가 아닌 경우가 많고, 사람들이 소수점을 포함하지 않은 정수에 익숙해져 있으므로 계급구간 폭을 결정할 때 정수를 사용하는 것이 바람직하다. 또한 구간이 중복되지 않도록 경계 값을 설정한다.

(5) 각 구간에 속하는 관측 데이터의 빈도수를 계산한다.

다음 데이터는 도시 지역 대학생 60명의 5월 한 달 동안의 용돈 지출액(단위: 천원)이다.

| | | | | | | | | | |
|---|---|---|---|---|---|---|---|---|---|
| 195 | 209 | 496 | 186 | 210 | 191 | 227 | 175 | 175 | 207 |
| 198 | 201 | 182 | 225 | 202 | 221 | 179 | 246 | 209 | 235 |
| 189 | 192 | 183 | 210 | 227 | 203 | 201 | 187 | 231 | 186 |
| 221 | 204 | 210 | 198 | 200 | 197 | 210 | 172 | 231 | 237 |
| 205 | 169 | 182 | 208 | 199 | 205 | 178 | 218 | 253 | 209 |
| 250 | 225 | 189 | 200 | 176 | 161 | 215 | 245 | 215 | 185 |

**[그림 2.1]** 도시 지역 대학생의 한 달 용돈 지출액

위 데이터로 도수분포표를 작성해 보자. 먼저 구간의 수는 5에서 20 사이인 6으로 결정하였다. 다음 단계인 구간의 크기를 결정하기 위해서는 데이터의 최대값과 최소값의 차이를 계급구간의 수인 6으로 나누어 주어야 한다. 위의 데이터에서 최대값은 496이고 최소값은 161이다. 여기서 최대값은 다른 값들과 차이가 큰 이상치이므로 496이란 수를 쓰게 된다면 적절한 계급의 크기를 얻을 수 없다. 따라서 496보다 작은 253을 최대값으로 사용하는 것이 적합하다. 최대값과 최소값이 정해졌으니 이제 구간의 크기를 구할 수 있다. 구간의 크기는 (253−161)/6인 15~20이 적합하다. 우리는 구간의 크기를 20이라 하겠다. 경계 값은 최소값과 최대값을 모두 포함하는 것이 중요하다. 즉, 161을 담기 위해서는 160부터 시작하는 것이 바람

직하다. 앞의 내용을 토대로 도수분포표를 작성해보면 다음과 같은 표가 나온다.

| 금액(천 원) | 도수 | 상대도수(%) |
|---|---|---|
| 160 이상 ~ 180 미만 | 8 | 13.33 |
| 180 ~ 200 | 16 | 26.67 |
| 200 ~ 220 | 21 | 35.00 |
| 220 ~ 240 | 10 | 16.67 |
| 240 ~ 260 | 4 | 6.67 |
| 260 이상 | 1 | 1.67 |
| 합계 | 60 | 100.0 |

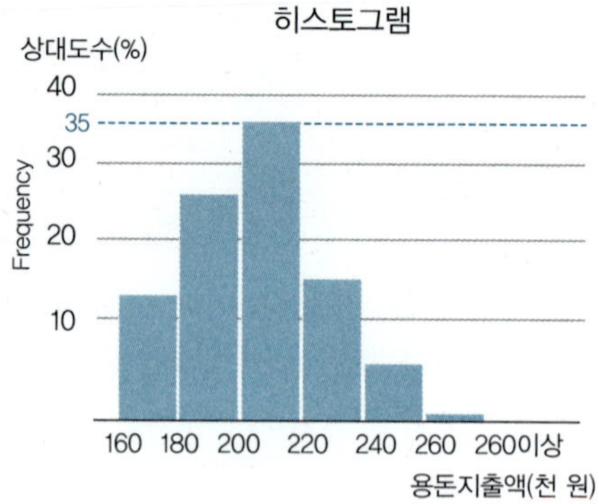


**[그림 2.2]** 도시 지역 대학생의 한 달 용돈 지출액의 도수분포표와 히스토그램

## 3.2 히스토그램

주어진 자료를 여러 개의 구간으로 나누고 각 구간에 속하는 관측치들의 수를 표시한 도수분포표는 히스토그램(histogram)을 이용하여 보다 알기 쉽게 나타낼 수 있다. 히스토그램은 도수분포표로 정리된 변수의 발생빈도를 막대의 길이로 표시하여 수평이나 수직으로 늘어 놓아 상호비교가 용이하게 만든 그림이다. 보통 수평축은 매출액, 몸무게 등의 자료의 측정단위를 나타내고, 수직 축은 특정 값이 얼마나 자주 발생하는가를 나타낸다. 히스토그램은 자료 전체가 내포하는 여러 가지 기본적 특성을 알아보기 위한 표현 방법이다. 또한, 빈도표(Frequency Tables)는 말 그대로 빈도를 나타내는 표이다.

다음의 66명의 영화배우에 대한 정보 데이터에서 연봉 변수와 같은 데이터의 빈도표를 얻으려면 적절한 카테고리를 선택해야 한다. 우리는 이 데이터 세트에서 카테고리를 0~2, 2~4, 4~6, 6~8, 8~10, 10~12, 12~14, 14~16, 16~18, 18~20, 그리고 20 이상으로 설정하겠다.

### 예제 1: 쇼핑몰 고객구매 정보

이 예제에서 사용되는 데이터는 68명의 쇼핑몰의 가상의 고객에 대한 구매 정보를 포함하고 있다. 이 데이터는 고객의 CustID, Gender, Age, HouseType, CustGrade, TotalAMT 등의 변수로 구성되어 있다.

〈표 2.1〉 고객구매 정보

| 변수 | 설명 |
|---|---|
| Gender | 성별(남성 1, 여성 2) |
| Age | 생년월일로부터 계산된 나이 |
| HouseType | 주거 유형(1: 본인 소유, 2: 배우자 소유, 3: 부모 소유, 4: 전세, 5 이상: 기타) |
| CustGrade | 1등급(초우량) ~ 5등급(일반) |
| TotalAmt | 직전 한 달간 해당 쇼핑몰에서 구매한 금액 |

빈도표(Frequency table)와 히스토그램(histogram)을 통해 68명의 가상고객들의 한 달간 구매금액을 요약해 보자.

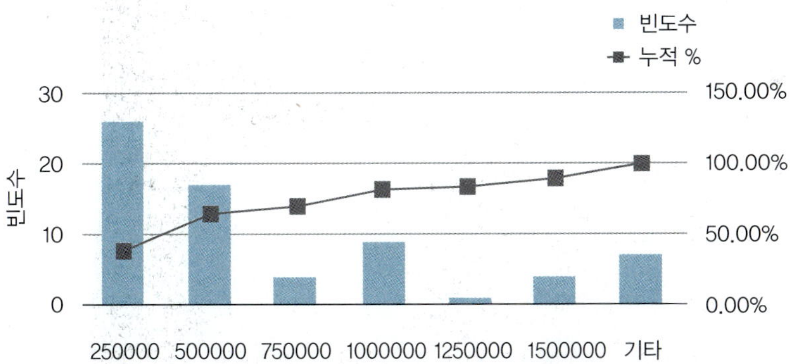


[그림 2.3] 쇼핑몰 고객구매 데이터 히스토그램

[그림 2.3]을 분석한 결과 대부분 고객의 한 달간 구매금액은 50만 원 이하이지만, 구매금액이 많은 사람도 꽤 있는 것으로 파악되었다. 특히, 68명의 고객 중 7명, 대략 10% 이상은 150만 원 이상인 것을 확인할 수 있다.

히스토그램은 다음과 같이 다양한 형태로 존재할 수 있다; 정규분포(Symmetric Distribution of Diameters), 정적편포(positively skewed), 부적편포(negatively skewed), 쌍봉분포(bimodal). 만약 히스토그램에서 최고치가 하나이고 왼쪽과 오른쪽이 대략 같아 보인다면 정규분포이다.

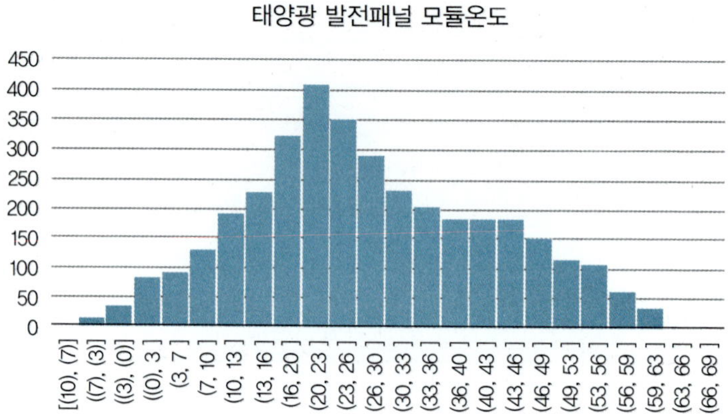


**[그림 2.4]** 정규분포

위 그림의 대부분 패널 모듈온도가 16 ~ 26 사이이다. 또한 히스토그램의 분포가 대칭이며, 패널 모듈온도는 종모양의 정규분포를 따르고 있다.

만약 히스토그램의 분포 모양이 왼쪽보다 오른쪽으로 꼬리가 더 길게 늘어진다면 정적편포이다. 다음 **[그림 2.5]**에 보이는 것과 같이, 한 쇼핑몰에서 한 달간 구매한 금액들을 히스트그램으로 그려보면 작은 값에 대부분의 데이터들이 몰려 있으며, 오른쪽으로 꼬리가 긴 형태를 가지게 된다.

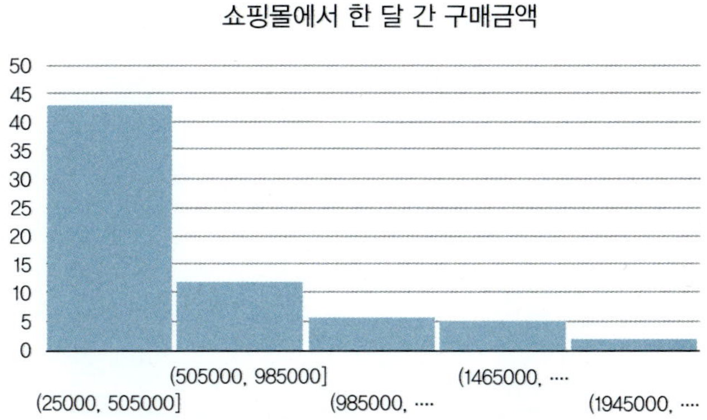


**[그림 2.5]** 정적편포(Positively Skewed Distribution)

만약 긴 꼬리가 왼쪽으로 길게 늘어져 있다면, 이 히스토그램의 분포는 부적편포이다. 부적편포는 정적편포보다 흔하게 발생하지 않는다.

다음 **[그림 2.6]**은 학생들의 성적을 히스토그램으로 그린 차트이다.

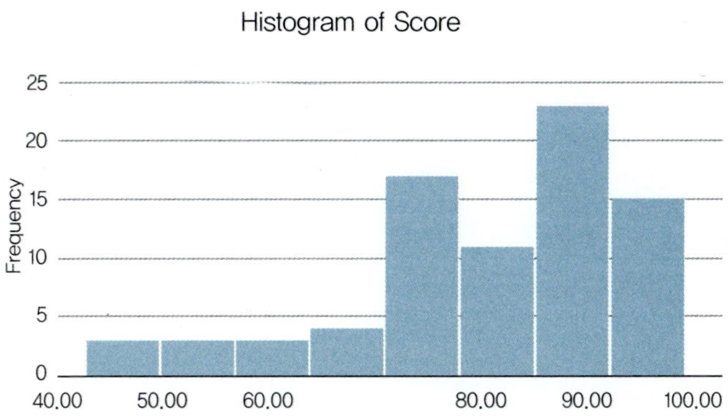


**[그림 2.6]** 부적편포(Negatively Skewed Distribution)

이 히스토그램은 85에서 92 사이에 대부분의 점수가 분포함을 보여준다. 명확히 오른쪽 끝부분은 100으로 커지고 있고, 반면에 왼쪽은 점점 수가 감소하고 있다. 위의 분포는 전형적인 부적편포이며, 분포 결과 대부분의 고득점에 속함을 알 수 있다.

히스토그램은 두 개 이상의 최고치(모드)를 가지는 경우가 있다. 이 경우는 데이터가 두 개 이상의 모집단인 경우에 발생할 수 있다. 분포가 두 개의 최고치를 가지는 경우를 쌍봉분포라고 한다.

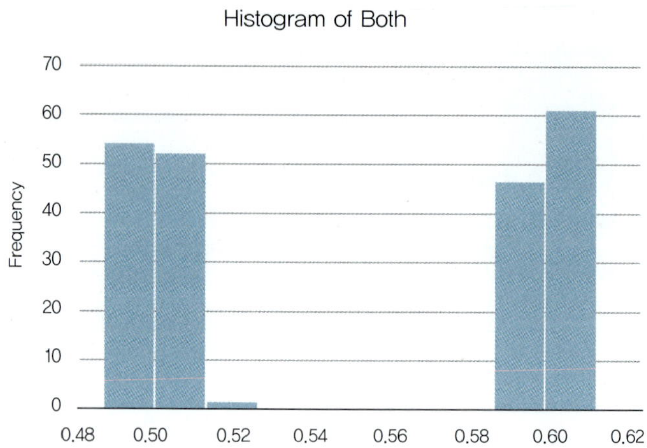


**[그림 2.7]** 쌍봉분포

## 4. 산포도

산포도(Scatterplots)는 구체적인 분석을 실시하기 앞서 작성하는 표로서, 두 개의 수치적 변수들 간의 개략적인 상관관계를 알아보기 위하여 사용된다. 변수 간 관계를 표현하는 방법은 하나의 관측치에 대응하는 하나의 점을 찍어보는 것인데 그 점의 축들은 두 개의 변수의 값을 표현하는 것이다. 우리는 산포도를 그린 후 점들의 흩어짐을 분석할 수 있다. 즉, 산포도를 보면 두 개의 변수 간에 관계 여부뿐 아니라 관계의 종류를 조사할 수 있다.

이 예시에서 태양광 패널의 모듈온도와 발전량 간에 관계가 있는지를 검토해 볼 것이다. 두 변수 간의 관계를 파악하기 위해 시간별 발전량 엑셀 데이터 중에서 모듈온도와 발전량 데이터를 선택한다. 선택한 후, 삽입 메뉴의 분산형 메뉴를 클릭하고 표식만 있는 분산형을 선택하면 다음과 같은 그림이 나온다.

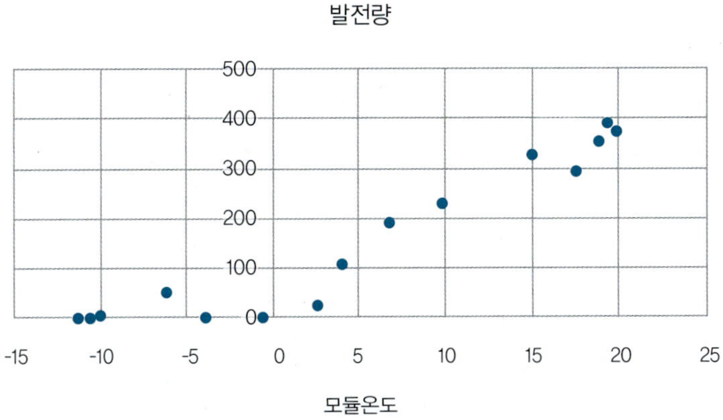


[그림 2.8] 발전량 데이터 산포도

위의 그림을 해석해 보면, 점들이 위쪽의 오른쪽으로 움직이는 경향이 있다. 이는 모듈온도가 높아질수록 발전량이 높은 값을 가질 가능성이 높음을 보여준다. 또한 셀에 "=correl(모듈온도, 발전량)"을 입력하여 **상관계수** 값을 구하면 0.95 값이 나오는데 이는 위의 결과를 뒷받침하고 있다. 즉, 이것은 두 개의 변수 간에 강한 양의 선형관계가 있음을 의미한다.

상관계수

## 4.1 산포도-시계열 그래프

시간에 따른 변수 값의 변화를 시계열 그래프라고 한다. 다음의 사례는 오전 5시에서 오후 7시까지 15시간 동안 시간대별 발전량과 태양광 패널의 모듈 온도에 대한 그래프이다.

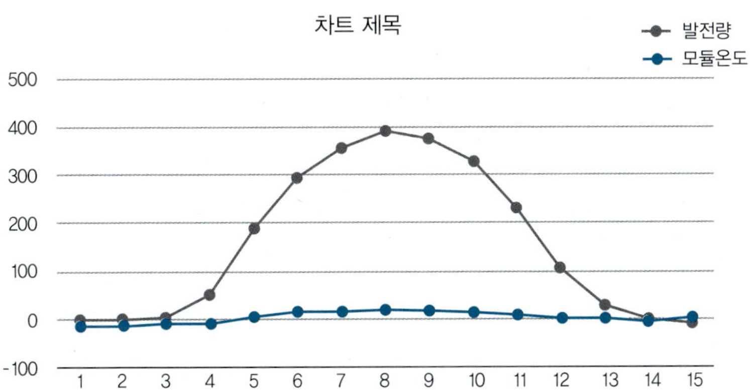


[그림 2.9] 시계열 그래프 1

[그림 2.9]는 '다른 크기를 갖는 두 개의 시계열 변수를 시각화한 그래프'이다. 시간별발전량.xls 데이터는 한 시간 단위로 측정한 시간대별 모듈온도와 발전량을 같이 하나의 차트로 표현한 것이다. 두 개의 데이터가 시간의 변화에 따라 어떻게 의미 있는 방법으로 하나의 차트로 표현될 수 있을까?

엑셀에서 데이터를 선택한 후 삽입 꺾은 선형을 선택한다. 차트에서 모듈온도 데이터를 선택 후 오른쪽 버튼을 클릭 후, 데이터 계열 서식을 선택한다. 서식 클릭 후 계열 옵션으로 보조 축을 선택한다. 이와 같은 과정을 거치면 다음과 같은 그래프가 나오게 된다.

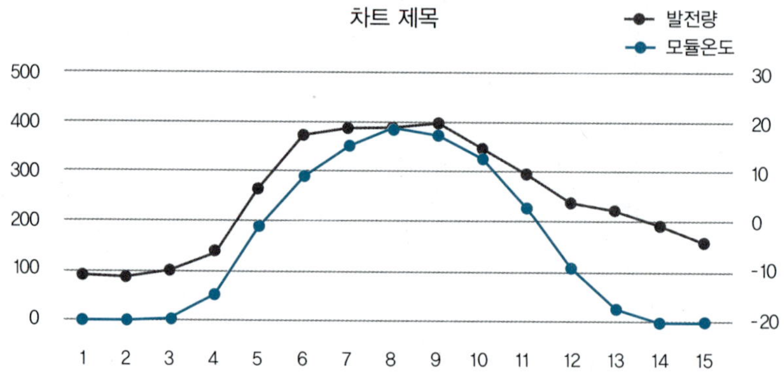


[그림 2.10] 시계열 그래프 2

[그림 2.9]에서는 발이 보이지 않는 패턴이 [그림 2.10]에서는 분명한 관계가 있음을 살펴볼 수 있다. 예를 들어, 시간이 지남에 따라 모듈이 온도의 변화가 있으며, 모듈의 온도와 발전량 간에는 상당히 밀접한 관련이 있음을 알 수 있다.

## 5. 피벗테이블

피벗테이블(Pivot table)은 엑셀에서 가장 강력한 툴로 방대한 양의 데이터로부터 구성된 데이터베이스에서 필요한 데이터만 추출하여 원하는 표를 만들고자 할 때 사용한다. 예를 들면, 앞의 실습 데이터에서 66명의 배우 중 남성과 여성의 연봉 차이를 알아보고자 한다면 피벗테이블 마법사를 이용하여 간단한 표를 재구성할 수 있다. 피벗테이블은 데이터를 "slice and dice"를 지원하여 다차원 분석이 가능하다. 또한 변수의 도수분포표를 만드는 데 유용한 도구이며, 분할표(contingency table)을 만드는 데도 이용된다. 다음은 피벗테이블을 만드는 과정이다.

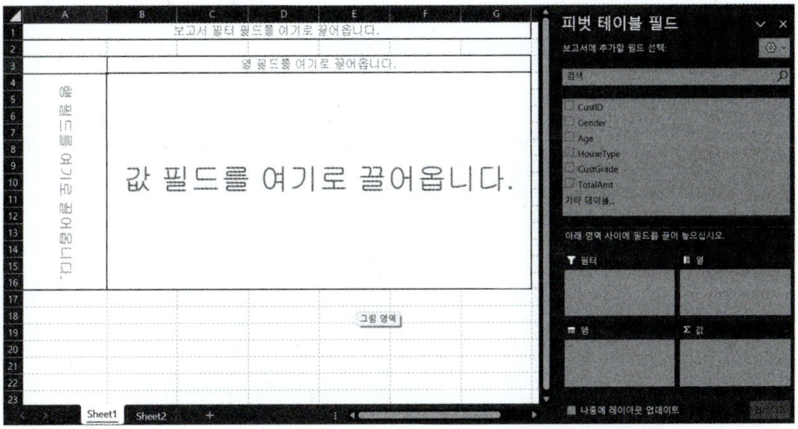


[그림 2.11] 피벗테이블 생성 과정 1

[그림 2.11]에서 피벗테이블 만들기 다이얼로그(dialog) 박스에서 표 범위 선택 후 레이아웃 버튼을 클릭한 후에 다음의 작업을 수행한다. 4개의 영역에 추가할 테이블필드 버튼을 드래그한다; 열 필드, 행 필드, 보고서 필터 필드 등의 해당 영역에 필드를 드래그함으로 변수의 범주별로 데이터를 분할하도록 도와준다.

다음의 그림은 행 레이블에 Gender를, 데이터에 Gender를 드래그하였다. 피벗테이블 마법사를 한 결과 다음과 같은 결과를 얻을 수 있다.

| | A | B |
|---|---|---|
| 1 | | |
| 2 | | |
| 3 | **개수 : Gender** | |
| 4 | **Gender** | **요약** |
| 5 | 1 | 29 |
| 6 | 2 | 39 |
| 7 | **총합계** | **68** |

[그림 2.12] 피벗테이블 결과

결과 테이블은 68명의 쇼핑몰 고객 중 남성은 29명, 여성은 39명임을 보여준다. 그렇다면 전체에서 남성과 여성의 수가 각각 차지하는 비율이 얼마인지를 알아보자. 값 필드 숫자 부분에서 오른쪽 버튼을 누르면 [그림 2.13]과 같이 메뉴가 표시되며, 이중에서 값 표시형식 부분에서 열 합계 비율을 선택한다.

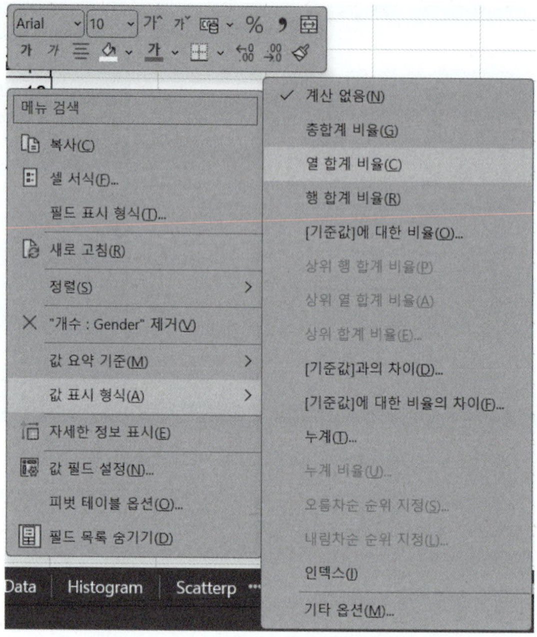


[그림 2.13] 전체 배우 중 성별 비율 도출 과정

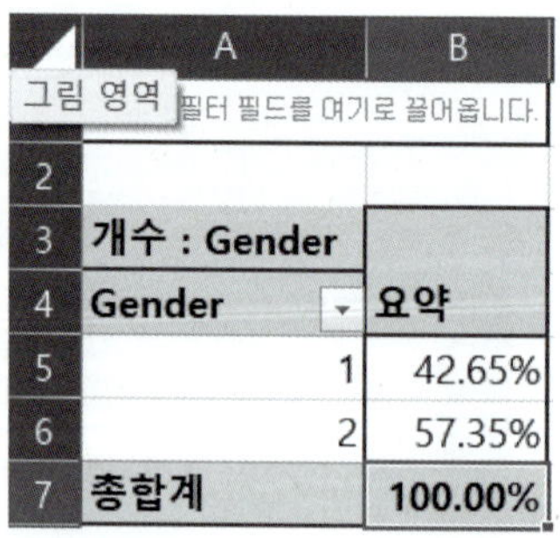


[그림 2.14] 전체 배우 중 성별 비율 도출

위와 같은 과정을 거쳐 다음과 같은 피벗테이블을 얻을 수 있다. 결과를 시각화하기 위해서 삽입 메뉴에서 피벗 차트 메뉴를 선택하면 된다.

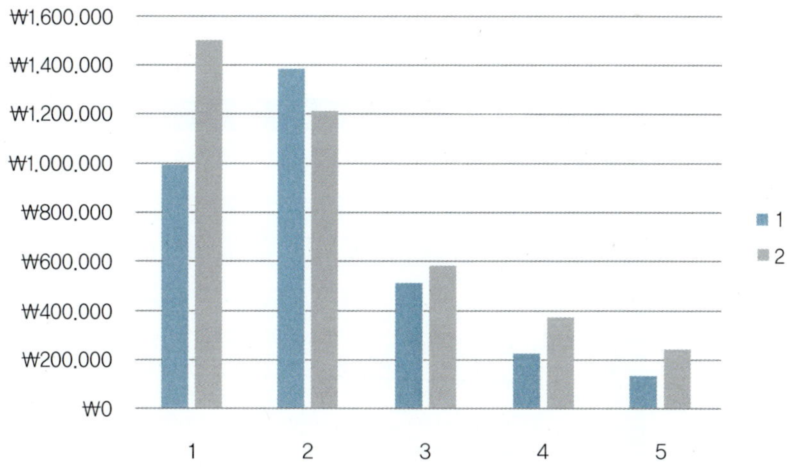


**[그림 2.15]** 성별 비율에 대한 피벗 차트

이 차트는 배우의 57.35%가 남성임을 보여준다. 이것이 가치 있는 발견일까? 전체 여성 고객과 남성 고객으로부터 선택된 68명의 고객들이 적절하게 추출된 표본일까? 이러한 점에서 우리는 명확한 결론을 내기가 어렵다. 샘플링의 기본적인 원칙에 따르면 표본 추출된 샘플 데이터는 중요한 정성적인 변수의 항목별로 골고루 분포되도록 추출되는 것이 바람직하다. 즉, 전체 고객의 비율이 남성 대 여성의 비율이 4:6 정도가 된다면 바람직하게 샘플 데이터가 추출된 것이라고 판단할 수 있다.

위 실습을 통해 알 수 있는 피벗 차트의 특징은 이 차트가 피벗테이블과 연결되어 있다는 것이다. 즉, 피벗테이블에 어떠한 변경이 생긴다면 피벗 차트 역시 자동으로 변경될 것이다.

하지만 여전히 남성과 여성의 한 달간 구매금액(TotalAmt)이 차이가 있는지를 알지 못한다. 따라서, 남성과 여성에 따른 TotalAmt의 차이를 조사할 수 있는 피벗테이블을 만들어 비교해 보아야 한다. 비교하기 위해서는 다음과 같은 과정을 거치게 된다.

(1) 시트 내 값 필드에 커서를 위치시킨다.
(2) 피벗테이블 필드 박스에서 TotalAmt 필드를 행 필드로 드래그하고, Gender를 열 필드로 Gender를 데이터 필드로 드래그한다.

이 과정을 마치면 다음의 피벗테이블이 생성된다.

| | A | B | C | D |
|---|---|---|---|---|
| 1 | 보고서 필터 필드를 여기로 끌어옵니다. | | | |
| 2 | 그림 영역 | | | |
| 3 | **합계 : Gender** | **Gender** | | |
| 4 | **TotalAmt** | **1** | **2** | **총합계** |
| 5 | 25000 | 1 | | 1 |
| 6 | 38000 | 1 | | 1 |
| 7 | 48000 | 1 | | 1 |
| 8 | 49000 | 1 | | 1 |
| 9 | 55000 | 1 | | 1 |
| 10 | 56000 | 1 | | 1 |
| 11 | 63000 | 1 | | 1 |
| 12 | 69800 | 1 | | 1 |
| 13 | 72000 | 1 | | 1 |
| 14 | 99000 | | 2 | 2 |
| 15 | 124000 | | 2 | 2 |
| 16 | 124430 | 1 | | 1 |
| 17 | 130000 | 1 | | 1 |
| 18 | 135000 | 1 | | 1 |
| 19 | 137000 | 1 | | 1 |
| 20 | 144000 | | 2 | 2 |
| 21 | 145827 | 1 | | 1 |
| 22 | 154173 | 1 | | 1 |
| 23 | 169895 | | 2 | 2 |

**[그림 2.16]** 성별에 따른 salary에 대한 피벗테이블

이 피벗테이블은 너무 상세하게 데이터를 보여준다. 데이터를 간단히 보기 위해서는 TotalAmt를 특정 범위에 따라 그룹화할 것이다. 그룹화하기 위해서는 다음과 같은 과정을 거치게 된다.

(1) TotalAmt column 어느 셀에서라도 오른쪽 마우스 버튼을 클릭한다.

(2) 그룹 메뉴 아이템을 선택한다.

(3) 그룹의 시작은 0, 단위(증가량)는 500000으로 설정한다.

| 합계 : Gender | Gender |  |  |
|---|---|---|---|
| TotalAmt | 1 | 2 | 총합계 |
| 0-499999 | 25 | 36 | 61 |
| 500000-999999 | 2 | 22 | 24 |
| 1000000-1499999 | 2 | 6 | 8 |
| 1500000-1999999 |  | 10 | 10 |
| 2000000-2499999 |  | 4 | 4 |
| 총합계 | 29 | 78 | 107 |

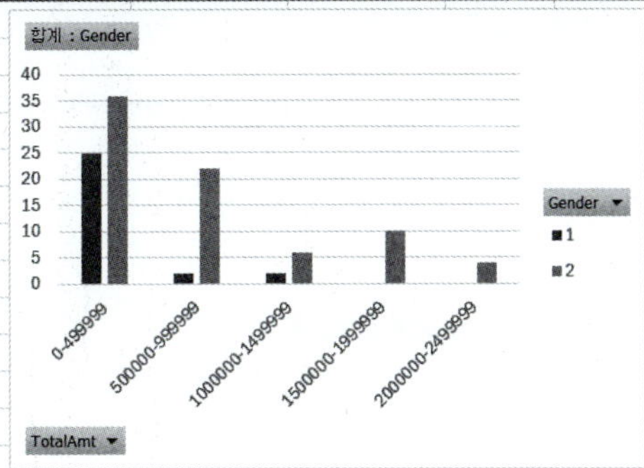


**[그림 2.17]** 성별에 따른 salary 범주화

이제 남성과 여성의 TotalAmt를 비교해 볼 수 있다. 구간별로 왼쪽에 위치한 남성의 히스토그램을 보면, 0-499999 사이에 25명이 몰려 있으며, 1500000 이후의 구간에는 한 명도 없다. 구간별로 오른쪽에 위치한 여성의 히스토그램을 보면, 0~499999 사이 구간에 가장 많은 36명이 위치해 있으며, 1500000 이상의 구간에도 많은 여성들이 위치해 있다. 심지어 2000000 이상에 4명이나 있는 것을 볼 수 있다.

이 히스토그램을 통해 살펴본 바에 따르면, 남성 고객들은 낮은 값에 많이 분포되어 있으며, 여성 고객들은 높은 값에 많이 분포되어 있는 것을 발견할 수 있다. 이에 따라 남성과 여성 배우들 간의 TotalAmt의 차이가 있는지를 본격적으로 살펴보도록 하자.

성별 TotalAmt를 비교하는 또 다른 방식은 성별 TotalAmt 평균을 비교해 보는 것이다. 성별 TotalAmt 평균을 구하기 위해서는 다음과 같은 과정을 거치게 된다.

피벗테이블 마법사에서 행 필드에 Gender를, 데이터 필드에 TotalAmt를 드래그한 후 '개수: TotalAmt'를 클릭하여 값 필드 설정 메뉴에 들어가서 선택한 필드의 데이터를 평균으로 선택한 후 확인 버튼을 누르면 '평균: TotalAmt'로 바뀐다.

값이 소수점으로 표기되므로 간단하게 보기 위해 표시형식 버튼을 눌러서 범주를 통화로 선택한 후, 소수자릿수를 0으로 설정하고 기호를 ₩로 선택한다.

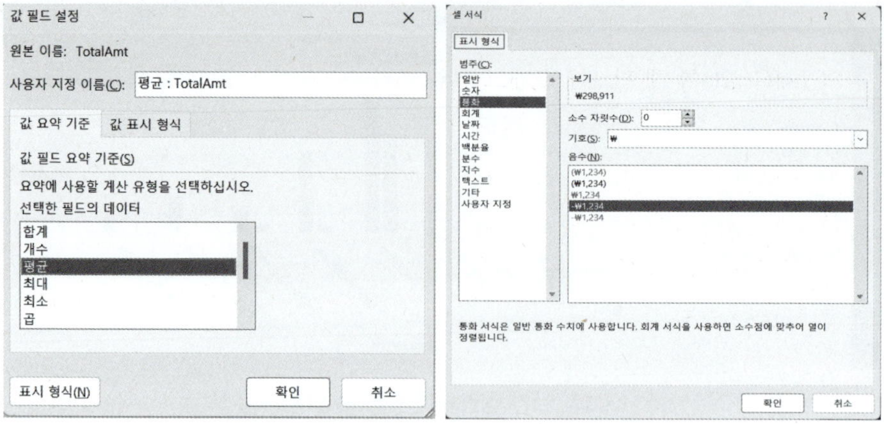


[그림 2.18] 피벗테이블 값 필드 설정과 표시형식 설정

위와 같은 과정을 거치면 다음과 같은 피벗테이블과 피벗 차트가 출력된다.

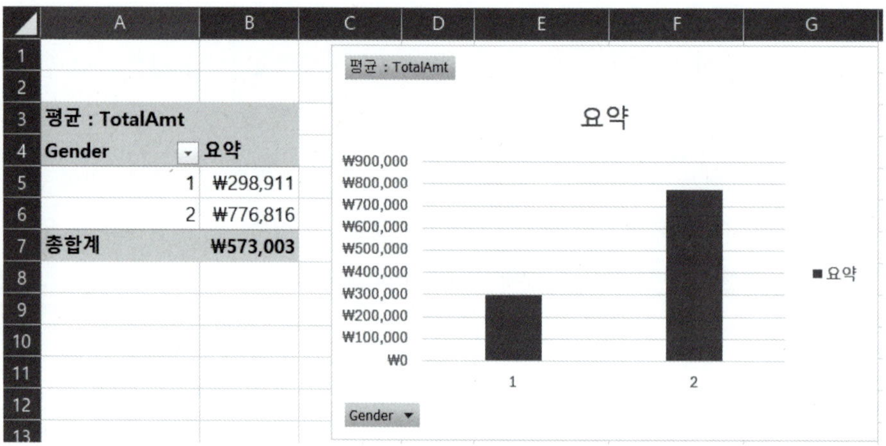


[그림 2.19] 성별에 따른 TotalAmt 평균

위 결과를 해석해 보면, 여성 고객들이 남성 고객들에 비해 TotalAmt에서 상당히 큰 평균값을 가지는 것을 알 수 있다. 지금까지의 분석을 보면 해당 쇼핑몰에서는 남성과 여성 간의 구매금액 간에 차이가 있음을 알 수 있다.

하지만 이것은 여성 고객들이 해당 월에 남성 고객들보다 많은 소비를 한 것이며, 고객 등급에 따라 TotalAmt를 살펴보는 것이 좋을 수 있다. 이에 대한 자세한 분석을 수행하기 위해 고객 등급(CustGrade)값에 따른 남성과 여성 고객들에 대한 평균 TotalAmt를 봐야 한다. 그러기 위해 다음과 같은 과정을 거치게 된다.

(1) CustGrade를 행 필드에 드래그한다.
(2) Gender를 열 필드에 드래그한다.
(3) TotalAmt를 값 필드에 드래그한다. 이때, TotalAmt는 값필드 설정 메뉴에서 평균에 의한 요약으로 한다.
(4) CustGrade는 1등급(초우량)부터 5등급(일반)으로 그룹화된 정성적 변수이므로 그룹화 메뉴를 사용하지 않고 그대로 사용할 수 있다.
(5) 값 필드에서 오른쪽 버튼을 눌러 값 필드설정 메뉴로 들어가서, 표시형식 버튼을 눌러서, 범주를 통화로 선택한 후 소수자릿수를 0으로 설정하고 기호를 ₩으로 선택한다.

| | A | B | C | D |
|---|---|---|---|---|
| 1 | | | | |
| 2 | | | | |
| 3 | **평균 : TotalAmt** | **Gender** | | |
| 4 | **CustGrade** | **1** | **2** | **총합계** |
| 5 | 1 | ₩995,500 | ₩1,499,180 | ₩1,436,220 |
| 6 | 2 | ₩1,388,871 | ₩1,216,367 | ₩1,247,731 |
| 7 | 3 | ₩510,553 | ₩584,809 | ₩566,245 |
| 8 | 4 | ₩225,207 | ₩372,755 | ₩313,736 |
| 9 | 5 | ₩140,157 | ₩248,825 | ₩173,593 |
| 10 | **총합계** | **₩298,911** | **₩776,816** | **₩573,003** |

[그림 2.20] CustGrade와 성별에 따른 TotalAmt에 대한 피벗테이블

이 피벗테이블의 결과를 살펴보면, CustGrade, 즉 고객 등급 수준별로 평균 구매금액 수준을 보여주는 자료이다. 1등급 고객 구간의 평균 TotalAmt 값을 살펴보면 전체 평균값은 1,436,220원이며, 남성은 995,500원이고, 여성은 11,499,180원이므로 5개의 고객 등급 중 가장 큰 구매금액을 보여 주고 있으며, 성별로도 차이가 있음을 확인할 수 있다. 또한, 고객 등급별로 살펴보면 1등급으로부터 5등급의 평균값이 차이가 있음을 확인할 수 있다. 결국, 구매금액에 영향을 미치는 필드는 성별과 고객 등급 모두 영향을 미치는 것을 알아볼 수 있었다.

과연 이 데이터를 분석한 여러분의 생각은 어떠한가?

# 참·고·문·헌

S. Christian Albright, Wayne Winston, and Christopher Zappe (2005). Student Solutions Manual for Albright/Winston/Zappe's Data Analysis and Decision Making with Microsoft Excel. Boston:Cengage Learning.

김양렬, 민충기 (2001). 경영 경제 통계학. 서울: 명경사.

김희탁, 유한주, 황복주 (2002). Excel을 활용한 통계학. 서울: 법문사.

강금식 (1999). Excel 통계분석. 서울: 박영사.

# 연·습·문·제

**1.** 데이터셋의 필드가 가지는 4가지 데이터 유형에 대해서 설명하시오.

**2.** 첨부한 공기질 데이터를 보고 다음의 분석을 수행하시오,

1) 필드들을 4가지 유형에 따라 구분하시오,
2) PM10 데이터 필드에 대하여 히스토그램을 작성하고 의미에 대하여 해석하시오.
3) 월, 계절, shift 등의 필드가 PM10의 값에 영향을 주는지 피봇 테이블을 사용하여 분석하시오.
4) 3)번 항목의 정성적 필드 이외에 정량적 필드가 PM10에 영향을 주는지 분석하시오,

3

CHAPTER

# 데이터 마이닝 프로세스

이 장에서는 빅데이터 분석을 수행하기 위한 전반적인 프로세스를 단계에 따라 살펴본다. 데이터 마이닝 기법별로 어떠한 목적으로 활용될 수 있는지에 대해서도 살펴본다. 또한, 빅데이터 분석의 시작점이라고 할 수 있는 사전 전처리 단계에 대해서 간단하게 설명한다. 마지막으로 실제 사례 데이터를 이용하여 선형회귀분석 알고리즘을 적용하는 과정을 같이 진행해 본다.

1. 데이터 마이닝 기법
2. 지도학습과 자율학습
3. 데이터 마이닝 단계
4. 데이터 마이닝 사전 단계
5. 모형 구축: 선형 회귀분석을 이용한 예제

## 1. 데이터 마이닝 기법

데이터 마이닝은 목적에 따라 다양한 용도로 사용될 수 있다. 이 기법들을 기본적인 목적에 따라 분류할 때, 분류, 예측, 연관성 규칙, 군집화, 데이터 축소, 데이터 탐색, 데이터 시각화로 구분할 수 있다.

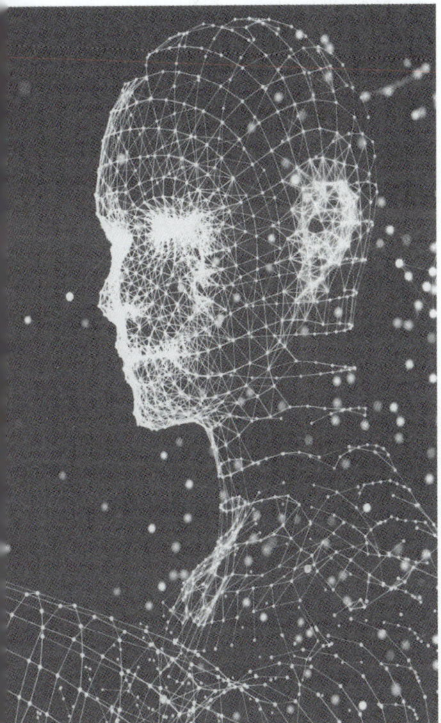

### (1) 분류

분류(classification)는 데이터 분석의 가장 기본적인 형태로, 범주형 변수의 범주를 예측하는 것을 일컫는다. 예를 들어, 암환자는 종양의 크기, 모양, 각종 검사의 결과 등을 바탕으로 악성/양성 여부를 판단하여 암환자인지 아닌지로 분류한다. 또한, 대출 신청자는 제때 또는 늦게 돈을 갚거나 파산을 선언하는 사람으로 분류하고, 마케팅에서는 광고를 보고 반응할 것인가 아닌가로 분류한다. 이러한 분류 규칙을 유도하기 위한 과거 데이터를 학습 표본(learning or training sample)이라 한다. 기계학습 이론에서는 학습 표본을 이용하는 경우 지도학습(supervised learning), 그렇지 않은 경우를 비지도학습 또는 자율학습(unsupervised learning)이라 한다. 따라서 분류는 지도학습에 속한다.

분류를 위한 기법은 로지스틱 회귀분석(logistic regression), 판별분석(discriminant analysis), 트리기반분석(tree-based analysis), 신경망 등이 있다.

### (2) 예측

예측(prediction)은 범주형 변수보다는 수치형 변수의 값을 예측한다는 점을 제외하고는 분류 문제와 유사하다. 예를 들어, 중고차 가격을 예측하는 상황에 적용될 수 있다. 중고차 가격을 예측하기 위해서는 차량의 연식, 주행거리, 제조사, 자동변속 여부, 엔진용량 등의 데이터를 이용하여 추정값을 수치값으로 제시할 수 있다. 예측은 집단의 범주 예측과 수치 예측에 모두 사용할 수 있다.

### (3) 연관성 규칙

연관성 규칙(association rules)이란 데이터에 숨어 있는 항목 간의 관계를 탐색하는 것을 말한다. 주로 'A가 일어나면 B가 일어난다.'는 식의 간단한 규칙을 추출하는 경우가 대부분이다. 예를 들어, 식료품점에서 할인쿠폰을 발행하기 위해 고객이 구매하는 모든 물품을 조사하여 물품 간의 연관성을 파악한 후 어떤 물품을 할인할지를 결정한다. 아마존(Amazon.com) 등의 온라인 상점들은 고객에게 새로운 구매를 추천해 주는 추천 시스템의 핵심기법으로 이 기법들을 사용하고 있다.

### (4) 군집화(비즈니스 인텔리전스를 위한 데이터 마이닝 16p)

하나의 객체(object)가 여러 속성(attribute)을 갖는다고 하고 이러한 객체가 다수 있다고 할 때, 군집분석이란 유사한 속성들을 갖는 객체들을 묶어 전체의 객체들을 몇 개의 그룹 또는 군집(cluster)으로 나누는 것을 말한다. 즉, 군집화를 통해 한 군집 내의 객체들은 서로 높은 유사성을 지니지만, 다른 군집에 있는 객체들과는 매우 상이하도록 하는 것이다. 예를 들어, 회사에서 관리하는 고객들에 대하여 구매 행태를 반영하는 속성들에 대한 데이터가 수집된다고 할 때 유사한 구매 행태를 보이는 고객들을 서로 그룹핑하는 것을 군집분석이라 할 수 있다.

### (5) 데이터 축소

분별력이 있는 데이터 분석이 되기 위해서는 일반적으로 복잡한 데이터를 단순한 데이터로 정제시켜야 한다. 데이터 축소(data reduction)는 이렇게 대량의 변수 또는 레코드들을 작은 변수군 또는 레코드 집합으로 병합하는 과정을 말한다. 즉, 데이터 축소 기법은 데이터 규모 면에서 훨씬 작지만, 원본 데이터의 원형을 거의 유지하는 데이터 집합의 축소판을 얻는 데 적용된다. 따라서 축소된 데이터 집합에 대한 마이닝은 더 효율적이면서도 축소 전의 데이터와 동일한 분석 결과를 산출해 낼 수 있어야 한다.

### (6) 데이터 탐색

데이터를 완전하게 이해하기 위해서는 세부적인 데이터 특성을 유지하면서 데이터 전체의 특성을 파악할 수 있도록 데이터의 척도 또는 차원을 축소시킬 필요가 있다. 즉, 비슷한 정보를 내포하고 있는 서로 유사한 변수들은 이를 통합하여 하나의 단일 변수로 병합될 수 있다. 이와 비슷하게 레코드 관점에서는 서로 비슷한 레코드들을 하나의 레코드 그룹으로 통합시킬 수 있다.

### (7) 데이터 시각화

데이터가 어떤 정보를 갖고 있는지를 보기 위한 기법으로는 그래프 분석이 있다. 이 기법은 변수 간의 관계를 보는 것뿐만 아니라 각각의 변수를 개별적으로 조사한다. 수치형 변수에 대해서는 그 변수값의 분포를 파악하고 극단치(outlier)를 찾아내며, 분석업무와 관련된 다른 정보를 발견하기 위해 히스토그램과 상자그림(boxplot)을 이용한다. 이와 유사하게 범주형 변수에 대해서는 차트(charts)와 원형차트(pie charts)를 이용한다. 또한, 변수 간의 가능한 관계들, 관계유형, 그리고 극단치를 찾기 위해 한 쌍의 수치형 변수에 대한 산점도(scatter plots)를 조사할 수 있다.

## 2. 지도학습과 자율학습

데이터 마이닝 기법에서 지도학습과 자율학습 간에는 서로 기본적인 차이가 있다. 지도학습 알고리즘(supervised learning algorithms)은 분류와 예측을 위해 사용되는 알고리즘이다. 이를 위해서는 이용 가능한 데이터가 있어야 하고, 주요 출력변수의 값이 알려져 있어야 한다. 분류 또는 예측 알고리즘은 학습용 데이터(training data)를 이용하여 예측변수와 출력변수 간의 관계를 '학습' 또는 '훈련'하게 된다. 출력변수의 값을 예측하기 위하여 예측변수의 결합을 통해 특정한 형태의 모형을 적합시키게 된다.

예를 들면, 단순선형 회귀분석의 경우 예측 변수들에 가중치를 적용하고 가중치가 적용된 변수들의 선형 결합에 의해 출력변수의 값을 추정하게 된다. 일단 알고리즘이 학습용 데이터로부터 학습된 후에는 다른 수리적 모형 등을 갖는 모형과 비교하여 얼마나 좋은 성과를 나타내는지를 살펴보기 위해 출력변수를 가진 또 다른 데이터 표본(평가용 데이터)에 이 알고리즘을 적용한다. 한편, 여러 가지 다른 모형들을 적용해 본 후, 최종 모형이 얼마나 좋은 성과를 가질지를 예측하기 위해서는 최종 선택 모형에 사용될 출력변수를 포함한 제3의 표본(검증용 데이터)을 준비해 둘 필요가 있다. 마지막으로 출력값이 알려지지 않은 새로운 사례에 대해서 모형을 이용하여 출력값을 분류 또는 예측한다.

자율학습 알고리즘(unsupervised learning algorithms)은 예측 또는 분류를 위해 필요한 출력변수가 없는 경우에 사용되는 알고리즘이다. 따라서 출력변수가 알려져 있는 사례들과 같은 학습과정은 존재하지 않는다. 자율학습기법의 예로는 연관성 규칙, 데이터 축소, 군집분석 등이 있다.

## 3. 데이터 마이닝 단계

### (1) 데이터 마이닝 프로젝트의 목적을 파악하거나 데이터 마이닝 프로젝트의 적용 가능성을 파악한다

### (2) 분석에서 사용될 데이터를 획득한다

이 단계는 분석에 사용될 레코드를 파악하기 위해 대량의 데이터베이스에서 무작위로 표본을 추출하는 것을 말한다. 이는 또한 상이한 데이터베이스에서 데이터를 합치는 것을 의미하기도 한다. 여기서 데이터베이스는 내부 데이터(예를 들어 고객의 과거구매 데이터)이거나 외부 데이터(신용등급 데이터)일 수 있다. 데이터 마이닝은 매우 큰 데이터베이스를 다루며, 대개의 경우 수천, 수만 개의 레코드를 필요로 한다.

### (3) 데이터를 사전처리한다

이 단계는 데이터의 불완전, 불일치, 오염을 처리하는 과정이다. 즉, 결측치를 어떻게 처리해야 하는가, 이상치를 어떻게 처리해야 하는가와 범주화한 항목에 이용되는 품목 코드에서의 불일치를 어떻게 처리해야 하는가에 대한 과정이다. 또한 변수에 대한 정의, 측정단위, 측정기간 등에 대해 일관성을 확인할 필요가 있다.

### (4) 필요한 경우 데이터를 축소하고 지도학습의 경우 데이터를 학습용, 평가용, 검증용 데이터 집합으로 분할한다

이 단계는 "내가 분석을 위해 선택한 데이터가 너무 거대해서 마이닝 진행 절차를 지연할 것으로 보인다. 마이닝 결과를 나쁘게 하지 않고 데이터 집합의 크기를 줄이는 어떤 방법이 없을까?"에 대한 내용이다. 즉, 데이터 집계, 속성의 부분선택, 차원축소, 숫자 규모의 축소 등 데이터를 축소하는 과정인 것이다. 각 변수가 무엇을 의미하는지와 모형에서 변수를 포함하는 것이 타당한지 여부를 확인해야 한다.

#### (5) 데이터 마이닝의 업무를 결정한다

이 단계는 제1단계의 일반적인 질문을 좀더 구체적인 통계적 질문으로 변환하는 것을 의미한다. 즉, 데이터 마이닝 프로젝트의 목적에 맞는 분석유형을 선택하는 단계로 분류, 예측, 군집화, 연관성 규칙 등에서 가장 적합한 것을 선택하면 된다.

#### (6) 사용할 데이터 마이닝 기법들을 선택한다

이 단계에서는 만약 위에 단계에서 군집화를 선택하였다면, 군집화를 위한 많은 알고리즘 중 가장 적합한 알고리즘을 선택해야 하는 단계이다.

#### (7) 알고리즘을 적용하여 데이터 마이닝 작업을 수행한다

이 단계는 일반적으로 반복적인 과정으로서, 하나의 알고리즘 내에서 설명 변수 또는 알고리즘의 세부 선택조건 등을 달리하여 적용하는 등 다양한 변인들을 적용해 본다. 이러한 조건들이 적절한 경우 평가용 데이터를 이용한 알고리즘의 성과로부터 피드백을 받아서 적합하게 개선되는 변인들을 사용하도록 한다.

#### (8) 알고리즘의 결과를 해석한다

이 단계는 모형이 얼마나 좋은 성과를 갖는지에 대해 평가하기 위해 검증용 데이터를 이용하여 최종 선택한 알고리즘을 평가하는 과정이다.

#### (9) 모형을 활용한다

이 단계는 모형을 운영시스템과 통합시키고 이를 의사결정하고 실행하는 데 실제 레코드를 적용하여 운영하는 것을 말한다. 예를 들어, 전화 마케팅에 반응할 고객을 예측하여 마케팅을 하는 행위를 말한다.

## 4. 데이터 마이닝 사전 단계

### (1) 데이터 집합의 구성

데이터 집합은 일반적으로 변수를 열 기준으로, 레코드를 행 기준으로 표기한다. 예를 들어, 야구선수 연봉(투수) 데이터 예제에서 볼 수 있듯이 수많은 투수 정보에 대해 23개 변수에 대한 값들이 기록되고 있다. 작업시트의 각 행은 한 선수의 정보를 나타내는데, 23개의 필드로 정의되어 있다. 지도학습의 경우 이 변수들 중의 관심 있는 변수를 선정하게 된다. 이 예제에서는 출력변수로서 2017, 2018년도 투수별 연봉 데이터(변수 이름: 2018_SALARY, 2017_SALARY)는 마지막 열에 위치하고 있다.

### (2) 데이터베이스로부터 표본 추출하기

현실에서는 원하는 모든 데이터를 얻을 수 없을 수도 있고, 충분한 데이터를 얻지 못할 수도 있다. 또한, 때에 따라서 가지고 있는 데이터를 모두 이용하고 싶지 않을 경우도 존재한다. 왜냐하면 모델을 만들기 위한 모든 가능한 패턴을 찾기 위해 모든 데이터를 이용하고 저장할 공간이 충분하지 않기 때문이다. 이러한 경우에 표본을 이용하게 되는 것이다.

### (3) 희소사건의 과대표본 추출

관심을 갖는 사건(예를 들어 광고에 반응하여 제품을 구매한 고객 데이터)이 희소할 경우, 이 데이터를 단순히 표본 추출하는 것은 그 사건(예를 들어 구매정보)의 수가 다른 집단에 비해서 상대적으로 더 적어지게 되기 때문에 해당 사건을 파악하기가 더욱 어려워진다. 이 경우에 비구매자에 대한 데이터로 대부분 채워지게 되고, 구매자와 비구매자를 판별해 주는 모형구축을 위해 필요한 데이터의 구성비가 한쪽으로 편중되는 문제가 발생하게 된다. 따라서 이런 상황에서는 표본이 추가적으로 구매자의 레코드를 충분히 가질 수 있도록 비구매자들과 비교해서 상대적으로 구매자들에게 더 많은 비중을 부여하는 표본 추출과정이 필요하다.

이진분류(binary classification)

이러한 문제는 주로 **이진분류**(binary classification) 문제에서 나타나는데, 그 이유는 반응변수가 거의 대부분 비반응의 값을 갖기 때문이다. 이와 같은 원칙은 예측문제에도 확장될 수 있지만, 대부분의 반응변수 값이 비반응인 예측문제에서 발생되며, 이러한 문제의 경우 과연 반응 값과 비반응 값을 판별할 수 있는지에 대한 의문이 높아지게 된다. 여기서는 편의상 판매 촉진을 수행한 후 이에 반응하는 고객과 반응하지 않는 고객을 언급하고 있지만, 실제로는 0/1의 이진 값으로 표기한다.

#### (4) 데이터의 전처리와 정제과정

- 변수의 유형
  - 변수는 수치형 변수와 텍스트형(또는 문자형) 변수 두 가지가 있다. 이 변수들은 연속형(대개 주어진 범위 내의 실수로 간주함), 정수형(오직 정수값을 취함), 그리고 범주형(일정 범위의 값을 하나의 범주로 가정함)으로 나뉜다.
  - 범주형 변수는 수치형(1, 2, 3) 또는 텍스트형(현금결제, 비현금결제, 파산)으로 구분되며, 북아메리카, 유럽, 그리고 아시아 등의 순위정보를 갖지 않는 범주형(명목형 변수)과 높은 값, 낮은 값, 0의 값 등으로 순위 정보를 갖는 범주형(순위형 변수)으로 나뉜다.

- 변수 선정

  모형의 변수선정에 대해 말하자면, 변수가 많을수록 모형이 꼭 더 좋은 것은 아니다. 다른 조건이 동일할 때 모형에 바람직한 특징은 간명성(parsimony) 또는 간결성(compactness)이다. 한 가지 이유는 변수를 많이 포함할수록 변수들 간의 관계를 평가하기 위해 필요한 레코드의 수가 더 크게 증가한다는 것이다. 단일 변수 X를 이용하여 X와 Y의 관계에 대한 대략적인 개념을 보여주기 위해서는 15개의 레코드로도 충분하다. 만약 Y와 15개 변수들, …, 간의 관계에 대한 정보를 알고 싶은 경우 15개의 레코드로는 불충분할 것이다(여기서 각 변수별 Y와의 추정된 관계는 오직 하나의 레코드의 정보가치를 평균값으로 사용하게 되며, 이로 인해서 추정치는 매우 신뢰할 수 없게 된다).

- 극단치
  - 극단치(Outlier)는 한 데이터가 나머지 대부분의 데이터 변수와 속성이 매우 다르거나 변수 값이 통상 기대되는 값의 범위를 벗어나는 경우를 의미한다.
  - 분석가들은 "평균으로부터 표준편차의 3배보다 더 멀리 떨어져 있는 값은 극단치에 해당한다."와 같이 경험에 의한 법칙을 사용한다. 극단치와 잡음(noise) 데이터는 혼동될 수 있는데 극단치는 적법한 데이터로서 변수 값이 다른 데이터와 많이 다른 것을 의미하고, 잡음 데이터는 측정기구의 잘못이

라든가 인위적인 실수 등에 의해 나타난 이상한 변수 값을 의미한다.

- 결측치
  - 데이터에서 하나 또는 그 이상의 변수 값이 결측(missing)인 경우가 자주 나타날 수 있다. 결측값은 정보가 수집되지 않은 경우도 있고, 또 어느 경우에는 응답자가 거부하여 발생할 수도 있다. 데이터 마이닝 기법 중에는 결측값의 유무에 관계없이 적용할 수 있는 모형도 있다. 하지만 결측값이 있으면 적용할 수 없는 모형은 적절한 방법으로 결측값을 추정하여야 한다.
  - 데이터의 수가 충분한 경우 결측값을 처리하는 간단한 방법은 결측값을 포함하는 데이터를 제거하는 것이다. 결측 데이터가 많지 않은 경우에 사용할 수 있는 방법이지만, 유용한 정보의 손실이 많기 때문에 주의하여야 한다. 다른 방법은 결측값을 예측하는 것이다. 예측에는 해당 변수의 평균이나 중앙값을 이용할 수도 있다. 또 결측 데이터의 나머지 변수 값과 같은 데이터들만 찾아낸 후, 이 데이터들의 변수 값의 평균이나 중앙값을 이용할 수 있다.

- 얼마나 많은 변수와 데이터가 사용되어야 하는가?

  통계학에서는 데이터 집합과 모형의 신뢰성을 달성하기 위해 얼마나 많은 레코드가 필요한지 어느 정도 알 수 있는 절차를 제공한다. 데이터 마이닝의 요구사항이 비교적 상세하지 않으므로 대개의 경우 경험에 의한 법칙(rules of thumb)에 의존해서 데이터 마이닝 작업을 수행한다. 한 가지 유용한 경험에 의한 법칙은 모든 예측변수는 각각 10개의 레코드를 가져야 한다는 것이다. 분류모형 절차에 대해 Delmaster and Hancock(2001, p.68)이 사용한 또 다른 규칙은 최소한 6*m*p개의 레코드를 가져야 한다는 것으로서 m은 출력변수의 집단의 수이고, p는 변수의 개수를 뜻한다.

정규화(표준화)

- 데이터의 **정규화(표준화)**

  어떤 알고리즘의 경우에는 모형을 효과적으로 학습시키기 위해서 사전에 데이터에 대한 정규화 작업을 필요로 한다. 데이터를 정규화시키기 위해서는 각 데이터에서 평균값을 뺀 후, 그 값을 표준편차로 나눈다. 사실상 정규값은 평균으로부터 벗어난 표준편차의 수를 말하며, Z 점수(Z-score)로 불린다.

### (5) 분할 표본의 사용과 생성

사전에 분류된 데이터를 획득한 후, 데이터를 분할할 때 보통 세 집합으로 나눈다 – 학습용 집합, 검증용 집합, 평가용 집합. 첫 번째 부분인 학습용 집합(training set)은 처음 모델을 만들 때 사용된다. 두 번째 부분인 검증용 집합(test set)은 최초의 모델을 일반화하거나 학습용 집합의 특이점을 줄이는 데 사용된다. 세 번째 부분인 평가용 집합(evaluation set)은 새로운 데이터를 적용했을 때 모델의 효과를 측정하기 위해 사용된다. 세 데이터 집합은 각각의 단계에서 사용되기 때문에 필요하다. 하지만 각 단계에서 사용된 데이터는 모델의 일부가 되기 때문에 다음 단계에서는 사용되지 않는다.

데이터를 학습용, 검증용, 평가용 집합으로 나누는 작업은 미리 결정된 비율에 따라서 무작위로 이루어지거나, 어떤 특정 변수나 해당 레코드가 어느 분할표본에 속하는지를 결정해 주는 방식으로 이루어진다. 예를 들어, 시계열 예측에서는 시간 순으로 데이터가 분할된다. 대부분의 사례에서 데이터 분할 과정은 편향적으로 이루어지는 것을 피하기 위해서 무작위로 이루어져야 한다. 또한 번거롭기는 하지만 데이터를 연속해서 분할하는 방법으로는 3개 이상의 분할표본으로 나누는 것, 즉 초기 데이터를 3개의 집합으로 나눈 후 이 집합 중 하나에 대해 다시 데이터를 분할하는 방법이 있다.

학습용 집합과 검증용 집합, 평가용 집합을 나누어 사용하는 이유는 다수의 모형을 평가한 후 가장 좋은 성과를 나타낸 모형을 선정하기 위해 평가용 데이터를 사용할 때 다시 한번 과적합화의 문제에 직면하게 되기 때문이다.

과적합화의 문제 – 만약 학습용 집합에서 홍길동이라 불리는 모든 사람들이 수익 고객이라면, 지식 발견 툴은 홍길동이라 불리는 다른 사람들도 모두 수익 고객이라고 결론 내릴 것이다. 즉, 학습용 데이터와 같은 단어의 데이터를 모두 같게 예측하는 경향을 과적합화(overfitting)라 부른다. 과적합화를 줄이는 방법은 검증용 데이터를 통해 모델을 평가하는 것이다. 이제까지 사용하지 않은 새로운 검증용 데이터를 모형에 적용한다면 이 모형이 새로운 데이터에 대해 얼마나 좋은 성과를 갖는지에 관한 불편 추정치를 얻을 수 있기 때문이다.

## 5. 모형 구축: 선형 회귀분석을 이용한 예제

(1) 야구선수 연봉(투수) 데이터

야구선수 연봉 데이터는 KBO에서 제공되는 공공데이터로 본 실습에서는 투수들의 2017, 2018년도 연봉에 관한 데이터셋을 사용한다. 데이터셋은 총 23개의 변수로 구성되어 있으며, 각 변수들은 다음과 같다. 종속변수는 SALARY_2018이다.

〈표 3.1〉 야구선수연봉(투수) 데이터 변수

| 변수명 | 변수 내역 |
|---|---|
| PLAYER | 선수 이름(영문) |
| TEAM | 소속 팀 이름(영문) |
| VICTORY | 투수의 승 수 |
| DEFEAT | 투수의 패 수 |
| SAVE | 투수의 세이브 수 |
| HOLD | 투수의 홀드 수 |
| BLOWN | 투수의 블론세이브 수(세이브 실패) |
| GAME | 경기 출장 횟수 |
| STARTER | 처음 나오는 투수 |
| INNING | 투구한 이닝 수 |
| STRIKE OUT/9 | 9이닝당 삼진의 평균 |
| BALLNET/9 | 9이닝당 볼넷의 평균 |
| HOMRUN/9 | 9이닝당 피홈런의 평균 |
| BABIP | 인플레이 타구의 타율 |
| LOB | 타자로 얻은 아웃이 아닌 잔루 비율 |
| ERA | 9이닝당 허용한 자책점의 평균 |
| RA9_WAR | 9이닝당 실점 기준 승리기여도 |
| FIP | 팀 수비 능력을 제외한 투수의 능력 |
| KFIP | FIP에서 삼진 비중이 더욱 강조된 지표 |
| WAR | 대체선수 대비 승리기여도 |
| SALARY_2017 | 2017년에 선수가 받은 연봉 |
| SALARY_2018 | 2018년에 선수가 받은 연봉 |

| PLAYER | TEAM | VICTORY | DEFEAT | SAVE | HOLD | BLOWN | GAME | STARTER | INNING | STRIKE OUT/9 | BALLNET/9 | HOMRUN/9 | BABIP | LOB | ERA | RA9_WAR | FIP | kFIP | WAR | SALARY_2018 | SALARY_2017 |
|---|---|---|---|---|---|---|---|---|---|---|---|---|---|---|---|---|---|---|---|---|---|
| Hyun-Jong Yang | KIA | 20 | 6 | 0 | 0 | 0 | 31 | 31 | 193.1 | 7.36 | 2.09 | 0.79 | 0.332 | 72.1 | 3.44 | 6.54 | 3.94 | 3.82 | 5.64 | 230000 | 150000 |
| Casey Kelly | SK | 16 | 7 | 0 | 0 | 0 | 30 | 30 | 190 | 8.95 | 2.13 | 0.76 | 0.342 | 73.7 | 3.6 | 6.91 | 3.69 | 3.44 | 6.62 | 140000 | 85000 |
| So-Sa | LG | 11 | 11 | 1 | 0 | 0 | 30 | 29 | 185.1 | 7.43 | 1.85 | 0.53 | 0.319 | 67.1 | 3.88 | 6.8 | 3.52 | 3.41 | 6.08 | 120000 | 50000 |
| Woo-ram Jung | HANWHA | 6 | 4 | 26 | 0 | 5 | 56 | 0 | 59 | 11.9 | 2.9 | 0.76 | 0.304 | 79.4 | 2.75 | 2.85 | 3.26 | 2.69 | 1.81 | 120000 | 120000 |
| Brooks Raley | LOTTE | 13 | 7 | 0 | 0 | 0 | 30 | 30 | 187.1 | 7.49 | 2.11 | 0.91 | 0.323 | 74.1 | 3.8 | 6.13 | 4.36 | 4.31 | 4.38 | 111000 | 85000 |
| Wo-Chaun Cha | LG | 10 | 7 | 0 | 0 | 0 | 28 | 28 | 175.2 | 8.04 | 1.95 | 1.02 | 0.298 | 75 | 3.43 | 6.11 | 4.2 | 4.03 | 4.63 | 100000 | 100000 |
| Won-Jun Jang | DOOSAN | 14 | 9 | 0 | 0 | 0 | 29 | 29 | 180.1 | 6.24 | 2.55 | 0.6 | 0.293 | 75.8 | 3.14 | 7.28 | 4.26 | 4.35 | 3.85 | 100000 | 100000 |
| Peaband | KT | 8 | 10 | 0 | 0 | 0 | 26 | 26 | 160 | 7.42 | 1.74 | 1.12 | 0.289 | 76.1 | 3.04 | 6.52 | 4.42 | 4.32 | 3.94 | 85000 | 35000 |
| Seong-Hwan Yoon | SAMSUNG | 12 | 9 | 0 | 0 | 0 | 28 | 28 | 174.1 | 6.71 | 1.91 | 1.14 | 0.305 | 72.7 | 4.28 | 5.36 | 4.78 | 4.8 | 3.03 | 80000 | 80000 |
| Pat Dean | KIA | 9 | 7 | 0 | 0 | 0 | 30 | 29 | 176 | 7.31 | 1.99 | 1.12 | 0.353 | 76.5 | 4.14 | 5.66 | 4.65 | 4.61 | 3.64 | 70000 | 70000 |
| Kyu-Min Woo | SAMSUNG | 7 | 10 | 0 | 0 | 0 | 27 | 25 | 133 | 6.77 | 1.56 | 1.29 | 0.334 | 60.6 | 5.21 | 1.48 | 4.95 | 4.98 | 2.14 | 70000 | 70000 |
| Seung-Lak Son | LOTTE | 1 | 3 | 37 | 0 | 5 | 61 | 0 | 62 | 9 | 1.6 | 1.02 | 0.311 | 89.9 | 2.18 | 3.91 | 3.69 | 3.37 | 1.82 | 70000 | 70000 |
| Dong-Hyun Lee | LG | 3 | 6 | 7 | 5 | 3 | 45 | 0 | 50.2 | 6.93 | 1.78 | 0.71 | 0.329 | 58.9 | 4.8 | 1.22 | 3.64 | 3.59 | 0.68 | 60000 | 60000 |
| Hee-Kwan Yoo | DOOSAN | 11 | 6 | 0 | 1 | 0 | 30 | 29 | 188.2 | 5.06 | 1.96 | 0.95 | 0.329 | 69.7 | 4.53 | 4.79 | 4.78 | 4.97 | 2.89 | 50000 | 50000 |
| Young-Soo Bae | HANWHA | 7 | 8 | 0 | 0 | 0 | 25 | 25 | 128 | 6.05 | 2.04 | 1.2 | 0.328 | 66.4 | 5.06 | 2.47 | 5.1 | 5.21 | 1.68 | 50000 | 55000 |
| Chang-Yong Lim | KIA | 8 | 6 | 7 | 9 | 5 | 51 | 0 | 50 | 10.44 | 3.96 | 0.54 | 0.356 | 75.9 | 3.78 | 1.4 | 3.69 | 3.35 | 0.96 | 50000 | 50000 |
| Gil-Hyun Yoon | LOTTE | 1 | 4 | 0 | 13 | 2 | 40 | 0 | 39.1 | 9.84 | 3.66 | 0.69 | 0.384 | 60.5 | 6.41 | -0.04 | 3.99 | 3.73 | 0.5 | 50000 | 50000 |
| Eun-Bum Song | HANWHA | 0 | 4 | 1 | 0 | 1 | 13 | 6 | 37.1 | 3.62 | 5.54 | 0.96 | 0.315 | 62.7 | 6.51 | 0.1 | 6.33 | 6.79 | -0.12 | 45000 | 45000 |
| Hyuk Kwon | HANWHA | 1 | 3 | 0 | 11 | 1 | 37 | 0 | 31.1 | 4.88 | 2.59 | 1.72 | 0.311 | 67.3 | 6.32 | 0.04 | 6.48 | 6.78 | -0.16 | 45000 | 45000 |
| Seung-Jun Song | LOTTE | 11 | 5 | 0 | 1 | 1 | 30 | 22 | 130.1 | 7.8 | 2.83 | 1.31 | 0.298 | 75.8 | 4.21 | 4.22 | 4.91 | 4.77 | 2.2 | 40000 | 40000 |
| Hyun-Seung Lee | DOOSAN | 3 | 2 | 5 | 9 | 7 | 57 | 0 | 52 | 6.58 | 2.77 | 0.69 | 0.349 | 77.2 | 3.98 | 1.69 | 4.25 | 4.3 | 0.53 | 40000 | 40000 |
| Young-Myung Ahn | HANWHA | 1 | 8 | 0 | 0 | 1 | 25 | 16 | 87.2 | 5.54 | 2.87 | 1.13 | 0.366 | 66.9 | 5.75 | 0.52 | 5.19 | 5.34 | 0.81 | 35000 | 20000 |
| Byung-Yong Chae | SK | 6 | 4 | 0 | 6 | 3 | 43 | 0 | 50 | 7.74 | 2.7 | 1.44 | 0.342 | 58.1 | 6.84 | -0.17 | 5.05 | 4.94 | 0.22 | 30000 | 25000 |
| Jae-Guk Ryu | LG | 8 | 6 | 0 | 0 | 0 | 25 | 25 | 131.1 | 7.33 | 3.77 | 0.69 | 0.327 | 63.5 | 5.35 | 1.53 | 4.79 | 4.84 | 2.15 | 29000 | 35000 |
| Se-Woong Park | LOTTE | 12 | 6 | 0 | 0 | 0 | 28 | 28 | 171.1 | 6.15 | 2.94 | 1.1 | 0.29 | 78.3 | 3.68 | 5.92 | 5.07 | 5.14 | 2.54 | 25000 | 10000 |
| Chang-Min Im | NC | 4 | 3 | 29 | 0 | 6 | 60 | 0 | 66 | 8.45 | 3.14 | 1.36 | 0.289 | 81.4 | 3.68 | 2.68 | 4.83 | 4.6 | 0.89 | 25000 | 22500 |
| Jung-Jin Park | HANWHA | 3 | 2 | 1 | 7 | 0 | 55 | 0 | 48 | 9.56 | 4.5 | 1.12 | 0.274 | 65.4 | 3.94 | 0.87 | 4.92 | 4.66 | 0.38 | 25000 | 33000 |
| Chang-Sik Song | HANWHA | 5 | 6 | 0 | 15 | 6 | 63 | 0 | 73.1 | 7.85 | 4.05 | 1.6 | 0.303 | 61 | 6.63 | -0.74 | 5.68 | 5.59 | -0.22 | 24000 | 22000 |
| Jin-Sung Kim | NC | 10 | 6 | 0 | 15 | 2 | 69 | 0 | 89.2 | 9.84 | 2.71 | 1.3 | 0.268 | 76.1 | 3.61 | 3.2 | 4.3 | 3.92 | 1.47 | 23000 | 18000 |
| Chang-Min Sim | SAMSUNG | 4 | 7 | 6 | 16 | 2 | 66 | 0 | 75.1 | 12.31 | 5.26 | 1.43 | 0.265 | 78.5 | 4.18 | 1.82 | 4.82 | 4.26 | 0.93 | 23000 | 21000 |
| Gyu-Jin Yoon | HANWHA | 8 | 7 | 0 | 2 | 0 | 36 | 18 | 119 | 7.03 | 3.33 | 1.44 | 0.328 | 72.1 | 5.22 | 2.23 | 5.46 | 5.42 | 1.09 | 21000 | 18000 |
| Jong-Hoon Park | SK | 12 | 7 | 0 | 1 | 0 | 29 | 28 | 151.1 | 6.36 | 3.63 | 0.95 | 0.287 | 75.3 | 4.1 | 4.31 | 5.38 | 5.55 | 1.62 | 20000 | 10000 |
| Soo-Chang Shim | HANWHA | 3 | 1 | 2 | 2 | 2 | 48 | 0 | 57 | 8.53 | 3.47 | 1.26 | 0.371 | 75.2 | 4.74 | 0.75 | 4.87 | 4.67 | 0.73 | 20000 | 25000 |
| Won-Sam Jang | SAMSUNG | 4 | 5 | 0 | 6 | 2 | 49 | 5 | 67.1 | 7.35 | 2.27 | 1.07 | 0.396 | 65.5 | 5.61 | 0.57 | 4.63 | 4.57 | 0.51 | 20000 | 75000 |
| Jae-Hak Lee | NC | 5 | 7 | 0 | 0 | 0 | 28 | 23 | 119 | 8.85 | 3.1 | 1.66 | 0.35 | 65.4 | 5.67 | 1.04 | 5.53 | 5.35 | 1.31 | 19000 | 20000 |
| Hae-Su Jin | LG | 3 | 3 | 1 | 24 | 2 | 75 | 0 | 52.2 | 8.2 | 2.56 | 1.03 | 0.317 | 75.9 | 3.93 | 1.45 | 4.25 | 4.06 | 0.79 | 19000 | 11000 |
| Min-Ho Lee | NC | 5 | 1 | 3 | 6 | 1 | 60 | 3 | 88.2 | 8.73 | 3.05 | 1.02 | 0.312 | 71.4 | 4.06 | 1.97 | 4.41 | 4.22 | 1.38 | 18800 | 16000 |
| Jong-Hyun Won | NC | 3 | 6 | 0 | 22 | 0 | 68 | 0 | 80 | 7.76 | 2.14 | 0.45 | 0.336 | 63.9 | 4.39 | 2.02 | 3.6 | 3.52 | 1.71 | 18500 | 14000 |
| Hee-Su Park | SK | 2 | 6 | 8 | 9 | 3 | 48 | 0 | 38 | 6.87 | 4.5 | 1.89 | 0.339 | 70.7 | 6.63 | 0.37 | 6.52 | 6.57 | -0.05 | 18500 | 21000 |
| Deok-Ju Ham | DOOSAN | 9 | 8 | 0 | 2 | 0 | 35 | 24 | 137.1 | 9.11 | 4.19 | 0.52 | 0.321 | 73.1 | 3.67 | 4.99 | 3.91 | 3.67 | 3.78 | 16000 | 7000 |
| Jung-Hyun Baek | SAMSUNG | 8 | 4 | 0 | 3 | 0 | 35 | 14 | 100.2 | 8.4 | 3.22 | 0.98 | 0.336 | 73.2 | 4.38 | 3.01 | 4.51 | 4.34 | 2.25 | 15500 | 10000 |
| Kang-Yool Kim | DOOSAN | 7 | 2 | 7 | 12 | 1 | 70 | 0 | 89 | 7.38 | 3.24 | 0.61 | 0.316 | 73.5 | 3.44 | 2.68 | 4.15 | 4.09 | 1.27 | 15000 | 6200 |

**[그림 3.1]** 야구선수 연봉(투수) 데이터

주어진 데이터셋에 대한 이해를 위해 **[그림 3.1]**에서 첫 번째 셀의 대응하는 양현종 선수의 경우 Team은 KIA이고 승리(변수 이름: VICTORY)는 20번, 패배(변수 이름: DEFEAT)는 6번, 2018년 연봉(변수 이름: SALARY_2018)은 230000을 받은 선수라고 보여주고 있다.

### (2) 모형구축 프로세스

이제 야구선수 연봉(투수) 데이터 예제를 이용하여 다양한 모형 구축 단계를 상세하게 살펴보기로 하자.

- 목적을 설정한다
  - 데이터 마이닝 프로젝트의 목적이 투수의 2018년 연봉을 예측하는 것이라고 가정한다.
- 데이터를 획득한다
  - 이 예제에서는 152명의 투수의 연봉 자료를 사용한다. 예제의 데이터 집합은 별도의 표본을 추출할 필요가 없을 만큼 데이터 크기가 작다. 따라서 데이터 전체를 사용한다.

• 데이터를 탐색, 정제, 전처리한다

- 모든 변수들을 파악하기 위해 변수들을 먼저 살펴보자. 해당 내용은 변수 내역에서 확인 가능하다.
- 우선 *.xls 파일로 저장된 데이터를 WEKA에 로드시키기 위해서는 *.csv 파일 형식으로 전환시켜야 한다. 엑셀에서 '다른 이름으로 저장하기'를 통해서 쉽게 *.csv 파일 형식으로 전환할 수 있다.

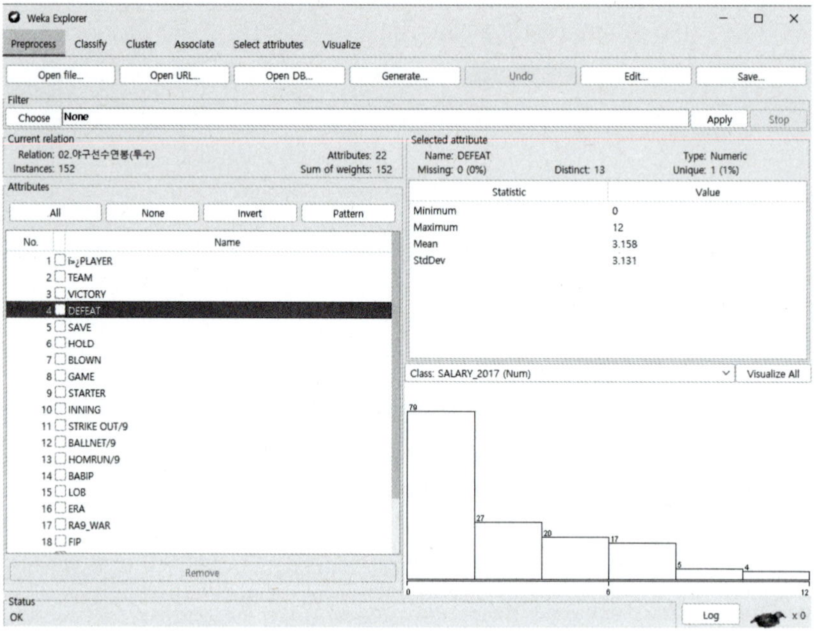

**[그림 3.2]** WEKA에 로딩된 야구선수 연봉(투수) 데이터

**[그림 3.2]**는 야구선수 연봉(투수) 데이터를 csv 파일 형식으로 전환하여 WEKA에 로드시킨 화면이다. Current relation에는 변수와 레코드의 개수를 확인할 수 있다. Attribute는 데이터가 가지고 있는 변수들이 나열되는데 특정 변수를 클릭하게 되면 우측 화면의 Selected attribute에서 해당 변수의 특징, 기술통계, 히스토그램을 보여주게 된다. **[그림 3.2]**는 DEFEAT 변수의 기술통계와 히스토그램을 보여주고 있다. Selected attribute의 Type을 확인해 보면 DEFEAT 변수가 Numeric 변수로 되어있다.

WEKA에서는 변수를 Numeric(연속형) 변수와 Nominal(범주형) 변수의 두 가지 유형으로 구분한다. 그 밖에 String 변수와 Date 변수도 있지만, 여기서는 언급하지 않는다.

WEKA에서는 데이터를 로드할 때 0과 1로 구분된 Nominal 변수를 Numeric 변수로 인식한다. 따라서 분석을 시작하기 전에 정수형 Nominal 변수들의 타입을 변경해 주어야 한다. 현재 이용하고 있는 데이터에서는 범주형 변수가 없기 때문에 참고만 하자.

일부 알고리즘에서 성능 및 모델 해석 능력을 높이기 위해 STARTER 변수를 이진형 변수로 변환하여 분석을 진행할 것이다.

WEKA에서 Filter는 데이터를 정제하는 메뉴이다. 이 책에서는 Filter의 메뉴들에 대해서 분석에 자주 사용하는 메뉴들을 분석하는 과정에서 언급하도록 하겠다.

- Numeric 변수를 Binary 변수로 전환하기
  - Filter의 Choose를 클릭
  - weka → unsupervised → attribute → NumericToBinary 선택
  - Choose 아이콘 오른쪽의 텍스트 상자를 더블클릭

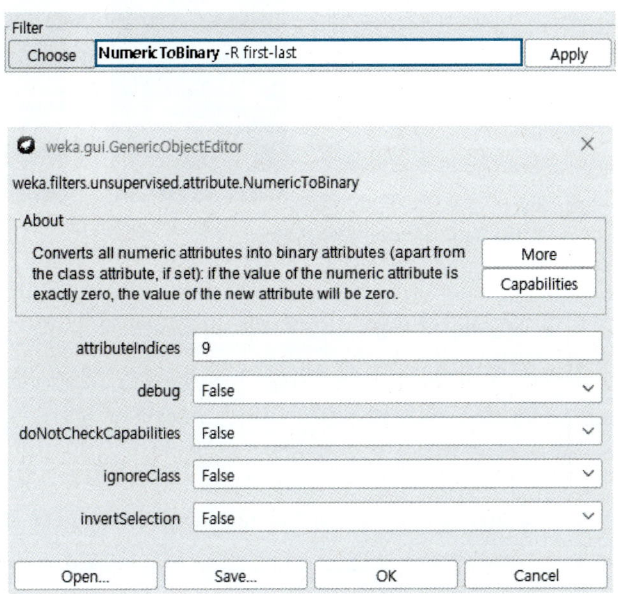


[그림 3.3] Numeric 변수를 Binary 변수로 전환

- attributeIndices 항목의 초기값인 first-last를 전환하고자 하는 변수(STARTER의 번호는 9)의 번호를 입력하고 OK를 클릭
- Apply 클릭

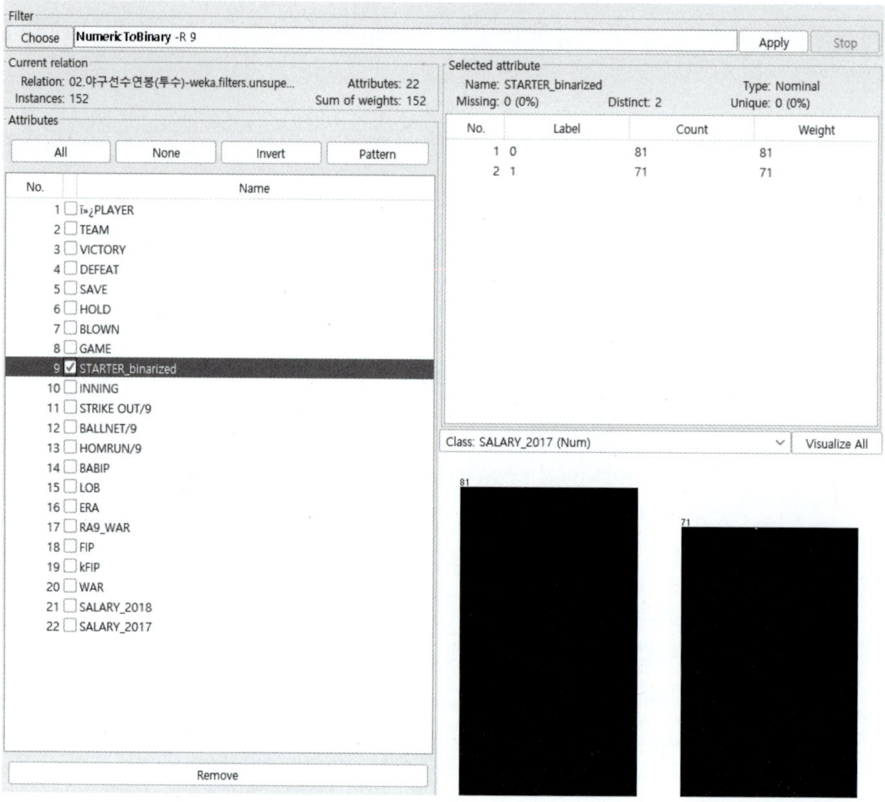


[그림 3.4] Numeric 변수를 Binary 변수로 변환 결과

- 데이터 축소 및 학습용, 평가용, 검증용 데이터 집합으로 분할
  - 데이터 집합은 오직 23개의 데이터를 가지며, 많은 변수들은 다수의 유사 변수들을 좀 더 작은 수의 변수들로 병합시키기 위해 주성분 분석(Principal Components Analysis)과 같은 변수축소기법을 적용할 수 있다. 이 사례의 목적은 투수의 2018년 연봉을 예측하여 예측성과가 얼마나 좋은지를 평가하는 것이다. 데이터에 대해서는 모형구축을 위한 학습용 집합과 모형의 성과를 보기 위한 평가용 집합으로 분할한다. 여기서 사용되는 데이터 마이닝 기법은 분류 및 예측문제를 위한 지도학습과정에 속한다. 즉, 이러한 문제

들은 어떤 데이터에 대해서 출력변수의 집단 또는 값이 알려져 있고 그 데이터를 사용하여 모형을 개발한 후 출력변수 값이 알려지지 않은 다른 데이터에 적용할 수 있는 문제들이다.

- WEKA에서는 평가용 집합의 구성을 데이터 마이닝 알고리즘을 적용하는 과정에서 선택할 수 있다. 평가용 집합을 구성하는 방법은 총 4가지가 있는데 각각의 방법에 대해서는 나중에 설명하기로 한다. 이 예시에서는 학습용 집합을 60%로, 평가용 집합을 40%로 설정하여 분석하기로 한다. 다음 그림은 40%의 평가용 집합을 만드는 옵션을 나타낸다.

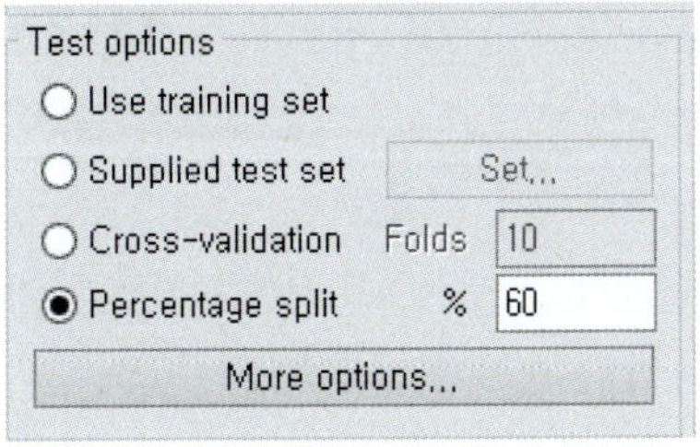


[그림 3.5] 학습용 데이터, 평가용 데이터 분류

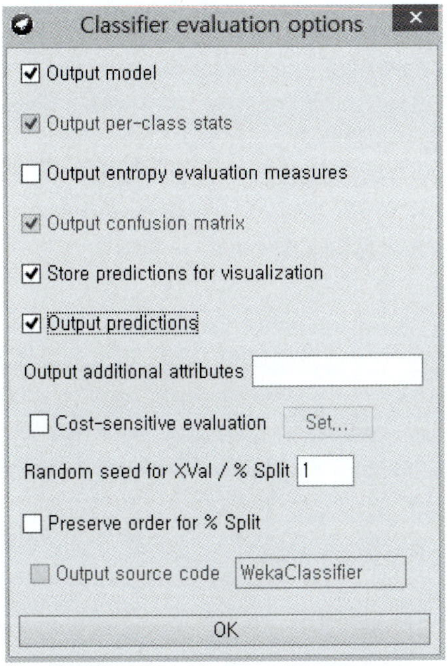


[그림 3.6] 선형회귀분석의 옵션 선택

- 데이터 마이닝의 작업(분류, 예측, 군집 등)을 결정한다.
- 사용될 데이터 마이닝 기법들(회귀분석, 신경망모형, 계층적 군집분석 등)을 선택한다.
  - 데이터를 학습용과 평가용 집합으로 분할한 후, WEKA를 이용하여 다중 선형 회귀모형을 구축할 수 있다. 여기서는 모든 다른 값들을 고려하여 투수 연봉을 예측한다.
- 알고리즘을 적용하여 데이터 마이닝 작업을 수행한다.
  - WEKA에서 Classify 탭을 선택하면 분류모형의 알고리즘을 선택할 수 있다. Choose를 클릭하여 weka → classifiers → functions → LinearRegression 알고리즘을 선택한다. Price를 출력(종속)변수로 선택하고 More options에서 출력값을 설정한다. 알고리즘을 실행하게 되면 오른쪽 텍스트 상자에 결과가 출력된다.
  - 분석 결과는 크게 분석 정보, 회귀식(회귀분석의 경우), 평가지표들이 출력된다.

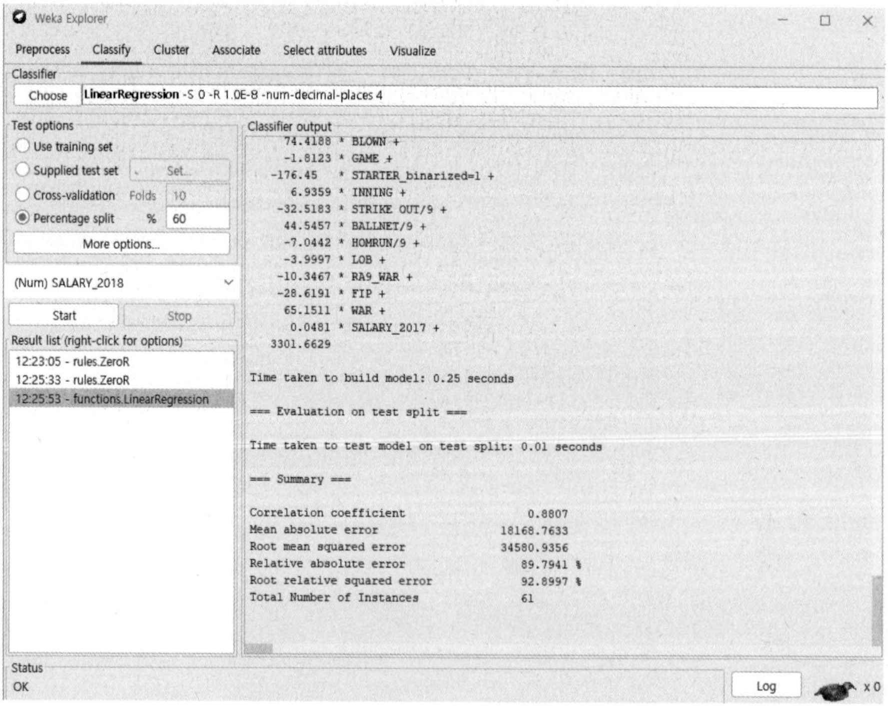

```
=== Run information ===

Scheme:       weka.classifiers.functions.LinearRegression -S 0 -R 1.0E-8 -num-decimal-places 4
Relation:     02.야구선수연봉(투수)-weka.filters.unsupervised.attribute.NumericToBinary-R9
Instances:    152
Attributes:   22
              ï»¿PLAYER
              TEAM
              VICTORY
              DEFEAT
              SAVE
              HOLD
              BLOWN
              GAME
              STARTER_binarized
              INNING
              STRIKE OUT/9
              BALLNET/9
              HOMRUN/9
              BABIP
              LOB
              ERA
              RA9_WAR
              FIP
              kFIP
              WAR
              SALARY_2018
              SALARY_2017
Test mode:    split 60.0% train, remainder test
```

```
=== Classifier model (full training set) ===


Linear Regression Model

SALARY_2018 =

   -557.7204 * ï»¿PLAYER=Young-Hoon Seong,Min-Ik Jang,Ji-Hoon Jang,Su-Min Lee,Jae-Yong Cha,Sung-Young Choi,Geun-Jong Cho,Do-Young Kim,Jong-Hoon Kim,Gyu-Hyun Ah
    230.5742 * ï»¿PLAYER=Min-Ik Jang,Ji-Hoon Jang,Su-Min Lee,Jae-Yong Cha,Sung-Young Choi,Geun-Jong Cho,Do-Young Kim,Jong-Hoon Kim,Gyu-Hyun Ahn,Jin-Young Kim,J
    500.7665 * ï»¿PLAYER=Ji-Hoon Jang,Su-Min Lee,Jae-Yong Cha,Sung-Young Choi,Geun-Jong Cho,Do-Young Kim,Jong-Hoon Kim,Gyu-Hyun Ahn,Jin-Young Kim,Ju-Young Son,
   -584.3546 * ï»¿PLAYER=Su-Min Lee,Jae-Yong Cha,Sung-Young Choi,Geun-Jong Cho,Do-Young Kim,Jong-Hoon Kim,Gyu-Hyun Ahn,Jin-Young Kim,Ju-Young Son,Dae-Yoo Kim,J
    740.0803 * ï»¿PLAYER=Jae-Yong Cha,Sung-Young Choi,Geun-Jong Cho,Do-Young Kim,Jong-Hoon Kim,Gyu-Hyun Ahn,Jin-Young Kim,Ju-Young Son,Dae-Yoo Kim,Jin-Woo Im,J
   -645.0426 * ï»¿PLAYER=Sung-Young Choi,Geun-Jong Cho,Do-Young Kim,Jong-Hoon Kim,Gyu-Hyun Ahn,Jin-Young Kim,Ju-Young Son,Dae-Yoo Kim,Jin-Woo Im,Je-Seong Bae,S
    668.8086 * ï»¿PLAYER=Geun-Jong Cho,Do-Young Kim,Jong-Hoon Kim,Gyu-Hyun Ahn,Jin-Young Kim,Ju-Young Son,Dae-Yoo Kim,Jin-Woo Im,Je-Seong Bae,Sung-Mu Hong,Gyun
   -382.5779 * ï»¿PLAYER=Do-Young Kim,Jong-Hoon Kim,Gyu-Hyun Ahn,Jin-Young Kim,Ju-Young Son,Dae-Yoo Kim,Jin-Woo Im,Je-Seong Bae,Sung-Mu Hong,Gyun Seo,Young-Il
   -514.5941 * ï»¿PLAYER=Gyu-Hyun Ahn,Jin-Young Kim,Ju-Young Son,Dae-Yoo Kim,Jin-Woo Im,Je-Seong Bae,Sung-Mu Hong,Gyun Seo,Young-Il Jeong,Jae-Hwan Bae,Ji-Gwang
    641.8409 * ï»¿PLAYER=Jin-Young Kim,Ju-Young Son,Dae-Yoo Kim,Jin-Woo Im,Je-Seong Bae,Sung-Mu Hong,Gyun Seo,Young-Il Jeong,Jae-Hwan Bae,Ji-Gwang Choi,Se-Jin
   -193.3429 * ï»¿PLAYER=Ju-Young Son,Dae-Yoo Kim,Jin-Woo Im,Je-Seong Bae,Sung-Mu Hong,Gyun Seo,Young-Il Jeong,Jae-Hwan Bae,Ji-Gwang Choi,Se-Jin Park,Sang-Won
    276.1462 * ï»¿PLAYER=Dae-Yoo Kim,Jin-Woo Im,Je-Seong Bae,Sung-Mu Hong,Gyun Seo,Young-Il Jeong,Jae-Hwan Bae,Ji-Gwang Choi,Se-Jin Park,Sang-Won Park,Jong-Hye
   -469.1009 * ï»¿PLAYER=Jin-Woo Im,Je-Seong Bae,Sung-Mu Hong,Gyun Seo,Young-Il Jeong,Jae-Hwan Bae,Ji-Gwang Choi,Se-Jin Park,Sang-Won Park,Jong-Hyeok Lee,Min-G
    192.7615 * ï»¿PLAYER=Je-Seong Bae,Sung-Mu Hong,Gyun Seo,Young-Il Jeong,Jae-Hwan Bae,Ji-Gwang Choi,Se-Jin Park,Sang-Won Park,Jong-Hyeok Lee,Min-Gwan Bae,Jan
   -105.2694 * ï»¿PLAYER=Sung-Mu Hong,Gyun Seo,Young-Il Jeong,Jae-Hwan Bae,Ji-Gwang Choi,Se-Jin Park,Sang-Won Park,Jong-Hyeok Lee,Min-Gwan Bae,Jang-San Kang,Bo
    395.1319 * ï»¿PLAYER=Gyun Seo,Young-Il Jeong,Jae-Hwan Bae,Ji-Gwang Choi,Se-Jin Park,Sang-Won Park,Jong-Hyeok Lee,Min-Gwan Bae,Jang-San Kang,Bong-Jae Ko,Shi
   -216.7053 * ï»¿PLAYER=Young-Il Jeong,Jae-Hwan Bae,Ji-Gwang Choi,Se-Jin Park,Sang-Won Park,Jong-Hyeok Lee,Min-Gwan Bae,Jang-San Kang,Bong-Jae Ko,Shi-Hyun Kim
     59.7992 * ï»¿PLAYER=Ji-Gwang Choi,Se-Jin Park,Sang-Won Park,Jong-Hyeok Lee,Min-Gwan Bae,Jang-San Kang,Bong-Jae Ko,Shi-Hyun Kim,Chi-Guk Park,Geon-Yeop Heo,
    111.0285 * ï»¿PLAYER=Se-Jin Park,Sang-Won Park,Jong-Hyeok Lee,Min-Gwan Bae,Jang-San Kang,Bong-Jae Ko,Shi-Hyun Kim,Chi-Guk Park,Geon-Yeop Heo,Hyeong-Beom Le
   -120.1806 * ï»¿PLAYER=Jong-Hyeok Lee,Min-Gwan Bae,Jang-San Kang,Bong-Jae Ko,Shi-Hyun Kim,Chi-Guk Park,Geon-Yeop Heo,Hyeong-Beom Lee,Hyun-Jun Im,Sung-Mu Ahn,
   -137.2715 * ï»¿PLAYER=Min-Gwan Bae,Jang-San Kang,Bong-Jae Ko,Shi-Hyun Kim,Chi-Guk Park,Geon-Yeop Heo,Hyeong-Beom Lee,Hyun-Jun Im,Sung-Mu Ahn,Min-Woo Kim,Beo
    235.6918 * ï»¿PLAYER=Jang-San Kang,Bong-Jae Ko,Shi-Hyun Kim,Chi-Guk Park,Geon-Yeop Heo,Hyeong-Beom Lee,Hyun-Jun Im,Sung-Mu Ahn,Min-Woo Kim,Beom-Soo Kim,Su-
   -165.9217 * ï»¿PLAYER=Bong-Jae Ko,Shi-Hyun Kim,Chi-Guk Park,Geon-Yeop Heo,Hyeong-Beom Lee,Hyun-Jun Im,Sung-Mu Ahn,Min-Woo Kim,Beom-Soo Kim,Su-Bum Hwang,Geon
    165.6823 * ï»¿PLAYER=Shi-Hyun Kim,Chi-Guk Park,Geon-Yeop Heo,Hyeong-Beom Lee,Hyun-Jun Im,Sung-Mu Ahn,Min-Woo Kim,Beom-Soo Kim,Su-Bum Hwang,Geon-Uk Yeo,Kyun
    258.0827 * ï»¿PLAYER=Chi-Guk Park,Geon-Yeop Heo,Hyeong-Beom Lee,Hyun-Jun Im,Sung-Mu Ahn,Min-Woo Kim,Beom-Soo Kim,Su-Bum Hwang,Geon-Uk Yeo,Kyung-Tae Kim,Woo
     90.3529 * ï»¿PLAYER=Geon-Yeop Heo,Hyeong-Beom Lee,Hyun-Jun Im,Sung-Mu Ahn,Min-Woo Kim,Beom-Soo Kim,Su-Bum Hwang,Geon-Uk Yeo,Kyung-Tae Kim,Woo-Suk Go,Kyung
   -167.6753 * ï»¿PLAYER=Hyeong-Beom Lee,Hyun-Jun Im,Sung-Mu Ahn,Min-Woo Kim,Beom-Soo Kim,Su-Bum Hwang,Geon-Uk Yeo,Kyung-Tae Kim,Woo-Suk Go,Kyung-Tae Park,Tae-
    -48.8148 * ï»¿PLAYER=Hyun-Jun Im,Sung-Mu Ahn,Min-Woo Kim,Beom-Soo Kim,Su-Bum Hwang,Geon-Uk Yeo,Kyung-Tae Kim,Woo-Suk Go,Kyung-Tae Park,Tae-Hoon Kim,Jae-Won
    208.5768 * ï»¿PLAYER=Sung-Mu Ahn,Min-Woo Kim,Beom-Soo Kim,Su-Bum Hwang,Geon-Uk Yeo,Kyung-Tae Kim,Woo-Suk Go,Kyung-Tae Park,Tae-Hoon Kim,Jae-Won Jung,Hee-Wo
    184.9866 * ï»¿PLAYER=Min-Woo Kim,Beom-Soo Kim,Su-Bum Hwang,Geon-Uk Yeo,Kyung-Tae Kim,Woo-Suk Go,Kyung-Tae Park,Tae-Hoon Kim,Jae-Won Jung,Hee-Woon Ryu,Tae-H
    103.2571 * ï»¿PLAYER=Beom-Soo Kim,Su-Bum Hwang,Geon-Uk Yeo,Kyung-Tae Kim,Woo-Suk Go,Kyung-Tae Park,Tae-Hoon Kim,Jae-Won Jung,Hee-Woon Ryu,Tae-Ho Min,Seung-
    334.9413 * ï»¿PLAYER=Kyung-Tae Kim,Woo-Suk Go,Kyung-Tae Park,Tae-Hoon Kim,Jae-Won Jung,Hee-Woon Ryu,Tae-Ho Min,Seung-Hyun Kim,Ji-Hoon Park,Soo-Min Jung,Geu
   -289.2071 * ï»¿PLAYER=Woo-Suk Go,Kyung-Tae Park,Tae-Hoon Kim,Jae-Won Jung,Hee-Woon Ryu,Tae-Ho Min,Seung-Hyun Kim,Ji-Hoon Park,Soo-Min Jung,Geun-Young Yoon,Y
   -203.5684 * ï»¿PLAYER=Kyung-Tae Park,Tae-Hoon Kim,Jae-Won Jung,Hee-Woon Ryu,Tae-Ho Min,Seung-Hyun Kim,Ji-Hoon Park,Soo-Min Jung,Geun-Young Yoon,Young-Ha Lee
    546.1697 * ï»¿PLAYER=Tae-Hoon Kim,Jae-Won Jung,Hee-Woon Ryu,Tae-Ho Min,Seung-Hyun Kim,Ji-Hoon Park,Soo-Min Jung,Geun-Young Yoon,Young-Ha Lee,Chung-Yeon Cho
   -313.0242 * ï»¿PLAYER=Jae-Won Jung,Hee-Woon Ryu,Tae-Ho Min,Seung-Hyun Kim,Ji-Hoon Park,Soo-Min Jung,Geun-Young Yoon,Young-Ha Lee,Chung-Yeon Choi,Su-Ho Yoon,
   -137.4151 * ï»¿PLAYER=Hee-Woon Ryu,Tae-Ho Min,Seung-Hyun Kim,Ji-Hoon Park,Soo-Min Jung,Geun-Young Yoon,Young-Ha Lee,Chung-Yeon Choi,Su-Ho Yoon,Woo-Yeol Bae,
     83.8536 * ï»¿PLAYER=Tae-Ho Min,Seung-Hyun Kim,Ji-Hoon Park,Soo-Min Jung,Geun-Young Yoon,Young-Ha Lee,Chung-Yeon Choi,Su-Ho Yoon,Woo-Yeol Bae,Sung-Gon Jung
     94.3729 * ï»¿PLAYER=Seung-Hyun Kim,Ji-Hoon Park,Soo-Min Jung,Geun-Young Yoon,Young-Ha Lee,Chung-Yeon Choi,Su-Ho Yoon,Woo-Yeol Bae,Sung-Gon Jung,Myung-Shin
    178.4042 * ï»¿PLAYER=Soo-Min Jung,Geun-Young Yoon,Young-Ha Lee,Chung-Yeon Choi,Su-Ho Yoon,Woo-Yeol Bae,Sung-Gon Jung,Myung-Shin Kim,Hyun-Ho Lee,Jae-Young K
    159.6793 * ï»¿PLAYER=Geun-Young Yoon,Young-Ha Lee,Chung-Yeon Choi,Su-Ho Yoon,Woo-Yeol Bae,Sung-Gon Jung,Myung-Shin Kim,Hyun-Ho Lee,Jae-Young Kim,Dong-Geol
     91.8396 * ï»¿PLAYER=Young-Ha Lee,Chung-Yeon Choi,Su-Ho Yoon,Woo-Yeol Bae,Sung-Gon Jung,Myung-Shin Kim,Hyun-Ho Lee,Jae-Young Kim,Dong-Geol Lee,Young-Min So
   -193.9321 * ï»¿PLAYER=Su-Ho Yoon,Woo-Yeol Bae,Sung-Gon Jung,Myung-Shin Kim,Hyun-Ho Lee,Jae-Young Kim,Dong-Geol Lee,Young-Min Son,In-Wook Jung,Ji-Woong Yoon,
```

```
=== Summary ===

Correlation coefficient                      0.8807
Mean absolute error                      18168.7633
Root mean squared error                  34580.9356
Relative absolute error                     89.7941 %
Root relative squared error                 92.8997 %
Total Number of Instances                   61
```

**[그림 3.7]** 결론 도출

평균제곱오차의 제곱근(RMSE: Root Mean Squared Error)은 전체 성과지표 중에서 가장 유용한 지표이다. 이 지표는 평균제곱오차의 제곱근을 의미하며, 원시데이터에 대해 사용되는 것과 동일한 척도로 양수 또는 음수인지에 대한 기본적인 오차정보를 제공한다.

- 결과를 해석한다.
  이 단계는 일반적으로 다른 예측 알고리즘(예를 들어 회귀나무)을 시도해 보고 어떠한 오차 결과를 보여주는지를 살펴본다. 또한 다양한 모형들에 대해서 여러 가지 모형의 조건설정들을 달리 적용해 본다. 최선의 모형(전적으로 평가용 데이터에 대해 가장 낮은 오차를 가지면서 또한 성과가 더 좋은 단순화된 모형)을 선택한 이 모형을 이용하여 새로운 데이터에 대한 출력변수를 예측한다.
- 모형을 활용한다.
  최선의 모형이 선택된 후에 Salary값이 알려지지 않은 레코드를 갖는 새로운 데이터에 대해 이 모형을 적용하여 Salary를 예측한다. 물론 이것은 모형 구축의 목적이다.

'02.야구선수연봉(투수).csv' 데이터를 활용하여 R 실습을 해보자.

```
# 분석환경 및 데이터 로드
set.seed(1) # 난수 고정

getwd()
setwd('path')
```

```
data <- read.csv('./02.야구선수연봉(투수).csv', stringsAsFactors=TRUE)
print(data)

# 데이터 전처리_변수 제거
data <- data[, !(names(data) %in% c("PLAYER","TEAM","SALARY_2017"))]
print(data)
```

* 먼저, set.seed(1)을 통해 항상 동일한 난수를 생성하기 위한 초기값을 설정한다. getwd()은 현재의 작업경로를 확인할 수 있는 함수이며, setwd()를 통해 데이터가 있는 경로(PATH)로 작업경로를 변경할 수 있다.

* read.csv() 함수를 통해 데이터를 불러온다. stringsAsFactors = TRUE는 문자열(character)을 factor형으로 변환한다. R에서만 있는 데이터 타입으로 범주형을 표현하기 위한 데이터 타입이다. print() 함수를 통해 불러온 데이터를 확인한 후, str()을 통해 데이터의 구조와 각 변수의 유형을 확인한다.

* 불러온 데이터를 확인한 후 이용하지 않을 일부 변수를 제거한다. 회귀분석에서는 수치를 활용하기 때문에 문자 형태의 변수인 'Player', 'Team'을 제거한다. 'salary_2017'은 'salary_2018'을 예측하는 데 상관성이 너무 높기에 제거하였다.

```
# 데이터셋 분리
sample_num<- sample(1: nrow(data), size = round(0.2*nrow(data)))
train_data<- data[-sample_num, ]
test_data<- data[sample_num, ]

# 데이터셋 확인
nrow(data)
nrow(train_data)
nrow(test_data)
```

* 회귀분석 모델의 훈련 데이터와 테스트 데이터를 분리하기 위해 sample() 함수를 통해서 전체 데이터 20%의 행 인덱스를 무작위로 선택한다. train data

와 test data를 무작위로 선택된 행 인덱스에 따라 구분한다.

```
# 회귀 모델 생성 및 결과 확인
model1<- lm(SALARY_2018 ~. , train_data)
print(summary(model1))

model2<- lm(SALARY_2018 ~ VICTORY + DEFEAT +SAVE + WAR, train_data)
print(summary(model2))
```

* lm(`SALARY_2018.`~. , data=train_data)는 train data의 모든 독립변수를 사용하여 종속변수(2018년 연봉)를 예측하는 선형 회귀 모델을 생성한다는 의미이다. 즉, 독립변수 21개를 모두 사용하여 모델을 구축한다.

* lm(`SALARY_2018.`~ VICTORY + DEFEAT + SAVE + WAR, data=train_data)는 특정 변수들만 사용하여 종속변수(2018)를 예측하는 회귀 모델을 생성하는 것을 의미하며, '+'를 통해 특정 변수를 선택하여 조합할 수 있다. 본 예제에서는 VICTORY, DEFEAT, WAR 변수를 활용했다.

* summary()는 생성한 모델의 회귀 결과를 확인할 수 있는 함수이다. 이를 통해 각각 생성한 모델의 결과를 요약하여 확인할 수 있다.

* 독립변수를 모두 사용한다고 해서 모델의 성능이 높아지는 것은 아니다. 오히려 모델의 복잡성이 증가하여 과대적합 또는 성능 저하의 문제점이 발생할 수 있다. 따라서 설명력이 강한 중요한 변수들을 다양한 분석을 통해 선정한 후 회귀분석의 독립변수로 선정하는 것이 중요하다.

```
# 예측 및 모델 성능 평가
pre_lm<- predict(model1, test_data)
result<- cbind(test_data$SALARY_2018, pre_lm)
colnames(result)<- c("actual", "predict")
print(result)
```

```
install.packages("Metrics")
library("Metrics")
rmse(test_data$SALARY_2018, pre_lm)
```

* predict( ) 함수를 통해 테스트 데이터의 종속변수(연봉 2018)의 예측값을 생성한다. 본 코드에서는 두 번째 모델을 사용하여 예측값을 생성했다.
  실제값과 예측값을 비교하기 위해 cbind() 함수를 이용하여 결합된 데이터프레임을 생성한다. Colnames는 데이터프레임의 열 이름을 지정하는 함수이다.
  모델 성능 평가를 위해 R의 "Metrics" 패키지를 설치하고 library() 함수를 통해 라이브러리를 불러온다.

* 이후 rmse() 함수를 통해 실제값과 예측값의 RMSE(Root Mean Square Error)를 계산하여 모델의 예측 오차를 확인한다. 마찬가지로 '02.야구선수연봉(투수).csv' 데이터셋을 활용하여 파이썬 회귀분석 실습을 진행해 보자.

파이썬 실습은 구글 코랩(Colab) 환경에서 진행한다. 코랩은 구글이 제공하는 무료 클라우드 서비스로 주피터 노트북 환경에서 파이썬 코드를 실행할 수 있다. 별도의 설치나 설정 없이 웹 브라우저에서 사용이 가능하다.

무료 버전에서는 한정된 시간 동안만 GPU를 사용할 수 있다. 본 교재의 실습에서는 시간 제한에 대한 걱정 없이 무난히 실습이 가능하다.

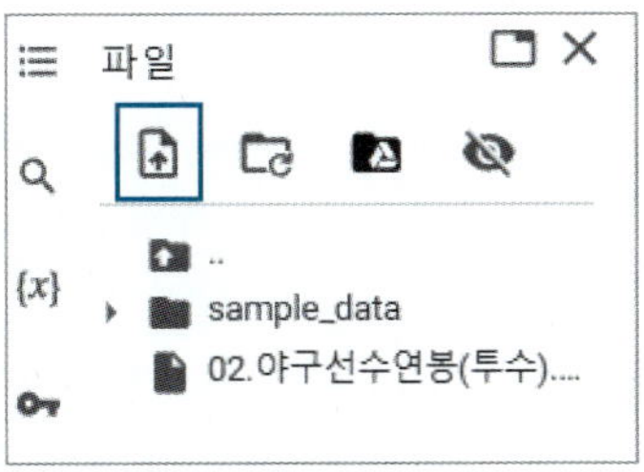


[그림 3.8] 파일 업로드 방법

* 왼쪽 상단에 '파일 업로드' 버튼을 클릭해서 실습 데이터를 로드한다.

```
# 라이브러리 로드
import numpy as np
import pandas as pd
import statsmodels.api as sm
from sklearn.model_selection import train_test_split
from sklearn.metrics import mean_squared_error
```

* 실습에 필요한 라이브러리를 import한다. pandas는 데이터 분석 및 처리를 위한 라이브러리로 데이터프레임을 다룰 때 사용한다. as는 약칭을 지정하는 의미이다.

* statsmodels.api는 통계 모델 수학적 알고리즘을 사용하여 모델링을 위한 라이브러리이며, numpy는 수치 연산 및 다차원 배열을 처리하기 위한 라이브러리이다.

* train_test_split은 데이터셋을 학습 및 테스트 세트로 분리하기 위한 함수이며, mean_squared_error는 회귀 모델의 평가 지표로 사용되는 MSE(평균제곱오차)를 계산하는 함수이다.

```
# 데이터 로드 및 확인
data = pd.read_csv("/content/02.야구선수연봉(투수).csv")
print(data.shape)
print(data.info())
print(data.head())
```

* read_csv() 함수를 이용하여 CSV 파일을 데이터프레임으로 불러와 data라는 변수에 저장한다.

* data.shape는 데이터의 행과 열의 수를 출력하며, data.info()로 데이터의 기본 정보(컬럼명, 데이터 타입, null 값 유무 등)를 출력한다.

* data.head()는 데이터프레임의 처음부터 일부 데이터만을 출력하는 데 사용되며, 디폴트는 5이다. 다음은 위의 print() 출력 결과이다.

```
(152, 22)
<class 'pandas.core.frame.DataFrame'>
RangeIndex: 152 entries, 0 to 151
Data columns (total 22 columns):
 #   Column       Non-Null Count  Dtype
---  ------       --------------  -----
 0   PLAYER       152 non-null    object
 1   TEAM         152 non-null    object
 2   VICTORY      152 non-null    int64
 3   DEFEAT       152 non-null    int64
 4   SAVE         152 non-null    int64
 5   HOLD         152 non-null    int64
 6   BLOWN        152 non-null    int64
 7   GAME         152 non-null    int64
 8   STARTER      152 non-null    int64
 9   INNING       152 non-null    float64
 10  STRIKEOUT9   152 non-null    float64
 11  BALLNET9     152 non-null    float64
 12  HOMRUN9      152 non-null    float64
 13  BABIP        152 non-null    float64
 14  LOB          152 non-null    float64
 15  ERA          152 non-null    float64
 16  RA9_WAR      152 non-null    float64
 17  FIP          152 non-null    float64
 18  kFIP         152 non-null    float64
 19  WAR          152 non-null    float64
 20  SALARY_2018  152 non-null    int64
 21  SALARY_2017  152 non-null    int64
dtypes: float64(11), int64(9), object(2)
memory usage: 26.2+ KB
None
          PLAYER    TEAM  VICTORY  DEFEAT  SAVE  HOLD  BLOWN  GAME  STARTER  \
0  Hyun-Jong Yang     KIA       20       6     0     0      0    31       31
1     Casey Kelly      SK       16       7     0     0      0    30       30
2           So-Sa      LG       11      11     1     0      0    30       29
3    Woo-ram Jung  HANWHA        6       4    26     0      5    56        0
4    Brooks Raley   LOTTE       13       7     0     0      0    30       30

   INNING  ...  HOMRUN9  BABIP   LOB   ERA  RA9_WAR   FIP  kFIP   WAR  \
0   193.1  ...     0.79  0.332  72.1  3.44     6.54  3.94  3.82  5.64
1   190.0  ...     0.76  0.342  73.7  3.60     6.91  3.69  3.44  6.62
2   185.1  ...     0.53  0.319  67.1  3.88     6.80  3.52  3.41  6.08
3    59.0  ...     0.76  0.304  79.4  2.75     2.85  3.26  2.69  1.81
4   187.1  ...     0.91  0.323  74.1  3.80     6.13  4.36  4.31  4.38

   SALARY_2018  SALARY_2017
0       230000       150000
1       140000        85000
2       120000        50000
3       120000       120000
4       111000        85000

[5 rows x 22 columns]
```

[그림 3.9] 야구선수 타자 연봉 데이터셋

```
# 전처리_ 변수 제거
data= data.drop(columns=["PLAYER", "TEAM", "SALARY_2017"])
data.info()

# train/test 데이터셋 분리
train_data, test_data = train_test_split(data, test_size=0.2, random_state=1)
```

* 수치 데이터로 분석을 진행하기에 불필요한 문자형 데이터 'PLAYER'와 'TEAM' 독립변수를 제거한다.

* 'SALARY_2017' 변수는 수치 형태이기는 하나 우리가 구하고자 하는 종속변수 'SALARY_2018'을 예측하는 데 큰 영향을 미치기에 독립변수에서 제거한다.

* train_test_split() 함수를 사용하여 원본 데이터를 학습용(train)과 테스트용(test) 데이터셋으로 분리한다. test_size=0.2로 설정하여 데이터의 20%를 테스트 데이터로 사용한다는 의미이다. random_state는 R의 set.seed(1)와 같은 의미로 항상 동일한 난수를 생성하기 위해 지정한다.

```
# 회귀모델 생성
# 모델1
model1 = sm.OLS.from_formula("SALARY_2018 ~ " + " + ".join(train_data.columns.
difference(['SALARY_2018'])), data=train_data).fit()
print(model1.summary())

# 모델2
model2 = sm.OLS.from_formula("SALARY_2018 ~ VICTORY + DEFEAT + SAVE + WAR",
data=train_data).fit()
print(model2.summary())
```

* train.columns.difference(['SALARY_2018'])은 'SALARY_2018' 변수를 제외한 모든 컬럼을 반환한다. 이를 통해 종속변수를 제외한 모든 변수를 독립변수로 사용하기 위한 formula를 생성한다.

* smf.ols()는 statsmdoels의 OLS(최소제곱법) 회귀 모델이다. fit() 함수를 통해 생성된 회귀모델로 학습용 데이터셋을 학습시킨다.

* summary()는 회귀 모델의 요약 결과를 출력한다.

```
# 예측
pre_lm = model1.predict(test_data)
result = pd.DataFrame({'actual': test_data['SALARY_2018'], 'predict': pre_lm})
print(result)
```

* model_.predict(test)를 통해 테스트 데이터셋의 연봉을 예측한다. 결과를 실제 값과 함께 데이터프레임으로 저장하고 출력해 보자.

```
# RMSE 계산
rmse_value = mean_squared_error(test_data['SALARY_2018'], pre_lm, squared=False)
print("RMSE:", rmse_value)
```

* mean_squared_error 함수를 사용하여 RMSE 값을 계산하고 출력한다.

# 참·고·문·헌


Michael J. A. Berry, and Gordon Linoff(1997). Data Mining Techniques: For Marketing, Sales, and Customer Support. USA: John Wiley & Sones, Inc.

Delmaster, R., and Hancock, M. (2001). Data Mining Explained. Boston: Digital Press.

Han, Jiawei. and Kamber, Micheline(2007). 데이터 마이닝:개념과 기법(강창완 외 11 역). 서울: 사이플러스 (원저 2005년 출판)

GALIT SHMUELI, NITIN R. PATEL and PETER C. BRUCE(2009). 비즈니스인텔리전스를 위한 데이터 마이닝(신택수, 홍태호 역). 파주:사이텍미디어. (원저 2006년 출판)

Ian H. Witten, Eibe Frank, and Mark A. Hall(2013). 데이터 마이닝: 데이터 속 숨은 의미를 찾는 기계 학습의 이론과 응용(이승현 역). 의왕: 에이콘. (원저 2011년 출판)

Alex Berson, Stephen Smith, and Kert Theling (2000). CRM을 위한 데이터 마이닝(홍성완 외 6 역). 서울:대청미디어 (원저 1999년 출판)

전치혁 (2012). 데이터 마이닝 기법과 응용. 서울: 한나래

이정진 (2011). R, SAS, MS-SQL을 활용한 데이터 마이닝. 파주: 자유아카데미.

# 연·습·문·제

1. 데이터 마이닝 방법론은 크게 목표변수의 유무에 따라 교사학습과 비교사학습으로 구분할 수 있다. 두 방법론의 주요한 차이점을 설명하고 대표적인 알고리즘에는 어떤 것이 있는지 서술하시오.

2. 데이터 중에서 대부분 데이터로부터 멀리 떨어진 값을 극단치라 한다. 극단치는 어떻게 찾을 수 있으며, 어떠한 처리를 하는 것이 좋은지에 대해 서술하시오.

3. 야구선수 연봉 데이터에 대해서 다음의 질문에 답하시오.

   1) Salary 필드를 살펴보고, 극단치를 찾아내고, 적절한 변환을 수행한 후, 요약 통계치가 어떻게 바뀌는지 설명하시오.

   2) Salary 필드에 영향을 주는 정량적 변수들 2가지 이상과 정성적 변수들 2가지 이상을 찾으시오.

4

CHAPTER

# 차원 축소

이 장에서는 대량의 데이터셋에 대한 특성 파악과 전처리 작업 중 하나인 차원 축소에 대해 살펴본다. 대량의 데이터셋으로부터 필드를 줄이기 위한 방법에는 주성분 분석과 상관관계 분석이 있으며, 레코드 수를 줄이기 위한 방법으로 표본추출 방법을 활용할 수 있다. 데이터의 양을 줄이기 위한 다양한 방법을 적용하기 이전에 데이터셋이 가지고 있는 특성들을 그대로 유지할 수 있도록 전처리를 수행하는 것이 무엇보다도 중요하다. 또한, 변수들의 개수가 많은 경우에 이 변수들 모두를 분석하려면 여러 가지 어려운 문제가 나타날 수 있다. 이러한 경우 변수들의 상관관계를 이용하여 적은 수의 새로운 변수를 만들어 이용하여 분석하는 주성분 분석에 대해 살펴본다.

## 1. 차원 축소

데이터 마이닝에 사용되는 데이터는 워낙 대량이어서 가장 최신의 컴퓨터를 이용하더라도 모형에 많은 변수를 포함시킬 경우, 변수들 사이에 높은 상관관계가 나타날 수 있다. 또한 일부 모형에서는 변수가 증가함에 따라 연산처리에 대한 부담이 늘어날 수 있다. 이러한 경우에 적절한 데이터 수의 표본추출이나, 불필요한 변수를 버리거나, 주성분분석을 이용하여 변수 수를 축소하여 문제를 해결한다. 모형에서 차원은 모형에 사용된 독립변수(입력변수)의 수를 가리키며, 따라서 데이터 마이닝의 주요 과정 중의 하나는 정확도를 떨어뜨리지 않으면서 이러한 차원을 축소하는 방법이다.

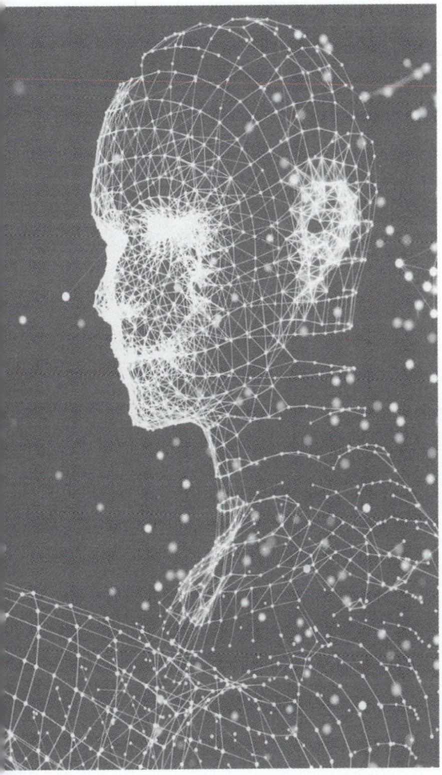

## 2. 예제를 통한 고찰

여기서는 악취 데이터를 살펴본다. 이 예제에는 악취와 관련해 많은 변수들이 수록되어 있다. 예를 들어, 날짜를 기준으로 황화수소, 암모니아, 에탄올, 복합 악취 등 13개의 악취 변수가 있다. 총 14개의 변수들은 다음의 표에 요약되어 있다.

〈표 4.1〉 악취 데이터 변수 내역

| 변수명 | 변수 내역 |
|---|---|
| DTA_DT | 날짜 |
| OU | 복합 악취 |
| H2S | 황화수소 |
| NH3 | 암모니아 |
| VOCS | 휘발성 유기화합물 |
| ETHANOL | 에탄올 |
| TMA | 트리메탈아미 |
| CH3SH | 메틸메르캅탄 |
| CFC | 프레온가스 |
| PM25 | 초미세먼지 |
| PM10 | 미세먼지 |
| SO2 | 이산화황 |
| NO2 | 이산화질소 |
| TMA_Label | 트리메탈아민 라벨링<br>(0.01 이하 = 0,<br>0.01 초과, 0.02 이하 = 1,<br>0.02 초과 = 2) |

## 3. 데이터의 요약

차원을 축소하기 위해서는 데이터를 분석해야 한다. 데이터 분석의 첫 번째 단계는 데이터 탐색이다. 데이터 탐색은 데이터를 이해하고 요약표와 그래프를 통해 그 특성을 파악하는 것을 말한다. 이 단계는 데이터 분석에서 매우 중요하기 때문에 아무리 강조해도 지나치지 않는다. 데이터에 대한 이해가 높아질수록, 모형 구축의 결과는 더 나아진다.

데이터 요약에서 average, stdev, min, max, median, count 함수는 각 변수의 특성을 파악하는 데 큰 도움이 된다. 이 함수들은 변수가 지닌 척도와 값의 유형에 대한 정보를 제공한다. min, max 함수는 오차일 가능성이 있는 극단치를 찾아내는 데 사용되며, average와 median 함수는 각 변수의 대표값을 알 수 있다. average와 median 값의 편차가 크다는 사실은 이 변수의 분포가 비대칭, 즉 한쪽으로 경사진 왜도(skewness)가 존재함을 알려준다. 첨도(kurtosis)는 확률 분포의 꼬리형태를 표시하는 지표이다. stdev(표준편차함수)는 데이터의 분산 정도를 알려준다.

이는 엑셀의 메뉴 중 '데이터'의 '데이터 분석'에서 기술통계량(descriptive statistics) 기능을 사용하면, 각 변수에 대한 기술 통계량을 알 수 있다.

만약 '데이터 분석'이 보이지 않는다면 '파일' → '옵션' → '추가 기능' → '이동' → '분석도구' 체크 후 확인 버튼를 누르면 데이터 메뉴에서 확인할 수 있다.

[그림 4.1]은 악취 예제의 8가지 요약 통계량을 보여주는데, 각 변수들 중 'PM25', 'PM10'이 매우 다른 값의 범위를 갖고 있음을 쉽게 알 수 있다. 이는 곧 일부 변수들 사이의 척도 값의 편차를 적절하게 처리하지 않을 경우 데이터 분석이 상당히 왜곡될 수 있음을 말해준다.

| OU | | H2S | | NH3 | | VOCS | | ETHANOL | | CH3SH | | CFC | | PM25 | | PM10 | | SO2 | | NO2 | | TMA_Label | |
|---|---|---|---|---|---|---|---|---|---|---|---|---|---|---|---|---|---|---|---|---|---|---|---|
| 평균 | 2.509387 | 평균 | 0.097464 | 평균 | 0.108392 | 평균 | 0.06917 | 평균 | 0.007187 | 평균 | 0.006939 | 평균 | 0.007558 | 평균 | 18.93462 | 평균 | 30.1232 | 평균 | 0.108597 | 평균 | 0.084306 | 평균 | 1.313834 |
| 표준 오차 | 0.00329 | 표준 오차 | 2.6E-05 | 표준 오차 | 3.17E-05 | 표준 오차 | 2.73E-05 | 표준 오차 | 3.96E-06 | 표준 오차 | 1.52E-05 | 표준 오차 | 4.61E-06 | 표준 오차 | 0.063055 | 표준 오차 | 0.104133 | 표준 오차 | 2.78E-05 | 표준 오차 | 4.54E-05 | 표준 오차 | 0.001975 |
| 중앙값 | 2 | 중앙값 | 0.097 | 중앙값 | 0.109 | 중앙값 | 0.069 | 중앙값 | 0.007 | 중앙값 | 0.006 | 중앙값 | 0.007 | 중앙값 | 13 | 중앙값 | 20 | 중앙값 | 0.109 | 중앙값 | 0.084 | 중앙값 | 1 |
| 최빈값 | 2 | 최빈값 | 0.095 | 최빈값 | 0.106 | 최빈값 | 0.069 | 최빈값 | 0.008 | 최빈값 | 0.005 | 최빈값 | 0.007 | 최빈값 | 0 | 최빈값 | 0 | 최빈값 | 0.109 | 최빈값 | 0.08 | 최빈값 | 1 |
| 표준 편차 | 1.067033 | 표준 편차 | 0.008429 | 표준 편차 | 0.010286 | 표준 편차 | 0.008864 | 표준 편차 | 0.001286 | 표준 편차 | 0.004931 | 표준 편차 | 0.001494 | 표준 편차 | 20.45318 | 표준 편차 | 33.77734 | 표준 편차 | 0.009011 | 표준 편차 | 0.014734 | 표준 편차 | 0.64065 |
| 분산 | 1.138559 | 분산 | 7.11E-05 | 분산 | 0.000106 | 분산 | 7.86E-05 | 분산 | 1.65E-06 | 분산 | 2.43E-05 | 분산 | 2.23E-06 | 분산 | 418.3328 | 분산 | 1140.909 | 분산 | 8.12E-05 | 분산 | 0.000217 | 분산 | 0.410432 |
| 첨도 | 75.92389 | 첨도 | 94.17241 | 첨도 | 63.94477 | 첨도 | 18.79054 | 첨도 | 3.930031 | 첨도 | 2.403256 | 첨도 | 7.470374 | 첨도 | 8.664221 | 첨도 | 12.91604 | 첨도 | 847.4835 | 첨도 | 47319.62 | 첨도 | -0.70497 |
| 왜도 | 4.397288 | 왜도 | -8.21077 | 왜도 | -6.26147 | 왜도 | -2.01558 | 왜도 | -0.98207 | 왜도 | 1.294139 | 왜도 | 0.300794 | 왜도 | 2.428627 | 왜도 | 2.899001 | 왜도 | -1.57754 | 왜도 | 177.1283 | 왜도 | -0.39361 |
| 범위 | 47 | 범위 | 0.224 | 범위 | 0.125 | 범위 | 0.12 | 범위 | 0.014 | 범위 | 0.058 | 범위 | 0.042 | 범위 | 185 | 범위 | 326 | 범위 | 0.954 | 범위 | 3.998 | 범위 | 2 |
| 최소값 | 1 | 최소값 | 0 | 최소값 | 0 | 최소값 | 0 | 최소값 | 0 | 최소값 | 0 | 최소값 | 0 | 최소값 | 0 | 최소값 | 0 | 최소값 | 0 | 최소값 | 0 | 최소값 | 0 |
| 최대값 | 48 | 최대값 | 0.224 | 최대값 | 0.125 | 최대값 | 0.12 | 최대값 | 0.014 | 최대값 | 0.058 | 최대값 | 0.042 | 최대값 | 185 | 최대값 | 326 | 최대값 | 0.954 | 최대값 | 3.998 | 최대값 | 2 |
| 합 | 264025.1 | 합 | 10254.69 | 합 | 11404.51 | 합 | 7277.744 | 합 | 756.19 | 합 | 730.107 | 합 | 795.203 | 합 | 1992206 | 합 | 3169412 | 합 | 11426 | 합 | 8870.225 | 합 | 138235 |
| 관측수 | 105215 | 관측수 | 105215 | 관측수 | 105215 | 관측수 | 105215 | 관측수 | 105215 | 관측수 | 105215 | 관측수 | 105215 | 관측수 | 105215 | 관측수 | 105215 | 관측수 | 105215 | 관측수 | 105215 | 관측수 | 105215 |

[그림 4.1] 악취 데이터의 기술 통계량

또 다른 결과로서, 전체적인 변수는 평균값과 중앙값의 차이가 크지 않기에 왜곡된 형태를 띠지 않음을 나타낸다. 그 밖에 관측수가 모두 동일하여 결측치를 갖지 않으며, 입력오류에 의한 극단치는 없는 것으로 나타났다.

| | OU | H2S | NH3 | VOCS | ETHANOL | CH3SH | CFC | PM25 | PM10 | SO2 | NO2 | TMA_Label |
|---|---|---|---|---|---|---|---|---|---|---|---|---|
| OU | 1 | | | | | | | | | | | |
| H2S | 0.314949 | 1 | | | | | | | | | | |
| NH3 | 0.352542 | 0.960437 | 1 | | | | | | | | | |
| VOCS | -0.04206 | 0.396524 | 0.220351 | 1 | | | | | | | | |
| ETHANOL | -0.04464 | 0.109313 | -0.00582 | 0.433983 | 1 | | | | | | | |
| CH3SH | 0.700323 | 0.482532 | 0.553863 | -0.06538 | -0.21715 | 1 | | | | | | |
| CFC | 0.493068 | 0.315046 | 0.238827 | 0.253399 | 0.575907 | 0.282724 | 1 | | | | | |
| PM25 | 0.389302 | 0.237344 | 0.247339 | 0.06254 | 0.056412 | 0.53424 | 0.288822 | 1 | | | | |
| PM10 | 0.384136 | 0.247019 | 0.26301 | 0.052291 | 0.020728 | 0.550456 | 0.248555 | 0.99187 | 1 | | | |
| SO2 | 0.192751 | 0.907968 | 0.831734 | 0.496719 | 0.303449 | 0.301154 | 0.357949 | 0.106435 | 0.111107 | 1 | | |
| NO2 | 0.202701 | 0.578718 | 0.565405 | 0.105012 | -0.05639 | 0.340344 | 0.107594 | 0.143806 | 0.153393 | 0.68907 | 1 | |
| TMA_Labe | 0.42904 | 0.543051 | 0.662706 | -0.16497 | -0.36439 | 0.728723 | 0.055962 | 0.325889 | 0.345598 | 0.333229 | 0.391235 | 1 |

[그림 4.2] 악취 변수군의 상관관계 행렬표

두 번째 단계에서는 2개 이상의 변수들 간의 관계를 요약한다. 수치형 변수에 대해서는 두 변수 간의 상관관계를 계산한다.

앞선 방식과 동일하게 엑셀의 '데이터' → '데이터분석' 메뉴에서 상관관계 분석(correlation analysis) 기능을 이용하여 데이터의 각 변수 쌍에 대한 전체 상관관계 행렬표를 얻을 수 있다.

위 행렬표에서는 전반적으로 상관관계가 매우 강하게 나타나지는 않으며, OU/CH3SH, H2S/NH3, H2S/SO2, NH3/SO2, CH3SH/TMA_Label, PM25/PM10은 강한 양의 상관관계를 나타낸다. 이후에 상관관계 분석에서 상관관계 행렬표의 중요성에 대해 살펴보기로 한다.

변수들 간의 관계를 분석하는 데 매우 유용한 또 다른 도구는 2장에 나온 피벗테이블이다. 피벗테이블을 통해 초미세먼지(PM25) 측정값에 따른 복합 악취(OU) 측정값에 대해 비교해보자.

| 행 레이블 | 개수 : OU |
|---|---|
| 0-19 | 68971 |
| 20-39 | 23788 |
| 40-59 | 7558 |
| 60-79 | 2490 |
| 80-99 | 1246 |
| 100-119 | 738 |
| 120-139 | 158 |
| 140-159 | 206 |
| 160-179 | 52 |
| 180-199 | 8 |
| **총합계** | **105215** |

[그림 4.3] 초미세먼지 농도에 따른 복합 악취 측정 개수

피벗테이블을 통해 초미세먼지 농도값 0~199 사이에는 복합 악취가 105,215번 수집되었고 농도가 가장 심한 180~199일 때는 복합 악취가 8번 수집되었음을 알 수 있다.

| 행 레이블 | 평균 : OU |
|---|---|
| 0-19 | 2.224729408 |
| 20-39 | 2.882319951 |
| 40-59 | 3.28778063 |
| 60-79 | 3.510353414 |
| 80-99 | 3.511678973 |
| 100-119 | 3.35750542 |
| 120-139 | 3.173708861 |
| 140-159 | 4.085 |
| 160-179 | 4.001 |
| 180-199 | 3.0605 |
| **총합계** | **2.509386951** |

[그림 4.4] 초미세먼지 농도에 따른 복합 악취 평균

[그림 4.4]에서 초미세먼지 농도에 따른 복합 악취 평균 성능 결과값 비교를 통해 초미세먼지 농도가 높아진다해서 복합 악취가 무조건적으로 심해지지 않음을 확인할 수 있다.

| 평균 : ETHANOL | 열 레이블 | | | | | | | | |
|---|---|---|---|---|---|---|---|---|---|
| 행 레이블 | 1-6 | 6-11 | 11-16 | 16-21 | 21-26 | 36-41 | 41-46 | 46-51 | 총합계 |
| 0-19 | 0.007137055 | 0.006738397 | 0.0088 | | | | | 0.013 | 0.00713452 |
| 20-39 | 0.007250364 | 0.006871493 | 0.007375 | 0.008 | 0.009 | 0.01 | 0.009 | | 0.007233101 |
| 40-59 | 0.007344255 | 0.00737223 | 0.007692308 | | 0.009 | | | | 0.007347579 |
| 60-79 | 0.007415236 | 0.007743119 | 0.009 | | | | | | 0.007444578 |
| 80-99 | 0.007370697 | 0.007769912 | | | | | | | 0.007406902 |
| 100-119 | 0.00726361 | 0.0079 | | | | | | | 0.007298103 |
| 120-139 | 0.007779221 | 0.008 | | | | | | | 0.00778481 |
| 140-159 | 0.007954545 | 0.008266667 | | | | | | | 0.008 |
| 160-179 | 0.008142857 | 0.008333333 | | | | | | | 0.008153846 |
| 180-199 | 0.008375 | | | | | | | | 0.008375 |
| **총합계** | **0.007188542** | **0.007118994** | **0.007851852** | **0.008** | **0.009** | **0.01** | **0.009** | **0.013** | **0.007187093** |

[그림 4.5] 초미세먼지 농도와 복합 악취 정도에 따른 에탄올 수치 평균

수치형 변수에 대해서는 수치 그룹 설정에 따른 레코드들의 상세내역을 얻을 수 있다. [그림 4.5]는 PM25(행)와 OU(열) 간의 그룹조합에 따른 평균 에탄올 측정값을 보여준다. 수치형 변수 OU(복합 악취)는 1~6, 6~11, 11~16, 16~21 등의 범주형으로 묶여진다. 또한 빈칸은 위의 변수에 의한 조합(예를 들어 초미세먼지 농도

가 100~119에 있으며, 복합 악취 정도가 11~16인 경우)에 속하는 에탄올 데이터가 없음을 나타낸다. PM25가 40~59, 복합 악취의 정도가 21~26인 경우 에탄올 측정 평균값은 0.009이다.

## 4. 상관관계 분석

다중공선성

많은 후보 예측변수들을 포함하고 있는 데이터 집합에서는 변수군이 갖고 있는 정보가 상당히 중첩된다. 즉, 연간 수입과 같은 속성이 다른 속성집합 혹은 다른 속성으로부터 '유도될' 수 있다면 이는 중복이라 할 수 있다. 이러한 중복은 상관분석(correlation analysis)을 통해 탐지된다. 예를 들어, 두 속성이 주어졌을 때, 상관관계 행렬을 통해서 한 속성이 다른 속성을 얼마나 강하게 암시하는지를 사용 가능한 데이터를 토대로 측정할 수 있다. 이 행렬은 변수 간의 모든 이원 상관관계를 보여준다. 예를 들어, 매우 강한 양 또는 음의 상관관계를 갖는 한 쌍의 변수들은 서로 정보의 중복성이 크게 나타나기 때문에(**다중공선성** 문제) 이 중 한 변수를 제거하는 것이 필요하다. 즉, 이러한 과정은 데이터 축소를 위한 좋은 방안이 된다.

한편 상관관계가 인과관계를 의미하는 것이 아니라는 데 주의해야 한다. 즉, 변수 A와 B가 상관관계가 있을 경우, 이것이 반드시 A가 B의 원인이거나, B가 A의 원인을 의미하는 것은 아니다. 예를 들어, 인구통계적 데이터베이스를 분석하는 경우, 어떤 지역의 병원 수를 나타내는 속성과 자동차 절도 건수 사이에 상관관계를 발견할 수도 있다. 이것은 한 속성이 다른 속성의 원인이라는 것을 의미하는 것은 아니다. 실제로도 두 속성 모두 제 3의 속성인 인구 수에 연결되어 있기 때문이다.

## 5. 데이터 수의 축소-표본추출

통계학에서는 전체 모집단을 알 수 없어서 표본을 이용하여 모집단의 특성을 연구한다. 하지만 데이터 마이닝에서는 사용되는 데이터 모집단은 알지만 워낙 크기가 커서 데이터 처리의 시간과 경비를 줄이려는 목적에서 전체 데이터의 일부 데이터를 표본추출(sampling)하여 분석하는 경우가 있다. 그리고 탐색적인 데이터 분석을 할 경우에도 전체 데이터를 모두 사용하지 않고 일부만 추출하여 전체 데이터의 경향을 파악할 수도 있다. 데이터 마이닝에서 좋은 표본추출 방법은 전체 데이터를 충분히 잘 대표하며, 비슷한 특성을 지니는 표본을 추출하는 것이다. 여러 가지 표본추출방법이 있지만, 데이터 마이닝에서 많이 사용되는 두 가지 기본적인 표본추출방법만 설명한다.

단순확률추출법(simple random sampling)은 통계학에서 많이 사용되는 기본적인 추출법으로 모집단의 모든 데이터가 표본으로 뽑힐 확률이 같도록 표본을 추출하는 방법이다. 한 번 추출한 데이터를 다시 모집단에 포함시키는 복원추출(with replacement)이나, 추출된 데이터를 다시 모집단에 놓지 않는 비복원추출(without replacement) 모두 가능하다. 하지만 실제 거의 모든 표본추출은 비복원추출로 이루어진다. 모집단의 각 데이터가 표본으로 뽑힐 확률이 같도록 하기 위해서는 난수표(random number table)를 많이 사용한다. 난수표란 0에서 9까지 숫자를 특별한 규칙성이나 편중성이 없이 무질서하게 배열한 표인데, 대부분의 프로그래밍 언어에서 함수로서 제공한다.

층화추출법(stratified sampling)은 모집단을 적당한 개수의 동질적인 층(strata)으로 분할하여 각 층에서 정해진 크기의 표본을 추출하는 방법이다. 예를 들어, 남자와 여자로 구성된 모집단에서 평균임금에 관심이 있다면 모집단을 남자와 여자의 두 개의 층으로 나누어 각 층에서 단순확률추출로 표본을 뽑아 전체 평균임금을 추정하는 방법이다. 이 추출법에서 각 층 내의 데이터들이 될 수 있는 대로 동질적이 되도록 하는 것이 좋으며, 이 경우 추정값의 분산이 단순확률추출 때보다 작아지고 추출비용도 감소하는 장점이 있다.

## 6. 변수 수의 축소-주성분분석

변수들의 개수가 많은 경우에 이 변수들 모두를 분석하려면 여러 가지 어려운 문제가 나타날 수 있다. 이러한 경우 변수들의 상관관계를 이용하여 적은 수의 새로운 변수를 만들어 이용하면 분석이 간단해지고 변수들 사이의 새로운 관계를 찾을 수 있게 된다. 주성분분석(principal component analysis)은 변수들의 공분산 행렬이나 상관행렬을 이용하여 변수들의 선형결합으로 적은 차원의 새로운 변수, 즉 주성분(principal component)이라고 부르는 서로 상관되어 있지 않은 새로운 변수를 찾아낸다.

주성분 분석은 $p>2$인 변수까지 쉽게 일반화되도록 위에서 설명된 주성분 분석의 절차를 공식화해 보도록 하자. $p$개의 원시 변수들을 $X_1$, $X_2$, $\ldots X_p$로 표기한다. 주성분 분석에서 새로운 변수의 집합으로서 원시 변수에서 이 변수의 평균값을 차감한 값들을 가중평균값 $Z_1$, $Z_2$, $\ldots Z_p$인을 찾는다.

$$Z_i = a_{i,1}(X_1 - \overline{X_1}) + a_{i,2}(X_2 - \overline{X_2}) + \cdots + a_{i,p}(X_p - \overline{X_p})\ i=1, \cdots, p$$

주성분 분석의 기본절차는 다음과 같다.

(1) 각 속성이 같은 범위 안에 존재하도록 입력 데이터가 정규화된다. 이 단계는 큰 범위를 갖는 속성들이 작은 범위를 갖는 속성들을 압도하지 않도록 도움을 준다.

(2) 주성분분석은 정규화된 입력 데이터를 위한 기저(basis)를 제공하는 k개의 정규직교(orthonormal) 벡터들을 계산한다. 이 벡터들은 각각이 다른 벡터들과 수직인 방향을 가리키는 단위벡터들이다. 이 벡터들을 주성분(principal components)이라 부르며, 입력 데이터는 주성분들의 선형결합이다.

- 데이터의 정규화: 정규화 또는 표준화는 각각의 원시변수를 분산이 1인 표준화된 변수로 변환시키는 것을 의미한다. 이러한 작업은 각각의 변수를 표준편차로 나눔으로써 쉽게 이루어진다. 이러한 정규화의 효과는 모든 변수들이 변동성 관점에서 동등하게 중요하다고 간주하는 것이다.
- 그렇다면 데이터를 정규화시키는 작업은 언제 해야 하는가? 이것은 데이터의 성격에 달려있다. 측정 단위가 모든 변수에 대해 동일하거나 그 변수의 척도 자체가 변수의 중요성을 반영할 때에는 아마 정규화시키는 것, 즉 분산이 1이 되도록 데이터의 척도를 재조정하는 것은 최선의 방안은 아니다. 만약 변수가 꽤 다른 단위로 측정되어서 다른 변수들의 변동성을 비교하는 것이 불분명하

거나 변수들의 척도가 동일한 단위로 측정되었지만, 그 척도 자체가 중요하지 않다면 정규화시키는 것이 바람직하다.

이러한 방식으로 측정단위를 변경시킨다 하더라도 주성분들의 가중치가 이로 인해 변동하지는 않는다. 드문 경우이지만 변수들에 대해서 상대적 가중치를 부여할 수 있는 경우에는 주성분 분석을 수행하기 위해 변수를 정규화시킨 다음, 이 정규화된 값에 가중치를 곱한 값을 사용한다.

(3) 주성분들은 "중요도(또는 강도)"의 내림차순으로 정렬되며, 본질적으로 분산에 관한 중요한 정보를 제공하는 새로운 축(axes)의 역할을 한다. 즉, 정렬된 첫 번째 축은 가장 많은 분산을 보여주며, 두 번째 축은 다음으로 높은 분산을 보여주는 식으로 되어 있다.

(4) 성분들이 "중요도"의 내림차순으로 정렬되어 있으므로, 더 설명력이 약한 성분들(즉, 낮은 분산의 성분들)을 제거함으로써 데이터의 크기를 줄일 수 있다. 가장 강한 성분들을 사용함으로써 원본 데이터에 대한 훌륭한 근사치를 재구성하는 것이 가능하다.

주성분 분석은 계산 비용이 적게 들고, 순서화된 속성들과 순서화되지 않은 속성들에 모두 적용 가능하며, 희소한 데이터와 비대칭 데이터를 모두 다룰 수 있다. 주성분들은 다중회귀와 군집분석의 입력변수로 사용될 수 있다. 데이터 압축을 위한 웨이브렛 변환과 비교해볼 때, 웨이브렛 변환은 고차원 데이터에 더 적합한 반면, 주성분 분석은 희소 데이터의 취급에서 더 낫다.

다음의 예시는 앞서 소개한 악취 데이터이다. 이 데이터는 오창지구대에서 2019년부터 2020년까지 2년간 수집된 다양한 악취 정보로 구성된다. 각 데이터는 12개의 수치형 악취변수, TMA를 라벨링한 변수 1개, 수집시기를 표현하는 날짜형 변수로 구성되며, TMA를 예측하기 위해 이용되고 있다.

먼저 WEKA를 활용하여 실습해 보자.

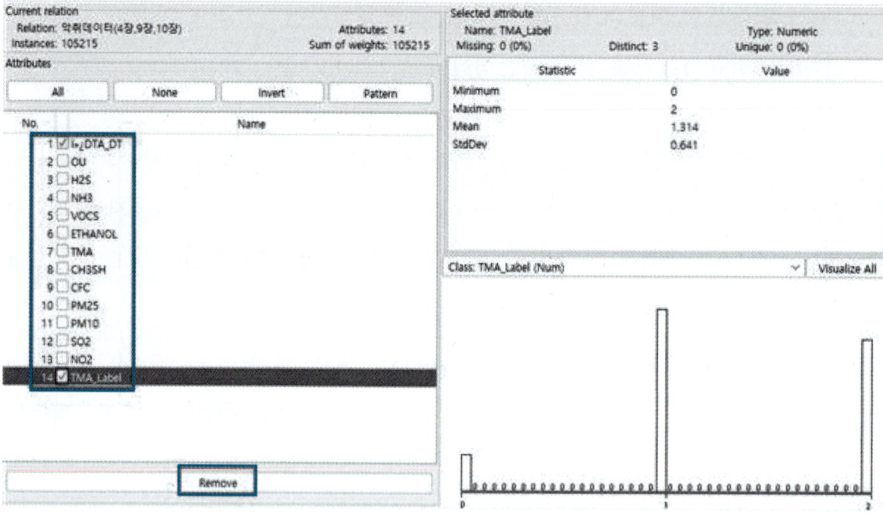

[그림 4.6] WEKA에서 변수 제거

[그림 4.6]은 WEKA에서 악취 데이터 파일을 로드한 것이다. 주성분 분석은 수치형 변수에 대한 차원 축소 기법이다. 따라서 주성분 분석을 하기 위해서는 날짜형 변수인 DTA_DT를 제거해야 한다. 추가로 TMA_Lable과 TMA는 동일한 내용을 내포하고 있는데 주성분 분석에서는 범주화된 변수를 상관관계로 적용하기 어렵기에 라벨링된 TMA 역시 제거한다.

주성분 분석을 진행하기 전 정규화 작업을 진행한다. 악취 데이터 내의 변수 간의 크기 차이가 꽤 크기 때문에 이런 상태로 분석을 진행하면 올바른 결과가 나오지 않게 된다.

정규화 방법에 있어서는 Filter에 Choose를 선택한 후 weka – filters – unsupervised – attribute – normalize를 찾아 누른 후 모든 변수를 선택하고 apply를 누르면 된다.

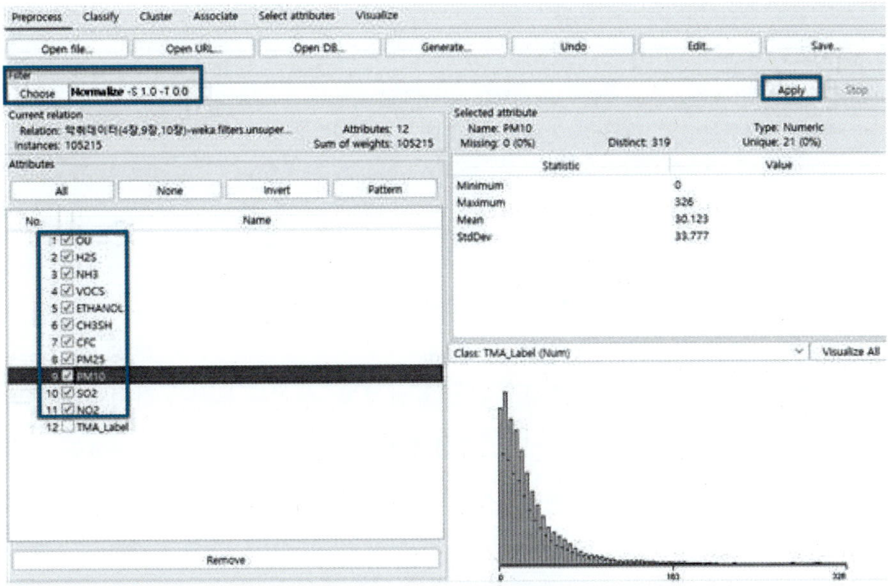


**[그림 4.7]** WEKA에서 정규화 실행

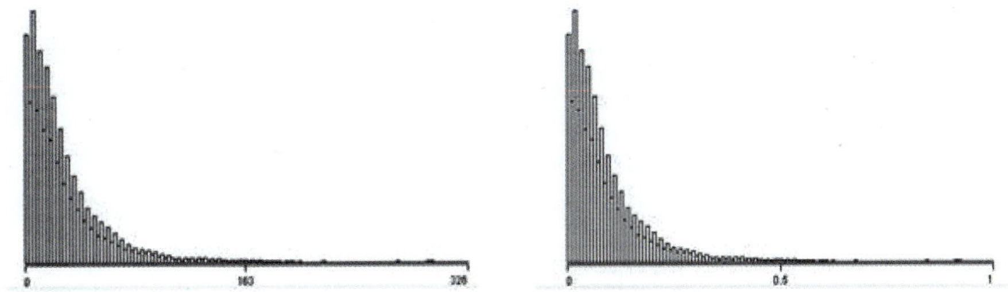


**[그림 4.8]** PM10 변수의 정규화 실행 결과

정규화를 완료하게 되면 **[그림 4.8]**과 같이 기존 변수의 범위가 0부터 1까지로 바뀌는 것을 확인할 수 있다.

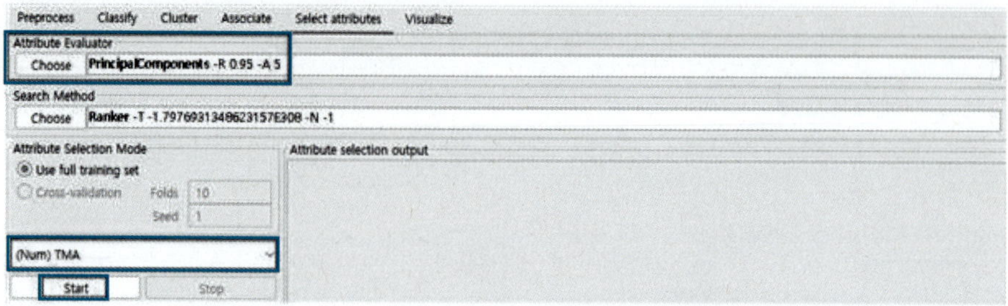


**[그림 4.9]** WEKA에서 주성분 분석 실행

정규화된 데이터를 가지고 주성분 분석을 해보자. 주성분 분석을 하기 위해서는 Select attributes를 선택해야 한다. **[그림 4.9]**에서 Attribute Evaluator는 차원 축소 기법을 선택하는 영역이고, Search Method는 Attribute Evaluator에 따른 변수 선택 방법을 선택하는 영역이다. Weka에서는 Attribute Evaluator에서 차원 축소 기법을 선택하게 되면 해당 기법에 적합한 Search Method를 자동적으로 선택하게 된다.

Attribute Selection Mode는 변수 추출을 하기 위한 Training Data를 선택하는 영역이다. 차원 축소 기법에 따라서 Use full training set과 Cross-validation으로 선택할 수 있다. 주성분 분석은 Use full training set만 적용할 수 있다. 다음의 no class 부분에서는 어떤 클래스를 기준으로 분석을 수행할 것인지를 정하는 것이다. TMA와의 상관관계 및 주성분을 분석하기 위함이기에 TMA를 선택하도록 하자. 그리고 Start를 누르면 된다.

다시 악취데이터로 되돌아가서 위에 방식과 같이 주성분 분석을 수행해 보도록 하자. 여기서는 상관관계 행렬에 주성분 분석을 적용한다. 그 결과 다음 그림과 같이 나타난다.

```
eigenvalue      proportion      cumulative
  4.463           0.40573         0.40573       -0.416H2S-0.405NH3-0.383SO2-0.337CH3SH-0.295NO2...
  2.22467         0.20224         0.60797       0.436PM10+0.432PM25-0.364SO2-0.351VOCS+0.33 CH3SH...
  1.71951         0.15632         0.76429       -0.606ETHANOL-0.478CFC+0.312NO2-0.311VOCS+0.254NH3...
  1.0253          0.09321         0.8575        0.552OU+0.447CFC-0.422PM10-0.405PM25-0.313VOCS...
  0.61277         0.05571         0.91321       0.619NO2-0.588VOCS+0.292ETHANOL-0.211OU-0.209CH3SH...
  0.45894         0.04172         0.95493       -0.571NO2-0.516VOCS+0.43 NH3-0.309OU+0.293H2S...

Eigenvectors
 V1      V2      V3      V4      V5      V6
-0.2776  0.293  -0.0416  0.5516 -0.2113 -0.3091 OU
-0.4158 -0.2234  0.1621 -0.0529 -0.155   0.2935 H2S
-0.4046 -0.1448  0.2544 -0.0067 -0.1186  0.4304 NH3
-0.1652 -0.3508 -0.3114 -0.3129 -0.5879 -0.5157 VOCS
-0.0846 -0.2807 -0.6059  0.0479  0.2924  0.185  ETHANOL
-0.3366  0.3295  0.1539  0.2077 -0.209  -0.0436 CH3SH
-0.2491 -0.0256 -0.478   0.4474  0.1798  0.0456 CFC
-0.2663  0.4316 -0.2249 -0.4046  0.1073  0.0329 PM25
-0.2672  0.4365 -0.1923 -0.4218  0.0891  0.0373 PM10
-0.3833 -0.3641  0.0792 -0.0573  0.0883  0.0323 SO2
-0.2954 -0.1513  0.3118 -0.0669  0.6188 -0.5705 NO2
```

```
Correlation matrix
  1      0.31   0.35  -0.04  -0.04   0.7    0.49   0.39   0.38   0.19   0.2
  0.31   1      0.96   0.4    0.11   0.48   0.32   0.24   0.25   0.91   0.58
  0.35   0.96   1      0.22  -0.01   0.55   0.24   0.25   0.26   0.83   0.57
 -0.04   0.4    0.22   1      0.43  -0.07   0.25   0.06   0.05   0.5    0.11
 -0.04   0.11  -0.01   0.43   1     -0.22   0.58   0.06   0.02   0.3   -0.06
  0.7    0.48   0.55  -0.07  -0.22   1      0.28   0.53   0.55   0.3    0.34
  0.49   0.32   0.24   0.25   0.58   0.28   1      0.29   0.25   0.36   0.11
  0.39   0.24   0.25   0.06   0.06   0.53   0.29   1      0.99   0.11   0.14
  0.38   0.25   0.26   0.05   0.02   0.55   0.25   0.99   1      0.11   0.15
  0.19   0.91   0.83   0.5    0.3    0.3    0.36   0.11   0.11   1      0.69
  0.2    0.58   0.57   0.11  -0.06   0.34   0.11   0.14   0.15   0.69   1
```

**[그림 4.10]** 악취 데이터 주성분 분석 결과

위 그림에서 총 변동성의 90%를 초과하는 부분을 설명하기 위해서는 5개의 주성분이 필요함을 알 수 있다. 첫 3개의 주성분들이 총 변동성 76%를 설명하고 있으며, 따라서 변수의 수를 3개로 줄이게 될 경우 손실되는 정보의 양이 꽤 크다는 것을 알 수 있다.

가중치를 조사해 보면 첫 번째 주성분은 모든 변수가 음(−)의 가중치를 가지고 있다. 따라서, 첫 번째 주성분은 모든 악취 변수가 낮은 수치를 보이는 것을 나타낸다. 이러한 유형의 컴퓨터는 낮은 컴퓨터 성능과 연관된다는 것을 예상할 수 있다. 두 번째, 주성분은 CH3SH, PM25 등에 영향을 받는다.

결과표를 통해서 첫 번째부터 여섯 번째까지의 주성분을 사용한다면 원본 데이

터의 특성을 잘 보존하며, 전체 데이터의 약 95.4%의 분산을 설명할 수 있다.

이번에는 앞선 데이터를 R을 이용하여 실습해 보자.

```
# 작업 경로 설정 및 데이터 로드
set.seed(1) # 난수 고정

# 작업 경로 설정
getwd()
setwd("path")

# 작업 파일 불러오기
data <- read.csv("악취데이터(4장,9장,10장).csv")
```

* 먼저, set.seed(1)을 통해 항상 동일한 난수를 생성하기 위한 초기값을 설정한다. getwd()는 현재의 작업경로를 확인할 수 있는 함수이며, setwd()를 통해 데이터가 있는 경로(PATH)로 작업경로를 변경할 수 있다.

```
# 변수 제거
data <- subset(data, select = -c(DTA_DT, TMA_Label))
```

* 이용하지 않을 날짜 변수(DTA_DT)와 라벨링된 TMA 변수(TMA_Label)를 subset 함수로 제거한다. subset 함수는 데이터프레임에서 특정 조건을 만족하는 행을 선택하는 데 이용된다. 여기서는 select 부분에서 '–'를 두어 선택하지 않음으로써 제거하였다. 여러 개의 변수를 제거하기 위해서는 'c()' 함수를 사용하여 묶어서 전달하면 된다.

```
# 주성분 분석 수행
pca_result <- prcomp(data, center = TRUE, scale. = TRUE)

# 주성분 분석 결과 출력
print(summary(pca_result))
```

* R에서 주성분 분석을 실행하기 위해서는 prcomp 함수를 이용한다.
* center는 변수 중심을 원점으로 조절하는 여부를 나타내는 논리값으로 기본값은 TRUE이다.
* scale은 정규화 여부를 나타내며 기본값은 FALSE이다. 중심을 원점으로 조절하고 정규화하여 주성분 분석을 실행하기 위해 모든 설정을 TRUE로 두었다.

```
Importance of components:
                          PC1    PC2    PC3     PC4     PC5     PC6     PC7     PC8    PC9    PC10    PC11    PC12
Standard deviation     2.2275 1.5634 1.3746 1.01820 0.79093 0.68901 0.49362 0.46234 0.2349 0.17725 0.12904 0.08152
Proportion of Variance 0.4135 0.2037 0.1575 0.08639 0.05213 0.03956 0.02031 0.01781 0.0046 0.00262 0.00139 0.00055
Cumulative Proportion  0.4135 0.6172 0.7746 0.86103 0.91316 0.95272 0.97303 0.99084 0.9954 0.99806 0.99945 1.00000
```

[그림 4.11] 악취 데이터 주성분 분석 결과

* 마찬가지로 파이썬을 이용하여 주성분 분석을 실습해 보자. 이전과 동일한 방식으로 구글 코랩 환경에서 진행한다.

```
# 라이브러리 로드
import pandas as pd
from sklearn.decomposition import PCA
from sklearn.preprocessing import StandardScaler
```

* 파이썬에서는 주성분 분석을 위한 PCA와 정규화를 위한 StandardScaler를 임포트한다.

```
# 랜덤시드 설정
import numpy as np
np.random.seed(1)

# 데이터 로드 및 확인
data = pd.read_csv("/content/악취데이터(4장,9장,10장).csv")
print(data.shape)
print(data.info())
print(data.head())
```

* read_csv로 CSV 파일을 데이터프레임으로 불러오고 data라는 변수에 저장한다. shape로 행과 열의 수를, info()로 기본정보를, head()로 데이터프레임에 일부를 출력함으로써 데이터를 확인한다.

```
(105215, 14)
<class 'pandas.core.frame.DataFrame'>
RangeIndex: 105215 entries, 0 to 105214
Data columns (total 14 columns):
 #   Column     Non-Null Count   Dtype
---  ------     --------------   -----
 0   DTA_DT     105215 non-null  object
 1   OU         105215 non-null  float64
 2   H2S        105215 non-null  float64
 3   NH3        105215 non-null  float64
 4   VOCS       105215 non-null  float64
 5   ETHANOL    105215 non-null  float64
 6   TMA        105215 non-null  float64
 7   CH3SH      105215 non-null  float64
 8   CFC        105215 non-null  float64
 9   PM25       105215 non-null  int64
 10  PM10       105215 non-null  int64
 11  SO2        105215 non-null  float64
 12  NO2        105215 non-null  float64
 13  TMA_Label  105215 non-null  int64
dtypes: float64(10), int64(3), object(1)
memory usage: 11.2+ MB
None
               DTA_DT     OU    H2S   NH3   VOCS  ETHANOL    TMA  CH3SH  \
0 2019-01-01 00:00:00  3.052  0.105  0.12  0.063    0.006  0.048  0.020
1 2019-01-01 00:10:00  2.828  0.105  0.12  0.063    0.006  0.048  0.019
2 2019-01-01 00:20:00  2.689  0.106  0.12  0.063    0.006  0.047  0.019
3 2019-01-01 00:30:00  2.713  0.106  0.12  0.063    0.006  0.047  0.019
4 2019-01-01 00:40:00  2.792  0.105  0.12  0.063    0.006  0.048  0.019

     CFC  PM25  PM10    SO2    NO2  TMA_Label
0  0.007    29    51  0.114  0.094          2
1  0.007    27    49  0.114  0.094          2
2  0.007    26    46  0.115  0.094          2
3  0.007    26    45  0.114  0.094          2
4  0.007    26    45  0.114  0.094          2
```

**[그림 4.12]** 악취 데이터셋 확인

```
# 변수 제거
columns_to_remove = ['DTA_DT','TMA_Label']
data = data.drop(columns = columns_to_remove)
```

* 분석에 사용하지 않을 변수들을 columns_to_remove 변수에 저장하고 data.drop을 이용하여 해당 변수들을 제거하여 data 변수를 수정한다.

```python
# 주성분 분석을 위한 데이터 표준화
scaler = StandardScaler()
data_scaled = scaler.fit_transform(data)
```

* 표준화를 위해 StandardScaler를 활용한다.
* fit_transform 메서드는 StandardSclaer 객체에 데이터를 적합시키고 동시에 변환하는 메서드이다. 이로써 각 열의 평균은 0이 되고, 표준편차는 1이 되도록 계산된다.

```python
# 주성분 분석 수행
pca = PCA()
pca_result = pca.fit_transform(data_scaled)

# 결과출력
print(pd.DataFrame(pca_result, columns=[f"PC{i+1}" for i in range(data.shape[1])]))
```

```
             PC1       PC2       PC3       PC4       PC5       PC6       PC7  \
0       3.145475 -1.939344  1.292342 -0.163207 -0.307122 -0.342223  1.128246
1       2.972670 -1.802593  1.397021 -0.083395 -0.261994 -0.436618  1.082523
2       2.957248 -1.649624  1.499776 -0.052835 -0.257092 -0.503464  1.084366
3       2.918820 -1.688843  1.488940 -0.084420 -0.272685 -0.490334  1.086238
4       2.919344 -1.754001  1.469956 -0.137112 -0.273398 -0.444324  1.110902
...          ...       ...       ...       ...       ...       ...       ...
105210  2.529830 -0.844145  1.972348 -0.975748  0.134354 -0.710180  0.128521
105211  2.513337 -0.905885  1.921689 -0.949799  0.131899 -0.709617  0.124172
105212  2.656217 -0.951336  1.941237 -0.972283  0.100528 -0.709087  0.259883
105213  2.782445 -0.806756  1.667570 -1.302014  0.208236 -0.757720  0.091802
105214  2.645421 -1.030707  1.964197 -1.006927  0.145525 -0.799352  0.234542

             PC8       PC9      PC10      PC11      PC12
0      -0.326952 -0.384178  0.068595  0.032115  0.008479
1      -0.413562 -0.297417  0.013429  0.017254  0.040826
2      -0.469928 -0.397551  0.013508  0.090709  0.011857
3      -0.466683 -0.329992  0.071362  0.122469 -0.002959
4      -0.439429 -0.291525  0.019598  0.022742 -0.007920
...          ...       ...       ...       ...       ...
105210 -0.462810  0.124003 -0.263944  0.093850 -0.011152
105211 -0.468500  0.188037 -0.207761  0.123605 -0.018910
105212 -0.507069  0.069942 -0.238152  0.101015 -0.008510
105213 -0.934852  0.115993 -0.239345  0.070147 -0.006934
105214 -0.486751  0.128554 -0.130574  0.090691 -0.005544

[105215 rows x 12 columns]
```

[그림 4.13] 악취 데이터 주성분 분석 결과

* 주성분 분석을 위해 PCA를 활용한다. 스케일된 데이터를 주성분 분석에 적합시켜 변환시킨 후 출력한다.

```
# 누적 기여도 계산
cumulative_proportion = np.cumsum(pca.explained_variance_ratio_)

# 출력
print("Cumulative Proportion of Variance:")
print(cumulative_proportion)
```

* 각 주성분별 누적 기여도는 다음과 같이 출력된다.

```
Cumulative Proportion of Variance:
[0.41349071 0.61717827 0.77463979 0.86103332 0.9131636  0.95272439
 0.97302959 0.99084274 0.99544041 0.9980586  0.99944621 1.        ]
```

**[그림 4.14]** 악취 데이터 누적 기여도 결과

* 90% 이상의 누적 기여도를 내기 위해서는 5개 이상의 주성분을 활용해야 한다.

# 참·고·문·헌

Ian H. Witten., Eibe Frank, and Mark A. Hall.(2013) 데이터 마이닝(이승현 역). 의왕: 에이콘. (원저 2011)

GALIT SHMUELI, NITIN R. PATEL and PETER C. BRUCE(2009). 비즈니스인텔리전스를 위한 데이터 마이닝(신택수, 홍태호 역). 파주: 사이텍미디어. (원저 2006년 출판)

Han, Jiawei. and Kamber, Micheline(2007). 데이터 마이닝:개념과 기법(강창완 외 11 역). 서울: 사이플러스 (원저 2005년 출판)

이정진 (2011). R, SAS, MS-SQL을 활용한 데이터 마이닝. 파주: 자유아카데미.

# 연·습·문·제

1. 데이터 셋에 포함되어 있는 필드들이 너무 많을 때, 상관분석과 주성분 분석을 사용할 수 있다. 두 가지 분석에 대한 차이점을 서술하시오.

2. 데이터 셋을 간단하게 수치로 볼 수 있는 것을 요약 통계치라고 한다. 요약 통계치에서 평균과 표준편차 정보를 이용해서 어떻게 데이터를 가공할 수 있는지 서술하시오.

3. 야구선수 연봉 데이터에 대해서 다음의 질문에 답하시오.

   1) 주요한 필드들에 대한 요약 통계치를 찾고 필드 특징을 설명하시오.

   2) 상관분석을 통해 분석에서 제외할 수 있는 변수에는 어떠한 것이 있는지 기술하시오.

5

CHAPTER

# 분류 및 예측 성능의 평가

이 장에서는 데이터 마이닝 알고리즘들의 예측 성능을 평가하기 위한 방법에 대해 살펴본다. 예측 성능 평가 방법은 목표변수의 유형에 따라 달라진다. 범주형 변수의 경우 정오 행렬 기반의 척도로서 정확도, 특이도, 민감도 등의 지표가 사용된다. 수치형 변수의 경우 검증 데이터 기반으로 평균 오차, MAPE, RMSE 등의 지표가 사용된다. 정성적인 목표변수 값을 기준으로 살펴보면 특정한 그룹(예를 들면, 마케팅에 반응한 집단)의 레코드들은 아주 적지만, 그 그룹 이외의 데이터는 아주 많아서 비대칭적인 데이터 분포를 가지는 경우에 활용하기 위한 방법론 및 척도에 대해서 설명한다.

## 1. 개요

이 장에서는 지도 학습의 출력변수인 집단(분류) 또는 연속형 변수(값)에 대한 예측을 중심으로 다룬다. 또한 분류 또는 예측모형의 유용성을 판단하고 상이한 모형들을 서로 비교 평가하는 방법을 다룬다.

## 2. 분류모형 평가

분류모형의 평가는 일반적으로 훈련용 데이터(training data)에 의해 만들어진 모형함수를 시험용 데이터(testing data)에 적용하였을 때 나타나는 분류의 정확도(또는 오류율)를 이용한다.

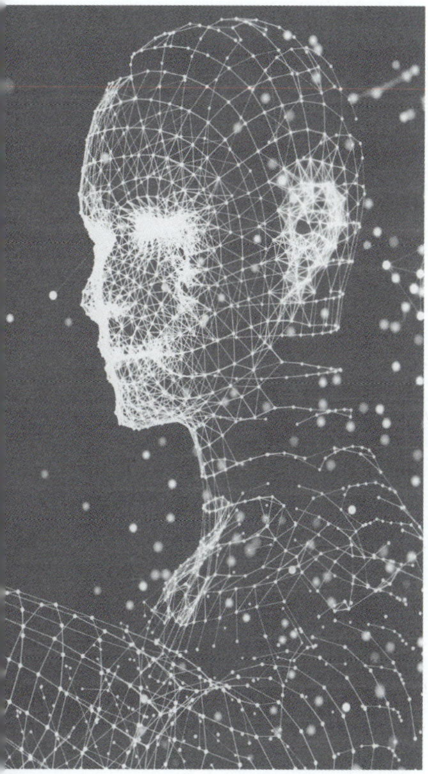

### 2.1 분류모형 평가를 위한 측도

#### 2.1.1 정오분류표

대부분의 분류 정확도(accuracy measures)는 정오분류표(confusion matrix)라고 부르는 분류 행렬표(classification matrix)에 의해 측정된다. 이 행렬표는 **〈표 5.1〉**과 같이 나타낼 수 있다. m개의 클래스가 주어진 경우, 정오분류표는 최소한 크기가 m×m인 분할표이다. 행, 열의 해당 원소는 클래스 0의 튜플들이 분류기에 의해 클래스 0으로 분류된 튜플 수를 의미한다. 즉, 정오분류표는 클래스 i의 튜플들이 분류기에 의해 클래스 j로 분류된 튜플 수를 의미하는 것이다. 좋은 정확도를 가진 분류기라면, 대부분의 튜플들이 분류행렬표의 대각선, 즉 진양성률에서 진음성률까지 분포되어 있고 나머지 비 대각 위치에 해당하는 튜플 수가 0에 가까워야 한다.

〈표 5.1〉 정오분류표

| 정오분류표 | | |
|---|---|---|
| | 예측 집단 | |
| 실제집단 | Positive | Negative |
| Positive | True positive(진양성률) | False negative(위음성률) |
| Negative | False positive(위양성률) | True negative(진음성률) |

분할표의 총계와 클래스당 인식비율을 제공하기 위해 추가로 행과 열을 가질 수 있다. 두 클래스만 주어진 경우, 긍정튜플(positive tuple; 관심 클래스)과 부정 튜플(negative tuple; 비관심 클래스)이란 용어로 표현할 수 있다. 진양성률(true positive)은 분류기에 의해 올바르게 분류된 관심 튜플 수를 말하며, 반면 진음성률(false positive)은 분류기에 의해 정확하게 분류된 비 관심 튜플 수를 의미한다. 위양성률(false positive)은 잘못 분류된 비 관심 튜플 수이다. 마찬가지로, 위음성률(false negative)는 잘못 분류된 관심 튜플 수이다.

두 개의 집단 1, 0이 있고 n개의 소속집단을 아는 데이터가 있다면 각 데이터를 분류한 후 실제집단과 모형에 의해 분류된 집단을 비교하여 그 결과를 **〈표 5.2〉**로 요약한다.

〈표 5.2〉 정오분류표: 각 칸의 의미

| 분류 정오분류표 | | | |
|---|---|---|---|
| | | 예측 집단 | |
| | | Positive | Negative |
| 실제집단 | Positive | TP | FN |
| | Negative | FP | TN |

분류모형의 정확도(accuracy)는 전체 데이터의 수 중 올바로 분류된 수의 비율로 정의하고, 오류율(error rate)은 전체 데이터 중에서 오분류될 수의 비율로 정의한다.

$$정확도 = \frac{TP+TN}{TP+FN+FP+TN}$$

$$오류율 = \frac{FP+FN}{TP+FN+FP+TN},\ 1-\frac{TP+TN}{TP+FN+FP+TN}$$

일반적으로 분류모형은 정확도를 최대화하거나 또는 오류율을 최소로 하는 알고리즘을 찾기 위해 노력한다. 정확도와 오류율은 각 데이터가 반드시 하나의 집단에 속한다는 가정하에서 합리적인 기준이다. 하지만 한 데이터가 두 개 이상의 집단에 속할 가능성이 있을 수 있는데, 이 경우는 집단에 속할 확률을 예측하는 것이 합리적이다.

정확도와 오류율은 양성과 음성의 오분류(혹은 거짓 양성과 거짓 음성)에 대한 위험성이 동일하다는 가정에서 합리적인 측도라 볼 수 있다. 하지만 현실 문제에서는 오분류에 대한 집단 위험성이 다를 수 있다. 예를 들면, 한 의사가 암환자인 사람을 정상인으로 분류하는 오분류와 정상인 사람을 암환자로 분류하는 오분류가 있을 수 있다. 전자의 경우는 생명을 단축시킬 위험이 있어 후자보다는 오분류의 위험성이 크다고 볼 수 있다. 오분류의 위험성이 서로 다른 경우 민감도, 특이도 및 정밀도라는 측도를 이용한다. 중요집단은 암환자라고 가정한다.

민감도(sensitivity)는 주요 집단의 소속 레코드를 정확하게 판별하는 능력을 말한다. 이 지표는 실제집단을 암환자 집단으로 정확하게 분류할 확률로 진양성률(true positive rate), 재현율이라고도 부른다.

특이도(specificity)는 집단의 소속 레코드를 정확하게 판별하는 능력을 말한다. 이 지표는 실제집단을 암환자 집단으로 정확하게 분류할 확률로서 진음성률(true negative rate)이라고도 부른다.

정밀도(precision)는 예측 집단 중 실제 암환자 집단이라 판별한 능력을 말한다.

위양성률(false positive rate)은 음성집단을 암환자 집단으로 잘못 분류한 레코드의 비율을 말한다. 즉, 이 비율은 모형에 의해서 집단으로 분류된 레코드 중에서 실제 집단을 암환자 집단으로 잘못 분류한 레코드의 비율을 의미한다.

$$민감도 = \frac{TP}{TP+FN}$$

$$특이도 = \frac{TN}{TN+FP}$$

$$정밀도 = \frac{TP}{TP+FP}$$

$$위양성률 = \frac{FP}{FP+TN}$$

즉, 민감도는 실제 암환자를 암환자로 분류하는 비율이고, 특이도는 정상인을 정상인으로 분류하는 비율, 정밀도는 암환자로 분류된 사람 중에서 실제 암환자의 비율을 의미한다. 정확도(accuracy)는 민감도와 특이도의 가중합으로 표시할 수 있다.

정확도 = 민감도 + 특이도

〈표 5.3〉 두 집단과 3,000개의 관찰치를 이용한 분류행렬표

| 분류 정오분류표 | | | |
|---|---|---|---|
| | | 예측 집단 | |
| | | 0 | 1 |
| 실제집단 | 0 | 2689 | 25 |
| | 1 | 85 | 201 |

위 예를 통해 정확도, 오류율, 민감도, 특이도, 정밀도, 위양성률을 구해보자.

$$정확도 = \frac{2689+201}{2689+85+25+201} = 0.963$$

$$오류율 = \frac{85+25}{2689+85+25+201} = 0.036$$

$$민감도 = \frac{2689}{2689+25} = 0.990$$

$$특이도 = \frac{201}{85+201} = 0.702$$

$$정밀도 = \frac{2689}{2689+85} = 0.969$$

$$위양성률 = \frac{85}{85+201} = 0.297$$

리프트 차트(lift chart)와 ROC 곡선은 민감도와 특이도를 이용하여 분류모형을 평가하는 그래프이다.

### 2.1.2 분류 기준값

데이터 마이닝 알고리즘은 두 단계에 걸쳐 사례를 분류한다. 먼저 집단 1에 속할 확률을 추정한 다음, 이 확률값과 분류기준값(cut-off value)을 서로 비교한다. 확률값이 분류기준값보다 큰 경우 집단 1에 속하는 것으로 분류하고, 분류기준값보다 작은 경우 집단 0으로 분류한다. 3개 이상의 집단의 경우에 적용되는 일반적인 규칙을 그 사례가 가장 높은 확률을 갖는 집단에 해당 사례를 할당하는 것이다.

두 집단을 분류하는 모형의 기본 분류기준값은 0.5이다. 따라서 한 레코드가 집단 1에 속할 확률이 0.5보다 크다면, 그 레코드는 집단 1에 속하는 것으로 분류된다. 추정된 확률이 0.5보다 작다면 집단 0으로 분류된다. 참고로 분류기준값은 0.5보다 크거나 작은 값으로 조정하여 사용할 수 있다. 분류기준값을 0.5보다 크게 설정할 경우 집단 1로 분류되는 레코드 수는 줄어들고, 분류기준값을 0.5보다 작게 설정할 경우 집단 1로 분류되는 레코드 수가 늘어나게 된다. 일반적으로 **오분류비용**은 양쪽 모두에서 증가하게 된다.

오분류비용

〈표 5.4〉의 데이터는 24개의 레코드로 이루어진 실제집단을 보여준다. 이 레코드들은 데이터 마이닝 알고리즘에 의해 추정된 집단 1에 속할 확률값의 크기 순서에 따라 정렬되었다. 만약 분류기준값을 표준값인 0.5로 설정한다면 오분류율은 3/24이고, 분류기준값이 0.25라고 한다면 좀 더 많은 레코드들이 집단 1로 분류되고(집단 0에 속하는 더 많은 레코드들이 집단 1로 잘못 분류됨), 오분류율은 5/24로 증가하게 된다. 이와는 반대로 만약 분류기준값을 0.75로 채택한다면 집단 1로 분류되는 레코드는 감소된다. 이 때 오분류율은 집단 1에 속하는 더 많은 레코드들이 집단 0으로 잘못 분류됨에 따라 6/24으로 증가한다. 이상의 모든 결과는 [그림 5.1]의 분류행렬표에 나타나 있다.

〈표 5.4〉 분류모형에 의해 집단 1로 분류된 집단의 실제 레코드 및 집단 1에 속할 확률

| No | 실제집단 | 집단 1에 속할 확률 | No | 실제집단 | 집단 1에 속할 확률 |
|---|---|---|---|---|---|
| 1 | 1 | 0.995976726 | 13 | 1 | 0.505506928 |

| 2 | 1 | 0.987533139 | 14 | 0 | 0.47134045 |
|---|---|---|---|---|---|
| 3 | 1 | 0.984456382 | 15 | 0 | 0.337117362 |
| 4 | 1 | 0.980439587 | 16 | 1 | 0.21796781 |
| 5 | 1 | 0.948110638 | 17 | 0 | 0.199240432 |
| 6 | 1 | 0.889297203 | 18 | 0 | 0.149482655 |
| 7 | 1 | 0.847631864 | 19 | 0 | 0.047962588 |
| 8 | 0 | 0.762806287 | 20 | 0 | 0.038341401 |
| 9 | 1 | 0.706991915 | 21 | 0 | 0.024850999 |
| 10 | 1 | 0.680754087 | 22 | 0 | 0.021806029 |
| 11 | 1 | 0.656343749 | 23 | 0 | 0.016129906 |
| 12 | 0 | 0.622419543 | 24 | 0 | 0.003559986 |

| 승률계산을 위한 분류기준값(갱신 가능) | 0.5 |
|---|---|

| 정오분류표 | | |
|---|---|---|
| | 예측 집단 | |
| 실제집단 | 소유자 | 비소유자 |
| 소유자 | 11 | 1 |
| 비소유자 | 2 | 10 |

| 승률계산을 위한 분류기준값(갱신 가능) | 0.25 |
|---|---|

| 정오분류표 | | |
|---|---|---|
| | 예측 집단 | |
| 실제집단 | 소유자 | 비소유자 |
| 소유자 | 11 | 1 |
| 비소유자 | 4 | 8 |

| 승률계산을 위한 분류기준값(갱신 가능) | 0.75 |
|---|---|

| 정오분류표 | | |
|---|---|---|
| | 예측 집단 | |
| 실제집단 | 소유자 | 비소유자 |
| 소유자 | 7 | 5 |
| 비소유자 | 1 | 11 |

**[그림 5.1]** 0.5, 0.25 및 0.75의 분류기준값을 이용한 분류행렬표

분류기준값을 조정함에 따라서 분류모형의 정확도와 오분류율이 어떻게 변화하는지를 보기 위해서는 엑셀의 1차원 테이블을 이용할 수 있다. 그 다음에 중요한 성과측정치와 분류기준값 간의 관계를 도표에 나타낼 수 있다. 위에서 제시한 데이터를 이용한 도표의 결과는 **[그림 5.2]**에 나타나 있다. 이 그림에서 분류기준값이 0.2와 0.8 사이에 존재할 때 정확도의 수준은 대략 0.8로서 꽤 안정적임을 알 수 있다.

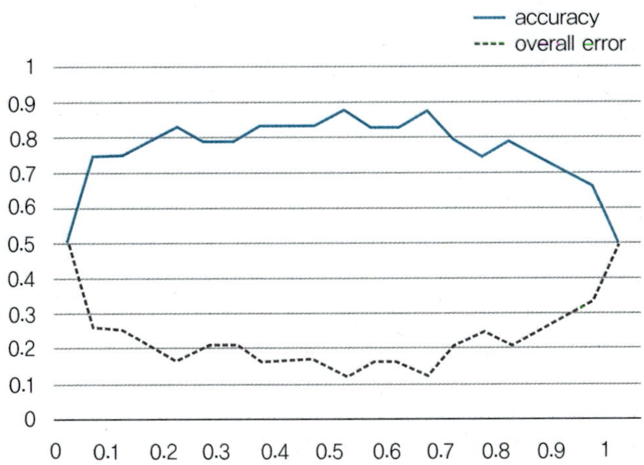


**[그림 5.2]** 1차원 테이블을 도표화시킨 결과: 분류기준값의 함수로서 분류정확도와 전체 오분류율

0.5와는 다른 분류기준값 때문에 오분류율이 증가함에도 불구하고 왜 이러한 분류기준값을 사용해야 하는가? 이에 대한 답은 집단 0보다는 집단 1을 정확하게 분류하는 것이 더 중요하기 때문에, 집단 0에 대한 오분류가 증가하더라고 이를 허용하려고 한다는 것이다. 또는 이와 반대의 경우도 그러하다. 다시 말해서 오분류비용이 비대칭적일 수 있다는 것이다. 보다 많은 레코드를 오분류비용이 큰 집단에 속하는 것으로 분류하도록 분류기준값을 조정할 수 있다. 즉, 오분류비용이 작은 경우에 오분류가 늘어나도 이를 허용할 수 있다.

여기서 데이터 마이닝 모형이 이미 선택된 후에 이러한 전략을 사용한다는 점을 명심해야 한다. 모형을 바꾸지 않는 상태에서 이를 적용한다. 또한 모형을 도출하기 전에 오분류비용을 모형구축에 반영시킬 수도 있다.

### 2.1.3 추정법칙(datamining techniques 99~)

추정 산출(estimation model)의 정확성을 평가하는 방법은 추정치가 평균에서 얼마나 떨어져 있나를 측정하는 것이다. 하지만 각 수치에서 실제 값으로부터 추정 값을 빼는 것과 의미를 얻는 것은 의미가 없는 결과이다. 자세한 설명은 다음의 표에 나와 있다.

실제 값과 추정치 사이의 평균은 0이다. 이 문제를 해결하기 위한 일반적인 방법은 실제 값과 추정치를 뺀 값에 제곱을 하는 것이다. 〈표 5.5〉의 추정치는 10의 분산을 갖는다.

〈표 5.5〉 실제 값과 추정치 차이

| True value | Estimated value | Difference |
|---|---|---|
| 127 | 132 | -5 |
| 78 | 76 | 2 |
| 120 | 122 | -2 |
| 130 | 129 | 1 |
| 95 | 91 | 4 |

(차이 제곱값의 합) / 개수 = (25 + 4 + 4 + 1 + 16)/5 = 50/5 = 10

여기서 분산이 작을수록 정확성이 높음을 의미한다. 측정으로서 분산의 문제점은 측정치로서 같은 단위가 표현되지 않는다는 점이다. 만약 달러로 가격을 측정했다면 달러를 제곱하지 않고 얼마나 떨어져 있는지 알 수 있다. 이러한 이유로 표준편차라 불리는 분산의 제곱근을 사용한다.

### 2.1.4 리프트 차트

분류모형이 각 집단에 속할 확률을 계산하고 단지 임계값 또는 기준값의 두 집단으로 분류하지 않을 경우, 이에 적합한 매우 유용한 분석도구로 리프트 곡선(lift curve)이 있다. 이 곡선은 리프트 차트(lift chart), 이득곡선(gain curve), 이득도표(gain curve)로도 불린다.

리프트 차트는 수익을 창출하는 목표고객을 추출할 목적으로 사용되는데, 단순히 분류 및 여러 모형을 비교하기 위한 목적으로도 종종 사용되고 있다. 예를 들어,

정렬된 데이터를 이용하여 제한된 예산범위 내의 어느 잠재고객들을 주요 목표고객으로 정하여 우편광고물을 보낼지를 결정하는 데 사용된다.

베이즈 분류 모형이나 로지스틱 회귀 모형의 사후확률 같이 분류 모형의 결과가 연속형 값으로 표현되고, 사후확률이 크면 집단 1로 분류될 가능성이 크다고 가정하자. 사후 확률의 내림차순으로 전체 데이터를 정리한 후 정리된 데이터의 상위 10%를 관찰하면, 분류 모형이 좋을 경우 실제집단 1을 집단 1로 분류하는 비율이 매우 높을 것이다. 전체 데이터 중에서 집단 1의 비율을 기준선 반응률(base line % response)이라 하고, 상위 10% 데이터에 대해 실제집단 1을 집단 1로 분류하는 민감도를 상위 10%의 반응률(upper 10% response)이라 한다. 기준선 반응률에 대비한 상위 10% 데이터의 반응률을 상위 10%의 리프트(lift) 또는 향상도라 부른다.

$$\text{상위 10\%의 리프트} = \frac{\text{10\% 범위 내의 양성 비율}}{\text{전체 데이터 양성 비율}} \times 100$$

즉, 전체 데이터에서 집단 1의 비율과 상위 10%의 데이터에서의 집단 1의 비율을 비교하여 얼마나 향상되었는지 평가하는 것이다.

추정확률값을 기준으로 내림차순으로 x축으로 하고, 이 백분위수만큼의 데이터를 집단 1로 간주하였을 때 실제로 집단 1인 데이터의 반응률을 y축으로 한 그림을 리프트 차트라 한다.

| 일련번호 | 집단 1에 속할 예측확률 | 실제집단 | 실제누적집단 1 |
|---|---|---|---|
| 1 | 0.995976726 | 1 | 1 |
| 2 | 0.987533139 | 1 | 2 |
| 3 | 0.984456382 | 1 | 3 |
| 4 | 0.980439587 | 1 | 4 |
| 5 | 0.948110638 | 1 | 5 |
| 6 | 0.889297203 | 1 | 6 |
| 7 | 0.847631864 | 1 | 7 |
| 8 | 0.762806287 | 0 | 7 |
| 9 | 0.706991915 | 1 | 8 |
| 10 | 0.680754087 | 1 | 9 |
| 11 | 0.656343749 | 1 | 10 |
| 12 | 0.622419543 | 0 | 10 |
| 13 | 0.505506928 | 1 | 11 |
| 14 | 0.47134045 | 0 | 11 |
| 15 | 0.337117362 | 0 | 11 |
| 16 | 0.21796781 | 1 | 12 |
| 17 | 0.199240432 | 0 | 12 |
| 18 | 0.149482655 | 0 | 12 |
| 19 | 0.047962588 | 0 | 12 |
| 20 | 0.038341401 | 0 | 12 |
| 21 | 0.024850999 | 0 | 12 |
| 22 | 0.021806029 | 0 | 12 |
| 23 | 0.016129906 | 0 | 12 |
| 24 | 0.003559986 | 0 | 12 |

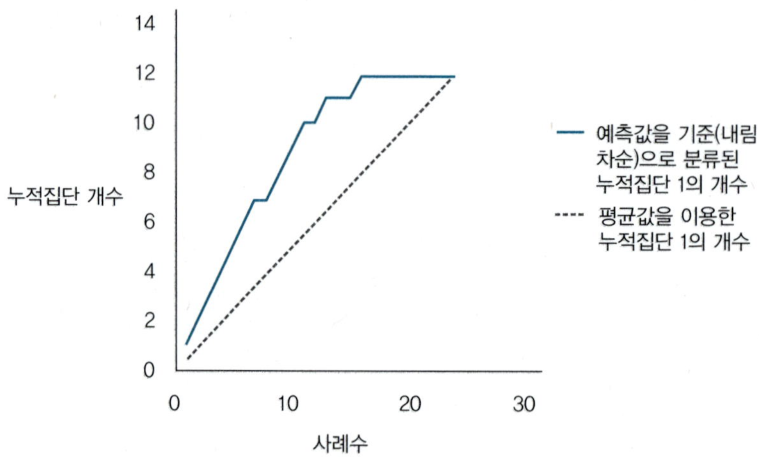


[그림 5.3] 누적 진양성 집단에 대한 테이블과 리프트 도표

[그림 5.3]은 추정 확률값을 기준으로 내림차순으로 정렬된 사례 중에서 집단 1로 분류된 누적 사례 수를 표시한 표와 이에 대응하는 리프트 도표를 보여주고 있

다. (0, 0)과 (24_ 12)의 두 점 사이를 잇는 점선은 참조선(reference line)이다. 이 선은 x축에서 사례의 수가 주어졌을 때 모형을 갖고 있지 않지만, 단순히 무작위로 사례를 선택하여 예측된 중요한 집단의 기대개수를 y축에 나타낸다. 또한 이 선은 기준모형의 성과를 나타내며, 추정된 모형의 성과와 비교하기 위해 이 참조선을 활용한다. 만약 집단 1에 속하는 10개의 사례를 선택하고 가장 집단 1에 속할 것 같은 사례들을 선택하기 위해 추정모형을 사용한다면, 리프트 곡선은 10개 중 대략 9개 정도를 정확하게 분류할 것이라고 알려준다. 만약 단순히 무작위로 10개의 사례를 선택한다면 5(=10*12/24)개의 사례를 정확하게 분류한다고 예상할 수 있다. 이 모형에서 집단 1을 예측할 때의 리프트 값은 18(=9/5)이다. 리프트 값은 선택된 사례의 수에 따라 달라진다.

성능이 좋은 분류모형은 단지 몇 개의 사례만 있어도(예측 확률값이 가장 높은 사례를 선택할 경우) 높은 리프트 값을 가지며, 사례가 늘어날수록 리프트 값은 감소한다. 가장 좋은 성능의 분류모형(오차가 없는 분류모형)에 대한 리프트 곡선은 처음 출발 시점에서는 곡선이 서로 겹쳐지지만, 12개의 성공사례(모두 집단 1에 속하는 사례)가 선택될 때까지 기울기가 1인 선이 계속 이어지다가 그 이후에 사례에 대해서는 오른쪽으로 수평선이 이어진다.

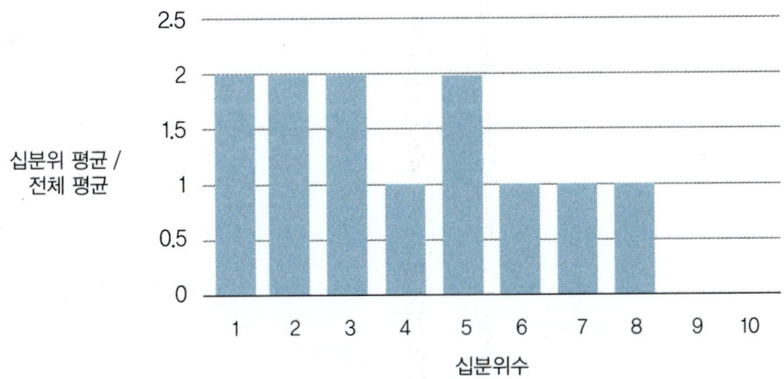


**[그림 5.4]** 십분위수의 리프트 도표

이상의 리프트 도표가 제공하는 정보는 또한 **[그림 5.4]**의 십분위수 도표(decile chart)를 통해 동일하게 전달될 수 있다. 이 십분위수 도표는 직접 마케팅을 위한 예측모형 구축에 널리 사용되는 도표이다. 그림에서 막대는 구축된 모형이 무작위로 각 사례를 집단 0 또는 집단 1에 할당할 때의 성과와 비교해서 더 나은 결과를 가져다주는지를 십분위수 영역별로 보여준다. 그림에서 맨 왼쪽의 막대를 보면, 모형의 예측 확률 값을 기준으로 높은 순위 순으로 선택된 사례 중에서 가장 집단에 속할 것 같은 10%의 사례(2개)는 무작위 추출에 의해 선택된 10%의 사례(2개)보다 2배만큼 예측 확률 값이 크다는 것을 보여준다.

### 2.1.5 ROC 곡선

ROC 곡선은 두 개의 분류 모형을 비교하고자 할 때 시각적으로 표현할 수 있는 유용한 기법이다. ROC는 Receiver Operating Characteristic을 말한다. ROC 곡선은 세계 2차대전 중 레이더 영상을 분석하는 과정에서 개발된 신호탐지 이론에서 나왔다. ROC 곡선은 진양성률(true positive rate) 또는 민감도(sensitivity)와 위양성률(false positive rate) 사이의 트레이드 오프(trade off)에 의하여 나타내어진다. 주어진 어떠한 두 범주 분류모형의 검증용 데이터 집합에서, 모형이 "예"인 표본들을 올바르게 분류한 것과 "아니오"인 표본을 "예"인 표본으로 잘못 분류한 비율 사이의 트레이드 오프를 시각적으로 보여준다. 즉, 진양성률의 증가는 위양성률을 감소시킨다. ROC 곡선 아랫부분의 면적은 모형의 정확성을 측정하는 측도이다.

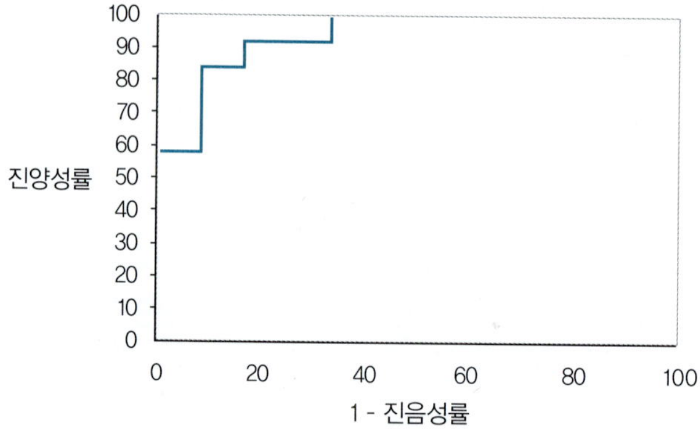


[그림 5.5] 24개의 사례에 대한 ROC 곡선

ROC 곡선에 대한 설명은 모형의 정확도와 관련된 내용이다. 나쁜 모형(poor)의 대각선은 어떤 모형의 진양성률과 위양성률의 비율이 같음을 의미한다. 따라서 어떠한 모형의 ROC 곡선이 대각선에 가까울수록 그 모형은 덜 정확함을 말한다. 어떠한 모형이 정말 좋은 모형이라면 곡선은 0으로부터 곧장 위로 움직일 것이다. 이후에, 점점 더 작은 수의 진양성률을 가지거나, 더 많은 수의 위양성률을 가짐에 따라 곡선은 점점 더 수평방향으로 움직이게 될 것이다.

모형의 정확도는 ROC 곡선 아래 부분의 면적을 측정하여 평가한다. 그 면적이 0.5에 가까우면 가까울수록 해당 모형은 덜 정확함을 말한다. 완전한 정확도를 가진 모형은 그 면적이 1이다.

ROC 곡선(receiver operating characteristic curve)

구축한 모형의 성능을 민감도(sensitivity)와 특이도(specificity)에 의해 판단하고자 하는 곡선이다.

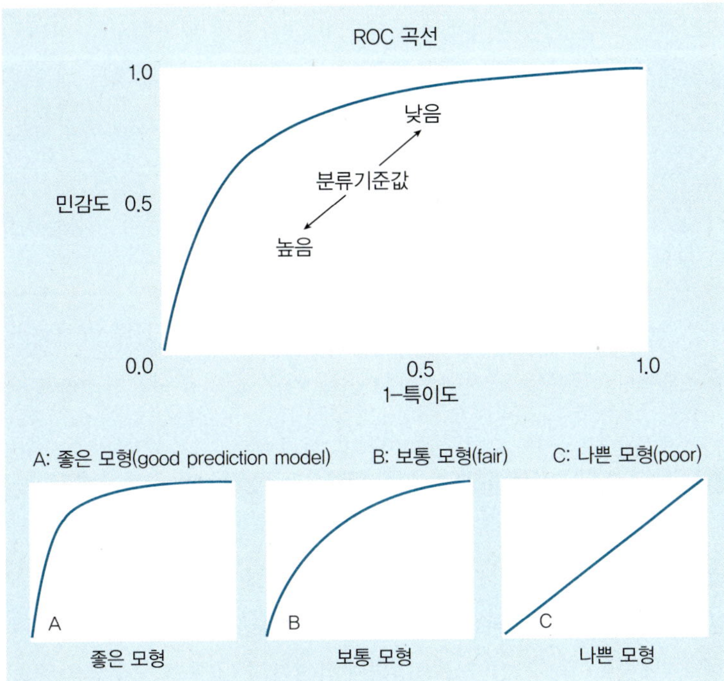


**[그림 5.6]** ROC 곡선

### 2.1.6 비대칭 오분류비용

지금까지는 분류모형의 유효성을 평가하기 위한 기준으로서 오분류율을 제시하였다. 하지만 이러한 측정치가 적합하지 않은 경우도 있다. 간혹 어떤 사례를 특정 집단으로 잘못 분류하는 오류는 기타 집단으로 잘못 분류하는 것보다 더 중요할 때가 있다. 예를 들어, 한 고객이 기업의 판매 제안에 반응하는 집단에 속함에도 불구하고 반응하지 않는 집단으로 잘못 분류하는 것은 반대의 경우보다 더 큰 기회비용을 초래한다. 전자의 경우에는 아마도 수십 또는 수백 달러의 가치가 있는 매출기회를 놓치게 되고, 후자의 경우에는 구매하지 않을 사람들에게 단지 우편발송 비용만 부담하게 된다. 이러한 상황에서 평가척도로서 오분류율을 그대로 사용한다면 잘못된 결과를 초래할 수 있다.

한편, 정확한 분류에 따른 비용 또는 이득은 0이라고 가정하자. 언뜻 볼 때 이 가정은 불완전하게 보인다. 본질적으로 구매자를 정확하게 구매자로 분류하는데 따르는 이득(음의 비용)이 중요하다. 그리고 다른 상황에서는 각각의 가능한 분류 또는 오분류에서 발생하는 실제의 순수한 금전적 영향을 고려하는 것이 바람직하다. 그러나 여기서는 오분류의 관점에서 분류모형의 가치를 평가하고자 한다. 만약 오분류의 상황에서 모든 비용/이득을 알아낼 수 있다면 이러한 문제는 매우 단순해진다. 그러므로 하나의 반응고객을 올바르게 분류함에 따른 이득을 측정하는 대신에 그 고객을 반응고객으로 분류하지 못하여 발생하는 기회비용을 측정하도록 한다. 그 비용이 실제 발생한 비용인지 또는 기회비용인지간에 그 결과는 동일하며, 이러한 분석의 목적은 비용을 최소화하는 데 있다.

좋은 분류모형을 구축하기 위해서 무작위 표본으로 사람들에게 판매제의를 하고자 우편광고를 하는 경우를 고려해 보자. 전체 가구 중의 1%가 이러한 판매제의를 수락한다고 가정하고, 이들 데이터에 대해서 만약 분류모형이 단순히 모든 가구를 비응답자로 분류한다면 이 분류모형의 오차율을 단지 1%에 불과하겠지만, 실제 상황에서는 이러한 의사결정은 유용하지 않다. 구매자의 20%를 비구매자로, 비구매자의 2%를 구매자로 오분류하는 분류모형의 경우에는 이전보다 더 높은 오차율을 갖지만, 판매로 인한 이득이 판매제의를 보내는 비용보다 대체로 더 클 경우, 이 모형은 더 좋은 모형이 될 수 있다. 이 상황에서 2가지 유형의 오분류비용의 추정치를 알고 있다면 분류행렬표를 이용하여 평가용 데이터의 각 사례에 대한 오분류비용의 기대값을 계산할 수 있다. 이 행렬표는 비교기준치로서 전체 기대비용을 이용하여 상이한 분류모형들을 서로 비교할 수 있다.

우편광고물을 1,000명 이상의 사람들에게 보낼 때, 평균적으로 그 중 1%가 반응한다고(집단 1) 가정하자. 모든 사람을 단순히 집단 0으로 분류하는 것은 오직 1%

의 오차율을 나타낸다. 이 사례를 데이터 마이닝에 적용하여 다음과 같은 분류 결과가 나타났다고 가정해 보자.

| | 예측집단 0 | 예측집단 1 |
|---|---|---|
| 실제집단 0 | 970 | 20 |
| 실제집단 1 | 2 | 8 |

이 분류 결과들은 단순분류율보다 높은 2.2%의 오차율을 갖는다.

이제 집단 1로부터 얻는 이득이 $10이고 판매제의에 따른 발송비용이 $1라고 가정하자. 모든 사람을 집단 0으로 분류하면 여전히 오분류율은 1%밖에 되지 않지만, 이득은 $0가 된다. 데이터 마이닝을 사용하면 더 높은 오분류율에도 불구하고 $60의 이익이 발생한다.

이제 우편 광고물에 대한 이익행렬표는 다음과 같다. 이 표에서 집단 0으로 예측된 사례에는 우편광고물이 전달되지 않으며, 이에 따라서 예측집단 0의 열에는 어떠한 비용이나 이득도 발생하지 않는다.

| 이득 | 예측집단 0 | 예측집단 1 |
|---|---|---|
| 실제집단 0 | 0 | -$20 |
| 실제집단 1 | 0 | $80 |

오직 비용의 관점에서 볼 때, 모든 사람들을 집단 0으로 분류할 경우 판매제의를 보내는 비용은 0이고, 유일한 비용은 실제집단 1에 속하는 10명에게 판매제의를 보내지 않아서 발생하는 기회비용인 $100이다. 데이터 마이닝 분석에 의해서 판매제의에 반응할 사람을 선택하는 데 따르는 비용(판매제의 발송에 따른 실제비용과 기회를 놓친 판매의 기회비용을 더한 비용)은 다음과 같이 총 $48이다.

| 비용 | 예측집단 0 | 예측집단 1 |
|---|---|---|
| 실제집단 0 | 0 | $20 |
| 실제집단 1 | $20 | $8 |

그러나 이것은 실제 분류 자체의 적중률을 향상시키지는 못한다. 좀 더 나은 방법은 앞 절에서 논의한 대로 비대칭비용을 반영하기 위해 분류규칙을 조정하여 오분류율을 변경하는 것이다.

비용을 포함하고 있는 일반적인 성과측정치는 관찰치 1단위당 표본의 평균오분류비용이다. 집단 0에 속하는 관찰치를 집단 1에 속하는 관찰치로 잘못 분류하는 비용을 $q_0$로 표기하고, 집단 1에 속하는 관찰치를 집단 0에 속하는 관찰치로 잘못 분류하는 비용은 $q_1$으로 표기하도록 하자. 이때 표본의 평균오분류비용은 다음과 같이 계산된다($n_{i,j}$는 $c_i$ 집단에 속하는 데이터를 $c_j$ 집단에 속하는 데이터로 분류하는 사례들의 수를 표시함).

$$\frac{q_0 n_{0,1} + q_1 n_{1,0}}{n}$$

따라서 이 수치를 최소화시키는 분류모형을 찾아야 한다. 예를 들어 이 값은 여러 가지 분류기준값들을 적용하여 계산될 수 있다.

파라미터

결국 최적의 **파라미터**는 이들 비용에 대한 비율을 통해서 계산된 오분류비용에 의해 영향을 받게 된다. 이 오분류비용은 다음의 오분류비용 측정치로서 조금 다르게 표시될 수 있다.

$$\frac{q_0 n_{0,1} + q_1 n_{1,0}}{n} = \frac{n_{1,0}}{n_{0,0} + n_{0,1}} \times \frac{n_{0,0} + n_{0,1}}{n} q_0 + \frac{n_{1,0}}{n_{1,0} + n_{1,1}} \times \frac{n_{1,0} + n_{1,1}}{n} q_1$$

이 표현식을 최소화시키는 것은 이와 동일한 식을 상수로 나누어 계산한 식을 최소화시키는 것과 같다. 따라서 만약 위의 식을 상수로 나눈다면 개별적인 가치들이 아닌, 오직 상수로 나눈 표현식만이 표현식의 오분류를 최소화하는 데 영향을 준다는 것을 확실히 알 수 있다. 이러한 식은 매우 실용적이다. 왜냐하면 대다수의 경우에 집단 0으로 잘못 분류함으로 인해서 발생하는 비용과 집단 1로 잘못 분류함으로 인해서 발생하는 비용을 각각 결정하는 것은 어렵지만, 그 비율을 하나의 값으로 추정하는 것을 상대적으로 더 쉽기 때문이다.

표본데이터에서 집단 0과 집단 1의 비율이 미래에 기대되는 집단 0과 집단 1의 비율과 비슷하다면 앞의 표현식은 미래 오분류비용에 적합한 비율추정치라고 볼 수 있다. 만약 층화표본추출을 사용하여 하나의 집단을 과대표본추출할 경우에는 각 집단에 속하는 관찰치의 비율에 관한 외부 또는 사전정보를 사용할 수 있다. 이러한 정보는 가중치로 표기되며, 위의 비용산식은 이러한 정보를 반영하여 다음과 같이 표시된다.

이 산식은 기대 오분류비용(expected misclassification cost)으로 불린다. 위에서 제시한 논리를 동일하게 적용할 때 이 수치에 대한 최적화는 오직 가중치의 비율로 계산된 비용과 가중치의 비율로 계산된 사전확률에 의존하게 된다. 이러한 이유로 인해서 데이터 마이닝 소프트웨어 패키지들은 비용과 사전확률을 통합시킴으로써 실제비용 및 확률보다는 비율측정치를 바로 제공한다.

#### (1) 3개 이상의 집단으로 일반화

위에서 언급한 두 집단을 분류하는 모형에 대한 모든 내용은 곧장 3개 이상의 집단 분류로 확장될 수 있다. m개의 집단을 클래스, 카테고리로 가정할 경우 정오분류표는 m개의 행과 열로 구성된다. 대각선의 칸에 속하는 오분류비용은 물론 항상 0이다. 현재 m개로 구성된 다양한 집단의 사전확률을 통합하는 방법은 두 집단의 경우에 마찬가지 방식으로 이루어진다. 그러나 오분류비용을 평가하는 것은 훨씬 더 복잡하다. m개의 집단을 갖는 사례는 m(m−1)만큼의 오분류 유형이 나타난다. 따라서 오분류비용의 행렬을 작성하는 것은 매우 복잡해진다.

#### (2) 비용과 이익을 통합하는 리프트 도표

정분류와 오분류의 이익과 비용이 알려져 있거나 추정될 수 있다면 이를 반영한 리프트 도표는 변함없이 유용한 분석도구가 된다. 이전의 리프트 도표처럼 각 레코드가 특정 집단에 속할 확률을 각 레코드에 할당하는 분류모형이 필요하다. 그 다음에는 다음과 같은 절차가 진행된다.

- 1단계: 예측된 성공확률값의 크기 순서대로 레코드를 분류한다(성공 = 관심집단에 속하는 레코드).
- 각 레코드에 대해 실제 결과값과 연관된 비용(이익)을 기록한다.
- 가장 높은 확률을 가진 레코드(첫 번째 행의 레코드)의 비용(이익)값은 리프트 도표의 첫 번째 y좌표값에 해당하며, 이때 x좌표값은 1이다.
- 마찬가지로 다음 레코드에 대해서도 실제 결과값과 연관된 비용(이익)을 다시

계산한다. 이전 레코드의 비용(이익)에 다음 레코드의 비용(이익)을 더한다. 이 합계값은 리프트 곡선의 두 번째 y좌표값에 해당하며, 이때 x좌표값은 2이다.

- 모든 레코드를 분석할 때까지 네 번째 단계를 반복 수행한 후, 모든 점들을 연결하면 이것이 리프트 곡선이 된다.
- 참조선은 첫 번째(시작) 점에서 y좌표값이 총 순이익이고 x좌표값이 N(N = 레코드의 총 개수)인 점까지를 이은 직선을 의미한다.

이 리프트 도표는 리프트를 분류기준값의 함수형태로 도식화하는 것과 유사하다. 단지 차이점은 x축의 척도가 다르다는 것이다. 분석 목적이 정해진 예산하에 가장 점수가 높은 레코드를 선택하는 것이라면 리프트와 레코드의 수의 관계를 나타내는 리프트 도표가 선호된다. 이와는 반대로 두 집단 사이를 잘 구별시켜 주는 분류기준값을 찾는 것이 목적이라면 리프트 대비 분류기준값의 관계를 나타내는 도표가 더 유용하다.

**〈주의사항〉** 비용과 이익을 통합하는 참조선은 전체 데이터 집합의 순가치가 음수라고 한다면 음(−)의 기울기를 갖게 된다. 예를 들어, 한 사람에게 광고물을 보내는 데 드는 비용이 $0.65이고 응답자의 가치는 $25이며, 전체 반응률이 2%라고 한다면 10,000명에게 광고물을 발송하여 얻는 기대순가치는 $5,130이다. 따라서 리프트 곡선의 가장 오른쪽(x = 10,000)에 위치한 y값은 −1,500이며, 시작점부터의 참조선의 기울기는 음수가 된다. **[그림 5.7]**에서 최상의 점은 리프트 곡선이 최고에 있을 때이다.

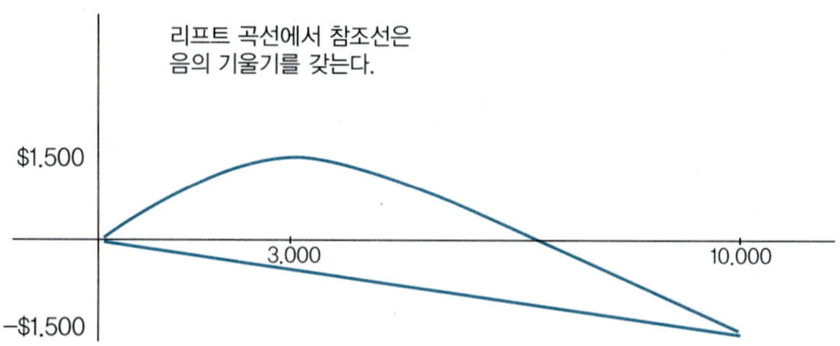


**[그림 5.7]** 비용을 통합한 리프트 곡선

### 2.1.7 과대표본추출과 비대칭비용

분류집단들이 매우 불균등하게 나타날 때 상대적으로 소량인 집단의 사례들을 과대표본추출(oversampling)하고, 이에 따라 분류모형의 성과를 향상시키기 위해서 층화표본추출이 자주 사용된다. 사건의 빈도가 적어질수록 그 사건은 점점 더 관심이 증대되거나 중요해지는 경우가 있는데, 예를 들어 광고물에 반응하는 사람, 부정거래를 하는 사람, 채무 파산자 등이 이에 해당한다.

과대표본추출(가중표본추출)은 2개의 집단이 있는 일반적인 상황을 가정하고 이 중 하나의 집단은 다른 하나의 집단보다 훨씬 더 중요한 집단이라고 가정한다. 3개 이상의 집단을 갖는 데이터들은 이 방식이 적합하지 않다.

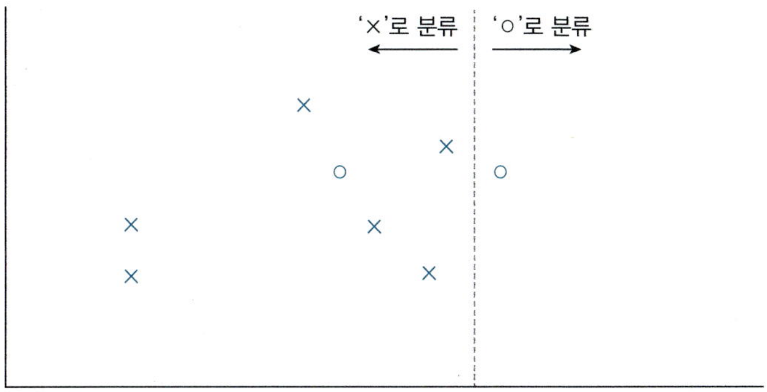


[그림 5.8] 균등한 오분류비용을 가정한 분류

[그림 5.8]의 데이터를 고려해 보자. 이 그림에서 x는 비응답자를 말하고 o는 응답자를 말한다.

2개의 축은 2개의 예측변수에 대응된다. [그림 5.8]의 수직선(점선)은 비용이 균등하다고 가정할 때 집단을 가장 잘 판별해 주는 선이다. 이 그림에서는 단지 1개의 오분류를 보여주고 있는데 1개의 o가 x로 잘못 분류되고 있다. 만약 좀 더 현실적으로 오분류비용을 통합시킬 경우, 예를 들어 x를 정확히 분류하지 못해 발생하는 비용이 o의 오분류비용보다 5배만큼 더 크다고 한다면 [그림 5.8]에서의 오분류비용은 5가 된다. 이 경우에는 [그림 5.9]에서 보여주는 것처럼 하나의 수평선이 더 나은 성과를 보여준다. 즉, [그림 5.9]의 오분류비용은 2인 것을 알 수 있다.

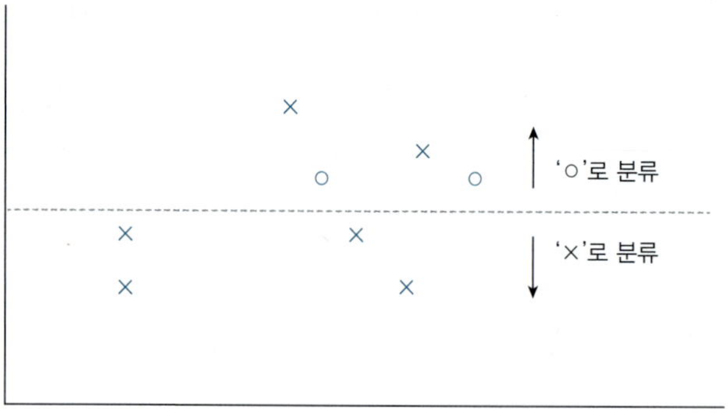


**[그림 5.9]** 차등적인 오분류비용을 가정한 분류

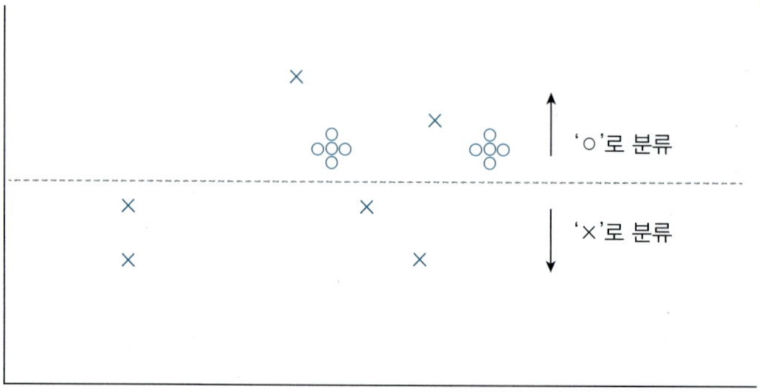


**[그림 5.10]** 차등비용을 설명하기 위해 과대표본추출을 이용한 분류

과대표본추출은 이렇게 오분류비용을 모형의 학습과정에 포함시키는 하나의 방법이다. **[그림 5.9]**에서 만약 기존의 o에 각각 4개의 o들이 추가되었다고 가정할 경우 분류 알고리즘은 자동적으로 적절한 분류선을 찾아줄 것이다. 단순 무작위 표본추출보다 5배 더 많이 o를 추가함으로써 또는 기존의 o를 4개 중복하여 사용함으로써 원하는 성과를 얻을 수 있다.

오분류비용의 비율과 동일한 비율로 비복원추출되는 과대표본추출방법이 최선의 대안이지만, 이 방법이 항상 유용한 것은 아니다. 응답자의 수가 비응답자의 수에 비해 극히 일부분을 차지한다면, 모형을 적합시키기에 충분한 응답자가 있다고 확신할 만큼의 적정한 수의 응답자들이 존재하지 않을 수 있다. 또한 대체로 응답자를 찾고자 하는 관심이 비응답자에 대한 관심보다 훨씬 더 크지만, 이에 대한 정확한 오분류비용의 비율을 결정하는 것은 쉽지가 않다.

분류문제에서 매우 낮은 반응률에 직면하게 될 때 실제 전문가들은 대부분 상대적으로 효과적이면서 편리한 접근방법으로서 응답자와 비응답자의 비율을 균등하게 표본추출한다. 어떤 접근방법을 사용하든지간에 모형의 성과를 평가하고 예측하려고 할 때에는 다음의 방법 중에서 하나를 사용하여 과대표본추출을 조정할 필요가 있다.

① 과대표본추출 없이 단순 무작위 표본추출에 의해서 선택된 평가용 집합에 모형을 적용하여 그 결과를 평가한다.

② 과대표본추출된 평가용 집합에 모형을 적용하여 그 결과를 평가하고 과대표본추출로 인한 효과를 제거하기 위해 모형의 결과 값을 가중치로 재조정한다.

첫 번째 방법은 좀 더 수월하고 실행하기가 쉽다. 이제 과대표본추출하는 방법과 이 2가지 방법에 의해 성과를 평가하는 방법에 대해 설명하기로 한다.

---

- 낮은 응답률을 갖는 데이터를 분류할 때 실제 전문가들은 일반적으로 응답자와 비응답자를 50대 50으로 나누어 모형을 학습시킨다.
- 원시데이터로부터 가중되지 않은 표본으로 모형을 평가한다.

---

### (1) 학습용 집합을 이용한 과대표본추출

가중평균된 표본추출은 어떻게 이루어지는가? 이용하려는 응답자들이 매우 부족한 경우에 사용되는 일반적인 절차는 다음과 같다.

- 응답과 비응답 데이터를 2개의 별개 집단으로 구분한다.
- 각 층에 대해서 학습용 집합에 사용될 레코드들을 무작위로 선택한다. 일반적으로 학습용 집합으로 응답자의 절반을 선택한 후 이와 동일한 수의 비응답자를 선택한다.
- 평가용 집합에는 나머지 절반의 응답자들을 선택한다.
- 응답자와 비응답자의 원래 비율을 맞출 수 있는 개수만큼 평가용 집합에 사용될 비응답자를 무작위로 선택한다.
- 검증용 집합이 필요하다면 평가용 집합에서 무작위로 추출할 수 있다.

### (2) 비과대표본추출된 평가용 집합을 이용한 모형의 성과평가

모형을 학습시키기 위해 과대표본 데이터가 사용될 수 있지만, 대개의 경우 이러한 데이터는 모형성과를 예측하는 데 적합하지 않다. 왜냐하면 응답자의 수가 과장되게 부풀려졌기 때문이다. 모형성과의 불편추정치를 얻는 가장 수월한 방법은 모형을 원래의 데이터, 즉 과대표본추출되지 않은 데이터에 적용하는 것이다. 이를 요약하면, 과대표본추출된 데이터에 모형을 학습시키지만 모형을 평가할 때는 원래의 데이터를 사용한다.

### (3) 평가용 집합만이 과대표본추출된 경우의 모형의 성과평가

몇몇 경우에서는 매우 낮은 응답률 때문에 학습용 데이터뿐만 아니라 평가용 데이터에 대해서 과대표본추출된 데이터를 사용하는 것이 좀 더 유용할 수 있다. 예를 들어 분석가에게 모형탐색과 시범적인 모형개발을 위해 데이터 표본이 주어지고 이 사례 중 상당 부분의 사례들이 희소한 응답의 사례들로 구성되도록, 좀더 작은 크기의 데이터 집합으로 변경하여 분석하는 것이 더 편리할 때 과대표본추출된 데이터를 사용한다.

이 경우에 모형이 실제 데이터에서 얼마나 좋은 성과를 갖는지를 평가하는 것이 여전히 가능하지만, 표본추출과정에서 과소하게 나타나는 관찰데이터의 집단이 필요하게 된다. 이러한 조정은 높은 정확도를 갖는 측정치를 얻기 위해서 분류 행렬표와 리프트 도표에서 이루어져야 한다. 이러한 조정들을 설명하면 다음과 같다.

### (4) 과대표본추출에 대한 정오분류표의 수정

전체 데이터에서 응답률이 2%이고 그 데이터를 과대표본추출을 통해 응답률이 원래보다 25배만큼 증가하여 응답률이 50%가 된 표본이 있다고 가정하자. 이 표본의 평가용 데이터 집합에 대한 정오분류표는 다음과 같다.

과대표본추출의 정오분류표(평가용 집합)

| | 예측집단 0 | 예측집단 1 | 총합계 |
|---|---|---|---|
| 실제집단 0 | 390 | 110 | 500 |
| 실제집단 1 | 80 | 420 | 500 |
| 총합계 | 470 | 530 | 1,000 |

이때 집단을 부정확하게 분류한 오분류율이 (80+110)/1,000 = 19%로 나타났고 이 모형은 전체 표본 중 53%를 예측집단 1에 속하는 레코드로 분류하였다.

이 표본에서 실제집단 1에 속하는 레코드는 훨씬 적었을 것이다. 즉, 실제집단 1에 속하는 레코드에 비해 실제집단 0의 레코드가 더 많았을 것이다. 따라서 다시 표본의 가중치를 조정하기 위해 실제집단 1의 레코드를 제거하거나, 실제집단 0의 레코드를 증가시킬 수 있다. 실제집단 0의 레코드를 증가시키는 후자의 계산방법은 다음과 같다. 실제집단 1이 전체 표본(X)의 2%의 레코드를 가지고, 실제집단 0이 98%의 레코드를 갖도록 실제집단 0의 레코드를 추가한다.

$$500+0.95X = X$$

위의 식을 X에 대해 풀면, X = 25,000이다. 전체 표본의 총합계(X)가 25,000개이므로 실제집단 0의 레코드의 수는 (0.98)(25,000) = 24,500개가 된다. 정오분류표는 실제 비응답자의 수를 증가시킴으로써 다시 작성될 수 있다.

바로 이전의 정오분류표에서의 비율(실제집단 0에서의 예측집단 0과 예측집단 1의 비율)과 조정된 정오분류표에서의 비율(실제집단 0에서의 예측집단 0과 예측집단 1의 비율)을 동일하게 맞추기 위해서 해당 셀에 이 값을 아래의 표와 같이 할당한다(실제집단 0을 예측집단 0으로 예측한 레코드의 수는 실제집단 0을 예측집단 1로 예측한 레코드의 수보다 3.545배만큼 크다).

가중치가 조정된 정오분류표

| | 예측집단 0 | 예측집단 1 | 총합계 |
|---|---|---|---|
| 실제집단 0 | 19,110 | 5,390 | 24,500 |
| 실제집단 1 | 80 | 410 | 500 |
| 총합계 | 19,190 | 5,810 | 25,000 |

조정된 오분류율은 (80+5,390)/25,000 = 21.9%이고, 모형은 전체 25,000개의 레코드 중에서 5,810개(23.2%)를 예측집단 1로 분류한다.

## 3. 예측모형의 성과평가

데이터 분석 모형을 만든 후에는 해당 예측모형이 제대로 작동하는지 확인하기 위해 성과를 평가할 필요성이 있다. 일반적으로 성과를 평가하기 위해서는 실제로 모형에 데이터를 대입하여 예측을 진행한 후, 예측값과 실제값의 비교를 통하여 정확도를 확인하는 방법을 사용한다. 이 때, 정확도를 계산하기 위해서 다음과 같은 지표들을 이용할 수 있다.

- 평균오차(Average error 또는 mean error)

$$\frac{1}{n}\sum_{i=1}^{n}(yi-\hat{y}i)$$

평균오차는 예측값에서 실제값을 뺀 값을 모두 더하여 전체 개수로 나눈 값이다. 평균오차는 예측결과가 평균적으로 반응변수를 과대 예측하는지 또는 과소 예측하는지를 알려준다. 하지만 음의 오차와 양의 오차는 서로 상쇄시키기 때문에 오차의 크기를 제대로 확인할 수 없어 평균오차보다는 오차에 제곱을 씌우거나 절대값을 씌어 오차를 계산하는 방법을 사용한다.

- 평균절대오차(MAE: Mean Absolute Error)

$$\frac{1}{n}\sum_{i=1}^{n}|yi-\hat{y}i|$$

평균절대오차는 예측값에서 실제값을 뺀 값에 절대값을 취한 후, 모두 더하여 전체 개수로 나눈 값이다.

- 평균절대비율오차(MAPE: Mean Absolute Percentage Error)

$$\frac{1}{n}\sum_{i=1}^{n}\left|\frac{yi-\hat{y}i}{yi}\right|\times 100$$

평균절대비율오차는 예측결과가 평균적으로 얼마나 실제치에서 벗어나 있는지를 백분율의 점수로 나타낸 것이다. 쉽게 설명하면 (예측값−실제값)/예측값이라고 볼 수 있다. 즉, 예측값에 대한 오차의 비율이다. 평균절대비율오차를 통해서 모델 간의 잔차를 비교하는 데에 사용된다. 하지만 오차가 예측값에서 차지하는 비율이기 때문에 직관적으로 오차를 확인하기에는 적합하지 않다.

- 평균제곱오차(MSE: Mean Squared Error)

$$\frac{1}{n}\sum_{i=1}^{n}(yi-\hat{y}i)^2$$

평균제곱오차는 예측값에서 실제값을 뺀 값에 제곱을 취한 후, 모두 더하여 전체 개수로 나눈 값이다. 평균제곱오차는 모델 간의 잔차를 비교해 볼 수 있는 지표이다.

- 평균제곱오차의 제곱근(RMSE: Root Mean Squared Error)

$$\sqrt{\frac{1}{n}\sum_{i=1}^{n}(yi-\hat{y}i)^2}$$

평균제곱오차의 제곱근은 평균제곱오차에 제곱근을 씌운 지표이다. 평균제곱오차는 오차에 제곱을 하였기 때문에 결과 값이 크게 나온다는 특징이 있는데, RMSE는 평균제곱오차에 제곱근을 씌움으로써 결과값을 실제 오차값의 크기로 맞추기 때문에 실제값과 예측값 차이를 확인하는 데에 많이 사용되는 지표이다.

# 참·고·문·헌


Han, Jiawei. and Kamber, Micheline(2007). 데이터 마이닝: 개념과 기법(강창완 외 11 역). 서울: 사이플러스 (원저 2005년 출판)

GALIT SHMUELI, NITIN R. PATEL and PETER C. BRUCE(2009). 비즈니스인텔리전스를 위한 데이터 마이닝(신택수, 홍태호 역). 파주:사이텍미디어. (원저 2006년 출판)

Michael J. A. Berry, and Gordon Linoff(1997). Data Mining Techniques: For Marketing, Sales, and Customer Support. USA: John Wiley & Sones, Inc.

전치혁 (2012). 데이터 마이닝 기법과 응용. 서울: 한나래

이정진 (2011). R, SAS, MS-SQL을 활용한 데이터 마이닝. 파주: 자유아카데미.

# 연·습·문·제

1. 데이터마이닝 방법론은 크게 목표변수의 유무에 따라 교사학습과 비교사학습으로 구분할 수 있다. 두 방법론의 주요한 차이점을 설명하고, 대표적인 알고리즘에는 어떤 것이 있는지 서술하시오.

2. 데이터 중에서 대부분 데이터로부터 멀리 떨어진 값을 극단치라 한다. 극단치는 어떻게 찾을 수 있으며, 어떠한 처리를 하는 것이 좋은지에 대해 서술하시오.

3. 야구선수 연봉 데이터에 대해서 다음의 질문에 답하시오.

   1) Salary 필드를 살펴보고, 극단치를 찾아내고, 적절한 변환을 수행한 후, 요약 통계치가 어떻게 바뀌는지 설명하시오.
   2) Salary 필드에 영향을 주는 정량적 변수들 2가지 이상과, 정성적 변수들 2가지 이상을 찾으시오.

6

CHAPTER

# 회귀 분석

이 장에서는 통계학의 방법론으로부터 발전된 다중선형회귀분석 알고리즘에 대해 설명한다. 본 알고리즘은 데이터 마이닝 알고리즘의 가장 기본이 되는 방법론으로서 목표변수를 예측하는 데 활용되는 지도학습 알고리즘의 하나이다. 본 방법론의 주요 아이디어는 예측 오차값을 최소화할 수 있는 회귀계수값을 산출하여 결과값을 예측하는 것이다. 이외에 범주형 목표변수를 예측할 수 있는 로지스틱 회귀 분석에 대해서 살펴본다. 마지막으로, 다중선형회귀분석의 성능을 향상시키기 위한 변수 선정법에 대해서도 설명한다.

1. 개요
2. 선형회귀분석
3. 선형회귀분석의 예측변수 선정
4. 로지스틱 회귀분석
5. 다중선형회귀분석
6. 분류 성과의 평가
7. 적합도 평가

## 1. 개요

여러 개의 변수를 이용하여 연속형 목표변수를 예측하는 방법으로 회귀분석이 많이 이용된다. 예를 들어, 업무경력 10년을 가진 대학졸업자의 월급을 예측하거나 가격이 주어진 신상품의 예상판매량을 예측하기 위한 모델을 설정한다고 가정해보자. 이러한 문제들은 선형회귀(line regression)에 의해 해결될 수 있으며, 비선형 문제는 선형 문제로 전환하기 위하여 변수들을 변환하여 해결할 수 있다. 여기서 회귀분석의 상세한 내용까지 다루긴 어렵다. 이 장에서는 선형회귀분석, 다중선형, 비선형 회귀의 개념에 대해서 설명하도록 하겠다.

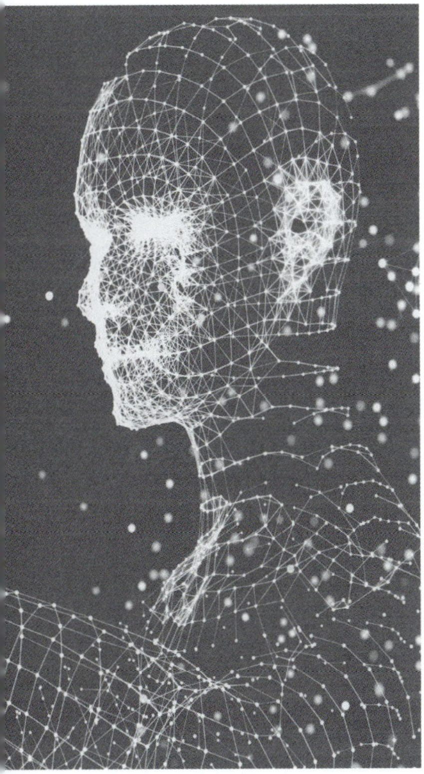

## 2. 선형회귀분석

예측은 통계에서 회귀분석과 동의어로 사용되기도 한다. 통계에는 많은 형태의 회귀분석이 있지만, 기본적인 개념은 예측변수로부터 값을 받아서 모델을 만들어 예측할 때 가장 작은 오류가 발생하도록 하는 것이다. 가장 간단한 형태의 회귀분석은 단지 하나의 예측변수와 하나의 종속변수를 포함하는 단순 선형회귀분석이다. 즉, 선형회귀란 데이터가 직선으로 모델링되는 것을 말한다. 선형회귀에서 예측변수와 종속변수 둘 사이의 관계는 2차원 공간에서 맵핑될 수 있는데 보통 x축에는 예측변수를, y축에는 예측 값들을 대응시켜 그래프를 그린다.

간단한 선형회귀모델은 실제 값과 모델로부터의 예측 값 사이의 오차율을 최소로 하는 선을 찾는 것으로도 볼 수 있다. 가장 간단한 형태의 회귀분석은 각각의 예측변수와 예측 값 사이를 맵핑하는 직선 형태의 예측모델을 만드는 것이다. 주어진 데이터 내에서 그려질 수 있는 모든 가능한 직선들 중 실제 데이터와 직선 위의 점 사이의 거리를 최소로 하는 직선을 예측모델로 선택하게 되는 것이다.

실제 방정식은 다음과 같다.

$$Y = \alpha + \beta X$$

회귀계수(regression coefficient)

여기서 $Y$의 분산은 상수로 가정하며, $\alpha$, $\beta$는 각각 $Y$절편과 직선의 기울기를 나타내는 **회귀계수**(regression coefficient)이다. 이 회귀계수들은 실제 값과 직선에 의해 추정된 값의 차이를 최소화하는 최소자승법(method of least squares)에 의해 추정된다.

### (1) 최소 제곱 회귀법

최소 제곱 회귀법은 실제 값과 모형에 의해 예측된 값 간 차이의 제곱을 합한 후 그 값을 최소화하는 $\beta$값을 찾는다. s개의 데이터 샘플 $(x_1, y_1)$, $(x_2, y_2)$, $(x_3, y_3)$, $\cdots$, $(x_s, y_s)$가 주어진다면 회귀계수는 다음의 방정식에 의해 추정된다.

$$\beta = \frac{\sum_{i=1}^{s}(x_i - \overline{x})(y_i - \overline{y})}{\sum_{i=1}^{s}(x_i - \overline{x})^2} \qquad \alpha = \overline{y} - \beta\overline{x}$$

여기서 $\overline{x}$는 $x_1, x_2, \cdots, x_s$의 평균이고 $\overline{y}$는 $y_1, y_2, \cdots, y_s$의 평균이다.

다음 예로 최소 제곱 회귀법을 이용한 선형모형을 구해보자.

〈표 6.1〉 대학 졸업자의 경력에 따른 salary

| X<br>Years experience | Y<br>Salary(in $1,000) |
|---|---|
| 3 | 30 |
| 8 | 57 |
| 9 | 64 |
| 13 | 72 |
| 3 | 36 |
| 6 | 43 |
| 11 | 59 |

| 21 | 90 |
|---|---|
| 1 | 20 |
| 16 | 83 |

위 표에서 $X$는 대학졸업자의 업무경력년수이고, $Y$는 각 졸업생의 월급이다. '월급이 업무경력년수에 영향을 받는다.'는 방정식 $Y = \alpha + \beta X$의 모델을 구축하고 $\alpha$, $\beta$값을 구해보자.

1. $\alpha$, $\beta$를 구하기 위해서 먼저 $X$의 평균인 $\overline{x}$와 $Y$의 평균인 $\overline{y}$를 구해야 한다.

$$\overline{x} = \frac{3+8+9+13+3+6+11+21+1+16}{10} = \frac{91}{10} = 9.1$$

$$\overline{y} = \frac{30+57+64+72+36+43+59+90+20+83}{10} = \frac{554}{10} = 55.4$$

2. 이를 $\alpha$, $\beta$를 구하는 식에 대입하여 $\alpha$, $\beta$를 구한다.

$$\beta = \frac{(3-9.1)(30-55.4)+(8-9.1)(57-55.4)+\cdots+(16-9.1)(83-55.4)}{(3-9.1)^2+(8-9.1)^2+\cdots+(16-9.1)^2} = 3.5$$

$$\alpha = 55.4-(3.5)(9.1) = 23.6$$

따라서 최소 제곱 회귀법에 의해 직선 $Y = 23.6+3.5X$로 예측되었다. 이 방정식을 사용하여 10년 경력의 대학 졸업생의 월급이 \$58.6K임을 예측할 수 있다.

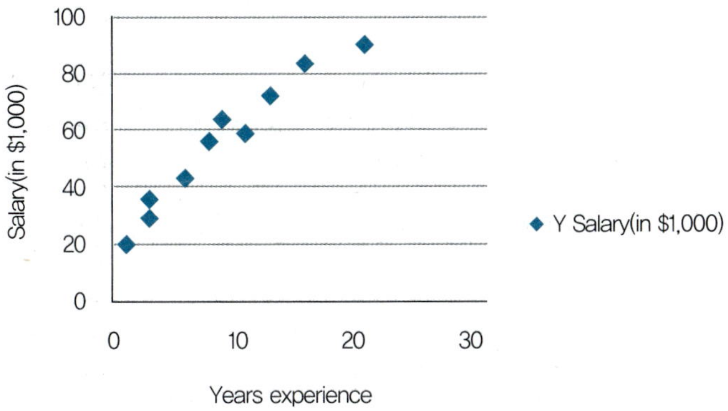


[그림 6.1] 경력에 따른 salary 분포

두 변수의 요인 간 관계를 설명하거나 새로운 사례에 대해 출력 값 예측은 정량적 출력변수와 예측변수들 사이의 관계를 적합시키는 선형 회귀분석의 2가지 주된 목적이다. 전통적인 통계적 접근방법은 첫 번째 목적에 초점을 두어 왔다. 즉, 모집단에 내재된 인과관계를 이해하기 위해서 데이터를 가장 좋은 모형에 적합시키는 것이었다. 그러나 데이터 마이닝은 일반적으로 새로운 사례에 대해 출력 값을 예측하는 두 번째 목적에 초점을 둔다.

## 3. 선형회귀분석의 예측변수 선정

### (1) 예측변수의 개수 줄이기(이유)

- 미래 예측을 위해 모든 보완적인 예측변수들을 포함하는 것은 비용 부담이 커지거나 실행 불가능할 수 있다.
- 더 적은 개수의 예측변수들을 더 정확하게 측정할 수 있다(예를 들어, 설문조사).
- 예측변수가 많을수록 데이터에 결측치 발생 가능성이 더 높아진다.
- 간결성(Parsimony)은 좋은 모형이 갖는 중요한 특징이다. 파라미터(변수)의 개수가 적은 모형에서 예측변수의 영향력을 더 잘 이해할 수 있다.
- 많은 변수를 사용하는 모형에서 발생하는 다중공선성(Multicollinearity) 문제로 인해서 회귀계수의 추정치가 불안정해질 가능성이 높다. 여기서 다중공선성은 출력변수와 동일한 선형관계의 정보를 공유하는 변수가 2개 이상 존재하는 경우를 말한다. 회귀계수는 간결한 모형에서 더 안정적이다. 예측변수의 개수가 p라고 가정할 때 5(p+2)개 보다 많은 수의 레코드를 준비하는 것이 경험적으로 요구된다.
- 종속변수와 상관관계가 없는 예측변수들을 이용하는 것은 (예측변수를 많이 사용하면) 예측의 분산을 증가시킬 수 있다.
- 실제로 종속변수와 상관관계가 존재하는 예측변수를 누락시킬 경우 (예측변수를 적게 사용하면) 예측의 평균 오차(편의)를 증가시킬 수 있다.

### (2) 예측변수 축소 방법

- 전역 탐색(Exhaustive Search)
- 변수군 선택 알고리즘(Subset Selection Algorithms)

→ **전방향 선택**(forward selection), **후방 제거**(backward elimination) 및 **단계적 변수선택**(stepwise) 방법

전방향 선택(forward selection)
후방 제거(backward elimination)
단계적 변수선택(stepwise)

– 전역 탐색

: 이 방법의 기본적인 개념은 모든 일부 집합들을 평가하는 것이다.

: 적당한 $p$값(예측변수의 수)을 찾기 위한 부분집합의 수가 매우 많기 때문에 가장 가능성이 높은 부분집합을 조사하고 이를 기준으로 예측변수를 선택하는 몇 가지 방법들이 필요하다.

: 모형을 평가하고 비교하는 기준은 학습용 데이터를 적합시키는 정도에 의존한다. 일반적인 기준으로는 다음과 같은 조정 결정계수($R_{adj}^2$)가 있다.

$$R_{adj}^2 = 1 - \frac{n-1}{n-p-1}(1-R^2)$$

: 부분집합 선택을 위해 종종 사용되는 또 다른 기준으로는 말로우(Mallow)의 $C_p$가 있다. 이 기준은 일부 예측변수를 제외한다면 예측변동성이 줄어들 수도 있지만, 모든 예측변수를 사용하는 완전모형(full model)은 편의가 없다고 가정한다. 이러한 가정을 토대로 부분집합 모형이 편의가 없다면 평균 $C_p$값은 파라미터 $p + 1$(= 예측변수의 수 + 1), 즉 부분집합의 크기와 동일하다고 볼 수 있다. 그러므로 작은 편의값을 갖는 부분집합 모형을 확인하기 위한 분별 있는 접근방법은 $p+1$에 가까운 $C_p$값을 갖는 모형을 조사하는 것이다. $C_p$는 또한 학습용 집합에서 관찰된 $x$값에서의 예측오차의 추정치이다. 특히 이 값은 제곱오차의 총합계(SSE: total Sum of Squared Error)를 $\sigma^2$으로 나누어서 계산된 표준화된 값이다. 따라서 좋은 모형이란 $p+1$에 가까운 $C_p$값을 가지며, 크기가 작은 $p$값을 갖는 모형이다. $C_p$는 다음과 같은 산식으로 계산된다.

$$C_p = \frac{SSE}{\hat{\sigma}^2_{full}} + 2(p+1) - n$$

| #Coeffs | RSS | Cp | R-Sq | Adj. R-Sq | 모형(모든 모형은 상수항을 갖는다) | | | | | | | | | | | |
|---|---|---|---|---|---|---|---|---|---|---|---|---|---|---|---|---|
| | | | | | 1 | 2 | 3 | 4 | 5 | 6 | 7 | 8 | 9 | 10 | 11 | 12 |
| 2 | 1996467712 | 477.71 | 0.75 | 0.75 | Constant | Age | * | * | * | * | * | * | * | * | * | * |
| 3 | 1672546432 | 305.51 | 0.79 | 0.79 | Constant | Age | HP | * | * | * | * | * | * | * | * | * |
| 4 | 1438242432 | 181.50 | 0.82 | 0.82 | Constant | Age | HP | Weight | * | * | * | * | * | * | * | * |
| 5 | 1258062976 | 86.59 | 0.84 | 0.84 | Constant | Age | Mileage | HP | Weight | * | * | * | * | * | * | * |
| 6 | 1181816320 | 47.59 | 0.85 | 0.85 | Constant | Age | Mileage | Petrol | QuartTax | Weight | * | * | * | * | * | * |
| 7 | 1095153024 | 2.98 | 0.86 | 0.86 | Constant | Age | Mileage | Petrol | HP | QuartTax | Weight | * | * | * | * | * |
| 8 | 1093753344 | 4.23 | 0.86 | 0.86 | Constant | Age | Mileage | Petrol | HP | Automatic | QuartTax | Weight | * | * | * | * |
| 9 | 1093557120 | 6.12 | 0.86 | 0.86 | Constant | Age | Mileage | Petrol | HP | Metallic | Automatic | QuartTax | Weight | * | * | * |
| 10 | 1093422592 | 8.05 | 0.86 | 0.86 | Constant | Age | Mileage | Diesel | Petrol | HP | Metallic | Automatic | QuartTax | Weight | * | * |
| 11 | 1093335424 | 10.00 | 0.86 | 0.86 | Constant | Age | Mileage | Diesel | Petrol | HP | Metallic | Automatic | CC | QuartTax | Weight | * |
| 12 | 1093331072 | 12.00 | 0.86 | 0.86 | Constant | Age | Mileage | Diesel | Petrol | HP | Metallic | Automatic | CC | Doors | uartTax | Weight |

– 변수군 선택 알고리즘

: 최적의 예측변수군을 찾는 두 번째 방법은 모든 회귀모형의 가능한 공간에 대해 부분적이며 반복적으로 예측변수군을 검색하는 것이다. 이 방법은 비록 여러 번에 걸쳐서 최적에 가까운 다양한 크기의 예측변수군들을 찾아내는 등의 방법상의 변동성이 존재하지만, 최종적인 산출물은 하나의 최적 예측변수군이다.

: 이 접근방법은 계산과정이 빠르지만, 좋은 성과를 나타내는 예측변수들의 조합을 누락시킬 가능성이 있다. 어떠한 방법도 조정 결정계수 $R_{adj}^2$과 같은 기준으로 최적의 예측변수군을 선택하도록 보장해 주지는 못한다.

: 이 방법은 많은 수의 예측변수들이 존재하는 상황에서 적합한 방법이지만, 적당한 개수의 예측변수를 찾기 위해서는 전역탐색방법이 더 유리하다.

: 대표적인 반복적 탐색 알고리즘에는 전방향 선택(forward selection), 후방 제거(backward elimination) 및 단계적 변수 선택(stepwise) 회귀방식 등이 있다.

## 4. 로지스틱 회귀분석

로지스틱 회귀분석은 기존의 선형 회귀분석의 종속변수(Y)를 범주형으로 확장한 것으로 로지스틱 회귀분석은 다음의 2단계를 거쳐 완성된다.

- 각 집단에 속하는 확률의 추정치로 나타낸다. 이진의 경우 집단 1에 속하는 확률 $P(Y=1)$의 추정치로 얻는다(집단 0에 속하는 확률의 경우도 같다).
- 집단들 중 하나에 각각의 경우를 분류하기 위해 이러한 확률들에 분류기준값(cut-off)을 사용한다. 예를 들면, 이진의 경우 0.5의 분류기준값은 $P(Y=1)>0.5$의 추정된 확률을 가지는 경우는 집단 1에 분류되고 반면에 $P(Y=1)<0.5$는 집단 0으로 분류된다.

선택 행위의 관점에서 로지스틱 모형은 소비자 행위의 일반적인 경제 이론의 확장으로서 Manski(1977)가 제안한 확률효용이론(random utility theory)에 따르고 있음을 보여줄 수 있다.

본질적으로 소비자 이론에 따르면, 소비자는 일련의 선택에 직면했을 때 가장 효용이 높은 것을 선택한다는 것이다(효용은 임의의 0값과 특정 척도 값을 갖는 수치로 측정됨).

소비자는 이행성(transitivity) 같은 합리적인 기준들을 충족시키는 선택목록에 대해서 선호순위를 결정한다고 가정한다. 선호순위는 선택의 속성뿐 아니라 개인(사회 경제적인 특성 등)에 의해 영향을 받는다.

확률효용이론은 임의의 요소를 통합시키기 위해 선택의 효용에 관심을 둔다. 임의의 요소가 논리적인 분포로부터 모형을 도출하면, 선택행위를 예측하기 위한 로지스틱 모형이 논리적으로 유도될 수 있다.

로지스틱 회귀분석은 종속 변수로 $Y$를 사용하는 대신에 로짓(logit)이라 불리는 함수를 사용한다. 로짓을 이해하기 위해 두 차례의 중간단계를 거친다. 먼저, 집단 0과 반대되는 집단 1에 속하는 확률인 $p$를 구한다. 집단번호를 오직 0과 1의 값을 갖는 $Y$와는 대조적으로 $p$는 [0, 1] 사이의 값을 갖는다. 그러나 만약 $p$를 다음의 (식 6.1)과 같이 예측변수 $q$의 선형함수로 표현한다면 우변항이 0과 1 사이의 값이 되는 것을 보장할 수 없게 된다.

$$p = \beta_0 + \beta_1 x_1 + \beta_2 x_2 + \cdots + \beta_q x_q$$

$$p = \frac{1}{1+e^{-(\beta_0+\beta_1 x_1+\beta_2 x_2+\cdots+\beta_q x_q)}} \quad \text{(식 6.1)}$$

이 식을 로지스틱 반응함수(logistic response function)라고 부른다. $X_1, \cdots, X_p$가 어떤 값을 갖는다 하더라도 우변항의 값은 항상 0과 1 사이의 값을 갖는다.

승산(odds)

이 식을 수학적으로 풀 수도 있지만, 때로는 이 식을 **승산**(odds)으로 알려진, 어떤 집단에 속할 확률의 변형된 측정치로 보는 것이 더 바람직하다.

집단 1($Y$=1)에 속하는 승산은 집단 1에 속하는 확률에서 집단 0에 속하는 확률을 나눈 비율을 말하며, 다음과 같이 정의된다.

$$odds = \frac{p}{1-p} \quad \text{(식 6.2)}$$

사건의 승산이 주어졌을 때 (식 6.2)를 수정하여 사건의 확률을 (식 6.3)으로 계산할 수 있다.

$$odds = \frac{odds}{1+odds} \quad \text{(식 6.3)}$$

$$odds = e^{\beta_0+\beta_1 x_1+\beta_2 x_2+\cdots+\beta_q x_q} \quad \text{(식 6.4)}$$

$$\log(odds) = \beta_0+\beta_1 x_1+\beta_2 x_2+\cdots+\beta_q X_q \quad \text{(식 6.5)}$$

(식 6.5)의 log(odds)은 로짓(logit)으로 불리며, $-\infty$(무한대)부터 $\infty$까지의 값을 가진다. 따라서 반응변수와 예측변수 사이의 관계를 나타내는 최종 공식은 로짓을 종속변수로 정의하고 이 로짓과 $q$개의 예측변수와의 관계를 선형함수로 모형화한다.

#### (1) 단일 예측변수를 이용한 로지스틱 회귀분석

- 분류기준값(Cutoff Value)
  - 분류기준값에 따라서 여러가지 상이한 분류결과가 나타나며, 다양한 정오분류표가 도출된다. 이러한 경우에 최적의 분류기준값을 얻기 위한 몇 가지

접근법이 있다.

- 두 집단의 경우 많이 사용되는 분류기준값은 0.5이다. 이론적인 근거는 회원이 많은 집단에 관찰치를 할당하는 것이다. 분류기준값은 또한 전체 정확도가 최대화되도록 선택된다. 이것은 엑셀에서 일차원 데이터 테이블을 사용하여 이러한 최적의 분류기준값을 찾을 수 있다(4장 참조). 전체 정확도는 다양한 분류기준값을 위해 계산되며, 이때 최대한의 정확도를 나타내는 분류기준값이 선택된다.
- 분류기준값을 결정할 때의 위험요인은 과적합(overfitting)의 문제이다. 정확도를 최대화시킬 수 있는 대안으로는 특이도(specificity)의 수준을 최소화하도록 민감도(sensitivity)를 최대화한다거나 위음성(false negatives)의 수준을 최대화하도록 위양성(false positives)를 최소화하는 것 등이 있다.
- 마지막으로, 비용에 기초한 접근방법은 오분류(misclassification) 비용을 최소화하는 분류기준값을 찾는 것이다. 이런 경우 오분류 비용과 각 집단에 속할 사전확률이 명시되어야 한다.

### (2) 로지스틱 회귀분석의 추정: 모수 추정치 계산

- 로지스틱 회귀분석에서 Y와 베타(beta) 모수의 관계는 비선형이다. 이러한 이유 때문에 다중 회귀분석에 적용되는 최소자승법이 아닌, 최대우도법(maximum likelihood method)을 사용하여 베타 모수를 추정한다.
- 이 개념은 우리가 갖고 있는 것과 동일한 데이터를 얻을 가능성을 최대화하는 추정치를 찾는 것이다. 이를 위해서 컴퓨터 프로그램을 사용하여 모수를 반복(iteration)적으로 추정한다. 최대우도법은 (대량의 표본 하에서) 추정치에 대해 좋은 접근성을 보장한다. 일반적으로 최대우도 추정량(MLE: Maximum Likelihood Estimators)은 다음과 같은 특징을 갖는다.
  - 일치성(consistent): 표본의 크기가 증가함에 따라 참값(true value)과 다를 추정 확률은 0으로 수렴한다. 즉, 최대우도 추정량은 표본크기 n을 무한대로 하였을 때, 전제된 모수와 일치한다.
  - 점근적 효율성(Asymptotically efficient): 최대우도 추정량의 분산은 일치 추정량 중에서 가능한 최소값을 갖는다. 즉, 최대우도 추정량은 표본크기 $n \to \infty$일 때, Cramer-Rao 하한을 만족하므로 점근적으로 최소분산을 갖는다.

– 점근 정규성 분포(Asymptotically normally distributed): 표본의 크기가 클 경우(대개 자유도가 30 이상일 경우), 선형 다중 회귀분석과 유사한 방식으로 신뢰구간을 계산하고 통계적 검정을 수행할 수 있다.

– 최대우도법(maximum likelihood method)

: 특정한 분포 하에서 어떤 모수의 추정치가 이미 관찰된 데이터에서 발생할 확률이 제일 높은지를 찾아내고 그 값을 모수추정치로 삼는 것이다. 즉, 관측된 표본값들이 다른 어떤 분포형태에서보다도 더욱 빈번하게 나타날 가능성을 가진 분포형태를 선택하는 것을 말한다.

– 일치추정량(consistency estimator)

: 모수를 추정할 목적으로 정의하는 통계량을 추정량(estimator)이라고 하며, 표본의 크기가 커짐에 따라 추정하고자 하는 모수를 더 정확하게 추정하는 추정량을 일치추정량이라고 한다.

## 5. 다중선형회귀분석

다중선형회귀(Multiple line regression)는 하나 이상의 예측변수를 가지도록 선형회귀를 확장한 것이다. 다중선형회귀는 선형방정식에 더 나은 예측을 위해 많은 예측변수를 고려하여 복잡한 직선식을 만들어 낼 수 있다.

$$Y = \alpha + \beta_1 X_1 + \beta_2 X_2 + \beta_3 X_3 + \beta_4 X_4 + \beta_5 X_5$$

만약 5개의 예측변수가 사용된다면 위와 같은 방정식을 만들 수 있다. 이 방정식은 여전히 직선 모양이지만, 2차원 공간이 아닌 6차원 공간에서의 직선인 것이다. 다중 회귀 역시 선형회귀처럼 $\alpha, \beta_1, \cdots, \beta_5$ 의 추정치를 계산할 때 최소 제곱 회귀법을 이용한다.

다중 선형 회귀모형은 고객의 인구통계학적 데이터와 과거의 행동패턴으로부터 신용카드 이용 고객의 행동을 예측하기, 과거의 항공기 단골고객 데이터에 기초하여 휴가여행 경비 예측하기, 과거의 데이터, 제품 및 판매정보에 기초하여 업무상

담에 대한 인력배치 예측하기, 과거 교차 판매된 제품정보로부터 매출액을 예측하기, 소매점의 할인이 매출액에 미치는 효과를 예측하기 등 다양한 분야에서 적용된다. 선형 회귀모형이 위에서 제시한 2가지 목적을 위해 사용될 수 있지만, 모형구축단계와 성과평가는 모형의 사용목적에 따라 달라진다. 따라서 모형의 선택은 그 모형의 사용 목적이 변수들 간의 인과관계를 설명하는 데 있는지 아니면 출력변수를 예측하는 데 있는지에 의해서 결정된다.

### 예제: 야구 선수 타자 연봉예측

야구 선수 타자 연봉 데이터는 KBO에서 제공되는 공공데이터로 본 실습에서는 투수들의 2017, 2018년도 연봉에 관한 데이터셋을 사용한다. 데이터셋은 총 23개의 변수로 구성되어 있으며, 각 변수들은 다음과 같다. 종속변수는 SALARY_2018이다. 각 변수들에 대한 설명은 〈표 6.2〉로 요약된다. 다음 〈표 6.2〉에서는 이 데이터 세트의 표본을 보여준다. 또한 본 교재에서는 데이터를 학습용과 검증용 집합으로 각각 60%, 40%의 비율로 분할한 후 학습용 집합만을 이용하여 가격(종속변수)과 다른 변수들(독립변수들) 간의 관계를 모형화한 다중 선형 회귀모형을 적합시킨다.

〈표 6.2〉 야구선수 타자 연봉 예제의 변수 내역

| 변수명 | 변수 내역 |
|---|---|
| Player | 선수 이름(영문) |
| Team | 소속 팀 이름(영문) |
| Play | 경기 출전 수 |
| Batter Box | 타석 수 |
| At Bats | 타수 |
| Hits | 안타 |
| Home Runs | 홈런 |
| Scored | 득점 |
| Batted In | 타점 |
| Walks | 볼넷 |
| Strike outs | 삼진 |
| Stolen Bases | 도루 |

| Babip | 인플레로 이어진 타구의 타율 |
|---|---|
| Batting Average | 타율 |
| On Base Percentage | 출루율 |
| OPS | 출루율 + 장타율 |
| wOBA | 출루 형태에 따른 득점 기여도 |
| WAR | 대체선수 대비 승리 기여도 |
| SALARY_2018 | 2018년에 선수가 받은 연봉 |
| SALARY_2017 | 2017년에 선수가 받은 연봉 |

| Player | Team | Play | batter's box | At Bats | Hits | Home Runs | Scored | Batted In | Walks | Strikeouts | Stolen Bases | BABIP | Batting Average | On-Base Percentage | Slugging Percentage | OPS | wOBA | WAR | Salary(2018) | Salary(2017) |
|---|---|---|---|---|---|---|---|---|---|---|---|---|---|---|---|---|---|---|---|---|
| Choi Jeong | SK | 130 | 527 | 430 | 136 | 46 | 89 | 113 | 70 | 107 | 1 | 0.316 | 0.316 | 0.427 | 0.684 | 1.111 | 0.442 | 7.3 | 120000 | 120000 |
| Choi Hyung-woo | KIA | 142 | 629 | 514 | 176 | 26 | 98 | 120 | 96 | 82 | 0 | 0.362 | 0.342 | 0.45 | 0.576 | 1.026 | 0.43 | 7.2 | 150000 | 150000 |
| Park Geon-woo | DOOSAN | 131 | 543 | 483 | 177 | 20 | 91 | 78 | 41 | 64 | 20 | 0.39 | 0.366 | 0.424 | 0.582 | 1.006 | 0.424 | 7.04 | 37000 | 19500 |
| Na Sung-bum | NC | 125 | 561 | 498 | 173 | 24 | 103 | 99 | 48 | 116 | 17 | 0.413 | 0.347 | 0.415 | 0.584 | 0.999 | 0.416 | 5.64 | 43000 | 35000 |
| Son Ah-seop | LOTTE | 144 | 667 | 576 | 193 | 20 | 113 | 80 | 83 | 96 | 25 | 0.374 | 0.335 | 0.42 | 0.514 | 0.934 | 0.398 | 5.6 | 150000 | 65000 |
| Kim Sun-bin | KIA | 137 | 529 | 476 | 176 | 5 | 84 | 64 | 39 | 40 | 4 | 0.393 | 0.37 | 0.42 | 0.477 | 0.897 | 0.391 | 5.19 | 28000 | 8000 |
| Bernadina | KIA | 139 | 621 | 557 | 178 | 27 | 118 | 111 | 41 | 112 | 32 | 0.354 | 0.32 | 0.373 | 0.54 | 0.913 | 0.38 | 5.01 | 75000 | 75000 |
| Park Min-woo | NC | 106 | 452 | 388 | 141 | 3 | 84 | 47 | 46 | 51 | 11 | 0.408 | 0.363 | 0.441 | 0.472 | 0.913 | 0.404 | 4.92 | 32000 | 25000 |
| Kim Ha-seong | NEXEN | 141 | 601 | 526 | 159 | 23 | 90 | 114 | 58 | 65 | 16 | 0.306 | 0.302 | 0.376 | 0.513 | 0.889 | 0.375 | 4.76 | 32000 | 22000 |
| Suk-hyun Kim (Scruggs) | NC | 115 | 518 | 437 | 131 | 35 | 91 | 111 | 65 | 134 | 4 | 0.353 | 0.3 | 0.402 | 0.595 | 0.997 | 0.411 | 4.7 | 70000 | 80000 |
| Nate Freiman (Laffey) | SAMSUNG | 134 | 591 | 515 | 162 | 31 | 90 | 124 | 60 | 107 | 2 | 0.344 | 0.315 | 0.396 | 0.569 | 0.965 | 0.402 | 4.59 | 140000 | 110000 |
| Koo Ja-wook | SAMSUNG | 144 | 647 | 564 | 175 | 21 | 108 | 107 | 63 | 138 | 10 | 0.371 | 0.31 | 0.383 | 0.527 | 0.91 | 0.382 | 4.28 | 25000 | 16000 |
| Ahn Chi-hong | KIA | 132 | 545 | 487 | 154 | 21 | 95 | 93 | 43 | 70 | 7 | 0.332 | 0.316 | 0.373 | 0.513 | 0.886 | 0.374 | 4.23 | 32000 | 22000 |
| Han Dong-min | SK | 103 | 414 | 350 | 103 | 29 | 64 | 73 | 46 | 79 | 2 | 0.302 | 0.294 | 0.396 | 0.614 | 1.01 | 0.414 | 3.92 | 15000 | 7000 |
| Seo Geon-chang | NEXEN | 139 | 615 | 539 | 179 | 6 | 87 | 76 | 67 | 68 | 15 | 0.367 | 0.332 | 0.403 | 0.429 | 0.832 | 0.368 | 3.9 | 38000 | 40000 |
| Na Ji-wan | KIA | 137 | 551 | 459 | 138 | 27 | 85 | 94 | 62 | 105 | 1 | 0.332 | 0.301 | 0.405 | 0.534 | 0.939 | 0.398 | 3.87 | 60000 | 60000 |
| Lee Dae-ho | LOTTE | 142 | 608 | 540 | 173 | 34 | 73 | 111 | 50 | 84 | 1 | 0.327 | 0.32 | 0.391 | 0.533 | 0.924 | 0.388 | 3.86 | 250000 | 250000 |
| Park Yong-taik | LG | 138 | 596 | 509 | 175 | 14 | 83 | 90 | 72 | 88 | 4 | 0.387 | 0.344 | 0.424 | 0.479 | 0.903 | 0.391 | 3.67 | 80000 | 80000 |
| Lee Jung-hoo | NEXEN | 144 | 622 | 552 | 179 | 2 | 111 | 47 | 60 | 67 | 12 | 0.365 | 0.324 | 0.395 | 0.417 | 0.812 | 0.36 | 3.41 | 11000 | 2700 |
| Jeon Jun-woo | LOTTE | 110 | 496 | 455 | 146 | 18 | 76 | 69 | 30 | 70 | 2 | 0.347 | 0.321 | 0.37 | 0.503 | 0.873 | 0.371 | 3.18 | 27000 | 20500 |
| Oh Jae-il | DOOSAN | 128 | 466 | 412 | 126 | 26 | 62 | 89 | 45 | 80 | 1 | 0.324 | 0.306 | 0.378 | 0.561 | 0.939 | 0.392 | 3.12 | 30000 | 19800 |
| Jung Keun-woo | HANWHA | 105 | 442 | 391 | 129 | 11 | 73 | 46 | 32 | 48 | 6 | 0.352 | 0.33 | 0.392 | 0.471 | 0.863 | 0.374 | 3.01 | 70000 | 70000 |
| Kim Tae-kyun | HANWHA | 94 | 407 | 356 | 121 | 17 | 51 | 76 | 43 | 56 | 0 | 0.362 | 0.34 | 0.413 | 0.545 | 0.958 | 0.401 | 2.96 | 160000 | 160000 |
| Son Si-hyun | NC | 124 | 391 | 349 | 122 | 5 | 32 | 45 | 16 | 44 | 1 | 0.384 | 0.35 | 0.386 | 0.447 | 0.833 | 0.364 | 2.93 | 50000 | 40000 |
| Byrnes | LOTTE | 116 | 468 | 423 | 128 | 15 | 71 | 57 | 29 | 100 | 10 | 0.363 | 0.303 | 0.361 | 0.499 | 0.86 | 0.367 | 2.87 | 73000 | 60000 |
| Lee Bum-ho | KIA | 115 | 447 | 382 | 104 | 25 | 57 | 89 | 52 | 81 | 0 | 0.28 | 0.272 | 0.365 | 0.505 | 0.87 | 0.364 | 2.85 | 65000 | 65000 |
| Yang Eui-ji | DOOSAN | 111 | 406 | 347 | 96 | 14 | 47 | 67 | 43 | 53 | 1 | 0.29 | 0.277 | 0.373 | 0.441 | 0.814 | 0.355 | 2.76 | 60000 | 48000 |
| Lee Sung-yeol | HANWHA | 81 | 318 | 280 | 86 | 21 | 41 | 65 | 19 | 80 | 3 | 0.353 | 0.307 | 0.364 | 0.596 | 0.96 | 0.393 | 2.53 | 25000 | 23000 |
| Yu Kang-nam | LG | 118 | 364 | 324 | 90 | 17 | 43 | 66 | 14 | 72 | 2 | 0.308 | 0.278 | 0.335 | 0.475 | 0.81 | 0.345 | 2.36 | 18500 | 10000 |
| Song Kwang-min | HANWHA | 117 | 473 | 437 | 143 | 13 | 71 | 75 | 21 | 88 | 2 | 0.378 | 0.327 | 0.356 | 0.476 | 0.832 | 0.354 | 2.29 | 24000 | 20000 |
| Kwon Hee-dong | NC | 141 | 554 | 472 | 135 | 19 | 72 | 86 | 52 | 90 | 3 | 0.314 | 0.286 | 0.371 | 0.458 | 0.829 | 0.358 | 2.16 | 13000 | 6800 |
| Jung Hyun | KT | 124 | 399 | 350 | 105 | 6 | 45 | 42 | 18 | 69 | 4 | 0.356 | 0.3 | 0.369 | 0.426 | 0.795 | 0.352 | 2.15 | 7800 | 2800 |
| Kim Jae-ho | DOOSAN | 91 | 331 | 283 | 83 | 7 | 34 | 50 | 36 | 52 | 7 | 0.33 | 0.293 | 0.372 | 0.438 | 0.81 | 0.351 | 2.04 | 65000 | 65000 |
| Kim Joo-chan | KIA | 122 | 478 | 440 | 136 | 12 | 78 | 70 | 31 | 59 | 9 | 0.335 | 0.309 | 0.359 | 0.489 | 0.848 | 0.362 | 2.03 | 40000 | 60000 |
| Lee Myung-gi | KIA | 115 | 512 | 464 | 154 | 9 | 79 | 63 | 28 | 57 | 8 | 0.362 | 0.332 | 0.371 | 0.459 | 0.83 | 0.359 | 1.99 | 25000 | 15000 |

[그림 6.2] 야구 선수 타자 연봉 예제의 데이터 셋

[그림 6.2]는 야구선수 타자 연봉 예제의 총 192개의 데이터 중 일부이다.

먼저 WEKA에서 실습을 진행해 보자.

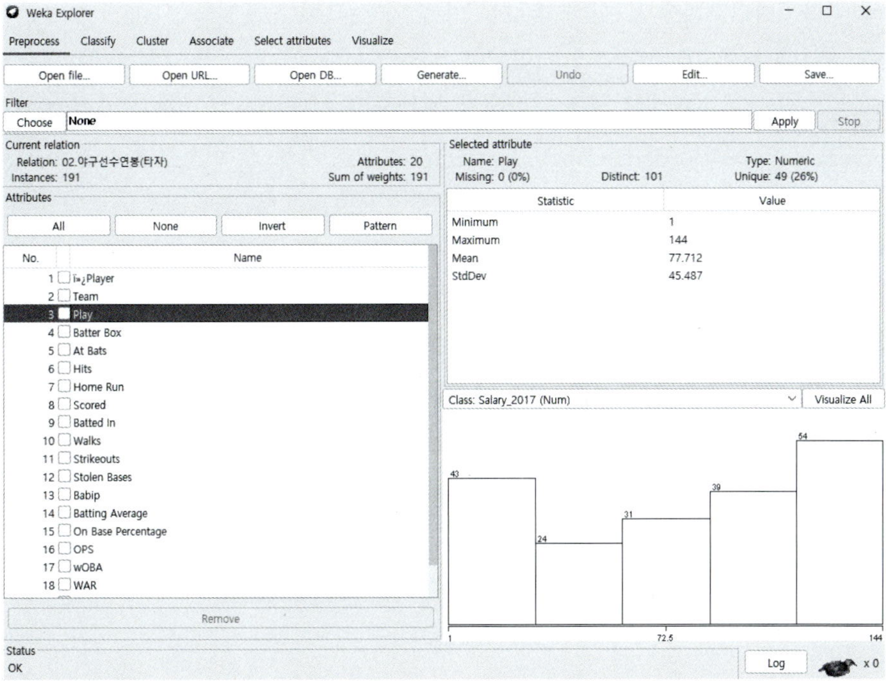


[그림 6.3] WEKA에 야구선수 타자 데이터를 로딩한 결과

[그림 6.3]은 Weka에서 야구선수 타자 데이터 파일을 로드한 것이다.

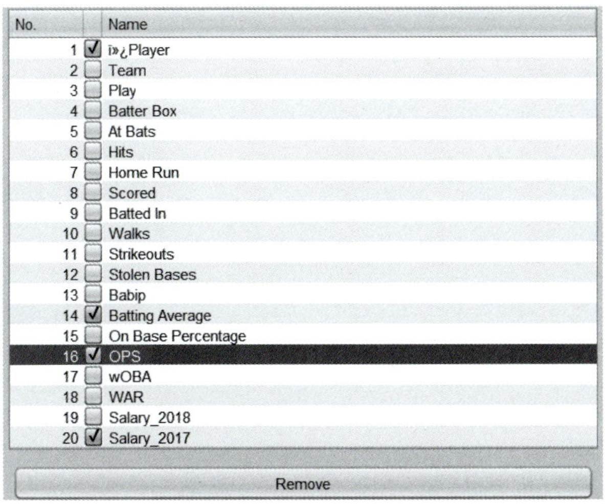


[그림 6.4] 야구 선수 데이터 전처리

본 다중회귀분석에서 선수명은 의미가 없기 때문에 삭제한다. Salary_2017은 Salary_2018과 밀접한 관련이 있지만, 매년 Salary를 예측하는 문제이므로 다른 변수들의 조합에 의한 예측을 위해 본 분석에서는 삭제한다. 또한, 타율(Batting Average)은 타석수(Batter Box), 안타(Hits)에 의해 구할 수 있으므로 다중공선성이 발생할 수 있으므로 삭제하였으며, OPS 수치 또한 다른 독립변수들과 많은 영향을 주므로 삭제하였다.

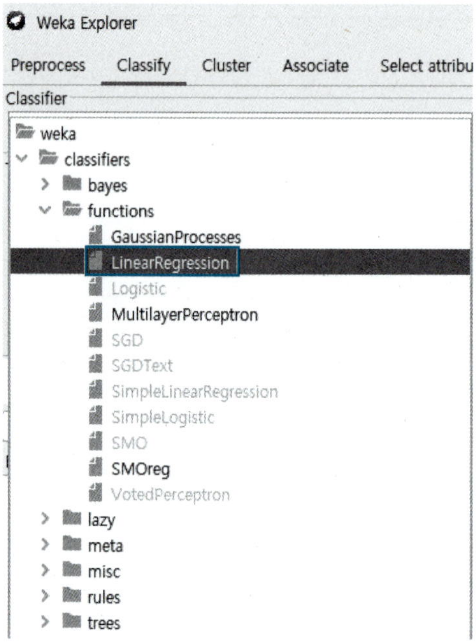


[그림 6.5] 야구선수 데이터 분석을 위한 선형회귀분석

* Classify → functions → LinearRegression 순으로 선택한다.

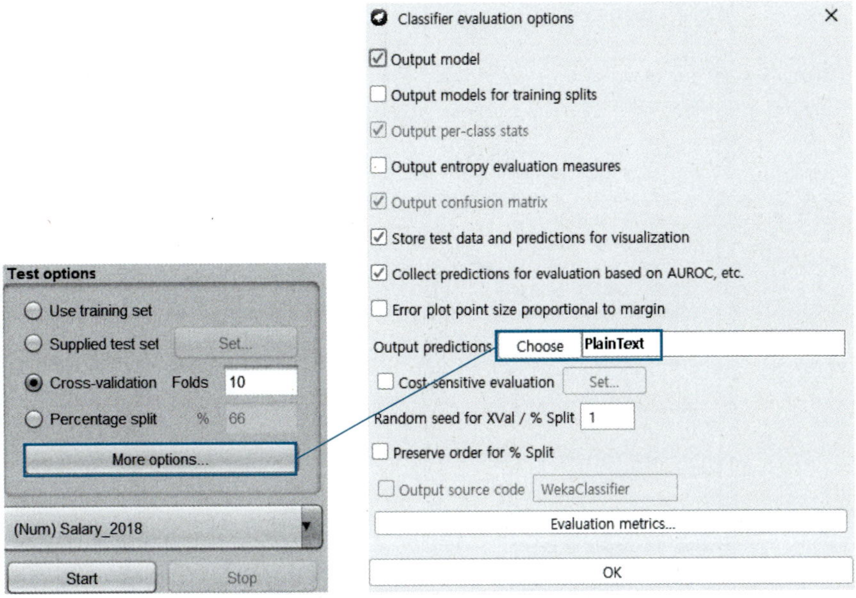


[그림 6.6] 선형회귀분석의 옵션 선택

[그림 6.6]은 전체 데이터 세트를 Cross Validation으로 분석하기 위해 Folds 수를 10으로 설정하였으며, 옵션을 선택해서 output prediction을 PlainText로 선택한다. PlainText는 결과값을 텍스트 형식으로 제공하여 쉽게 이해할 수 있게 해준다. 종속변수는 Salary_2018로 두고 start를 누르면 회귀분석이 진행된다.

```
Classifier output

Linear Regression Model

Salary_2018 =

  17817.326  * Team=LOTTE +
     66.9312 * At Bats +
   2015.2313 * Home Run +
   -561.3606 * Scored +
    940.2928 * Walks +
   -292.7726 * Strikeouts +
  99761.3368 * Babip +
-101891.0839 * wOBA +
   3122.0182 * WAR +
   7328.4786

Time taken to build model: 0 seconds

=== Cross-validation ===
=== Summary ===

Correlation coefficient                  0.6857
Mean absolute error                  13777.1391
Root mean squared error              23392.3682
Relative absolute error                 69.192  %
Root relative squared error             72.8031 %
Total Number of Instances              191
```

**[그림 6.7]** 야구선수 예제에 대한 분석 결과

**[그림 6.7]**은 예측 정확도에 대한 전반적인 평가지표를 보여주고 있으며, Correlation coefficient는 상관계수로 예측 변수와 목표 변수 사이의 상관관계의 정도를 나타내는 수치로 위 결과는 0.6857이다.

본 예제에서 흥미로운 사실은 Salary_2018을 예측하기 위해서 사용된 변수 중에 팀명이 사용되었다는 사실인데, 피봇 분석을 통해 살펴보면 다른 팀에 비해 LOTTE 팀의 평균 연봉이 현저하게 높다는 것을 알 수 있으며, 이러한 내용이 다중회귀분석에서 반영된 것으로 판단된다.

| 평균 : Salary_2018 | |
|---|---|
| Team | 요약 |
| DOOSAN | 20500.0 |
| HANWHA | 21278.9 |
| KIA | 25913.6 |
| KT | 12221.1 |
| LG | 14570.0 |
| LOTTE | 39366.7 |
| NC | 19255.0 |
| NEXEN | 12750.0 |
| SAMSUNG | 20126.3 |
| SK | 24000.0 |
| **총합계** | **20625.7** |

평균 절대 오차인 MAE는 $1/n\sum_{i=1}^{n}|e_i|$로 평균절대오차의 크기를 의미한다. 오차의 제곱 평균 제곱근인 RMSE는 $\sqrt{1/n\sum_{i=1}^{n}e_i^2}$ 로 학습용 데이터가 아닌 평가용 데이터에서 계산된다는 것을 제외하고는 예측치의 표준오차 간 큰 차이가 있을 수 있다. 이 측정치는 예측된 변수와 동일한 측정단위를 사용한다. 상대 절대 오차는 $a_1, a_2, \cdots, a_n$을 실제 값이라고 한다면 $\sum_{i=1}^{n}|e_i/a_i-\bar{a}|$로 구할 수 있다. 절대값 상대 제곱 오차는 $\sqrt{\sum_{i=1}^{n}(e_i/a_i-\bar{a})^2}$ 로 구할 수 있으며, 상대 제곱 오차인 전체 측정값들과 실제 값들을 대상으로 제곱 오차를 취한 다음, 실제 값들과 기본 예측기 사이의 총 제곱 오차로 나눠 정규화한 값에 절대값을 취하는 것이다.

```
=== Predictions on test data ===

 inst#     actual  predicted      error
     1  21000      13188.266  -7811.734
     2   3300       2465.315   -834.685
     3   3000       2679.905   -320.095
     4   2900      44623.917  41723.917
     5   4500      14453.365   9953.365
     6   8000      13928.902   5928.902
     7   2800       -709.874  -3509.874
     8   8500      33728.372  25228.372
     9  20000       7311.465 -12688.535
    10   2700       2981.162    281.162
    11   3300     -10910.984 -14210.984
    12   5800       9366.382   3566.382
    13   3000      23703.284  20703.284
    14   3200       3068.859   -131.141
    15   7500      10009.636   2509.636
    16  16000      35857.058  19857.058
    17  15000      20621.213   5621.213
    18   4200      16530.419  12330.419
    19   2900        976.631  -1923.369
    20   5500       8058.133   2558.133
```

[그림 6.8] 야구선수 연봉 실제값과 예측값의 오차

[그림 6.8]은 검증 세트의 20개 야구선수 연봉에 대한 모델의 예측값을 보여준다. 그림에서 일부 데이터에 대한 예측값과 오차가 주어진다.

이번에는 R에서 회귀분석을 실행해 보자.

```
# 난수 고정 및 데이터 로드
set.seed(1)

# 작업경로 설정
getwd()
setwd('PATH')

# 데이터 로드
data <- read.csv('02.야구선수연봉(타자).csv', stringsAsFactors=TRUE)
```

* 난수를 고정하고 데이터 경로를 설정한 후 불러온다.

```
# 데이터 확인
print(data)
str(data)

# 데이터 전처리_변수 제거
data <- data[, !(names(data) %in% c("Team", "Player", "OPS", "Batting. Average",
"Salary_2017"))]

# train, test 데이터셋 분리
sample_num <- sample(1:nrow(data), size = round(0.2 * nrow(data)))
train_data <- data[-sample_num, ]
test_data <- data[sample_num, ]

# 데이터셋 크기 확인
nrow(data)
nrow(train_data)
nrow(test_data)
```

* 불러온 데이터를 확인한 후 이용하지 않을 일부 변수를 제거한다. 회귀분석에서는 수치를 활용하기 때문에 문자 형태의 변수인 'Player', 'Team'을 제거한다. 'OPS' 변수에서는 nan 값이 검출되었기에 제거, 'Batting Average' 변수는 다중공선성을 우려하여 제거, 'salary_2017'은 'salary_2018'을 예측하는 데에 영향력이 너무 높기에 제거하였다.
* Sample 함수를 활용하여 훈련 데이터와 테스트 데이터로 분리한다. 비율은 8 대 2로 무작위로 한 후 훈련 데이터와 테스트 데이터의 개수를 출력하여 원하는 비율대로 분리되었는지를 확인한다.

```
# 모델 제작 및 요약
model1 <- lm(Salary_2018 ~ ., data = train_data)
print(summary(model1))
```

* 2018년도 연봉을 종속변수로 두고 모델 1을 제작한다. 요약을 통해 모델을 확인한다.

```
Call:
lm(formula = Salary_2018 ~ ., data = train_data)

Residuals:
   Min     1Q Median     3Q    Max
-50149  -9572  -2115   5841 108323

Coefficients:
                   Estimate Std. Error t value Pr(>|t|)
(Intercept)         6814.36    5645.23   1.207 0.229458
Play                 124.47     133.08   0.935 0.351261
Batter.Box          -517.21     426.99  -1.211 0.227855
At.Bats               89.16     507.84   0.176 0.860896
Hits                1841.75     451.08   4.083 7.49e-05 ***
Home.Run            4419.59     726.17   6.086 1.08e-08 ***
Scored              -996.61     266.45  -3.740 0.000269 ***
Batted.In           -302.75     283.79  -1.067 0.287914
Walks               1872.00     407.82   4.590 9.86e-06 ***
Strikeouts          -243.45     148.68  -1.637 0.103822
Stolen.Bases         222.16     456.55   0.487 0.627309
Babip              35532.69   72481.98   0.490 0.624751
On.Base.Percentage -69707.47   58322.26  -1.195 0.234054
WOBA               34310.68  113870.74   0.301 0.763630
WAR               -10344.10    4274.00  -2.420 0.016811 *
---
Signif. codes:  0 '***' 0.001 '**' 0.01 '*' 0.05 '.' 0.1 ' ' 1

Residual standard error: 20300 on 138 degrees of freedom
Multiple R-squared:  0.6848,    Adjusted R-squared:  0.6528
F-statistic: 21.41 on 14 and 138 DF,  p-value: < 2.2e-16
```

[그림 6.9] 회귀분석 모델 1의 요약

* 모델 1의 요약에서 통계적 유의성을 확인할 수 있는데 다음의 기준으로 분류되며, 'Hits', 'Home.Run', 'Scored', 'Walks', 'WAR' 변수가 통계적으로 유의미한 영향을 미치는 것으로 나타났다.

〈표 6.3〉 통계적 유의성 기호 및 의미

| 기호 | 의미 |
|---|---|
| *** | p-값 < 0.001, 매우 유의미한 변수 |
| ** | p-값 < 0.01, 유의미한 변수 |
| * | p-값 < 0.05, 어느 정도 유의미한 변수 |
| . | p-값 < 0.1, 약간 유의미한 변수 |
| 공백 | p-값 >= 0.1, 유의미하지 않은 변수 |

모델의 결정계수(Multiple R-squared)는 68.48%로, 종속 변수의 변동성을 설명하는 데 비교적 적절한 성능을 보인다.

```
# 예측값 생성
pre_lm <- predict(model1, newdata = test_data)

# Metrics 패키지 설치 및 로드
install.packages("Metrics")
library("Metrics")

# RMSE 계산
rmse_value <- rmse(test_data$Salary_2018, pre_lm)
print(rmse_value)

print(pre_lm)
```

* test_data를 활용해서 예측값을 생성한다.
* RMSE 계산을 위해서 Metrics 패키지를 설치하고 예측값을 토대로 결과값을 출력한다.
* 마지막으로 예측한 데이터값을 추출하여 확인한다.

```
> print(rmse_value)
[1] 23318.9
```

[그림 6.10] R을 활용한 야구선수 연봉 예측 RMSE 결과값

```
> print(pre_lm)
        68        167        129        162         43         14         51         85         21 
16777.6174  2909.2324 -2964.1291  5910.8337 78898.7530 77327.1506 49587.8703 57479.5291 94626.4126 
       106         74          7         73         79         37        105        110        165 
-14267.7328 14125.0507 40084.1226  9118.6934 25783.8154 26273.2066  6137.1838  6577.6627  1081.2356 
        34        182        126         89         33         84        163         70        181 
32572.2637 21647.6870  6694.6027  3034.9626 34065.8966 15151.3574 -5768.2532  7055.0168 -2247.1644 
        42        111        148        156         20         44        121         87        166 
29990.7311 -14889.1435  -352.8476  2254.8471 52095.7291 88467.8860  6687.8533 13197.1377  -915.0964 
       158         40 
 9737.7192 48533.9510 
```

[그림 6.11] R을 활용한 야구선수 연봉 예측 결과

이번에는 파이썬을 활용하여 회귀분석을 실행해 보자.

```
# 라이브러리 로드
import pandas as pd
import numpy as np
from sklearn.model_selection import train_test_split
from sklearn.linear_model import LinearRegression
from sklearn.metrics import mean_squared_error
```

* 회귀분석을 위해서 LinearRegression을, RMSE 값 도출을 위해 metrics를, 그 외 필요한 라이브러리를 임포트한다.

```
# 난수 고정 및 데이터 로드
np.random.seed(1)

data = pd.read_csv("./02.야구선수연봉(타자).csv")
print(data.info())
```

* 난수를 고정시키고 데이터를 불러온다. 데이터 정보를 확인하여 잘 불러왔는지 확인한다.

```
<class 'pandas.core.frame.DataFrame'>
RangeIndex: 191 entries, 0 to 190
Data columns (total 20 columns):
 #   Column                Non-Null Count  Dtype
---  ------                --------------  -----
 0   Player                191 non-null    object
 1   Team                  191 non-null    object
 2   Play                  191 non-null    int64
 3   Batter Box            191 non-null    int64
 4   At Bats               191 non-null    int64
 5   Hits                  191 non-null    int64
 6   Home Run              191 non-null    int64
 7   Scored                191 non-null    int64
 8   Batted In             191 non-null    int64
 9   Walks                 191 non-null    int64
 10  Strikeouts            191 non-null    int64
 11  Stolen Bases          191 non-null    int64
 12  Babip                 191 non-null    float64
 13  Batting Average       191 non-null    float64
 14  On Base Percentage    191 non-null    float64
 15  OPS                   191 non-null    float64
 16  wOBA                  191 non-null    float64
 17  WAR                   191 non-null    float64
 18  Salary_2018           191 non-null    int64
 19  Salary_2017           191 non-null    int64
dtypes: float64(6), int64(12), object(2)
memory usage: 30.0+ KB
None
```

**[그림 6.12]** python을 활용한 데이터 확인

```
# 전처리_ 변수 제거
data= data.drop(columns=["Player", "Batting Average", "OPS","Salary_2017",
"Team"])
```

* 회귀분석에서 활용하지 않을 변수들을 drop 함수를 통해 제거한다. 제거 기준은 앞서 코딩에서 설명한 내용과 동일하다.

```
# train, test 데이터셋 분리
train_data, test_data = train_test_split(data, test_size=0.2)

print("전체 데이터 수:", len(data))
print("훈련 데이터 수:", len(train_data))
print("테스트 데이터 수:", len(test_data))
```

* train_test_split을 활용하여 훈련/테스트 데이터로 분리한다. 분리는 8대 2로 실행하며, 분리가 잘 되었는지 len 함수를 통해 확인한다.

```
전체 데이터 수: 191
훈련 데이터 수: 152
테스트 데이터 수: 39
```

```
# 모델 1: 모든 변수를 사용한 선형 회귀 모델
model1 = LinearRegression()
model1.fit(train_data.drop(columns=['Salary_2018']), train_data['Salary_2018'])

print("Model 1 Summary:")
print("Intercept:", model1.intercept_)
print("Coefficients:", model1.coef_)
print("R-squared:", model1.score(train_data.drop(columns=['Salary_2018']), train_
data['Salary_2018']))
```

* 모든 변수를 활용하는 모델 1을 만든다. model1.fit(독립변수, 종속변수) 형태로 넣어주면 된다.
* 'Intercept'는 학습된 선형회귀 모델의 절편, 'coefficients'는 모델의 계수값, 'R-squared'는 모델의 결정계수를 뜻한다. 출력 결과는 다음과 같다.

```
Model 1 Summary:
Intercept: 7669.366515921556
Coefficients: [ 6.79662569e+01 -6.20784701e+01 -1.97397480e+02  8.47594061e+02
  1.07504028e+03 -5.01016969e+02  2.40986481e+02  9.16550704e+02
 -7.19878129e+00  1.30124606e+02  4.24021910e+04 -1.00394270e+04
 -3.70935783e+04 -1.71900197e+02]
R-squared: 0.6416339635992947
```

[그림 6.13] 모델 1 요약 결과

```
# 모델 2: 선택한 변수를 사용한 선형 회귀 모델
model2 = LinearRegression()
model2.fit(train_data[['Hits', 'Home Run', 'Scored', 'Strikeouts', 'WAR']], train_
data['Salary_2018'])
```

```
print("Model 2 Summary:")
print("Intercept:", model2.intercept_)
print("Coefficients:", model2.coef_)
print("R-squared:", model2.score(train_data[['Hits', 'Home Run', 'Scored', 'Strikeouts', 'WAR']],train_data['Salary_2018']))
```

* 이번에는 일부 선택한 변수들을 활용하여 모델 2를 만든다. 모델링 방식 및 지표 출력은 앞선 방식과 동일하다.

```
Model 2 Summary:
Intercept: 5494.017387957216
Coefficients: [ 275.49215366  975.08091162 -470.49570261   11.38441013 7038.78809915]
R-squared: 0.5880559053300556
```

[그림 6.14] 모델 2 요약 결과

* R-Squared 값으로 모델을 평가할 때, 모델 1이 64.16%로 더 높기에 최종 예측모델로 모델 1을 활용한다.

```
# 테스트 데이터 예측(모델 1)
pre_lm_model1 = model1.predict(test_data.drop(columns=['Salary_2018']))
result_model1 = pd.DataFrame({'actual': test_data['Salary_2018'], 'predict': pre_lm_model1})
print(result_model1)
```

* 모델 1을 활용하여 실제값과 예측값을 비교하여 출력한다.

```
     actual        predict
31     7800   16801.073182
66     6000   11697.543148
113    3000    7263.881060
154   55000   27318.700450
81     6300    6422.333349
122    5600    7883.283376
35    50000   47214.489591
103   40000   16334.361835
183    6600   -4974.216240
99     5500    5288.500739
127    5300    5339.433855
16   250000   84857.434295
73     8000   16046.582849
160    3000    5689.955471
186   15000    4596.912042
67     6000   11697.543148
120    2800    7291.181362
```

[그림 6.15] 실제값과 예측값 비교(일부)

* 테스트 데이터를 예측하여 실제 값과 비교한다. 앞선 평가지표에서 알 수 있듯이 실제 값을 완전히 예측하지는 못하지만, 어느 정도는 예측하고 있음을 확인할 수 있다.

```
# RMSE 계산
rmse_value_model1 = np.sqrt(mean_squared_error(test_data['Salary_2018'], pre_
lm_model1))
print("Model 1 RMSE:", rmse_value_model1)
```

* 마지막으로 최종적으로 활용한 모델 1의 RMSE를 계산한다. RMSE는 모델의 예측값과 실제값 사이의 평균적인 차이를 제곱한 후, 그 평균의 제곱근을 취한 값이다. 그러므로 test 데이터에 mse를 구한 후 sqrt 함수로 제곱근을 취해서 산출한다.

```
Model 1 RMSE: 32415.259489053562
```

[그림 6.16] 모델 1의 RMSE

RMSE는 32415.26으로 산출되었다. 이렇게 값이 높게 산출된 이유는 데이터 수 부족, 모델의 단순성 등 다양한 이유가 존재한다. 이를 개선하기 위해 추가적인 변수를 고려하거나 다른 모델을 만들어서 실행해볼 수 있다.

## 6. 분류 성과의 평가

일반적인 성과 측정치는 로지스틱 회귀모형이 얼마나 좋은 성과를 나타내는지를 평가하기 위해 사용된다. 몇 가지 성과 측정치들 중에서 가장 많이 사용되는 성과 측정치로는 (정확도 또는 정확도와 비용과 함께 고려한) 정오분류표(confusion matrix)와 리프트 도표가 있다.

다른 분류모형과 마찬가지로 로지스틱 회귀분석의 목적은 단지 예측변수만을 이용하여 관찰치가 속한 집단을 정확하게 분류하는 것이다. 이 분석의 또 다른 목적은 비록 전체 모형의 정확도가 다소 낮아진다고 하더라도 특별히 관심 있는 집단에 속하는 관찰치를 찾아내는 데 뛰어난 능력을 보이는 모형을 찾는 것이다.

### (1) 후보 모형(alternative model)의 결정

다중 선형회귀분석과 마찬가지로 상호작용 효과를 가진 변수를 포함시킴으로써 독립변수들의 상호작용을 반영하는 더 복잡한 모형을 만들 수 있다. 예를 들어, 소득과 가족 단위가 서로 영향을 준다는 가설을 세운다면, 소득*가족이라는 형태의 상호작용 항이 추가된다. 후보 모형들 중에서 최종 모형을 선택하는 것은 평가용 데이터의 성과에 의해 좌우된다. 비슷한 성과를 갖는 모형의 경우에는 단순모형이 복잡한 모형보다 일반적으로 선호된다.

최종 모형의 선택에 있어서 변수 투입에 따른 비용, 오류의 경향성(error-proneness), 그리고 모형의 복잡성 등과 같은 실제적인 문제들을 고려해야 한다.

## 7. 적합도 평가(버전에 따라 생략 가능)

### (1) 전체 적합도(Overall Fit)

편차 D는 전체 적합도를 측정하는 통계량이다. 이것은 선형회귀분석에서 사용하는 최소자승추정법(least squares estimation)의 오차제곱합(Sum of Squared Error, SSE)의 개념과 비슷하다. 모형의 편차 D를 단순 모형의 편차 D0에 비교한다. 만약 편차의 감소가 통계적으로 유의적이라고 한다면(낮은 p값이나 XLMiner에서 높은 다중 R2(multiple R2)값으로 나타낸다), 모형의 전체 적합도는 높은 것으로 판단한다. XLMiner의 다중 R2의 측정치는 D0−D/D0로 계산된다. 모형의 편차와 다중 R2가 주어지면, 단순모형의 편차(null deviance)는 D0=D/1−R2로 계산할 수 있다.

학습용 데이터의 정오분류표와 리프트 도표는 모형이 데이터를 얼마나 정확하게 분류하는지를 보여준다.

### (2) 단일 예측변수의 영향

다중 선형회귀분석의 경우처럼 각 예측변수 *Xi*는 추정 계수 *bi*와 이에 대한 표준오차 $\sigma i$를 가진다. 이와 관련한 *p*값은 예측변수 *Xi*가 통계적으로 유의적인지 또는 예측변수들의 공헌도가 유의적인지를 나타낸다. 보다 공식적으로 $bi/\sigma i$의 비율은 가설 검정을 위해 사용된다.

$$HO\text{: } \beta i = O$$
$$Ha\text{: } \beta i \neq O$$

위의 가설은 승산의 관점에서 다시 정의하면, 다음과 같다.

$$HO\text{: } \exp(\beta i) = 1$$
$$Ha\text{: } \exp(\beta i) \neq 1$$

만약 표본이 확실하게 크다면, *p*값은 매우 작을 것이다. 만약 예측변수가 정보를 제공한다고 판단되면, 승산이 가지는 실제(추정된) 영향을 볼 수 있다. 또한, 다른 예측변수들의 승산을 비교함으로써 어떤 예측변수가 최고의 영향력을 가지는지(다른 예측변수에 대해서도 설명되는) 또는 최소의 영향력을 가지는지를 즉각적으로 알 수 있다.

# 참·고·문·헌

Michael J. A. Berry, and Gordon Linoff(1997). Data Mining Techniques: For Marketing, Sales, and Customer Support. USA: John Wiley & Sones, Inc.

Ian H. Witten, Eibe Frank, and Mark A. Hall(2013). 데이터 마이닝: 데이터 속 숨은 의미를 찾는 기계 학습의 이론과 응용(이승현 역). 의왕: 에이콘. (원저 2011년 출판)

Han, Jiawei. and Kamber, Micheline(2007). 데이터 마이닝: 개념과 기법(강창완 외 11 역). 서울: 사이플러스 (원저 2005년 출판)

GALIT SHMUELI, NITIN R. PATEL and PETER C. BRUCE(2009). 비즈니스인텔리전스를 위한 데이터 마이닝(신택수, 홍태호 역). 파주: 사이텍미디어. (원저 2006년 출판)

Alex Berson, Stephen Smith, and Kert Theling (2000). CRM을 위한 데이터 마이닝(홍성완 외 6 역). 서울: 대청미디어 (원저 1999년 출판)

Pang-Ning Tan, Michael Steinbach, Vipin Kumar(2007) 데이터 마이닝(용환승 외 6 역). 서울: 인피니티 북스 (원저 2006)

전치혁 (2012). 데이터 마이닝 기법과 응용. 서울: 한나래

이정진 (2011). R, SAS, MS-SQL을 활용한 데이터 마이닝. 파주: 자유아카데미.

# 연·습·문·제

**1.** 선형회귀 모형 방법론은 적용 목적에 따라 설명모형과 예측모형으로 구분할 수 있다. 설명모형과 예측모형의 공통점과 차이점을 서술하시오.

**2.** 선형회귀분석 모형에서 모형에 사용될 변수를 선정할 방법에 대해서 서술하시오.

**3.** 야구선수 연봉 데이터에서 다음의 질문에 답하시오.

1) 야구선수 데이터에 대한 어떠한 가공도 없이 Salary 필드를 예측하기 위한 선형회귀 모형을 찾으시오.
2) 3장에서 찾았던 연봉에 영향을 주는 정량적 변수들과 정성적 변수들을 이용하여 선형회귀 모형을 찾으시오.
3) 1)번과 2)번 문제에서 찾은 선형회귀분석 모형을 비교하시오.

# 7 CHAPTER

# k 최근접이웃기법

이 장에서는 유사성 척도를 이용한 K최근접이웃기법 알고리즘에 대해 설명한다. 개체 간의 유사성은 데이터의 유형에 따라 다르게 계산된다. 정량적 변수의 경우 거리 척도 등이 활용되며, 정성적 변수의 경우 동일 클래스의 빈도 등의 척도가 활용된다. 본 알고리즘은 데이터 마이닝 알고리즘의 가장 기본이 되는 방법론으로서 목표변수를 예측하는 데 활용되는 지도학습 알고리즘의 하나이다. 본 방법론의 주요 아이디어는 유사한 개체를 유사성 척도를 사용하여 알아내고, 유사한 개체들의 결과값을 활용하여 예측하는 것이다.

## 1. k 최근접이웃기법

최근접이웃(Nearest Neighbor) 예측기법은 군집분석과 같이 가장 오래 전부터 사용되고 있는 데이터 마이닝 기법에 속한다. 최근접이웃은 군집분석과 매우 비슷한 예측 기법으로, 임의의 레코드에 있는 예측 값에 대하여 과거 데이터베이스에서 이와 유사한 예측변수 값들을 찾아 $k$개의 인접객체를 고려하여 분류되지 않은 레코드에 가장 가까운 레코드 값을 예측 값으로 사용하는 것이다.

유클리드(Euclidean) 거리

이러한 유사(인접)한 레코드들을 사용하여 새로운 레코드를 이들 이웃한 자료들 중에서 우세한 집단으로 분류한다. 새로운 레코드에 대한 예측변수들의 값은 $(x_1, x_2, \cdots, x_p)$로 표시한다. 예측변수의 공간에서 분류되는 레코드와 유사하거나 가까이에 있는 레코드들, 즉 $x_1, x_2, \cdots, x_p$에 근접한 값을 가지는 레코드들을 학습용 데이터에서 찾는다. 그 다음에는 이러한 근사 레코드들이 속하는 집단을 분류하고자 하는 레코드의 집단으로 할당한다.

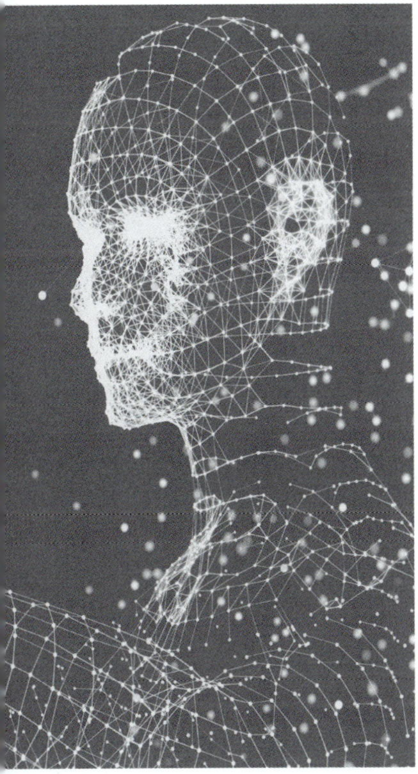

$K$ 최근접이웃 알고리즘은 집단소속($Y$)과 예측변수를 $x_1, x_2, \cdots, x_p$ 간의 관계를 가정하지 않는 분류 방법이다. 이 알고리즘은 선형 회귀 모형에서 접하게 되는 선형식과 같이 미리 가정된 함수 형식에서 모수를 추정하지 않기 때문에 비모수적 방법에 해당한다. 그 대신에 이 방법은 데이터 집합에서 레코드들의 예측 변수 값들 사이의 유사성에 대한 정보를 얻는다.

가장 중요한 문제는 예측변수 값에 기초하여 레코드들 사이의 거리를 어떻게 측정하는가에 있다. 가까운 정도의 척도는 유클리드 거리 또는 유사성 척도 등의 비유사성 척도가 사용되는데, 가장 일반적인 방법은 **유클리드(Euclidean) 거리**이다. $x_1, x_2, \cdots, x_p$와 $u_1, u_2, \cdots, u_p$ 사이의 유클리드 거리는 다음과 같다.

$$\sqrt{(x_1-u_1)^2+(x_2-u_2)^2+\cdots+(x_p-u_p)^2}$$

분류할 레코드와 기존 레코드 간의 거리를 계산한 후에는 인접하는 이웃 레코드들의 집단에 기초하여 분류할 레코드에 소속집단을 할당하는 규칙이 필요하게 된다. 가장 간단한 예는 $k=1$이며, 이 경우에는 가장 가까운 레코드(최근접 이웃레코드)를 찾아서 새로운 레코드가 가장 가까운 레코드의 소속집단과 같은 단에 속하는 것으로 분류한다.

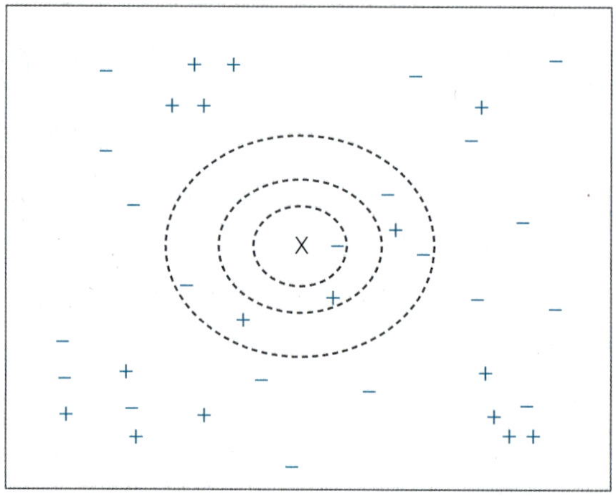

[그림 7.1] 주어진 데이터(x 표시)에 대한 1-최근접이웃, 2-최근접이웃, 7-최근접이웃 데이터

위의 그림은 + 집단과 – 집단으로 구분된 이차원 연속형 데이터를 보여 주고 있다. 분류하고자 하는 시험용 데이터(x 표시)에 대하여 이차원 유클리드 거리를 이용한 1-최근접이웃(제일 안쪽 원), 2-최근접이웃(가운데 원), 7-최근접이웃(바깥 원) 데이터 점들을 보여 주고 있다.

1-최근접이웃만을 이용하여 분류하면 훈련용 데이터가 – 집단이므로 시험용 데이터는 – 집단으로 분류된다. 2-최근접이웃을 이용하면 + 집단과 – 집단 데이터가 각각 하나씩이므로 이 경우에는 시험용 데이터 x를 분류하기가 곤란한데 어느 집단으로 분류하여도 좋다. 7-최근접이웃일 경우에는 + 집단이 세 개, – 집단이 네 개이므로 다수결의 원칙을 이용하면 – 집단으로 분류한다.

k의 선택은 분류 결과에 많은 영향을 준다. $k$가 너무 적으면 최근접이웃분류 모

형은 훈련용 데이터의 잡음 때문에 과적합될 가능성이 있고, 반대로 $k$가 너무 크면 분류하고자 하는 데이터에 가까운 집단으로 분류되지 않을 가능성이 있다. 전형적으로 k의 값은 검증 데이터에서 가장 낮은 오류율을 가진 것을 선택한다. 1-최근접이웃모형의 오분류 오차는 각 집단의 확률밀도함수를 정확하게 알고 있다고 할 때의 오류보다 2배만큼 크다.

## 2. K의 선택

$k>1$인 $k$를 선택하는 것의 장점은 $k$가 큰 값을 가질수록 학습용 데이터에 존재하는 잡음으로 인해서 발생하는 과적합화의 위험을 줄여주는 잡음의 평활화가 나타난다. $k$가 너무 작으면 데이터의 잡음을 적합시킬 수 있다. 그러나, $k$가 너무 크면 $k$최근접이웃 알고리즘의 가장 중요한 장점인 데이터의 지역적 구조를 파악할 수 있는 능력을 놓칠 수 있다. 최대의 $k$값은 $n$(=학습용 데이터 집합의 레코드의 수)이다. 이 사례에서는 $x_1, x_2, \cdots, x_p$ 의 값에 관계없이 모든 레코드를 단순히 학습용 데이터에서 가장 다수인 집단으로 분류한다. 이러한 결과는 단순 규칙의 결과와 일치한다. 이제 다음에서 $k$-최근접 기법을 실습해 보자.

## 3. k-최근접 기법 예측기

**예제 1: 타이타닉 데이터**

타이타닉 데이터는 역사적인 타이타닉 호의 승객 정보를 담고 있는 데이터셋으로 데이터 과학 및 기계 학습 분야에서 많이 사용된다. seaborn에 내장되어 있는 이 데이터셋은 생존 여부, 성별, 나이, 좌석 등급 등 다양한 특성을 포함하고 있어 분석과 예측 모델링에 활용된다.

〈표 7.1〉 타이타닉 데이터 예제의 변수 내역

| 변수명 | 변수 내역 |
|---|---|
| survived | 생존 여부(사망: 0, 생존: 1) |
| Pclass | 좌석등급(등급: 1, 2, 3) |
| Sex_male | 성별(더미 변수) |
| Age | 나이 |
| Sibsp | 함께 탑승한 형제, 자매, 배우자 수 |
| Fare | 요금 |
| Embarked_Q | 탑승항구(더미 변수) |
| Embarked_S | 탑승항구(더미 변수) |
| Alone_True | 동반여부(더미 변수) |
| Parch | 함께 탑승한 부모, 자식 수 |

기존 데이터에서 분석에 용이하게끔 미리 전처리를 진행하였다. 활용하지 않을 변수들을 삭제하고 일부 변수들을 더미 변수로 변경하여 진행하였다.

더미 변수는 통계 분석 및 머신 러닝 모델에서 범주형 데이터를 다룰 때 사용되는 개념이다. 범주형 변수는 일반적으로 문자열 레이블이나 정수로 표현되는데, 이러한 변수들을 수치형 데이터로 변환해야 모델에 적용 가능하기 때문이다.

주로 0과 1로 표현되며, 해당 범주에 속하면 1, 속하지 않으면 0으로 표현된다. 예를 들어 sex(성별) 변수는 남성과 여성 두 가지 범주로 나눌 수 있다. 이를 더미 변수로 표현하면 남성이면 sex_male이 1, 여성이면 0으로 표현된다.

더미 변수의 사용은 모델의 해석이나 예측력을 높이는 데 도움이 될 수 있다. 하지만 너무 많은 더미변수는 모델의 복잡성을 증가시킬 수 있으므로 적절한 선택이 필요하다.

| survived | pclass | age | sibsp | parch | fare | sex_male | embarked | embarked | alone_True |
|---|---|---|---|---|---|---|---|---|---|
| 0 | 3 | 22 | 1 | 0 | 7.25 | 1 | 0 | 1 | 0 |
| 1 | 1 | 38 | 1 | 0 | 71.2833 | 0 | 0 | 0 | 0 |
| 1 | 3 | 26 | 0 | 0 | 7.925 | 0 | 0 | 1 | 1 |
| 1 | 1 | 35 | 1 | 0 | 53.1 | 0 | 0 | 1 | 0 |
| 0 | 3 | 35 | 0 | 0 | 8.05 | 1 | 0 | 1 | 1 |
| 0 | 3 | 29.69912 | 0 | 0 | 8.4583 | 1 | 1 | 0 | 1 |
| 0 | 1 | 54 | 0 | 0 | 51.8625 | 1 | 0 | 1 | 1 |
| 0 | 3 | 2 | 3 | 1 | 21.075 | 1 | 0 | 1 | 0 |
| 1 | 3 | 27 | 0 | 2 | 11.1333 | 0 | 0 | 1 | 0 |
| 1 | 2 | 14 | 1 | 0 | 30.0708 | 0 | 0 | 0 | 0 |
| 1 | 3 | 4 | 1 | 1 | 16.7 | 0 | 0 | 1 | 0 |
| 1 | 1 | 58 | 0 | 0 | 26.55 | 0 | 0 | 1 | 1 |
| 0 | 3 | 20 | 0 | 0 | 8.05 | 1 | 0 | 1 | 1 |
| 0 | 3 | 39 | 1 | 5 | 31.275 | 1 | 0 | 1 | 0 |
| 0 | 3 | 14 | 0 | 0 | 7.8542 | 0 | 0 | 1 | 1 |
| 1 | 2 | 55 | 0 | 0 | 16 | 0 | 0 | 1 | 1 |
| 0 | 3 | 2 | 4 | 1 | 29.125 | 1 | 1 | 0 | 0 |
| 1 | 2 | 29.69912 | 0 | 0 | 13 | 1 | 0 | 1 | 1 |
| 0 | 3 | 31 | 1 | 0 | 18 | 0 | 0 | 1 | 0 |
| 1 | 3 | 29.69912 | 0 | 0 | 7.225 | 0 | 0 | 0 | 1 |
| 0 | 2 | 35 | 0 | 0 | 26 | 1 | 0 | 1 | 1 |
| 1 | 2 | 34 | 0 | 0 | 13 | 1 | 0 | 1 | 1 |
| 1 | 3 | 15 | 0 | 0 | 8.0292 | 0 | 1 | 0 | 1 |
| 1 | 1 | 28 | 0 | 0 | 35.5 | 1 | 0 | 1 | 1 |
| 0 | 3 | 8 | 3 | 1 | 21.075 | 0 | 0 | 1 | 0 |

**[그림 7.2]** 타이타닉 예제의 데이터 셋

타이타닉 예제의 데이터셋은 **[그림 7.2]**와 같다. 앞서 설명했듯이 더미 변수들은 0과 1로 표현되어 있음을 확인할 수 있다.

먼저 WEKA를 이용한 knn 분석을 실행해 보자.

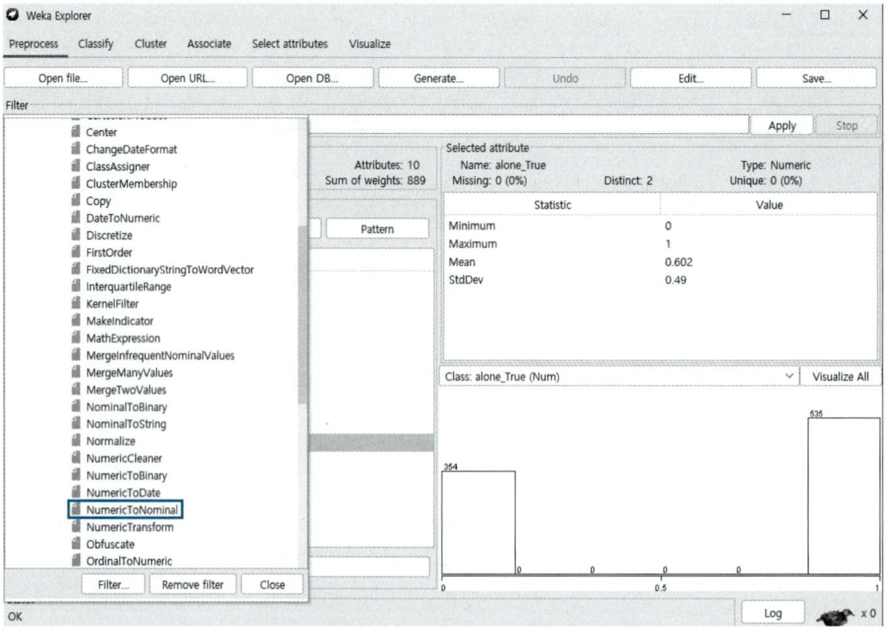

[그림 7.3] 연속형 변수 범주형 변수로 변환하기

* WEKA에서 데이터를 로드할 때 범주형 변수를 연속형 변수로 인식한다. 그렇기에 더미 변수 및 범주형 변수들을 모두 NumericToNominal로 바꿔준다.
* filter → choose → unsupervised → attribute → NumericToNominal 순으로 실행한다.

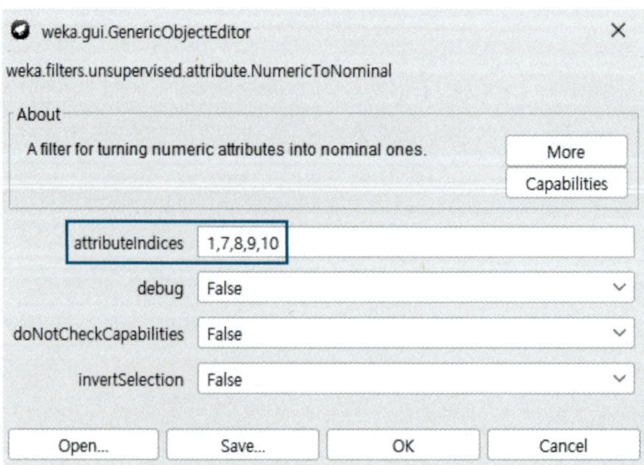


[그림 7.4] 범주형 변수 변환 옵션

* 해당 변수 번호들을 선택하고 ok를 누른 후 apply를 눌러 적용한다.

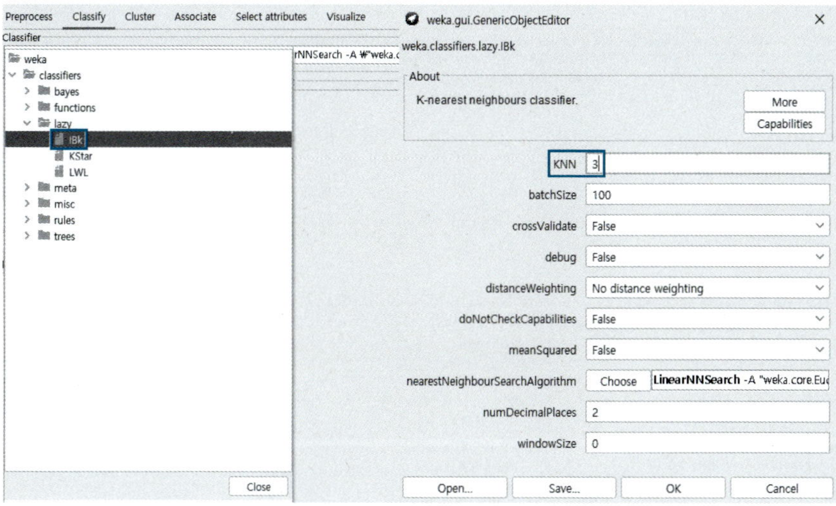


[그림 7.5] WEKA에서 k-최근접 기법 실행 및 객체 편집기 편집

[그림 7.5]의 KNN은 임의의 k를 선택하여 입력한 것이다.

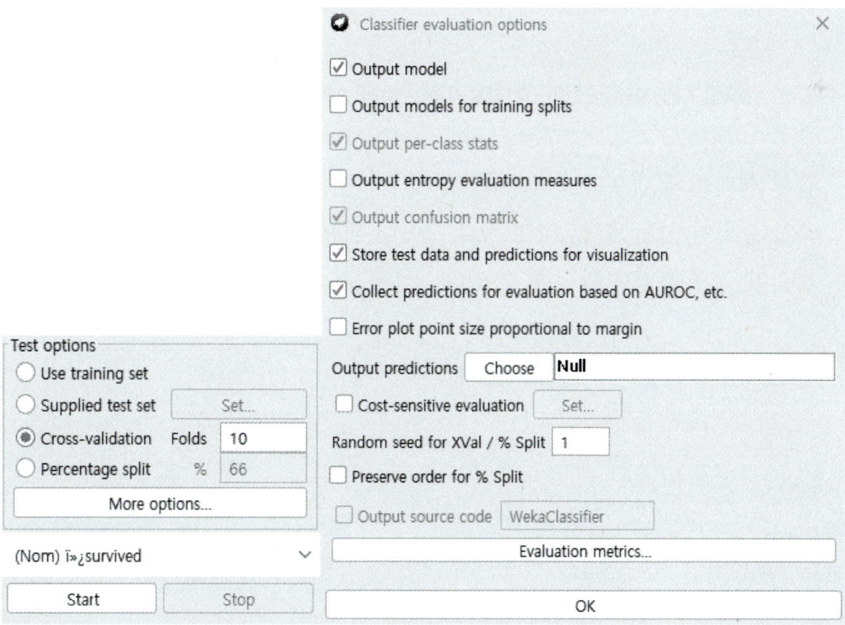


[그림 7.6] 평가 방법 선택과 목표변수 선정 과정

[그림 7.6]은 평가 방법 선택과 목표변수를 선정하는 과정이다.

```
=== Run information ===

Scheme:       weka.classifiers.lazy.IBk -K 3 -W 0 -A "weka.core.neighboursearch.LinearNNSearch -A \"weka.core.EuclideanDistance -R first-last\""
Relation:     titanic_data(7장)-weka.filters.unsupervised.attribute.NumericToNominal-R1,7,8,9,10
Instances:    889
Attributes:   10
              ï»¿survived
              pclass
              age
              sibsp
              parch
              fare
              sex_male
              embarked_Q
              embarked_S
              alone_True
Test mode:    10-fold cross-validation

=== Classifier model (full training set) ===

IB1 instance-based classifier
using 3 nearest neighbour(s) for classification


Time taken to build model: 0 seconds

=== Stratified cross-validation ===
=== Summary ===

Correctly Classified Instances         719               80.8774 %
Incorrectly Classified Instances       170               19.1226 %
Kappa statistic                          0.5892
Mean absolute error                      0.2487
Root mean squared error                  0.3994
Relative absolute error                 52.6405 %
Root relative squared error             82.1807 %
Total Number of Instances              889

=== Detailed Accuracy By Class ===

                 TP Rate  FP Rate  Precision  Recall   F-Measure  MCC      ROC Area  PRC Area  Class
                 0.869    0.288    0.830      0.869    0.849      0.590    0.828     0.835     0
                 0.712    0.131    0.771      0.712    0.740      0.590    0.828     0.747     1
Weighted Avg.    0.809    0.228    0.807      0.809    0.807      0.590    0.828     0.801

=== Confusion Matrix ===

   a   b   <-- classified as
 477  72 |   a = 0
  98 242 |   b = 1
```

[그림 7.7] k-최근접이웃기법을 이용한 야구 선수 연봉 예제에 대한 결과

* 옵션 선택을 끝냈으면 start 버튼을 클릭하여 야구 선수 연봉에 대한 knn 결과값을 확인한다. 80.8774의 정확도와 MAE, RMSE 등의 결과값도 함께 산출되며, 혼동행렬도 확인할 수 있다.

이번에는 R을 활용하여 실습해 보자.

```
# 작업경로 설정
getwd()
setwd('path')
set.seed(123)
```

* 작업경로를 설정하고 난수를 고정한다.

```
# 라이브러리 설치
install.packages('class')
library('class')
install.packages('caret')
library('caret')
```

* k-최근접이웃기법에 필요한 패키지를 설치한다. 'class' 패키지에는 KNN 알고리즘을 포함하고 있고, 'caret'에는 데이터 분석 및 머신러닝 모델링을 위한 기능들을 제공한다.

```
# 데이터 로드
data <- read.csv('./titanic_data(7장).csv')
str(data)
```

* 데이터를 로드하고 확인한다.

```
> str(data)
'data.frame':	889 obs. of  10 variables:
 $ survived   : int  0 1 1 1 0 0 0 0 1 1 ...
 $ pclass     : int  3 1 3 1 3 3 1 3 3 2 ...
 $ age        : num  22 38 26 35 35 ...
 $ sibsp      : int  1 1 0 1 0 0 0 3 0 1 ...
 $ parch      : int  0 0 0 0 0 0 0 1 2 0 ...
 $ fare       : num  7.25 71.28 7.92 53.1 8.05 ...
 $ sex_male   : int  1 0 0 0 1 1 1 1 0 0 ...
 $ embarked_Q: int  0 0 0 0 0 1 0 0 0 0 ...
 $ embarked_S: int  1 0 1 1 1 0 1 1 1 0 ...
 $ alone_True: int  0 0 1 0 1 1 1 0 0 0 ...
```

[그림 7.8] 데이터 형태 파악

```
# 데이터 분리
trainIndex <- createDataPartition(data$survived,
                                  p = 0.8,
```

```
                                      list = FALSE,
                                      times = 1)

trainData <- data[trainIndex, ]
testData <- data[-trainIndex, ]
```

* 데이터를 학습용과 테스트용으로 분할한다. 'createDataPartition' 함수를 사용하여 'survived' 변수를 기준으로 전체의 80%를 학습용으로, 나머지 20%는 테스트용으로 분할한다.
* 분리한 데이터를 trainData와 testData에 나누어 저장한다.

```
# KNN 모델 학습
k <- 3
KNN_model <- knn(train = trainData,
                 test = testData,
                 cl = trainData$survived,
                 k = k)
```

* 임의의 k를 3으로 지정하고 knn 모델을 실행한다. knn(train = 학습 데이터, test = 테스트 데이터, cl =종속변수, k = 이웃 수) 형태로 학습한다.

```
# 예측값과 실제값 비교
comparison <- data.frame(Actual = testData$survived,
                         Predicted = KNN_model)
print(comparison)

# 혼동행렬 산출
print(confusion_matrix)
```

* 예측결과와 실제 결과를 확인하기 위해서 데이터프레임 'comparison'을 만든다. 'Actual' 열에는 실제값이, 'predicted' 열에는 모델의 예측값이 저장된다.

```
155      1        1
156      0        0
157      1        1
158      0        1
159      0        0
160      1        1
161      0        0
162      0        0
163      0        0
164      0        0
165      1        1
166      0        0
167      1        0
168      1        1
169      1        1
170      0        0
171      1        1
172      0        0
173      0        0
174      1        1
175      1        1
176      0        0
177      1        1
```

[그림 7.9] comparison 출력 결과

```
          Actual
Predicted   0   1
        0 102   0
        1   0  75
```

[그림 7.10] 혼동행렬 출력 결과

출력된 결과값들을 통해 모두 정확하게 예측했음을 확인할 수 있다.

이번에는 파이썬을 활용하여 실행해 보자.

```
# 라이브러리 임포트
import pandas as pd
from sklearn.model_selection import train_test_split
from sklearn.neighbors import KNeighborsClassifier
from sklearn.metrics import confusion_matrix
```

* 필요한 라이브러리를 임포트한다. 'train_test_split'은 학습/테스트를 분할하기 위해, 'KNeighborsClassifier'는 knn 모델을 만들기 위해, 'confusion_matrix'는 혼동행렬을 구하기 위함이다.

```
# 데이터 로드
data = pd.read_csv("/content/titanic_data(7장).csv")
print(data.info())
```

* 데이터를 로드하고 확인한다.

```
<class 'pandas.core.frame.DataFrame'>
RangeIndex: 889 entries, 0 to 888
Data columns (total 10 columns):
 #   Column      Non-Null Count  Dtype
---  ------      --------------  -----
 0   survived    889 non-null    int64
 1   pclass      889 non-null    int64
 2   age         889 non-null    float64
 3   sibsp       889 non-null    int64
 4   parch       889 non-null    int64
 5   fare        889 non-null    float64
 6   sex_male    889 non-null    int64
 7   embarked_Q  889 non-null    int64
 8   embarked_S  889 non-null    int64
 9   alone_True  889 non-null    int64
dtypes: float64(2), int64(8)
memory usage: 69.6 KB
None
```

**[그림 7.11]** 데이터 형태 파악

```
# 데이터 분리
seed = 123
X = data.drop(columns=['survived'])
y = data['survived']
X_train, X_test, y_train, y_test = train_test_split(X, y, test_size=0.2, random_
state=seed)
```

* 시드를 고정하고 독립 및 종속변수에 들어간 변수들을 지정한다. 종속변수가 하나이기 때문에 drop 함수를 활용하여 간단하게 나타낼 수 있다.

```
# KNN 모델 학습
k = 3  # 이웃의 수
knn_model = KNeighborsClassifier(n_neighbors=k)
knn_model.fit(X_train, y_train)

# 예측 수행
y_pred = knn_model.predict(X_test)
```

* 이웃의 수를 3으로 두고 knn 모델을 'fit' 메서드를 이용하여 학습시킨다.
* 학습된 모델을 바탕으로 예측을 수행시킨다.

```
▾ KNeighborsClassifier
KNeighborsClassifier(n_neighbors=3)
```

```
# 실제값과 예측값 비교
comparison = pd.DataFrame({'실제값': y_test, '예측값': y_pred})
print(comparison)
```

* 예측한 정도를 확인하기 위해 실제값과 예측값을 비교하여 확인한다.

```
     실제값  예측값
172    0    0
524    0    0
452    1    0
170    0    0
881    0    1
..   ...  ...
865    0    0
388    1    0
338    0    0
764    1    1
772    0    0

[178 rows x 2 columns]
```

**[그림 7.12]** 실제 예측 비교 상태

```
# 혼동 행렬 계산
conf_matrix = confusion_matrix(y_test, y_pred)
print(conf_matrix)
```

* 모델의 성능을 평가하기 위해 예측된 값으로 혼동행렬을 활용하여 계산한다.

```
[[87 19]
 [37 35]]
```

**[그림 7.13]** 혼동행렬 결과

## 4. k 최근접이웃기법의 특성

첫 번째는 사례기반 학습(instance-based learning)이라 불리는 보다 일반적인 기술의 하나이다. 사례기반 학습은 데이터로부터 유도된 추상적 개념(또는 모델)을 사용하지 않고 특정 훈련 사례를 사용하여 예측을 수행한다. 사례기반 학습은 사례와 다른 사례와의 근접성을 기반으로 시험 사례의 클래스 예측을 수행하는 분류 함수 사이의 유사성 또는 거리를 결정하는 인접성 기준을 요구한다.

소극적 학습기
적극적 학습기

두 번째로 $k$ 최근접이웃기법은 **소극적 학습기**로 모델 구축이 필요 없다. 하지만 시험 사례와 훈련 사례들 사이의 인접성 값을 일일이 계산하여야 하기 때문에 시험 사례의 분류 비용이 상당히 크다. 반면에 **적극적 학습기**는 모델 구축에 상당한 컴퓨팅 자원을 종종 소모한다. 일단 모델이 구축되면 시험 사례의 분류는 상당히 빠르다.

세 번째, $k$ 최근접이웃기법은 지역 정보를 기반으로 예측을 수행하는 반면, 의사결정 트리와 규칙기반 분류기는 전체 입력 공간을 대상으로 하는 포괄적 모델을 찾으려 한다. 분류 결정이 지역적으로 이루어지기 때문에 인접 이웃 분류기는 (작은 k 값을 사용할 때) 잡음에 노출되기 쉽다.

네번째, 의사결정 경계선이 임의의 모양으로 생성될 수 있다. 이와 같은 경계선은 종종 직각 경계선으로 제한되는 의사결정 트리나 규칙기반 분류기에 비하여 좀 더 융통성 있는 모델을 표현할 수 있다. $k$ 최근접이웃 분류기의 의사결정 경계선은 훈련 사례들의 구성에 달려 있기 때문에 상당히 다양하다. 인접 이웃의 수를 증가시켜 이러한 다양성을 줄일 수 있다.

마지막으로 $k$ 최근접이웃기법은 적당한 인접성 측정과 데이터의 전처리 단계가 사용되지 않는다면 잘못된 예측을 수행할 수 있다. 예를 들어, 키(미터로 측정)와 체중(파운드로 측정)과 같은 속성으로 한 그룹의 사람들을 분류한다고 가정하자. 키 속성의 변동성은 1.5m에서 1.85m로 작은 반면, 체중은 90lb에서 250lb로 상대적으로 크다. 만약 속성들의 크기 비율이 고려되지 않는다면, $k$ 최근접이웃기법은 한 개인의 체중에 의해 좌우될 수 있다.

# 참·고·문·헌

Michael J. A. Berry, and Gordon Linoff(1997). Data Mining Techniques: For Marketing, Sales, and Customer Support. USA: John Wiley & Sones, Inc.

Ian H. Witten, Eibe Frank, and Mark A. Hall(2013). 데이터 마이닝: 데이터 속 숨은 의미를 찾는 기계 학습의 이론과 응용(이승현 역). 의왕: 에이콘. (원저 2011년 출판)

Han, Jiawei. and Kamber, Micheline(2007). 데이터 마이닝: 개념과 기법(강창완 외 11 역). 서울: 사이플러스 (원저 2005년 출판)

GALIT SHMUELI, NITIN R. PATEL and PETER C. BRUCE(2009). 비즈니스인텔리전스를 위한 데이터 마이닝(신택수, 홍태호 역). 파주: 사이텍미디어. (원저 2006년 출판)

Alex Berson, Stephen Smith, and Kert Theling (2000). CRM을 위한 데이터 마이닝(홍성완 외 6 역). 서울: 대청미디어 (원저 1999년 출판)

Pang-Ning Tan, Michael Steinbach, Vipin Kumar(2007) 데이터 마이닝(용환승 외 6 역). 서울: 인피니티 북스 (원저 2006)

전치혁 (2012). 데이터 마이닝 기법과 응용. 서울: 한나래

이정진 (2011). R, SAS, MS-SQL을 활용한 데이터 마이닝. 파주: 자유아카데미.

# 연·습·문·제

1. 개체 간의 유사성을 측정하기 위한 유사도 척도는 크게 정량적 유사도 척도와 정성적 유사도 척도로 구분할 수 있다. 정성적 유사도 척도의 종류에 대해서 서술하시오.

2. 최근접이웃기법에서는 k 값의 선택에 따라 예측의 정확도가 달라진다. k값을 작은 값으로 선택할 때와 큰 값으로 선택할 때 어떠한 현상이 발생하는지 논의하시오.

3. 타이타닉 예제 데이터에 대해서 다음의 질문에 답하시오.

   1) k값을 3부터 시작해서 10이 될 때까지 변화시키면서 생존자 정확도 예측을 수행하시오.

   2) 1)번의 수행 결과를 보면서 최적의 k 값은 얼마인지에 대해 논의하시오.

8

CHAPTER

# 나이브 베이즈 분류 모형

이 장에서는 데이터의 예측변수들이 범주형인 경우에 적용할 수 있는 나이브 베이즈 알고리즘에 대해 설명한다. 본 알고리즘은 확률론의 베이지안 이론에 근거한 방법론으로서 예측변수들이 독립이라는 가정하에 목표변수의 범주를 예측하는 데 활용되는 방법론이다. 이를 위해, 조건부 확률에 대해 살펴보고 이를 활용한 베이즈 확률 계산 방법에 대해 설명한다. 본 방법론의 주요 아이디어는 복잡한 예측변수들의 조합을 계산하기 어려우므로 예측변수들 간 독립으로 가정하여 각 클래스에 속할 확률을 계산하여 높은 확률을 갖는 클래스로 분류하는 것이다.

## 1. 개요

"베이지안 분류기(Bayesian Classitication)"란 무엇인가? 베이지안 분류기는 통계적 분류기이다. 이것은 주어진 샘플이 특정 클래스에 속할 확률과 같이 어떤 항목이 특정 클래스에 속할 확률을 예측한다.

베이즈 이론(bayes theorem)

베이지안 분류는 아래에 설명할 **베이즈 이론**(bayes theorem)에 기반한다. 분류 알고리즘의 성능 비교를 연구하는 학자들은 의사결정 트리나 신경망과 비슷한 성능을 가지는 단순 베이지안 분류기(naïve Bayesian classifier)로 알려진 간단한 베이지안 분류기를 발견하였다.

단순 베이지안 분류기는 주어진 클래스의 한 속성 값이 다른 속성의 값과 상호 독립을 가정한다. 이 가정은 클래스 조건 독립(class conditional independence)이라고 한다. 이 가정은 계산과정을 간단하게 하므로 그런 의미에서 "단순(naïve)"하다고 한다.

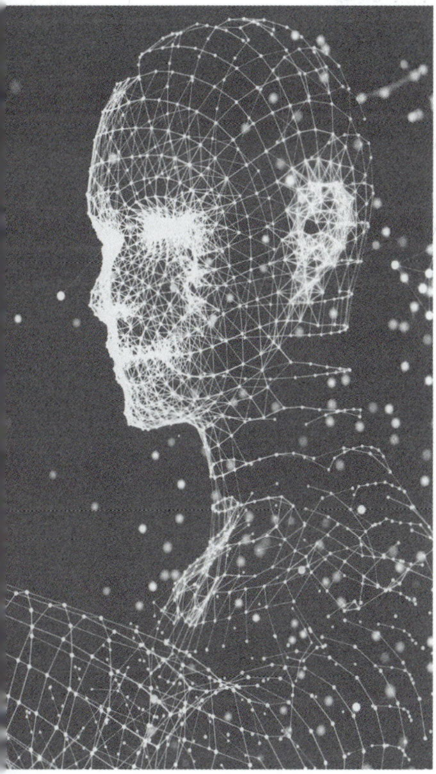

## 2. 베이즈 정리

두 라이벌 팀인 팀 0과 팀 1 사이의 미식축구 경기를 생각해 보자. 팀 0은 65%의 승률을 갖고 나머지 경기는 팀 1이 승리한다고 가정하자. 팀 0이 승리한 경기들 중에서 30%만 팀 1의 축구 구장에서 나왔다. 반면에 팀 1의 승리 중 75%가 홈구장에서 나왔다. 만약 팀 1이 두 팀 사이의 다음 번 경기를 유치한다면 어느 팀이 승리할 것인가?

이 문제는 베이즈 정리를 사용하여 풀 수 있다. 먼저 확률 이론의 기본 정의들부터 살펴보자.

$X$와 $Y$를 한 쌍의 확률 변수라 하자. 그들의 결합확률(joint probability) $P(X=x, Y=y)$는 $X$가 $x$의 값을 갖고 $Y$가 $y$의 값을 갖는

확률을 말한다. 조건부확률(conditional probability)은 다른 확률 변수의 값이 이미 알려진 경우, 한 확률 변수가 특정 값을 가질 확률을 가리킨다. 예를 들어, 조건부확률 $P(Y=y|X=x)$는 $X$의 값이 $x$로 주어졌을 때, $Y$가 $y$의 값을 취할 확률을 말한다. $X$와 $Y$에 대한 결합확률과 조건부확률은 다음 식으로 표현된다.

$$P(X, Y) = P(Y|X) * P(X) = P(X|Y) * P(Y)$$
$$P(Y|X) = \frac{P(Y, X)}{P(X)} = \frac{P(X|Y)P(Y)}{P(X)}$$

베이즈 정리는 이 장의 시작 부분에서 설명된 예측 문제를 푸는 데 사용될 수 있다. 표기상의 편의를 위해 $X$는 경기를 유치하는 홈팀의 확률 변수, $Y$는 경기의 승자를 표현하는 확률변수라 가정하자. $X$와 $Y$ 모두 $\{0, 1\}$에서 값을 선택할 수 있다. 문제에 주어진 정보는 다음과 같다.

---

팀 0이 이길 확률은 $P(Y=0)=0.65$ 이다.
팀 1이 이길 확률은 $P(Y=1)=1-P(Y=0)=0.35$ 이다.
팀 1이 승리했는데 경기를 팀 1이 유치했을 확률은 $P(X=1|Y=1)=0.75$ 이다.
팀 0이 승리했는데 경기를 팀 1이 유치했을 확률은 $P(X=1|Y=0)=0.3$ 이다.

---

우리의 목적은 '팀 1이 다음 경기를 유치했는데 그 경기에서 팀 1이 이길 조건부확률' $P(Y=1|X=1)$을 계산하고 $P(Y=0|X=1)$과 비교하는 것이다. 베이즈 정리를 사용하여 다음을 구해보자.

$$\begin{aligned} P(Y=1|X=1) &= \frac{P(X=1|Y=1) * P(Y=1)}{P(X=1)} \\ &= \frac{P(X=1|Y=1) * P(Y=1)}{P(X=1, Y=1)+P(X=1, Y=0)} \\ &= \frac{P(X=1|Y=1) * P(Y=1)}{P(X=1|Y=1)P(Y=1)+P(X=1|Y=0)P(Y=0)} \\ &= \frac{0.75 * 0.35}{0.75 * 0.35+0.3 * 0.65}=0.5738 \end{aligned}$$

여기서 둘째 줄에는 총 확률 법칙을 적용하였다. 또한 $P(Y=0|X=1)=1-$

$P(Y=1|X=1)=0.4262$이다. $P(Y=1|X=1)$이 $P(Y=0|X=1)$보다 크므로, 팀 1이 다음 경기에서 이길 확률이 팀 0보다 크다.

## 3. 베이즈 정리를 사용한 분류

사전확률(prior probability)
사후확률(posterior probability)

베이즈 정리가 분류에 사용되는 방법을 설명하기 전에 통계학 관점에서 분류 문제를 수식해 보자. $X$는 속성 집합, $Y$는 클래스 변수를 표시한다고 가정하자. 클래스 변수와 속성 사이의 관계가 비결정적이라면 $X$와 $Y$를 확률 변수로, 그들 사이의 관계를 $P(Y|X)$를 사용하여 확률적으로 표현할 수 있다. 이러한 조건부확률은 $Y$의 **사전확률**(prior probability)인 $P(Y)$와 상반되게 $Y$의 **사후확률**(posterior probability)로 불린다.

훈련 단계에서 훈련 데이터로부터 획득한 정보를 기반으로 $X$와 $Y$의 모든 조합에 대하여 사후확률 $P(Y|X)$를 학습할 필요가 있다. 이 확률 값들을 구한 후, 시험 항목 $X'$는 사후확률 $P(Y'|X')$를 최대화하는 클래스 $Y'$를 찾음으로써 분류할 수 있다. 간단한 예시로 자동차 등급 예제에서 등급 가능성을 예측하는 작업을 고려해 보자. 위 예시는 산 가격, 유지보수 비용, 문의 개수, 수용 가능 인원, 화물 수용 크기, 측정된 안전등급, 총 평가등급의 속성을 갖는 훈련집합을 보여준다. 매우 나쁨은 unacc, 보통 good, 좋음 acc, 아주 좋음 vgood으로 분류된다.

다음의 속성 집합 $X$=(buying=low, maint=vhigh, doors=2, persons=2, lug_boot=small, safety=high, evaluation=unacc)를 가지는 시험 항목이 주어졌다고 가정하자. 이 항목을 분류하기 위해서는 훈련 데이터의 정보를 기반으로 사후확률 $P(1|X)$와 $P(2|X)$, $P(3|X)$, $P(4|X)$를 계산해야 한다. 만약 $P(1|X) > P(2|X) > P(3|X) > P(4|X)$이면 항목은 '1'로 분류되고, 그렇지 않으면 '2', 해당되지 않으면 '3', 그 다음은 '4'로 분류된다.

클래스의 레이블과 속성값의 모든 조합에 대하여 정확한 사후확률을 계산한다는 것은 아주 적은 수의 속성들에 대해서도 매우 큰 훈련 집합을 요구하기 때문에 매우 어려운 문제이다. 베이즈 정리는 사후확률을 사전확률 $P(Y)$, 클래스 조건부

(class-conditional) 확률 $P(Y|X)$, 증거 $P(X)$의 식으로 표현해 주기 때문에 아주 유용하다.

$$P(Y|X) = \frac{P(X|Y) * P(Y)}{P(X)}$$

각기 다른 $Y$값에 대하여 사후확률을 비교할 때, 분자인 $P(X)$는 항상 상수이므로 무시될 수 있다. 사전확률 $P(Y)$는 각 클래스에 속한 훈련 항목들의 비율을 계산함으로써 훈련 집합으로부터 쉽게 계산할 수 있다. 클래스 조건부확률 $P(Y|X)$를 계산하기 위하여 단순 베이지안 분류기에 대해 설명하고자 한다.

## 4. 단순 규칙

단순 규칙(Naïve Rule)은 모든 예측변수 $(X_1, X_2, \cdots, X_p)$를 배제한 상태에서, 즉 예측변수 자체를 고려하지 않고 어느 한 레코드를 $m$개 집단 중의 하나로 분류하는 매우 단순한 규칙으로, 방식은 해당 레코드를 규모가 가장 큰 집단에 속하는 것으로 분류하는 것이다.

〈표 8.1〉 회계감사법인의 재무보고서 감사 사례 피봇 테이블

| | 법적 책임 소송 존재(X = 1) | 법적 책임 소송 없음(X = 0) | 총계 |
|---|---|---|---|
| 분식(C1) | 50 | 50 | 100 |
| 정상(C2) | 180 | 720 | 900 |
| 총계 | 230 | 770 | 1,000 |

예를 들어, 〈표 8.1〉에서 제시한 재무보고서 감사 사례의 단순규칙은 모든 고객들을 신뢰할 만하다고 예측하는 것이다. 왜냐하면 학습용 집합에서 조사된 전체 기업 1,000개 중 90%가 정상(C1) 재무제표를 제출했다고 나타났기 때문이다.

이와 비슷하게 단순규칙은 만약 비행기 연착에 대한 예측이 있다면 모든 비행기

가 정시에 도착하는 것으로 분류한다. 그 이유는 데이터 집합에 있는 대다수의 비행기들이 특수한 상황을 제외하곤 연착하지 않기 때문이다.

일반적으로 단순규칙은 좀더 복잡한 분류모형의 성과를 평가하기 위한 기준모형으로서 사용된다.

분류문제에 적용되는 단순규칙을 정량적인 반응변수를 갖는 모형에 적용할 경우 새로운 레코드에 대한 $y$의 예측값은 표본평균인 $\hat{y}$을 사용한다. 이를 요약하면, 단순규칙의 예측값은 오직 $y$ 값에만 의존하고 예측변수의 사용은 배제된다.

## 5. 나이브 베이즈 분류 모형

- 나이브 베이즈(Naïve Bayes) 분류 모형
  - 단순 규칙보다는 좀 더 정교한 방법
  - 예측변수군에 포함된 정보들을 단순 규칙에 결합
  - 범주형 예측변수인 경우에만 적용(수치형은 범주형으로 전환 필요)
- 나이브 베이즈 기법은 데이터 집합이 매우 클 경우 상당히 유용하다.
- 구글(Google)과 같은 웹 검색엔진의 예
  - 사용자가 철자가 잘못 표기된 어구를 입력하면 철자 오류를 수정한 글자 제시
  - 제시된 글들은 수백만 명의 다른 사용자들이 입력한 유사 철자의 단어들의 빈도뿐만 아니라 사용자가 입력한 어구의 다른 글자들에 기초하여 제시됨

정교한 베이즈 계산이 단순 베이즈와의 어떻게 다른지를 설명하기 위해 하나의 작은 수치형 예제를 살펴보도록 한다. 〈표 8.2〉에 목록에 작성된 10개의 회사를 고려해 보자.

〈표 8.2〉 10개의 회사에 대한 정보

| 제소된 법적 책임 | 회사 크기 | 상태 |
|---|---|---|
| 예 | 작음 | 정상 보고임 |
| 아니오 | 작음 | 정상 보고임 |
| 아니오 | 큼 | 정상 보고임 |
| 아니오 | 큼 | 정상 보고임 |
| 아니오 | 작음 | 정상 보고임 |
| 아니오 | 작음 | 정상 보고임 |
| 예 | 작음 | 분식 보고임 |
| 예 | 큼 | 분식 보고임 |
| 아니오 | 큼 | 분식 보고임 |
| 예 | 큼 | 분식 보고임 |

각 회사에 대해서 법적 책임이 제소되었는지 여부, 기업의 규모가 큰지 또는 작은지 여부, 그리고 조사 후에 재무보고가 분식 또는 정상으로 판명되었는지에 대한 정보를 알고 있다. 먼저 4개의 가능한 조합인 {예, 작음}, {예, 큼}, {아니오, 작음}, {아니오, 큼}에 대해서 분식에 대한 조건부확률을 계산한다. 이 조건부확률은 교차 분할표에 의해서 직접 계산될 수 있다.

$P$(분식보고 | 책임=예, 크기=작음) = 1/2 = 0.5
$P$(분식보고 | 책임=예, 크기=큼) = 2/2 = 1
$P$(분식보고 | 책임=아니오, 크기=작음) = 0/3 = 0
$P$(분식보고 | 책임=아니오, 크기=큼) = 1/3 = 0.33

또한 베이즈의 갱신된 공식을 이용하여 다음의 확률들을 계산해 보면 단순 베이즈 계산식이 어떻게 수정되는지가 분명해진다. '책임=예', '크기=작음'으로 조합된 산식의 분자는 분식 회사들 중 {예, 작음}으로 이루어진 쌍들의 비율을 분식 회사의 비율에 곱한 값이다. 이 산식의 분모는 모든 10개 기업들 중 {예, 작음}으로 이루어진 쌍들의 비율을 말한다. 그리고 이와 유사한 인수를 사용하여 남은 3개의 조건부 확률들을 계산할 수 있다.

$$P(\text{분식보고}|\ \text{책임=예, 크기=작음}) = \frac{\left(\frac{1}{4}\right)\left(\frac{4}{10}\right)}{2/10} = 0.5$$

$$P(\text{분식보고}|\ \text{책임=예, 크기=큼}) = \frac{\left(\frac{2}{4}\right)\left(\frac{4}{10}\right)}{2/10} = 1$$

$$P(\text{분식보고}|\ \text{책임=아니오, 크기=작음}) = \frac{\left(\frac{0}{4}\right)\left(\frac{4}{10}\right)}{3/10} = 0$$

$$P(\text{분식보고}|\ \text{책임=아니오, 크기=큼}) = \frac{\left(\frac{1}{4}\right)\left(\frac{4}{10}\right)}{3/10} = 0.33$$

이제 단순 베이즈 확률을 계산해 보면, '책임=예, 크기=작음'일 때 분식보고행위의 조건부확률의 분자는 분식보고 회사들 중 '책임=예'인 사례의 비율, 분식보고 회사들 중 '크기=작음'인 사례의 비율, 분식보고 회사의 비율 등을 서로 곱한 값을 말한다. 그러나 실제 확률값을 얻기 위해서는 '책임=예, 크기=작음'일 때, 정상보고행위의 조건부확률의 분자를 또한 계산해야 한다. 이때 분모는 2개의 조건부확률의 합이다. 따라서 '책임=예, 크기=작음'일 때 분식보고행위의 조건부확률은 0.075/0.14=0.53이다. 이와 유사한 방식으로 4개의 조건부확률을 다음과 같이 계산할 수 있다.

$$P_{NB}(\text{분식보고}|\ \text{책임=예, 크기=작음}) = \frac{\left(\frac{3}{4}\right)\left(\frac{1}{4}\right)\left(\frac{4}{10}\right)}{\left(\frac{3}{4}\right)\left(\frac{1}{4}\right)\left(\frac{4}{10}\right)+\left(\frac{1}{6}\right)\left(\frac{4}{6}\right)\left(\frac{6}{10}\right)} = 0.53$$

$$P_{NB}(\text{분식보고}|\ \text{책임=예, 크기=큼}) = 0.87$$

$$P_{NB}(\text{분식보고}|\ \text{책임=아니오, 크기=작음}) = 0.07$$

$$P_{NB}(\text{분식보고}|\ \text{책임=아니오, 크기=큼}) = 0.31$$

이러한 단순 베이즈 확률이 정교한 베이즈 확률값에 얼마나 비슷한지를 주목해야 한다. 이 값들이 동일하지 않다고 할지라도 이 둘의 확률은 0.5의 분류기준값과 다른 많은 변수들을 가지고 정확히 동일한 분류 결과를 얻을 수 있다. 분류를 위해 베이즈 방법을 사용할 때에는 확률값 자체보다는 확률의 크기에 따른 순위가 더 중요하다.

### (1) 조건부확률과 피봇테이블

분류문제의 목적은 예측변수군이 주어질 때 각 집단에 속할 확률을 추정하는 것이다. 이러한 유형의 확률은 조건부확률로 불리운다. 사건 B가 주어질 때 사건 A가 일어날 조건부확률($P(A|B)$)은 오직 사건 B가 발생하는 시나리오에서만 사건 A가 발생할 기회를 말한다. 위에서 제시한 감사회사의 사례에서는 P(분식/법적책임 소송)에 관심을 둔다. 일반적으로 $m$개의 집단($C_1, C_2, C_3, \cdots, C_m$)의 반응변수와 ($X_1, X_2, \cdots, X_n$)인 예측변수에 대해 다음의 확률값 측정을 원한다고 하자.

$$P(C_i|X_1, X_2, \cdots, X_p)$$

여기서 $i=1, 2, \cdots, m$이라고 가정한다. 하나의 레코드를 분류하기 위해서 각 집단 $i$에 대한 $P(C_i|X_1, X_2, \cdots, X_p)$를 계산함으로써 각 집단에 속할 기회를 측정한다. 그 다음 가장 높은 확률을 갖는 집단으로 앞선 레코드를 분류한다.

예측변수들이 모두 범주형일 때, 소속 집단의 조건부확률을 추정하기 위해 피봇테이블을 사용할 수 있다. 이 피봇테이블은 모든 예측변수들과 반응변수를 표로 나타낸다. 예를 들어, 앞서 재무보고 감사 예제의 피봇테이블을 살펴보았는데, 하나의 예측변수("법적책임 있음/법적책임 없음")가 이진분류의 반응변수("분식보고/정상보고")와 함께 표로 나타난다.

### (2) 실제 적용의 어려움 및 해결방안

조건부확률을 추정할 경우 예측변수의 수(p)가 가령 20으로 매우 크고 집단의 수(m)가 2인 경우, 모든 예측변수가 이진분류라 할지라도 많은 레코드들에 있어서는 자신들과 정확히 일치하는 규칙들을 찾을 수 없게 되는 문제가 있다. 모든 셀이 0이 아닌 값을 갖는 피봇테이블을 만들려면 수백만 개의 관찰치를 갖는 큰 규모의 데이터 집합이 필요하다.

다시 말해서 예측변수들의 조합으로 동시에 발생하는 레코드가 많이 관찰되지 않는다.

위에서 제시한 문제를 해결하기 위해 널리 사용되는 한 가지 방법은 각 집단 내의 예측변수에 대한 독립성의 가정을 단순화시키는 것이다. 만약 각 집단 내에서 모든 예측변수들이 상호 독립적이라는 가정이 합리적이라면, 계산과정을 상당히 단순화시킬 수 있다. 피봇테이블의 관점에서 독립성의 가정은 곧 분할표(해당 칸)를 살펴보는 대신에 각 예측변수의 한계변동분만을 이용한다는 것을 의미한다. 예측변수들이 서로 독립적이라고 한다면 동시발생의 확률은 모든 관련 예측변수의 한계변동분을 서로 곱한 값과 같다.

원래 조건부확률값 계산은 베이즈 규칙을 이용하여 계산된다. 그리고 이 확률값은 독립성에 대한 가정을 단순화함으로써 쉽게 가감될 수 있다. 베이즈 이론은 레코드가 집단 $C_i$에 속하는 확률을 계산하기 위해 다음과 같은 공식을 사용한다.

$$P(C_i|X_1, \cdots, X_p) = \frac{P(X_1, \cdots, X_p|C_i)P(C_i)}{P(X_1, \cdots, X_p|C_1)P(C_1) + \cdots + P(X_1, \cdots, X_p|C_m)P(C_m)}$$

## 6. 나이브 베이지안 분류모형의 특성과 장단점

### (1) 나이브 베이지안 분류기의 특성

데이터로부터 조건부확률을 추정할 때 잡음 데이터들은 평균 데이터에 흡수되기 때문에 고립된 잡음 데이터의 영향을 덜 받는다. 또한 단순 베이지안 분류기는 모델 구축과 분류과정에서 그런 예들을 무시함으로써 빠져 있는 값들을 처리할 수 있다.

관련 없는 속성의 영향을 덜 받는다. 만약 $X_i$가 관련 없는 속성이라면, $P(X_i|Y)$값은 거의 균일 분포를 갖는다. $X_i$의 클래스 조건부확률은 사후 확률의 전체 계산에 아무런 영향력이 없다.

조건부 독립 가정은 상호 관련된 속성들에는 성립하지 않기 때문에 이렇나 속성들은 단순 베이지안 분류기의 성능을 저하시킬 수 있다. 예를 들어, 다음의 확률을 고려해 보자.

$$P(A=0|Y=0) = 0.4,\ \ P(A=1|Y=0) = 0.6$$
$$P(A=0|Y=1) = 0.6,\ \ P(A=1|Y=1) = 0.4$$

여기서 $A$는 이진 속성이고 $Y$는 이진 클래스 변수이다. $Y=0$일 때 $A$와 완벽한 연관성을 가지며, $Y=1$일 때는 $A$에 독립적인 또 다른 이진 속성 $B$를 가정해 보자. 논의상 편의를 위해 $B$의 클래스 조건부확률이 $A$와 같다고 가정하자. $A=0$, $B=0$의 속성을 가진 항목이 주어졌을 때, 그 사후확률은 다음과 같이 계산될 수 있다.

$$P(Y=0|A=0, B=0) = \frac{P(A=0|Y=0)P(B=0|Y=0)P(Y=0)}{P(A=0, B=0)} = \frac{0.16P(Y=0)}{P(A=0, B=0)}$$

$$P(Y=1|A=0, B=0) = \frac{P(A=0|Y=1)P(B=0|Y=1)P(Y=1)}{P(A=0, B=0)} = \frac{0.16P(Y=1)}{P(A=0, B=0)}$$

만약 $P(Y=0)=P(Y=1)$이면, 단순 베이지안 분류기는 이 항목을 클래스 1에 할당한다. 하지만 진실은 $Y=0$일 때 $A$와 $B$가 완벽한 관련성을 가지므로 다음과 같다.

$$P(A=0, B=0|Y=0)=P(A=0|Y=0)=0.4$$

그 결과 $Y=0$에 대한 사후확률은 $Y=1$인 경우에 비하여 크다.

$$P(Y=0|A=0, B=0) = \frac{P(A=0|Y=0)P(B=0|Y=0)P(Y=0)}{P(A=0, B=0)} = \frac{0.4P(Y=0)}{P(A=0, B=0)}$$

따라서 이 항목은 클래스 0으로 분류되어야 한다.

### (2) 나이브 베이즈 분류모형의 장점

모형이 단순하고, 계산이 효율적이며 분류성과가 좋다. 예측변수의 독립성에 대한 가정이 위배될 때도 적용 가능하며, 더 정교한 분류모형보다 높은 성과를 보이는 경우가 많다. 특히, 예측변수의 개수가 매우 많을 때 높은 성과를 나타낸다.

### (3) 나이브 베이즈 분류모형의 단점

첫째, 나이브 베이즈 분류모형은 좋은 성과를 얻기 위해서 많은 수의 레코드를 필요로 한다.

둘째, 예측변수의 범주가 학습용 데이터에서 존재하지 않는 경우 나이브 베이즈는 이러한 예측변수의 범주를 갖는 새로운 레코드는 0의 확률값을 갖는다고 가정한다. 이처럼 거의 존재하지 않는 예측변수값이 중요하다면 이 가정은 문제를 일으킬 수 있다. 예를 들어, 목표변수가 "고액 생명보험상품 구매"이고 예측변수의 범주가 "요트 소유"라고 가정하자. 만약 학습용 데이터가 "요트 소유 = 1"인 레코드를 갖고 있지 않다면 "요트 소유 = 1"인 새로운 레코드에 대해서는 나이브 베이즈는 목표변수 "고액 생명보험상품 구매"에 0의 확률값을 부여할 것이다. 물론 학습용 데이터에 "요트 소유 = 1"인 레코드가 없다고 한다면 이렇게 잠재적으로 중요한 변수를 분류모형에 포함시킬 데이터 마이닝 기법은 존재하지 않는다. 즉, 그 변수는 무시될 것이다. 그러나 나이브 베이즈에서는 이렇게 예측변수가 없다는 것이 레코드의 다른 어떤 정보보다 발생빈도에서 앞서기 때문에 목표변수값에 0을 부여한다. 이 사례에서는 1일 가능성이 상대적으로 높다. 학습용 집합의 크기가 크고 필요한 경우 연속형 변수를 판별력이 있는 이진분류 변수로 만드는 것은 이러한 효과를 완화시키는 데 도움을 준다.

셋째, 정확한 확률값이 아니라는 것이다. 분석의 목적이 집단을 분류하는 것이거나 또는 어느 특정 집단에 속할 확률에 기초해서 레코드의 순위를 정하는 것이라면, 나이브 베이즈 분류모형은 좋은 성과를 얻을 수 있다. 그러나 그 목적이 실제로는 집단에 속할 확률을 추정하는 것일 때에는 이 방법은 매우 편향된 결과를 낳는다. 이러한 이유로 인해서 나이브 베이즈 방법은 신용평가에서는 거의 사용되지 않는다(Larsen, 2005).

## 7. 나이브 베이지안 분류기의 예

### 예제 1: 타이타닉 생존에 대한 예측

타이타닉 데이터는 역사적인 타이타닉 호의 승객 정보를 담고 있는 데이터셋으로 데이터 과학 및 기계 학습 분야에서 많이 사용된다. seaborn에 내장되어 있는 이 데이터셋은 생존 여부, 성별, 나이, 좌석 등급 등 다양한 특성을 포함하고 있어 분석과 예측 모델링에 활용된다. 먼저 WEKA에서 실습을 진행해 보자.

〈표 8.3〉 타이타닉 생존 예제 변수 내역

| 변수명 | 변수 내역 |
|---|---|
| Survived | 생존여부(사망: 0, 생존: 1) |
| Pclass | 좌석등급(등급: 1, 2, 3) |
| Sex | 성별(여자: 0, 남자: 1) |
| Age_Label | 나이(10~80대: 0~7) |
| Sibsp | 함께 탑승한 형제, 자매, 배우자 수 |
| Fare_Label | 요금(40 이하: 0, 40 초과: 1) |
| Embarked_Q | 탑승 항구(더미 변수) |
| Embarked_S | 탑승 항구(더미 변수) |

타이타닉 데이터를 WEKA에서 실행하면 범주형 변수도 수치형 변수로 인식한다. 따라서 범주형 변수를 따로 변환해 주어야 하는데 방법은 다음과 같다.

* Filter → unsupervised → attribute → NumericToBinary를 클릭하면 다음과 같은 그림이 나온다. 수치형으로 인식된 변수를 범주형으로 바꾸기 위해서 attributeIndices에 해당 변수의 번호를 입력하고 ok를 클릭한 후, Apply를 클릭한다.

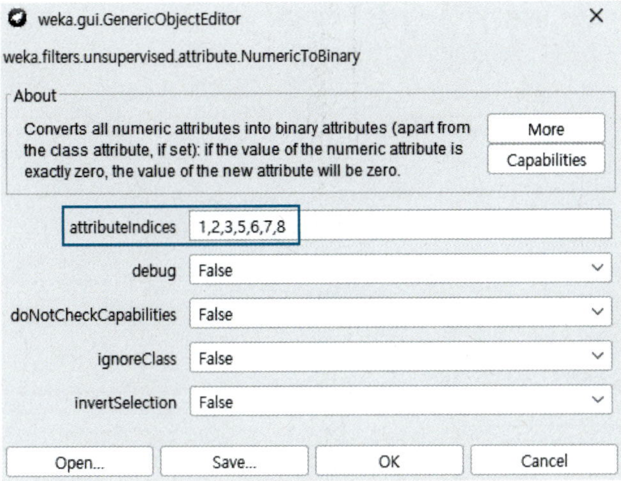


[그림 8.1] 타이타닉 데이터 수치형 변수를 범주형 변수로 전환

* 현재 데이터에서는 sibsp 변수를 제외하고는 모든 변수가 범주형 변수로 전환이 필요하기 때문에 해당 변수에 맞는 번호를 입력하여 적용한다.

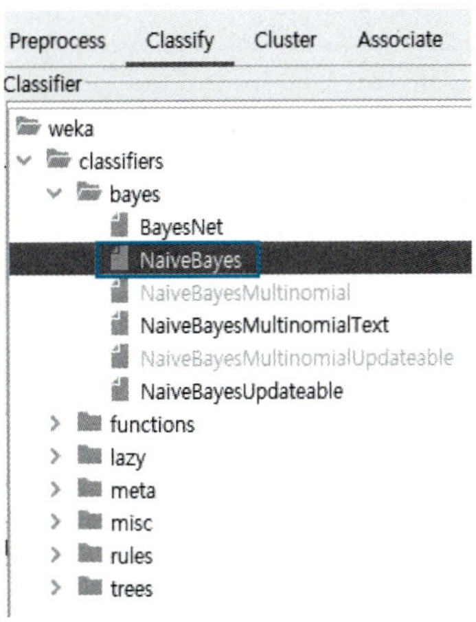


[그림 8.2] WEKA 단순 베이즈 선택

* WEKA 툴을 사용하여 단순 베이즈를 실행하여 보자. Classify 탭을 클릭하면 [그림 8.2]와 같은 스크린이 나타난다. 상단 좌측에 있는 Choose 버튼을 눌러 분류기를 선택하고, [그림 8.2]에 나와 있는 계층 구조의 메뉴에서 bayes 섹션을 연 다음, NavieBayes를 찾는다.

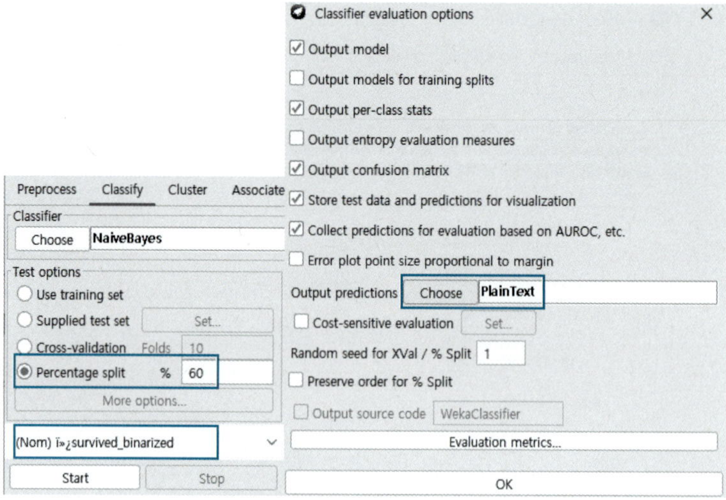


[그림 8.3] 단순 베이즈 옵션 선택

[그림 8.3]은 마이닝하고자 하는 데이터 세트를 학습 세트 60%, 검증 세트 40%의 비율로 나눈 뒤, 학습 세트만을 사용하여 생존 여부와 다른 변수들 간의 관계를 단순 베이즈 모형을 통해 분류하는 과정이다.

```
=== Predictions on test split ===

    inst#     actual  predicted error prediction
        1        2:1        1:0   +   0.929
        2        1:0        1:0       0.992
        3        2:1        2:1       0.721
        4        1:0        1:0       0.815
        5        2:1        2:1       0.916
        6        1:0        1:0       0.815
        7        1:0        1:0       0.657
        8        1:0        1:0       0.815
        9        2:1        2:1       0.85
       10        2:1        2:1       0.676
       11        1:0        1:0       0.815
       12        2:1        2:1       0.676
       13        2:1        2:1       0.721
       14        1:0        1:0       0.845
       15        1:0        1:0       0.815
       16        1:0        1:0       0.815
       17        2:1        2:1       0.676
       18        2:1        1:0   +   0.815
       19        1:0        1:0       0.815
       20        1:0        1:0       1
       21        1:0        1:0       0.815
       22        2:1        2:1       0.658
       23        2:1        1:0   +   0.815
       24        1:0        2:1   +   0.721
       25        2:1        1:0   +   0.666
       26        2:1        1:0   +   0.815
       27        1:0        1:0       0.666
       28        2:1        2:1       0.85
       29        1:0        1:0       0.608
       30        1:0        1:0       0.971
```

```
=== Summary ===

Correctly Classified Instances         281               78.9326 %
Incorrectly Classified Instances        75               21.0674 %
Kappa statistic                          0.5427
Mean absolute error                      0.3243
Root mean squared error                  0.4087
Relative absolute error                 68.5921 %
Root relative squared error             84.2257 %
Total Number of Instances              356

=== Detailed Accuracy By Class ===

                 TP Rate  FP Rate  Precision  Recall   F-Measure  MCC      ROC Area  PRC Area  Class
                 0.864    0.333    0.809      0.864    0.836      0.545    0.786     0.823     0
                 0.667    0.136    0.750      0.667    0.706      0.545    0.786     0.702     1
Weighted Avg.    0.789    0.258    0.787      0.789    0.787      0.545    0.786     0.777

=== Confusion Matrix ===

   a   b   <-- classified as
 191  30 |   a = 0
  45  90 |   b = 1
```

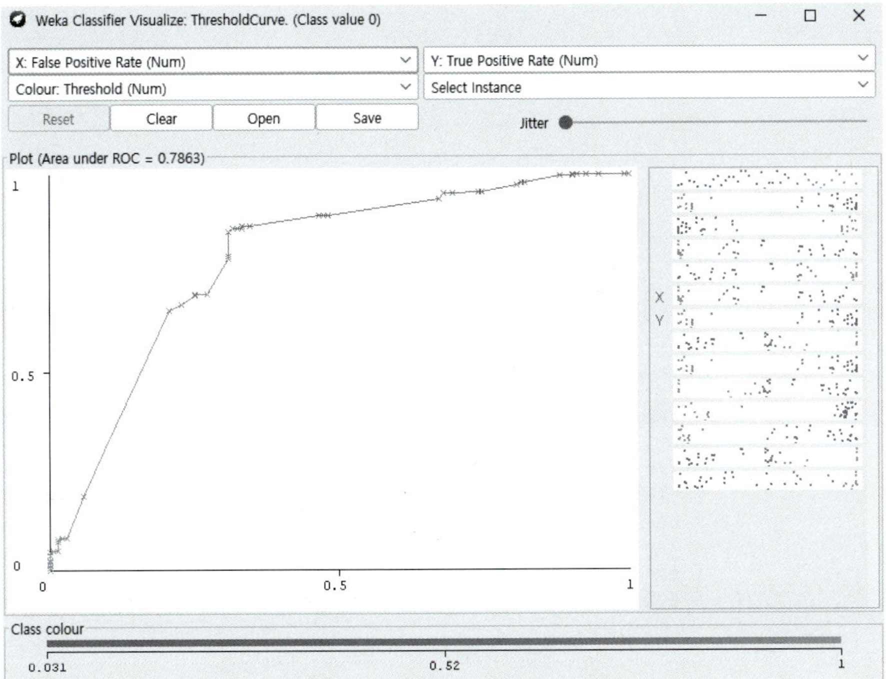


[그림 8.4] 평가 추정에 대한 단순 베이즈 실행 결과

[그림 8.4]에서 단순베이즈 모형을 통해 각각의 인스턴스를 분류하고 이를 검증하여 총 356개의 생존 여부에 대해 75번의 여부를 오분류함으로 인하여 약 21%의 오류 수준을 나타냈다.

이번에는 R을 활용하여 실습해 보자.

```
# 작업 경로 설정
getwd()
setwd("PATH")

# 라이브러리 설치 및 로드
install.packages("e1071")
install.packages("caret")
library("e1071")
library("caret")

# 데이터 로드
data <- read.csv("./titanic_data(8장).csv")
str(data)
```

* 작업 경로를 설정하고 필요한 라이브러리를 설치한다. e1071 라이브러리는 svm 및 나이브베이즈 분류 알고리즘을 제공한다. caret 라이브러리는 데이터 분할 및 모델 평가 등의 기능을 제공한다.
* 타이타닉 데이터를 로드한 후 데이터셋 구조를 확인한다.

```
'data.frame':   891 obs. of  8 variables:
 $ survived   : int  0 1 1 1 0 0 0 0 1 1 ...
 $ pclass     : int  3 1 3 1 3 3 1 3 3 2 ...
 $ sex        : int  1 0 0 0 1 1 1 1 0 0 ...
 $ sibsp      : int  1 1 0 1 0 0 0 3 0 1 ...
 $ age_Label  : int  2 3 2 3 3 3 5 0 2 1 ...
 $ fare_Label: int  0 0 0 0 0 0 0 0 0 0 ...
 $ embarked_Q: int  0 0 0 0 0 1 0 0 0 0 ...
 $ embarked_S: int  1 0 1 1 1 0 1 1 1 0 ...
```

**[그림 8.5]** 데이터 확인

```
# 데이터 분리
set.seed(123)
sample_num <- sample(1:nrow(data), size = round(0.8 * nrow(data)))
train_data <- data[sample_num, ]
test_data <- data[-sample_num, ]
```

* 재현성을 위해 랜덤 시드를 고정한다.
* 데이터 80%를 랜덤하게 선택하여 훈련 데이터로 지정한다. 그 외에는 테스트 데이터로 지정한다.

```
# 나이브 베이즈 실행
model <- naiveBayes(survived ~ ., data = train_data)
print(n_model)
```

* 훈련 데이터를 활용하여 나이브 베이즈 모델을 만들고 모델을 확인한다.

```
Naive Bayes Classifier for Discrete Predictors

Call:
naiveBayes.default(x = X, y = Y, laplace = laplace)

A-priori probabilities:
Y
        0         1 
0.6171108 0.3828892 

Conditional probabilities:
   pclass
Y       [,1]      [,2]
  0 2.518182 0.7483536
  1 1.956044 0.8733651

   sex
Y        [,1]      [,2]
  0 0.8545455 0.3529599
  1 0.3150183 0.4653763

   sibsp
Y        [,1]      [,2]
  0 0.5522727 1.2342841
  1 0.4798535 0.7228904

   age_Label
Y       [,1]     [,2]
  0 2.636364 1.262584
  1 2.439560 1.346636

   fare_Label
Y         [,1]      [,2]
  0 0.04545455 0.2574224
  1 0.20512821 0.4945022

   embarked_Q
Y         [,1]      [,2]
  0 0.08636364 0.2812200
  1 0.09890110 0.2990774

   embarked_S
Y        [,1]      [,2]
  0 0.7772727 0.4165503
  1 0.6080586 0.4890803
```

[그림 8.6] 나이브 베이즈 모델

```
# 평가
pred_evaluation <- predict(n_model, test_data)
test_data$survived <- as.factor(test_data$survived)
confusionMatrix(pred_evaluation, test_data$survived)
```

* 테스트 데이터에 대한 예측을 수행한다. R에서 범주형 변수로 적절히 처리하기 위해 survived 열을 factor로 변환한다. 예측 결과를 기반으로 혼동행렬을 계산한다.

```
Confusion Matrix and Statistics

          Reference
Prediction  0  1
         0 92 24
         1 17 45

               Accuracy : 0.7697
                 95% CI : (0.7008, 0.8293)
    No Information Rate : 0.6124
    P-Value [Acc > NIR] : 6.046e-06

                  Kappa : 0.5056

 Mcnemar's Test P-Value : 0.3487

            Sensitivity : 0.8440
            Specificity : 0.6522
         Pos Pred Value : 0.7931
         Neg Pred Value : 0.7258
             Prevalence : 0.6124
         Detection Rate : 0.5169
   Detection Prevalence : 0.6517
      Balanced Accuracy : 0.7481

       'Positive' Class : 0
```

[그림 8.7] 혼동행렬을 포함한 테스트 데이터 예측 결과

그렇다면 파이썬을 활용하여 실습해 보자.

```
# 라이브러리 설치
import pandas as pd
from sklearn.naive_bayes import GaussianNB
from sklearn.model_selection import train_test_split
from sklearn.metrics import confusion_matrix
```

* 필요한 라이브러리를 먼저 설치한다. GaussianNB는 나이브 베이즈를 실행하기 위해 로드하는 라이브러리이다.

```
# 데이터 로드
data = pd.read_csv("/content/titanic_data(8장).csv")
data.info()
```

* 데이터를 로드하고 확인한다.

```
<class 'pandas.core.frame.DataFrame'>
RangeIndex: 891 entries, 0 to 890
Data columns (total 8 columns):
 #   Column       Non-Null Count  Dtype
---  ------       --------------  -----
 0   survived     891 non-null    int64
 1   pclass       891 non-null    int64
 2   sex          891 non-null    int64
 3   sibsp        891 non-null    int64
 4   age_Label    891 non-null    int64
 5   fare_Label   891 non-null    int64
 6   embarked_Q   891 non-null    int64
 7   embarked_S   891 non-null    int64
dtypes: int64(8)
memory usage: 55.8 KB
```

[그림 8.8] 데이터 확인

```
# 데이터 분리
seed = 123
train_data, test_data = train_test_split(data, test_size=0.2, random_state=seed)
```

* 랜덤시드를 고정하고 8대 2 비율로 훈련 데이터와 테스트 데이터를 랜덤하게 분리한다.

```
# 나이브 베이즈 모델 실행
n_model = GaussianNB()
n_model.fit(train_data.drop("survived", axis=1), train_data["survived"])
```

* 나이브 베이즈 모델을 적용한다. fit 함수를 이용하여 적용할 때 독립변수, 종속변수 순서로 괄호 안을 구성한다.

```
▾ GaussianNB
GaussianNB()
```

```
# 평가
pred_evaluation = n_model.predict(test_data.drop("survived", axis=1))
confusion = confusion_matrix(test_data["survived"], pred_evaluation)
print(confusion)
```

* 테스트 데이터로 모델을 예측하고, 예측된 성능을 토대로 혼동행렬을 구한다.

```
[[98 16]
 [17 48]]
```

[그림 8.9] 혼동행렬 결과값

# 참·고·문·헌


Michael J. A. Berry, and Gordon Linoff(1997). Data Mining Techniques: For Marketing, Sales, and Customer Support. USA: John Wiley & Sones, Inc.

Ian H. Witten, Eibe Frank, and Mark A. Hall(2013). 데이터 마이닝: 데이터 속 숨은 의미를 찾는 기계 학습의 이론과 응용(이승현 역). 의왕: 에이콘. (원저 2011년 출판)

Han, Jiawei. and Kamber, Micheline(2007). 데이터 마이닝: 개념과 기법(강창완 외 11 역). 서울: 사이플러스 (원저 2005년 출판)

GALIT SHMUELI, NITIN R. PATEL and PETER C. BRUCE(2009). 비즈니스인텔리전스를 위한 데이터 마이닝(신택수, 홍태호 역). 파주: 사이텍미디어. (원저 2006년 출판)

Alex Berson, Stephen Smith, and Kert Theling (2000). CRM을 위한 데이터 마이닝(홍성완 외 6 역). 서울: 대청미디어 (원저 1999년 출판)

Pang-Ning Tan, Michael Steinbach, Vipin Kumar(2007) 데이터 마이닝(용환승 외 6 역). 서울: 인피니티 북스 (원저 2006)

전치혁 (2012). 데이터 마이닝 기법과 응용. 서울: 한나래

이정진 (2011). R, SAS, MS-SQL을 활용한 데이터 마이닝. 파주: 자유아카데미.

# 연·습·문·제

1. 나이브 확률과 나이브 베이즈 확률의 차이점을 서술하시오.

2. 나이브 베이즈 모델은 어떤 경우에 활용될 수 있는지 서술하시오.

3. 악취 데이터에 대해서 다음의 작업을 수행하고 질문에 답하시오.

   1) 악취 데이터 중에서 날짜 데이터를 이용하여 월 정보를 별도로 가공하여 추출한 후 월 정보가 TMA_Label에 영향을 미치는지 분석한 후 논의하시오.
   2) 1)번의 월 정보를 추출한 데이터를 포함하여 나이브 베이즈 예측 모형을 수행하시오.
   3) 원 데이터를 이용한 모형의 예측 정확도와 월 데이터를 포함한 모형의 예측 정확도에 대해서 비교, 토론하시오.

9

CHAPTER

# 분류와 회귀나무

이 장에서는 데이터로부터 분류 모델을 만드는 분류와 회귀나무 알고리즘에 대해 설명한다. 분류의 각 단계마다 주요한 변수와 분류값을 선정하여 몇 개의 그룹으로 분할해 나가는 과정을 반복적으로 수행한다. 주요한 변수와 분류값을 선정하기 위해서는 순수도를 높이기 위한 방향으로 진행되기 때문에, 순수도 지수에 대해서 학습한다. 학습용 데이터 집합을 이용하여 반복적 분할을 진행하게 되면 학습용 데이터 집합에만 과적합된 모델이 만들어질 수 있으므로 과적합 방지 규칙 및 가지치기 등을 수행하게 된다. 순수도 지수와 과적합 방지 규칙을 적용한 다양한 알고리즘에 대해서 학습한다.

1. 결정나무
2. 분류 과정(모델 구조)
3. 분류 과정 2(예측을 위한 모델의 사용)
4. 의사결정 트리 구축하기
5. 결정나무 알고리즘의 비교
6. 과적합 없애기
7. 악취 데이터 예제
8. 분류나무에 의한 분류 규칙
9. 모형의 장단점과 추가 고려사항

데이터베이스(database)는 비즈니스 의사결정을 잘 할 수 있도록 도와주는 많은 정보들을 갖고 있다. 분류 및 예측은 데이터 분석의 두 가지 형태로 데이터의 클래스를 가장 잘 나타내는 모형을 구축하여 향후 데이터의 추세를 예측하는 데 사용될 수 있다. 분류(classification)는 범주형 레이블을 예측하는 것인 반면, 예측(prediction)은 연속형 값의 함수모형을 구축하는 것이다. 예를 들어, 은행 대출의 경우 대출이 안전한지 혹은 위험한지를 분류하기 위해서는 분류모형을 구축하면 된다.

또한, 수입과 거주지가 주어져 있을 때, 컴퓨터 장비에 대한 고객의 잠재적 지출이 얼마나 될지를 예측하기 위해서는 예측모형을 구축하면 된다. 기계학습, 전문가 시스템, 통계학, 신경생물학 분야의 학자들에 의해 여러 가지 분류와 예측 기법들이 연구되어 왔다. 대부분의 알고리즘들은 주기억 장치에서도 처리가 가능할 만큼 데이터의 크기가 작다고 가정하고 있다. 최근 데이터 마이닝 연구의 추세는 대규모 데이터를 다룰 수 있는 분류와 예측 기법을 개발하는 데 있다.

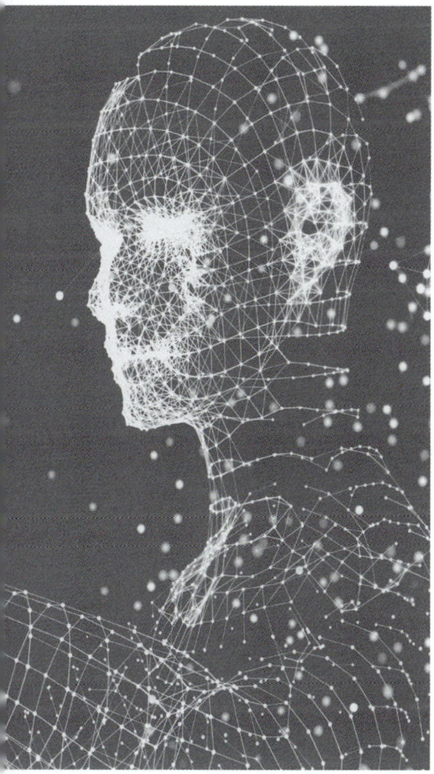

## 1. 결정나무

이 장에서는 분류와 예측에 쓰일 수 있는 분석 기법인 분류나무(classification tree)와 회귀나무(regression tree)에 대해 설명한다. 의사결정나무는 분류 방법 및 결과에 대한 설명을 이해하기 쉬운 장점을 가지고 있어 많이 이용된다. 나무모델은 관측치들을 하위그룹으로 분리해 나가는 절차를 기반으로 한다. 이때, 나무의 하위 분할은 예측변수를 통하여 이루어지는데, 예를 들어 “IF age〈=30 and student=no then buys computer=no”와 같이 논리적 규칙을 통해 이루어진다. 분할로 생성된 하위그룹은 종속변수를 더욱 동질적으로 만들어주며, 이러한 과정을 거쳐 좋은 예측이나 분류 규칙이 만들어진다.

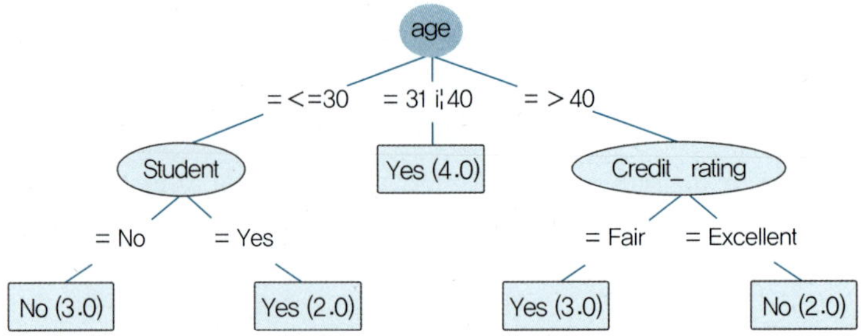


**[그림 9.1]** 컴퓨터 구매 결정나무

의사결정나무(decision tree)는 분류함수를 의사결정규칙(decision rule)으로 이루어진 **[그림 9.1]**과 같은 나무 모양으로 그리는 것이다.

또한, 새로운 사례를 분류함에 있어 나무의 정확도를 평가하기 위해서 우선 데이터를 학습용과 평가용 데이터 집합으로 나누고 학습용 집합은 나무를 학습하는 데 사용되고 평가용 집합은 나무의 성과를 측정하는 데 사용된다. 평가용(혹은 검증용) 데이터의 각 관찰치는 나무에 적용되고 나무에서 연결된 끝마디에 따라 분류된다. 이렇게 예측된 집단은 정오분류표를 통해 실제 소속값과 비교된다. 특정 집단에 관심이 있을 때 리프트 도표는 모형이 각 소속값을 잘 분류할 수 있는지를 평가하는 데 유용하게 사용된다.

위 **[그림 9.1]**은 소비자의 나이, 학생 여부, 신용등급이라는 독립변수를 기반으로 어느 소비자가 컴퓨터를 구매할지의 여부를 분류하는 나무 모델을 보여주고 있다. 나무 모델이 제공하는 분류기준이 다른 모델에 비해 이해하기 쉽기 때문에 분류모델로 많이 사용된다.

**[그림 9.1]**에서 타원은 분류를 위한 독립변수를 의미하는 것으로 노드(node)라 하며, 최상위 노드는 뿌리노드(root node)라 부른다. **[그림 9.1]**에서는 age가 뿌리노드이고, student와 credit rating은 내부노드(internal node), yes와 no는 잎 또는 단말노드(leaf or terminal node)이다.

즉, 트리는 세 종류의 노드를 갖는다.

(1) 입력 간선은 없고, 0개 이상의 출력 간선을 가지는 뿌리노드

(2) 정확히 하나의 입력 간선과 두 개 이상의 출력 간선을 가지는 내부노드

(3) 정확히 하나의 입력간선을 갖고, 출력간선은 없는 잎 또는 단말노드

의사결정 트리에서 각 단말노드에는 하나의 클래스 레이블이 붙는다. 루트와 다른 내부 노드들을 포함하는 비단말노드(non-terminal node)들에는 서로 다른 특성들을 갖는 레코드들을 분리시키기 위한 속성 조건들이 들어간다. 예를 들어, **[그림 9.1]**의 뿌리 노드는 컴퓨터 구매자와 비구매자를 분리하기 위해 속성 'age'를 사용한다. Age가 31~40인 소비자들은 모두 컴퓨터를 구매하므로 'yes' 레이블이 붙는 단말노드가 루트노드의 자식노드로 생성된다. 만일 age가 〈=30이나 〉40이면, student와 credit rating을 통해 컴퓨터 구매자와 비구매자를 구별하게 된다.

## 2. 분류 과정(모델 구조)

분류 기법 또는 분류기(Classifier)는 입력 데이터 집합으로부터 분류 모델을 구축하는 체계적인 접근 방법이다. 예로서, 앞에서 언급한 의사결정 트리(Decision Tree) 분류기, 규칙기반 분류기(Rule Based Classifier), 신경망, 그리고 나이브 베이지안 분류기(naïve Bayes Classifier) 등이 있다.

각 기법들은 학습 알고리즘(learning algorithm)을 이용하여 속성 집합 그리고 입력 데이터의 클래스 레이블 간의 관계와 가장 적합한 모델을 찾는다. 학습 알고리즘에 의하여 생성된 모델은 입력 데이터와 잘 맞아야 하며, 한 번도 접한 적이 없는 레코드들의 클래스 레이블을 정확하게 예측하여야 한다. 따라서 학습 알고리즘의 주 목적은 훌륭한 일반화 능력을 가진 모델, 즉 이전에 알려져 있지 않은 레코드들의 클래스 레이블을 정확하게 예측하는 모델을 구축하는 것이다.

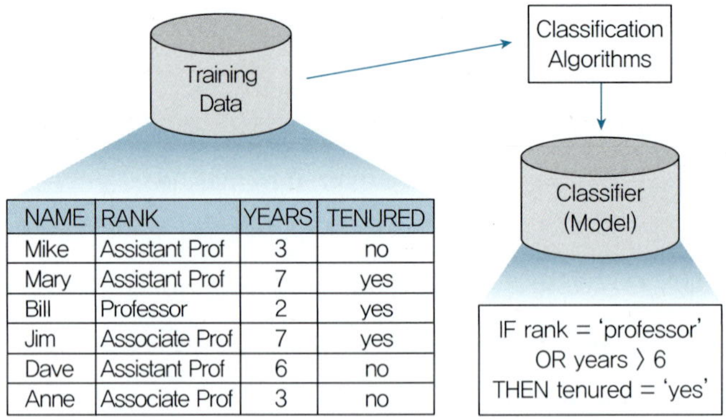


| NAME | RANK | YEARS | TENURED |
|---|---|---|---|
| Mike | Assistant Prof | 3 | no |
| Mary | Assistant Prof | 7 | yes |
| Bill | Professor | 2 | yes |
| Jim | Associate Prof | 7 | yes |
| Dave | Assistant Prof | 6 | no |
| Anne | Associate Prof | 3 | no |

**[그림 9.2]** 의사결정나무 모형구축을 위한 학습 과정 1

**[그림 9.2]**는 분류 문제를 해결하는 일반적인 접근 방법을 보여주고 있다. 먼저 클래스 레이블이 알려져 있는 레코드들로 구성된 훈련 집합(training set)이 제공되어야 한다. 훈련 집합은 분류 모델을 구축하기 위해 사용된다.

위 **[그림 9.2]**의 모델은 rank가 'professor' 또는 years가 '6'보다 크면 'yes'로 분류하도록 구축되어 있다.

## 3. 분류 과정 2(예측을 위한 모델의 사용)

훈련 집합은 분류 모델을 구축하기 위해 사용되며, 이 분류 모델은 다시 클래스 레이블이 알려지지 않은 레코드들로 구성된 시험 집합(test set)에 적용된다.

**[그림 9.3]**은 훈련용 데이터를 통해 구축된 모델에 name이 'Jeff'이고 rank가 'professor', years가 '4'인 데이터를 적용하면 모델에 의해 rank가 'professor'이므로 훈련용 데이터를 'yes'로 분류한다는 내용을 담고 있다.

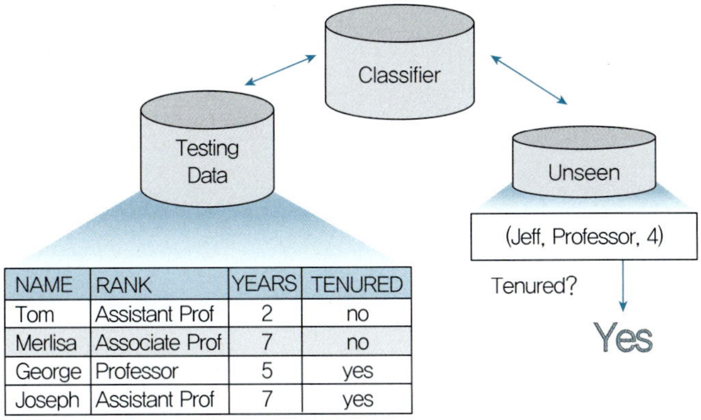


[그림 9.3] 의사결정나무 모형구축을 위한 학습 과정 2

## 4. 의사결정 트리 구축하기

의사결정나무를 이용한 분류에서 각 노드에 어떠한 변수를 선택하여야 하는 문제는 더 좋은 분류를 위해 매우 중요하다. 최적의 가지 분할을 위한 변수의 선택에 대해 여러 가지 측도가 연구되어 왔다. 여러 변수 중에서 한 변수를 선택하여 상식적인 방법은 그 변수가 선택되어 가지를 쳤을 때 가지별로 분류가 더 정확히 되는 변수를 선택하는 방법이다.

어느 컴퓨터 판매점을 방문한 14명을 조사해 보니 구매집단은 9명이고 비구매집단은 5명이었다. 이들 14명의 나이, 수입, 학생 여부, 신용등급을 분석하여 교차표를 작성해 보니 다음과 같았다. 의사결정나무에서 어떠한 변수의 가지분할이 더 좋은 것인지 알아보자.

〈표 9.1〉 컴퓨터 구매자 데이터 셋

| RID | age | income | student | Credit_rating | Buys_computer |
|---|---|---|---|---|---|
| 1 | <=30 | High | No | Fair | No |
| 2 | <=30 | High | No | Excellent | No |
| 3 | 31...40 | High | No | Fair | Yes |
| 4 | >40 | Medium | No | Fair | Yes |

| 5 | 〉40 | Low | Yes | Fair | Yes |
|---|---|---|---|---|---|
| 6 | 〉40 | Low | Yes | Excellent | No |
| 7 | 31…40 | Low | Yes | Excellent | Yes |
| 8 | 〈=30 | Medium | No | Fair | No |
| 9 | 〈=30 | Low | Yes | Fair | Yes |
| 10 | 〉40 | Medium | Yes | Fair | Yes |
| 11 | 〈=30 | Medium | Yes | Excellent | Yes |
| 12 | 31…40 | Medium | No | Excellent | Yes |
| 13 | 31…40 | High | Yes | Fair | Yes |
| 14 | 〉40 | Medium | No | Excellent | No |

〈표 9.2〉 나이에 따른 컴퓨터 구매자 데이터 셋

| age | 구매집단 | 비구매집단 | 합계 |
|---|---|---|---|
| 〈=30 | 2 | 3 | 5 |
| 31…40 | 4 | 0 | 4 |
| 〉40 | 3 | 2 | 5 |
| 합계 | 9 | 5 | 14 |

〈표 9.3〉 수입에 따른 컴퓨터 구매자 데이터 셋

| Income | 구매집단 | 비구매집단 | 합계 |
|---|---|---|---|
| Low | 3 | 1 | 4 |
| Medium | 4 | 2 | 6 |
| High | 2 | 2 | 4 |
| 합계 | 9 | 5 | 14 |

〈표 9.4〉 학생 여부에 따른 컴퓨터 구매자 데이터 셋

| student | 구매집단 | 비구매집단 | 합계 |
|---|---|---|---|
| Yes | 6 | 1 | 7 |
| No | 3 | 4 | 7 |
| 합계 | 9 | 5 | 14 |

〈표 9.5〉 신용상태에 따른 컴퓨터 구매자 데이터 셋

| Credit_rating | 구매집단 | 비구매집단 | 합계 |
|---|---|---|---|
| Fair | 6 | 2 | 8 |
| Excellent | 3 | 3 | 6 |
| 합계 | 9 | 5 | 14 |

위의 변수 중에서 최적의 변수를 선택하는 방법은 엔트로피계수, 지니계수 등이 있다.

### (1) 불순도 지수 - 엔트로피계수와 지니계수

레코드들을 분할하는 최선의 방법을 결정하는 데 이용될 수 있는 많은 척도들이 있다. 이러한 척도들은 분할 전과 후 레코드들의 클래스 분포에 따라 정의된다.

최선의 분할을 선택하기 위해 개발된 척도들은 종종 자식 노드들의 불순도(degree of impurity)를 기반으로 한다. 불순도가 작을수록 클래스 분포는 더 비대칭이 된다. 예를 들어, 클래스가 두 개로 이루어진 분포가 있다고 했을 때, 각각의 클래스에 속할 확률이 (0, 1)은 불순도가 0이며, 균일한 확률로 두 개의 클래스가 확률 (0.5, 0.5)로 분포되어 있을 때 불순도가 가장 크다. 불순도를 구하는 척도는 엔트로피계수와 지니계수가 대표적이다.

엔트로피계수(entropy coefficient), 지니계수(gini coefficient)는 분포함수에 대한 불확실성 또는 순수성을 측정하는 서로 유사한 개념의 측도이다. 분류하고자 하는 집단이 $G_1, G_2, G_3, \cdots, G_k$ 이고, 그 집단의 확률이 $p_1, p_2, p_3, \cdots, p_k$ 일 때 엔트로피계수와 지니계수를 구하는 식은 다음과 같이 정리된다.

$$\text{엔트로피계수} = -\sum_{i=1}^{k} p_i \times \log_2 p_i \quad (0 \times \log_2 0 \text{ 은 } 0\text{으로 정의})$$

$$\text{지니 불순도 지수} = 1 - \sum_{i=1}^{k} p_i^2$$

엔트로피 계수의 측정치는 0(가장 순수한 형태로 모든 관측치들이 동일 클래스에 속하는 경우)과 $\log_2 p_i$ (관측치들이 $k$개의 클래스에 동일하게 분포되어 있을 경우) 사이의 값을 갖는다. 이진 클래스의 경우 엔트로피 지수는 $p_k = 0.5$ 에서 최대값을 갖는다.

이를 이해하기 위해 집단 2개만 있는 경우를 살펴보자. 집단 1의 확률이 만일 $p$라면 집단 2의 확률은 $1-p$가 되는데 이 경우 엔트로피 계수는 다음과 같다.

$$\text{엔트로피 계수} = -p\times \log_2 p-(1-p)\times \log_2(1-p)$$

위 가정을 동일하게 적용하여 지니계수를 계산하면 다음과 같다.

$$\text{지니계수} = 1-p^2-(1-p^2)$$

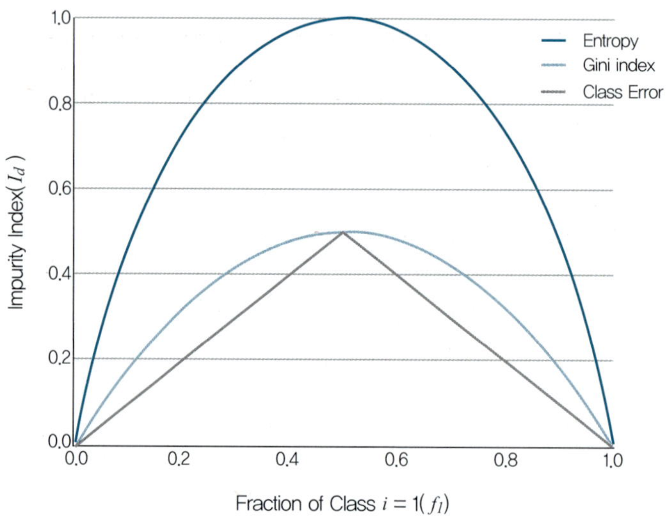


**[그림 9.4]** 불순 척도들 간의 비교

**[그림 9.4]**를 보면 $p = 0.5$인 경우 최대값을 갖고 $p = 1$ 또는 $p = 0$인 경우 최소값 0을 갖는다. 즉, 두 집단의 확률이 같은 경우($p$=0.5) 어느 집단으로 분류될 지 모르기 때문에 불확실성이 커지고, 이때 각 척도는 최대값을 갖는다. 그 반대로 어느 한 집단의 확률이 1이라면 불확실성이 없으므로, 즉 분류의 순수성이 100%이므로 각 척도는 최소값 0을 갖는다. 따라서 가지 분할은 불확실성이 적은 변수를 선택하게 된다.

다음 **[그림 9.5]**를 통해 지니계수를 이해하면 더 쉬울 것이다.

[그림 9.5] 동물 집합의 불순도 1

[그림 9.5]의 지니계수를 구해보자.

〈표 9.6〉 동물 집합의 종류별 분류 1

| 동물 | 합계 | 확률 |
|---|---|---|
| 타조 | 3 | 3/8 |
| 사슴 | 3 | 3/8 |
| 코뿔소 | 1 | 1/8 |
| 사자 | 1 | 1/8 |
| 합계 | 8 | 1 |

$$G = 1-\left(\frac{3}{8}\right)^2-\left(\frac{3}{8}\right)^2-\left(\frac{1}{8}\right)^2-\left(\frac{1}{8}\right)^2 = 0.69$$

[그림 9.6] 동물 집합의 불순도 2

〈표 9.7〉 동물 집합의 종류별 분류 2

| 동물 | 합계 | 확률 |
|---|---|---|
| 얼룩말 | 6 | 6/7 |
| 하마 | 1 | 1/7 |
| 합계 | 7 | 1 |

$$G = 1-\left(\frac{6}{7}\right)^2-\left(\frac{1}{7}\right)^2 = 0.24$$

**[그림 9.5]**와 **[그림 9.6]**을 비교한 결과 **[그림 9.5]**의 지니계수는 0.69이고 **[그림 9.6]**의 지니계수는 0.24로 **[그림 9.5]**가 더 순수하며 동질성이 높다고 말할 수 있다.

앞선 컴퓨터 구입 결정나무 예제에 대한 엔트로피계수, 지니계수를 구하면 다음과 같다.

〈표 9.8〉 컴퓨터 구매자의 집단별 분포에 따른 불확실성

| | 구매 집단 | 비구매 집단 | 합계 | 불확실성 측도 |
|---|---|---|---|---|
| 집단별 분포 | 9 | 5 | 14 | 엔트로피= $-0.64\times\log_2 0.64-0.36\times\log_2 0.36=0.942$<br>지니= $1-0.64^2-0.36^2=0.4592$ |

〈표 9.9〉 컴퓨터 구매자의 나이에 따른 불확실성

| Age | 구매 집단 | 비구매 집단 | 합계 | 불확실성 측도 |
|---|---|---|---|---|
| <=30 | 2 | 3 | 5 | 엔트로피= $-0.4\times\log_2 0.4-0.6\times\log_2 0.6=0.97$<br>지니= $1-0.4^2-0.6^2=0.48$ |
| 31…40 | 4 | 0 | 4 | 엔트로피= $-1\times\log_2 1-0\times\log_2 0=$<br>지니= $1-1^2-0^2=0$ |
| >40 | 3 | 2 | 5 | 엔트로피= $-0.6\times\log_2 0.6-0.4\times\log_2 0.4=0.970$<br>지니= $1-0.6^2-0.4^2=0.48$ |
| Gini 정보이득 | | 0.343 | | |

〈표 9.10〉 컴퓨터 구매자의 수입에 따른 불확실성

| Income | 구매 집단 | 비구매 집단 | 합계 | 불확실성 측도 |
|---|---|---|---|---|
| Low | 3 | 1 | 4 | 엔트로피 $= -0.75\times\log_2 0.75 - 0.25\times\log_2 0.25 = 0.811$<br>지니 $= 1-0.75^2-0.25^2 = 0.375$ |
| Middle | 4 | 2 | 6 | 엔트로피 $= -0.67\times\log_2 0.67 - 0.33\times\log_2 0.33 = 0.914$<br>지니 $= 1-0.67^2-0.33^2 = 0.442$ |
| High | 2 | 2 | 4 | 엔트로피 $= -0.5\times\log_2 0.5 - 0.5\times\log_2 0.5 = 1$<br>지니 $= 1-0.5^2-0.5^2 = 0.5$ |
| Gini 정보이득 | | 0.439 | | |

〈표 9.11〉 컴퓨터 구매자의 학생 여부에 따른 불확실성

| Student | 구매 집단 | 비구매 집단 | 합계 | 불확실성 측도 |
|---|---|---|---|---|
| Yes | 6 | 1 | 7 | 엔트로피 $= -0.86\times\log_2 0.86 - 0.14\times\log_2 0.14 = 0.584$<br>지니 $= 1-0.86^2-0.14^2 = 0.241$ |
| No | 3 | 4 | 7 | 엔트로피 $= -0.43\times\log_2 0.43 - 0.57\times\log_2 0.57 = 0.985$<br>지니 $= 1-0.43^2-0.57^2 = 0.490$ |
| Gini 정보이득 | | 0.366 | | |

〈표 9.12〉 컴퓨터 구매자의 신용상태에 따른 불확실성

| Credit_ rating | 구매 집단 | 비구매 집단 | 합계 | 불확실성 측도 |
|---|---|---|---|---|
| Fair | 6 | 2 | 8 | 엔트로피 $= -0.75\times\log_2 0.75 - 0.25\times\log_2 0.25 = 0.811$<br>지니 $= 1-0.75^2-0.25^2 = 0.375$ |
| Excellent | 3 | 3 | 6 | 엔트로피 $= -0.5\times\log_2 0.5 - 0.5\times\log_2 0.5 = 1$<br>지니 $= 1-0.5^2-0.5^2 = 0.5$ |
| Gini 정보이득 | | 0.429 | | |

시험 조건이 얼마나 잘 수행되는지 알기 위해서는 부모 노드의 불순도와 자식들의 불순도를 비교해 볼 필요가 있다. 그 차이가 크면 클수록 더 좋은 시험조건이 된다. 이득(gain), $\Delta$는 분할의 우수성을 결정하기 위해 사용될 수 있는 기준이다.

$$\Delta = I(\text{부모}) - \sum_{j=1}^{k} \frac{N(v_j)}{N} I(v_j)$$

여기서 $I(\cdot)$는 주어진 노드의 불순 척도이고, $N$은 부모 노드에서의 레코드 총 수, $k$는 속성 값들의 수, 그리고 $N(v_j)$는 자식 노드 $v_j$와 연관된 레코드들의 수이다. 의사결정 트리 귀납 알고리즘은 종종 이득 $\Delta$를 극대화하는 시험 조건을 선택한다. I(부모)는 모든 시험 조건들에 대하여 동일하므로, 이득을 극대화하는 것은 자식 노드들의 가중평균(weighted average) 불순 척도를 최소화하는 것과 같다. 마지막으로, 엔트로피가 위 식의 불순 척도로 사용될 경우, 그 엔트로피의 차이를 정보이득(information gain), $\Delta_{\text{info}}$ 라고 한다.

위의 예는 서로 다른 불순 척도들 사이의 일관성을 보여주고 있다. Age 속성의 {<=30}의 Gini 지수는 0.48이고, {31…40}의 Gini 지수는 0, {>40}의 Gini 지수는 0.48이다. 이 경우의 가중 평균 Gini 지수는 다음과 같다.

0.4592 − (5/14*0.48+4/14*0+5/14*0.48) = 0.343

마찬가지 방식으로 Icome, Student, Credit_rating의 Gini 정보이득을 구하면, 0.02, 0.1232, 0.0302가 되는 것을 알 수 있다.

0.4592 − (4/14*0.375+6/14*0.442+4/14*0.5)=0.02
0.4592 − (7/14*0.241+7/14*0.490)=0.1232
0.4592 − (8/14*0.375+6/14*0.5)=0.0302

속성 age에 대한 부분집합들의 Gini 지수가 더 작으므로, 속성 Income, Student, Credit_rating보다 낫다고 할 수 있다.

## 5. 결정나무 알고리즘의 비교

1970년대 후반 J. Ross Quinlan 박사는 'ID3'라는 의사결정나무 알고리즘을 발표하였는데, 이 알고리즘은 간단하면서도 탁월한 성능으로 인해 아직까지도 학습이나 추론에 기반한 시스템에 거의 독보적으로 사용되고 있다. 특히 초창기의 ID3는 학습을 통한 체스게임 전략 수립에 주로 사용되었으나, 차츰 각종 산업분야를 망라한 다양한 비즈니스 영역에 폭넓게 사용되었으며, 이후 여러 번의 수정 및 보완 작업을 거쳐 오늘날의 모습을 갖추게 되었다. ID3는 정보수익이라는 수치에 근거하여 질문, 즉 예측변수와 해당 값을 선택하고 데이터를 분할하여 나무를 확장한다. 여기에서 정보수익이란 "데이터를 분할하기 전에 레코드들을 올바로 분류하기 위해 필요한 정보 양과 분할 후 필요로 하는 정보의 양"의 차이로 정의한다. 따라서 데이터를 분할한 후 각 세부군에 속한 레코드를 올바로 분류하기 위해 필요한 정보의 양이 분할 전에 비해 급격히 줄어들었다면 각 세부군의 데이터 동질성이 상당히 높아졌다는 것을 의미한다.

〈표 9.13〉 결정나무 알고리즘 비교

| | CHAID | C5.0 | CART |
|---|---|---|---|
| 입력변수에 의한 분리형식 | 다중분할 | 다중분할 | 이진분할 |
| 연속형 목표변수 | 처리 불가 | 처리 가능 | 처리 가능 |
| 나무구조 생성 시 오분류 비용 사용 여부 | 사용 안함 | 사용 | 사용 |
| 결측치 처리 | 하나의 범주로 처리 | 하나의 범주로 처리 | 결측치 대체 |
| 사전확률 사용 여부 | 사용 안함 | 사용 안함 | 사용 |

## 6. 과적합 없애기

### (1) 과적합(Overfitting)

- 개요
  - 학습용 데이터에 기초한 완전 성장한(full-grown) 나무는 데이터를 과적합 시키게 된다.
  - 새로운 데이터에서 낮은 성과를 초래하게 만든다.
  - 나무의 다양한 분할수준에서 전체 오차를 살펴볼 때, 과적합을 하게 되면 분할수준의 수가 증가하면서 전체적인 오차가 감소한다. 물론, 학습용 데이터의 경우는 전체 오차가 점점 감소하여 나무의 최대 마디수준에서 0이 된다. 그러나 새로운 데이터에 대해서는 나무가 집단과 예측변수 사이의 관계를 모형화하는 학습점까지는 전체 오차가 일반적으로 감소하지만, 이 점을 지나면 나무는 학습용 집합에서 잡음(noise)을 모형화하기 시작하고 평가용 집합에서 전체 오차는 일반적으로 증가한다.
  - 나무의 높은 마디 분리수준에서 과적합이 발생하는 직관적인 이유는 이 분리된 마디가 매우 작은 관찰치를 사용하기 때문이다. 이러한 경우에는 집단 간의 차이가 예측변수 정보보다는 잡음에 기반하여 발생하였을 가능성이 높다.
- 과적합을 제한하는 두 가지 방법
  - 나무의 성장을 멈추는 규칙을 정하는 것
  - 전체 성장한 나무를 과적합화 되지 않는 수준으로 다시 되돌리는 가지치기를 하는 것
  - 과적합에 대한 또 다른 해결방안으로는 나무 성장을 멈추는 것보다 더 성공적인 방법인 완전 성장한 나무에 가지치기를 적용하는 것이다.
  - 가지치기에 대한 기본적인 아이디어는 매우 큰 나무는 학습 데이터에 대해 과적합될 여지가 많으며, 오차를 거의 줄일 수 없는 가장 약한 가지는 제거되어야 한다는 것이다.

### (2) C4.5는 ID3를 보완하고 다음과 같은 새로운 기능을 추가한 버전이다

- 예측변수에 일부 결손 값이 존재해도 무방
- 예측변수가 연속형 값을 취해도 무방

- 나무 가지치기 기능, 나무를 규칙으로 전환하는 기능
- C4.5에서는 학습용 데이터가 나무의 성장과 가지치기에 모두 사용된다. 그러나 CART에서는 학습 데이터를 이용하여 나무를 성장시키고, 검증용 데이터를 이용하여 가지치기를 하는 새로운 방법이 적용된다. CART 및 이와 유사한 절차들은 학습 데이터를 이용하여 의도적으로 나무를 과도하게 성장시킨 다음, 다시 검증용 데이터를 이용하여 가지치기를 수행한다. 이 접근방법은 XLMiner에서도 마찬가지로 사용된다.
- CART 알고리즘의 최대 강점은 알고리즘에 후보 나무들을 검증하고 최적의 나무를 찾아내는 기능을 내재하고 있다는 것이다. 이 기능은 우선 깊이와 너비 관점에서 가장 복잡한 나무를 만들고, 교차 검증방식 또는 시험용 데이터 검증 방식 등을 통하여 나무를 하나하나 가지치기함으로써 가능해진다. 여기에서 가장 복잡한 나무는 모델 구축용 데이터를 가장 완벽하게 분류하기 위해 만들어졌기 때문에 과잉맞춤 문제를 야기하며, 자연히 시험용 데이터에 대한 예측력은 떨어질 수밖에 없다. 따라서 시험용 데이터를 제대로 예측하는 정도에 따라 가지치기를 해주는 과정에서 최적의 나무를 선정하게 된다.

### (3) CART – 숲을 만들고 그 안에서 최고의 나무를 선정한다

- 1984년 스탠포드와 버클리 대학의 Leo Breiman, Jerome Friedman, Richard Olshen, Charles Stone 등은 그들의 저서인 《Classification and Regression Trees》에서 CART라는 데이터 분석 및 예측용 의사결정나무 알고리즘을 발표하였다. 그 이후 이 알고리즘은 다양한 문제영역에 사용되어 왔다.
- ID3와 마찬가지로 CART 알고리즘도 각 세분군의 데이터 동질성을 높이는 예측변수를 선정하는데, 예측변수들을 비교하기 위해서 엔트로피 매트릭스(entropy metric)를 사용한다. 엔트로피 매트릭스는 1949년 Claude Shannon과 Warren Weaver의 정보이론 연구에서 비롯된 개념으로, 전화 선상으로 정보가 얼마나 잘 전달되는가를 측정하고자 한 것이었는데 흥미로운 점은 의사결정나무를 구축할 때도 그 연구결과를 효과적으로 적용할 수 있음이 증명되었다는 것이다.
- CART(Breiman 등이 개발하고 SAS Enterprise Miner, CART, MARS, XLMiner 등의 다기능 데이터 마이닝 소프트웨어 패키지에 구현되어 있다)와 C4.5(Quinlan이 개발했으며, SPSS의 Clementine과 같은 패키지에 구현되어 있

다) 등이 이러한 방법을 사용한다.

- CRT는 타 의사결정나무 알고리즘에 비해 결손 값을 잘 처리한다고 알려져 있다. 이 알고리즘은 모델구축 과정에서 데이터를 분석할 때 해당 변수의 값이 결손되어 있는 레코드들을 자동적으로 제외시킨다. 즉 완벽한 데이터들만 가지고 최적의 나무를 만든다는 것이다.
- 이제 구축된 나무모델을 이용하여 새로운 레코드의 부류 값을 예측한다고 가정하자. 그런데 이 레코드를 분류하기 위해 필요한 예측변수 중 일부가 결손 값을 지니고 있다. 이 때, CART는 대체용 변수를 사용하여 문제를 해결한다. 여기에서 대체용 변수란 나무를 분할할 때 선택된 예측변수와 가장 유사한 특성을 지닌 변수를 의미한다. 예를 들어 새로운 레코드를 분류하기 위해 '신장'이라는 예측변수가 필요한데 그 값이 비어 있다면, CART는 차선책으로 '신발사이즈'라는 변수를 찾아 대체할 것이다.
- 나무가 데이터를 과적합시키기 전에 나무의 성장을 중단시키기 위한 다양한 기준이 가정될 수 있다.
  - 예를 들면, 나무의 깊이(즉, 마디 분할의 횟수), 마디안에서의 최소 데이터 수, 불순도의 최소한의 감소 등이다.
  - 그러나 문제는 이러한 규칙을 사용하여 적절한 학습 종료시점을 결정하는 것이 그렇게 간단하지 않다는 것이다.
- 반복적 분할(recursive partition)에 기초하여 개발된 과거의 방법들은 나무가 학습 데이터에 대해서 과도하게 분기(성장)하여 과적합하는 것을 방지하는 규칙을 사용하고 있다.
  - CHAID(Chi-square Automatic Interaction Detection)

    : 분류와 회귀나무(CART)의 절차보다 수 년 이상 먼저 개발된 반복적 분할 방법으로서 오늘날 데이터베이스 마케팅에서 폭넓게 사용되고 있다.

    이 방법은 순도를 통계적으로 유의한 양만큼 개선시키기 위해 마디를 더 분할할지 여부에 대한 판단을 잘 알려진 통계 검증(독립변수에 대한 카이제곱)을 이용하여 결정한다.

    특히, 각 마디에서 반응변수와 가장 강하게 연관된 예측변수를 분할한다. 연결강도는 각 독립변수의 카이제곱 검정에 의한 $p$값으로 측정한다.

    만약 가장 좋은 예측변수를 이용한 마디 분할의 검정결과가 유의적으로 향상되지 않는다면, 분할은 수행되지 않고 나무는 그대로 종료된다.

이 방법은 범주형 예측변수에 더 적합하지만, 연속형 변수는 범주형으로 변환되어 이를 적용할 수 있다.

: Id3나 CART 외에 자주 사용되는 의사결정나무 알고리즘 중의 하나가 CHAID이다. CHAID는 나무를 구축하는 방식이 CART와 흡사하나 데이터를 분할하는 방식에 차이가 있다. 다시 말해 최적의 분할, 즉 최적의 예측변수를 선택하는 데 있어 엔트로피나 지니 매트릭스 대신 통계학의 분할표에서 사용되는 카이제곱 테스트를 따른다.

- CHAID는 각 예측변수의 부류 값에 대한 독립성을 검정하기 위해 분할표를 사용하기 때문에 모든 예측변수는 반드시 범주형이어야 하며, 나이와 같은 연속형 변수는 0~9, 10~19, 20~29 등과 같은 범주형으로 변환되어야 한다. 물론 변환시키는 과정에서 치우침과 같은 문제가 발생할 수 있으나 CART나 CHAID를 이용하여 각각 만들어진 실제 마케팅 응답모델들을 서로 비교해 보면 이와 같은 문제가 큰 영향을 미치지 못한다는 사실을 알 수 있다.
- 학습용 데이터에서 잡음이 아닌 패턴을 파악하도록 하기 위해서 가지치기 과정은 평가용 데이터 집합의 오분류 오차가 최소가 되도록 가지치기된 나무의 의사결정 마디의 수가 정해져야 한다.
- 새로운 데이터에서 분류나무의 오류곡선이 다시 증가하는 점을 찾기 위해 CART 알고리즘은 나무의 비용 복잡성(cost complexity)이라 불리는 기준을 사용한다.
- 이 기준은 뿌리 마디만을 가진 나무를 갖는 점 등에 연속적으로 더욱 가깝게 접근하는 일련의 나무들을 생성한다. (뿌리 마디만을 갖는 분류 규칙은 무엇인가?) 이는 각 규모(1,2,3…)의 최적 하위나무를 찾는 첫 단계를 의미한다. 그리고 나서, 평가용 집합의 오차율을 최소화하는 나무를 이용하여 이 하위 나무들 중에서 하나를 선택한다. 결국 최적의 선택 나무는 평가용 데이터에서 가장 작은 오분류 오차를 제공하는 나무이다.
- 각 나무의 크기에 맞는 최적의 나무를 구축하는 것은 비용 복잡성(Cost Complexity: CC) 기준에 기반을 하며, 이 기준은 나무의 오분류 오차(학습용 데이터에 기반)에 나무의 크기에 대한 벌점 요인을 더한다. 나무 T가 L(T)개의 끝마디를 갖는다고 할 때, 비용 복잡성은 다음과 같이 계산할 수 있다.

$$CC(T) = Err(T) + \alpha L(T)$$

- Err($T$)는 나무 $T$로 잘못 분류된 학습용 데이터 관찰치의 비율이고 $\alpha$는 나무 크기에 대한 벌점 요인이다.
- $\alpha = 0$인 경우는 나무에 매우 많은 마디가 있다 하더라도 벌점이 없다. 따라서 이 경우 비용 복잡성 기준을 사용한 최적 나무는 가지치기를 하지 않은, 완전 성장한 나무가 된다.
- 반대로, $\alpha$를 매우 큰 값으로 증가시키면, 비용 복잡성 기준 함수의 벌점 비용 부분이 오분류 오차 부분을 압도하여 최적의 나무는 단순히 가장 적은 개수의 끝마디를 갖는 나무가 된다. 즉, 하나의 마디를 가진 나무가 된다.
- 과적합에 대한 또 다른 해결방안으로는 나무 성장을 일련의 나무들로부터 평가용 데이터 집합에서 가장 작은 오분류를 갖는 나무를 쉽게 선택할 수 있는데, 이렇게 선택된 나무를 최소 오차 나무(minimum error tree)라고 부른다.

| 의사결정 마디 | 학습용 집합의 오차율 | 평가용 집합의 오차율 | | | |
|---|---|---|---|---|---|
| 41 | 0 | 2.133333 | | | |
| 40 | 0.04 | 2.2 | | | |
| 39 | 0.08 | 2.2 | | | |
| 38 | 0.12 | 2.2 | | | |
| 37 | 0.16 | 2.066667 | | | |
| 36 | 0.2 | 2.066667 | | | |
| 35 | 0.2 | 2.066667 | | | |
| 34 | 0.24 | 2.066667 | | | |
| 33 | 0.28 | 2.066667 | | | |
| 32 | 0.4 | 2.066667 | | | |
| 31 | 0.48 | 2.133333 | | | |
| 30 | 0.48 | 2.133333 | | | |
| 29 | 0.56 | 2.133333 | | | |
| 28 | 0.6 | 1.866667 | | | |
| 27 | 0.64 | 1.866667 | | | |
| 26 | 0.72 | 1.866667 | | | |
| 25 | 0.76 | 1.866667 | | | |
| 24 | 0.88 | 1.866667 | | | |
| 23 | 0.88 | 1.733333 | | | |
| 22 | 0.88 | 1.733333 | | | |
| 21 | 0.96 | 1.733333 | | | |
| 20 | 0.96 | 1.733333 | | | |
| 19 | 1 | 1.733333 | | | |
| 18 | 1 | 1.733333 | | | |
| 17 | 1.12 | 1.733333 | | | |
| 16 | 1.12 | 1.533333 | | | |
| 15 | 1.12 | 1.533333 | | | |
| 14 | 1.16 | 1.533333 | | | |
| 13 | 1.16 | 1.6 | | | |
| 12 | 1.2 | 1.6 | | | |
| 11 | 1.2 | 1.466667 | 최소 오차 나무 | 표준오차 | 0.003103929 |
| 10 | 1.6 | 1.666667 | | | |
| 9 | 2.2 | 1.666667 | | | |
| 8 | 2.2 | 1.866667 | | | |
| 7 | 2.24 | 1.866667 | | | |
| 6 | 2.24 | 1.6 | <- 최적의 가지친 나무 | | |
| 5 | 4.44 | 1.8 | | | |
| 4 | 5.08 | 2.333333 | | | |
| 3 | 5.24 | 3.466667 | | | |
| 2 | 9.4 | 9.533333 | | | |
| 1 | 9.4 | 9.533333 | | | |
| 0 | 9.4 | 9.533333 | | | |

[그림 9.7] 최적의 가지 친 나무 도출

## 7. 악취 데이터 예제

새로운 사례를 분류함에 있어서 나무의 정확도를 평가하기 위해 4장에서 논의한 도구와 기준을 사용한다. 우선 데이터를 학습용과 평가용 데이터 집합으로 나누도록 한다.

학습용 집합은 나무를 학습하는 데 사용되고 평가용 집합은 나무의 성과를 측정하는 데 사용된다. 다음 절에서 평가용 집합을 사용하여 나무를 구축하는 주요 단계에 대해서 논의하도록 한다. 이 경우에 최종 나무의 정확도를 평가하는 데에는 세 번째 검증용 데이터 집합을 사용한다.

평가용 데이터의 각 관찰치는 나무에 적용하여 나무에서 연결된 끝마디에 따라 분류된다. 이렇게 예측된 집단은 정오분류표를 통해 실제 소속값과 비교된다. 특정 집단에 관심이 있을 때 리프트 도표는 모형이 각 소속값을 잘 분류할 수 있는지를 평가하는 데 유용하게 사용된다. 이에 대해서는 다음의 예제를 통해 설명하도록 한다.

**예제: 악취 데이터 예제**

다음의 예시는 악취 데이터이다. 이 데이터는 오창지구대에서 2019년부터 2020년까지 2년간 수집된 다양한 악취 정보로 구성된다. 각 데이터는 12개의 수치형 악취변수, TMA를 라벨링한 변수 1개, 수집 시기를 표현하는 날짜형 변수로 구성되며, TMA를 예측하기 위해 이용되고 있다.

〈표 9.14〉 악취 데이터 변수 내역

| 변수명 | 변수 내역 |
|---|---|
| DTA_DT | 날짜 |
| OU | 복합 악취 |
| H2S | 황화수소 |
| NH3 | 암모니아 |
| VOCS | 휘발성 유기화합물 |
| ETHANOL | 에탄올 |
| TMA | 트리메탈아미 |

| CH3SH | 메틸메르캅탄 |
|---|---|
| CFC | 프레온 가스 |
| PM25 | 초미세먼지 |
| PM10 | 미세먼지 |
| SO2 | 이산화황 |
| NO2 | 이산화질소 |
| TMA_Label | 트리메탈아민 라벨링<br>(0.01 이하 = 0,<br>0.01 초과 0.02 이하 = 1,<br>0.02 초과 = 2) |

| DTA_DT | OU | H2S | NH3 | VOCS | ETHANOL | CH3SH | CFC | PM25 | PM10 | SO2 | NO2 | TMA_Label | TMA |
|---|---|---|---|---|---|---|---|---|---|---|---|---|---|
| 2019-01-01 00:00:00 | 3.052 | 0.105 | 0.12 | 0.063 | 0.006 | 0.02 | 0.007 | 29 | 51 | 0.114 | 0.094 | 2 | 0.048 |
| 2019-01-01 00:10:00 | 2.828 | 0.105 | 0.12 | 0.063 | 0.006 | 0.019 | 0.007 | 27 | 49 | 0.114 | 0.094 | 2 | 0.048 |
| 2019-01-01 00:20:00 | 2.689 | 0.106 | 0.12 | 0.063 | 0.006 | 0.019 | 0.007 | 26 | 46 | 0.115 | 0.094 | 2 | 0.047 |
| 2019-01-01 00:30:00 | 2.713 | 0.106 | 0.12 | 0.063 | 0.006 | 0.019 | 0.007 | 26 | 45 | 0.114 | 0.094 | 2 | 0.047 |
| 2019-01-01 00:40:00 | 2.792 | 0.105 | 0.12 | 0.063 | 0.006 | 0.019 | 0.007 | 26 | 45 | 0.114 | 0.094 | 2 | 0.048 |
| 2019-01-01 00:50:00 | 3.092 | 0.106 | 0.12 | 0.063 | 0.006 | 0.021 | 0.007 | 28 | 50 | 0.114 | 0.094 | 2 | 0.049 |
| 2019-01-01 01:00:00 | 3.468 | 0.106 | 0.12 | 0.063 | 0.006 | 0.022 | 0.007 | 33 | 57 | 0.114 | 0.094 | 2 | 0.05 |
| 2019-01-01 01:10:00 | 3.51 | 0.106 | 0.12 | 0.063 | 0.006 | 0.022 | 0.007 | 32 | 56 | 0.114 | 0.094 | 2 | 0.05 |
| 2019-01-01 01:20:00 | 3.309 | 0.106 | 0.12 | 0.063 | 0.006 | 0.022 | 0.007 | 31 | 54 | 0.114 | 0.094 | 2 | 0.049 |
| 2019-01-01 01:30:00 | 2.948 | 0.106 | 0.12 | 0.063 | 0.006 | 0.02 | 0.007 | 28 | 49 | 0.115 | 0.094 | 2 | 0.048 |
| 2019-01-01 01:40:00 | 2.91 | 0.106 | 0.12 | 0.063 | 0.006 | 0.02 | 0.007 | 26 | 44 | 0.114 | 0.094 | 2 | 0.048 |
| 2019-01-01 01:50:00 | 3.221 | 0.106 | 0.12 | 0.063 | 0.006 | 0.021 | 0.007 | 29 | 48 | 0.114 | 0.094 | 2 | 0.049 |
| 2019-01-01 02:00:00 | 3.27 | 0.106 | 0.12 | 0.063 | 0.006 | 0.022 | 0.007 | 33 | 59 | 0.114 | 0.094 | 2 | 0.049 |
| 2019-01-01 02:10:00 | 3.352 | 0.106 | 0.12 | 0.063 | 0.006 | 0.022 | 0.007 | 34 | 58 | 0.115 | 0.094 | 2 | 0.05 |
| 2019-01-01 02:20:00 | 3.217 | 0.106 | 0.121 | 0.063 | 0.006 | 0.021 | 0.007 | 29 | 50 | 0.115 | 0.094 | 2 | 0.049 |
| 2019-01-01 02:30:00 | 3.285 | 0.106 | 0.121 | 0.063 | 0.006 | 0.021 | 0.007 | 28 | 47 | 0.116 | 0.094 | 2 | 0.049 |
| 2019-01-01 02:40:00 | 3.303 | 0.107 | 0.121 | 0.063 | 0.006 | 0.021 | 0.007 | 30 | 52 | 0.116 | 0.095 | 2 | 0.05 |
| 2019-01-01 02:50:00 | 3.777 | 0.107 | 0.121 | 0.063 | 0.007 | 0.023 | 0.007 | 31 | 53 | 0.115 | 0.095 | 2 | 0.051 |
| 2019-01-01 03:00:00 | 4.058 | 0.107 | 0.121 | 0.064 | 0.007 | 0.025 | 0.008 | 33 | 57 | 0.115 | 0.095 | 2 | 0.053 |
| 2019-01-01 03:10:00 | 3.767 | 0.107 | 0.121 | 0.063 | 0.006 | 0.024 | 0.008 | 35 | 62 | 0.115 | 0.095 | 2 | 0.052 |
| 2019-01-01 03:20:00 | 3.688 | 0.106 | 0.121 | 0.063 | 0.006 | 0.023 | 0.007 | 37 | 67 | 0.115 | 0.095 | 2 | 0.051 |
| 2019-01-01 03:30:00 | 3.873 | 0.106 | 0.121 | 0.063 | 0.006 | 0.023 | 0.008 | 34 | 58 | 0.115 | 0.095 | 2 | 0.052 |
| 2019-01-01 03:40:00 | 3.868 | 0.107 | 0.121 | 0.063 | 0.006 | 0.023 | 0.007 | 32 | 54 | 0.116 | 0.095 | 2 | 0.052 |
| 2019-01-01 03:50:00 | 4.027 | 0.106 | 0.121 | 0.063 | 0.007 | 0.024 | 0.008 | 33 | 56 | 0.115 | 0.095 | 2 | 0.052 |
| 2019-01-01 04:00:00 | 4.061 | 0.107 | 0.121 | 0.063 | 0.007 | 0.024 | 0.008 | 32 | 53 | 0.115 | 0.094 | 2 | 0.052 |
| 2019-01-01 04:10:00 | 4.329 | 0.107 | 0.121 | 0.064 | 0.007 | 0.025 | 0.008 | 32 | 54 | 0.115 | 0.094 | 2 | 0.053 |

**[그림 9.8]** 악취 표본 데이터

WEKA 툴을 사용하여 분류 나무를 실행하여 보자.

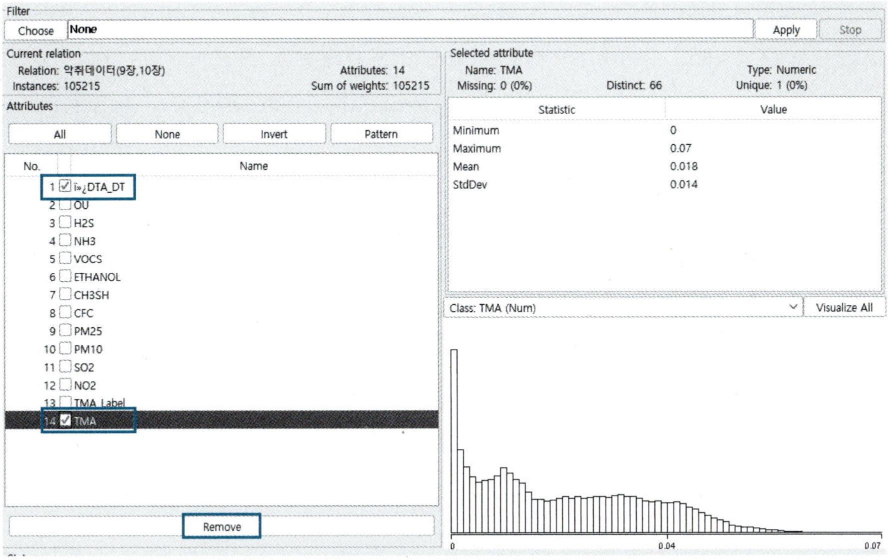

[그림 9.9] 악취 변수 DTA_DT, TMA 제거

먼저 DTA_DT는 날짜이므로 분석에 영향을 주지 않는 변수이므로 제거해야 한다. 추가로 TMA는 기존에 TMA_Label 변수를 이용할 것이기 때문에 제거해야 한다. 제거하기 위해 변수 앞을 체크하여 Remove를 클릭한다.

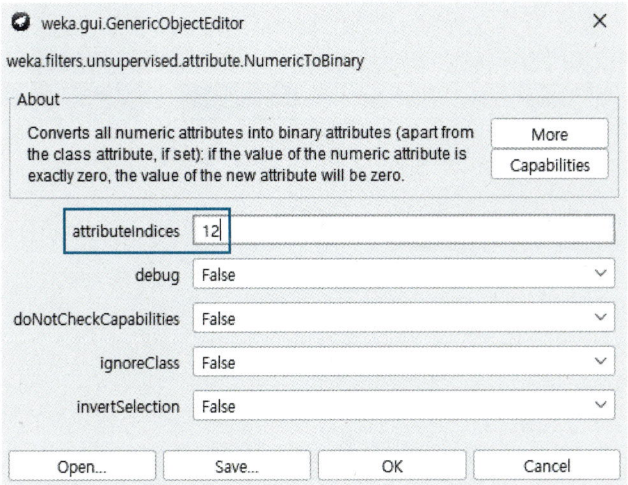


[그림 9.10] 악취 변수 중 수치형 변수를 범주형 변수로 전환

악취 데이터를 WEKA에서 실행하면 범주형 변수도 수치형 변수로 인식한다. 따라서 범주형 변수를 따로 변환해 주어야 하는데 방법은 다음과 같다. Filter → unsupervised → attribute → NumericToBinary를 클릭하면 앞 페이지와 같은 그림이 나온다.

수치형으로 인식된 변수를 범주형으로 바꾸기 위해서 attributeIndices에 해당 변수의 번호를 입력하고 ok를 클릭한 후, Apply를 클릭한다.

현재 TMA_Label을 범주형 변수로 변환해야 하기에 해당 변수의 번호인 12를 입력하고 다음과 같이 실행하면 된다.

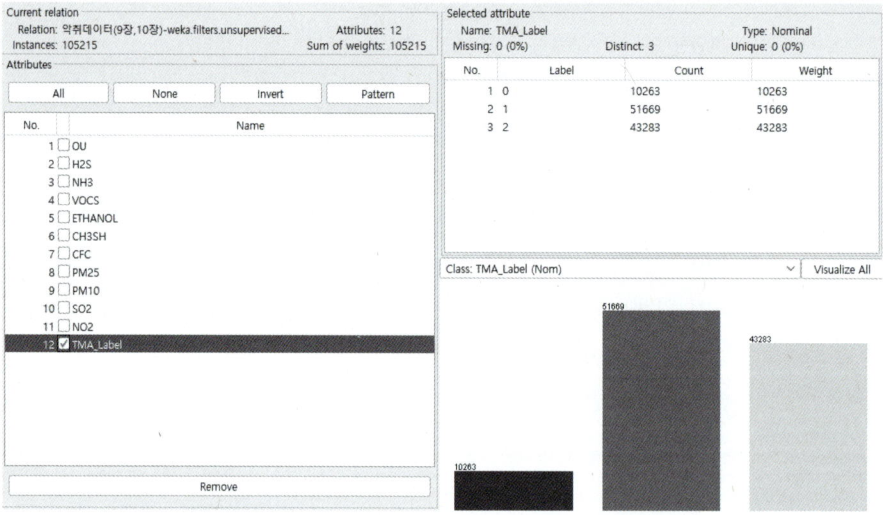


[그림 9.11] 악취 변수를 범주형 변수로 변환된 결과

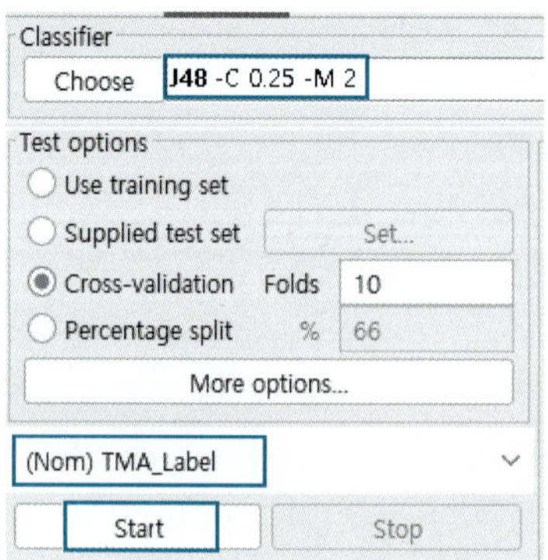


[그림 9.12] 의사결정 나무 실행

WEKA에서 의사결정 트리를 실행하기 위해 먼저 classify 패널을 클릭하고 상단 좌측에 있는 Choose 버튼을 눌러 분류기를 선택하고, tree 섹션을 연 다음, J48을 찾는다. WEKA는 tree에 관한 다양한 알고리즘을 선택할 수 있다.

〈표 9.15〉 WEKA의 tree에 대한 다양한 알고리즘

| 이름 | 기능 |
|---|---|
| ADTree | 대체할 수 있는 결정 트리를 구성한다. |
| BFTree | 최적 우선 검색을 이용한 결정 트리를 구성한다. |
| DecisionStump | 단일 계층의 의사 결정 트리를 구성한다. |
| FT | 경사 분할과 잎 노드에 선형 함수를 갖는 기능 트리를 구성한다. |
| ID3 | 기본적인 분할 정복 결정 트리 알고리즘 |
| J48 | C4.5 의사 결정 트리 학습기 |
| J48graft | 접붙이기가 적용된 C4.5 |
| LADTree | 로짓부스트(LogitBoost)를 이용해 다중 클래스의 대안적 결정 트리를 구성한다. |
| LMT | 로지스틱 모델 트리를 구성한다. |
| M5P | M5의 모델 트리 학습기 |
| NBTree | 잎 노드에 단순 베이지안 분류기를 갖는 결정 트리를 구성한다. |
| RandomForest | 랜덤 포레스트를 구축한다. |
| RamdomTree | 각 노드에 주어진 개수의 랜덤 특성을 고려하는 트리를 구축한다. |
| REPTree | 감소된 오류 가지치기를 사용하는 빠른 트리 학습기 |
| SimpleCart | CART의 최소 비용 복잡도 가지치기를 이용하는 의사 결정 트리 학습기 |
| UserClassifier | 사용자가 자기 자신의 의사 결정 트리를 구성하게 허용한다. |

선택을 하고 나면 [그림 9.12]처럼 Choose 옆에 J48이 한 라인으로 나타난다. 이 라인을 클릭하면 J48 분류기의 객체 에디터가 나타나며, 사용자는 매개변수들이 무엇을 의미하는지 확인하고, 원한다면 수치를 변경해도 좋다.

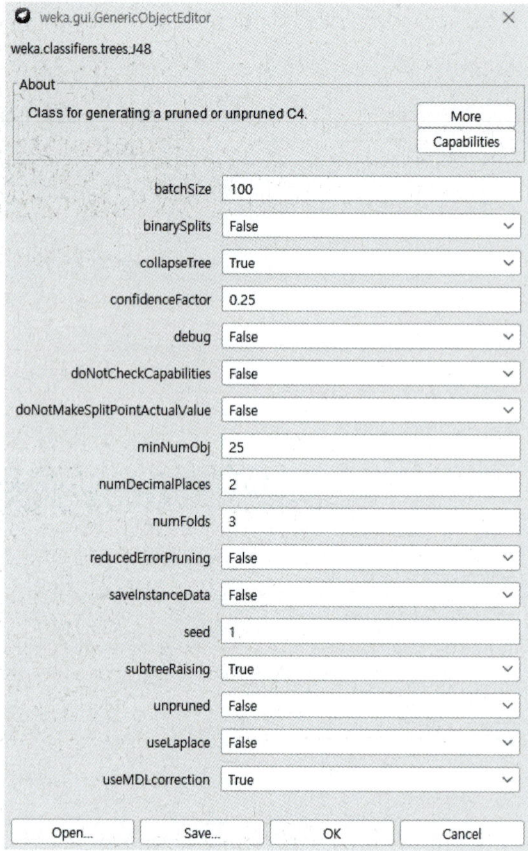


**[그림 9.13]** J48분류기의 객체 에디터

매개 변수는 **[그림 9.13]**과 같다. binarySplits를 통해 사용자는 여러 개의 가지가 있는 트리 대신 하나의 바이너리 트리를 구성할 수 있다. 가지치기를 위한 신뢰도의 임계값(기본 값은 0.25)과 잎 노드에 있는 허용 가능한 최소 인스턴스 개수(기본 2개) 등을 설정할 수 있다. 위 분석에서는 minNumObj를 25로 설정하자. 표준 4.5 가지치기 방식 대신 사용자는 감소된 오류 가지치기(reducedErrorPruning)를 선택할 수 있다. numFolds 매개변수는 가지치기 집합의 크기(기본 값 3)를 결정한다. 즉, 데이터는 부분의 개수로 균등하게 분할되며, 마지막 분할 데이터를 가지치기 대상으로 사용한다. 트리를 시각화할 때는 기존 데이터 점들을 찾아볼 수 있으면 좋다. 이는 saveInstanceData가 활성화돼 있을 때 가능하다.

분류기를 선택했다면 Start 버튼을 클릭해서 분류 작업을 수행한다. WEKA는 순식간에 작업을 마치며, 메인 패널에 다음과 같은 결과를 출력한다.

```
=== Run information ===

Scheme:       weka.classifiers.trees.J48 -C 0.25 -M 25
Relation:     악취데이터(9장,10장)-weka.filters.unsupervised.attribute.Remove-R1,14-
Instances:    105215
Attributes:   12
              OU
              H2S
              NH3
              VOCS
              ETHANOL
              CH3SH
              CFC
              PM25
              PM10
              SO2
              NO2
              TMA_Label
Test mode:    10-fold cross-validation

=== Classifier model (full training set) ===

J48 pruned tree
------------------

NH3 <= 0.11
|   NH3 <= 0.102
|   |   CH3SH <= 0.002
|   |   |   CH3SH <= 0.001: 0 (6305.0)
|   |   |   CH3SH > 0.001
|   |   |   |   H2S <= 0.094
|   |   |   |   |   NH3 <= 0.097
|   |   |   |   |   |   ETHANOL <= 0.006: 1 (41.0/18.0)
|   |   |   |   |   |   ETHANOL > 0.006
|   |   |   |   |   |   |   CFC <= 0.007: 0 (86.0/10.0)
|   |   |   |   |   |   |   CFC > 0.007
|   |   |   |   |   |   |   |   H2S <= 0.093
|   |   |   |   |   |   |   |   |   NH3 <= 0.096: 0 (50.0/16.0)
|   |   |   |   |   |   |   |   |   NH3 > 0.096
|   |   |   |   |   |   |   |   |   |   NO2 <= 0.075: 1 (47.0/17.0)
|   |   |   |   |   |   |   |   |   |   NO2 > 0.075: 0 (39.0/18.0)
|   |   |   |   |   |   |   |   H2S > 0.093: 0 (161.0/35.0)
|   |   |   |   |   NH3 > 0.097
|   |   |   |   |   |   H2S <= 0.093
|   |   |   |   |   |   |   NH3 <= 0.098
|   |   |   |   |   |   |   |   NO2 <= 0.076
|   |   |   |   |   |   |   |   |   SO2 <= 0.106: 0 (54.0/10.0)
|   |   |   |   |   |   |   |   |   SO2 > 0.106
|   |   |   |   |   |   |   |   |   |   VOCS <= 0.073: 1 (48.0/16.0)
|   |   |   |   |   |   |   |   |   |   VOCS > 0.073: 0 (32.0/11.0)
|   |   |   |   |   |   |   |   NO2 > 0.076
|   |   |   |   |   |   |   |   |   VOCS <= 0.076: 0 (37.0/11.0)
|   |   |   |   |   |   |   |   |   VOCS > 0.076: 1 (86.0/33.0)
|   |   |   |   |   |   |   NH3 > 0.098
|   |   |   |   |   |   |   |   CFC <= 0.006
|   |   |   |   |   |   |   |   |   VOCS <= 0.072
|   |   |   |   |   |   |   |   |   |   ETHANOL <= 0.006: 1 (121.0/37.0)
|   |   |   |   |   |   |   |   |   |   ETHANOL > 0.006
|   |   |   |   |   |   |   |   |   |   |   NH3 <= 0.101: 0 (76.0/29.0)
|   |   |   |   |   |   |   |   |   |   |   NH3 > 0.101: 1 (48.0/16.0)
|   |   |   |   |   |   |   |   |   VOCS > 0.072
|   |   |   |   |   |   |   |   |   |   NO2 <= 0.078: 1 (37.0/9.0)
|   |   |   |   |   |   |   |   |   |   NO2 > 0.078: 0 (158.0/49.0)
|   |   |   |   |   |   |   |   CFC > 0.006
|   |   |   |   |   |   |   |   |   ETHANOL <= 0.006: 1 (81.0/9.0)
|   |   |   |   |   |   |   |   |   ETHANOL > 0.006
|   |   |   |   |   |   |   |   |   |   H2S <= 0.091
|   |   |   |   |   |   |   |   |   |   |   NO2 <= 0.078
|   |   |   |   |   |   |   |   |   |   |   |   SO2 <= 0.104: 0 (37.0/11.0)
|   |   |   |   |   |   |   |   |   |   |   |   SO2 > 0.104: 1 (193.0/41.0)
```

```
|   |   |   |   |   |   |   |   |   |   |   NO2 > 0.078: 1 (139.0/41.0)
|   |   |   |   |   |   |   |   |   |   H2S > 0.091
|   |   |   |   |   |   |   |   |   |   |   ETHANOL <= 0.007
|   |   |   |   |   |   |   |   |   |   |   |   PM10 <= 3: 0 (51.0/16.0)
|   |   |   |   |   |   |   |   |   |   |   |   PM10 > 3: 1 (155.0/61.0)
|   |   |   |   |   |   |   |   |   |   |   ETHANOL > 0.007
|   |   |   |   |   |   |   |   |   |   |   |   NH3 <= 0.101
|   |   |   |   |   |   |   |   |   |   |   |   |   ETHANOL <= 0.008
|   |   |   |   |   |   |   |   |   |   |   |   |   |   SO2 <= 0.104
|   |   |   |   |   |   |   |   |   |   |   |   |   |   |   NO2 <= 0.078: 1 (39.0/17.0)
|   |   |   |   |   |   |   |   |   |   |   |   |   |   |   NO2 > 0.078: 0 (40.0/15.0)
|   |   |   |   |   |   |   |   |   |   |   |   |   |   SO2 > 0.104: 1 (178.0/54.0)
|   |   |   |   |   |   |   |   |   |   |   |   |   ETHANOL > 0.008
|   |   |   |   |   |   |   |   |   |   |   |   |   |   PM25 <= 0: 1 (27.0/5.0)
|   |   |   |   |   |   |   |   |   |   |   |   |   |   PM25 > 0
|   |   |   |   |   |   |   |   |   |   |   |   |   |   |   VOCS <= 0.062: 0 (35.0/7.0)
|   |   |   |   |   |   |   |   |   |   |   |   |   |   |   VOCS > 0.062: 1 (51.0/21.0)
|   |   |   |   |   |   |   |   |   |   |   |   NH3 > 0.101: 1 (149.0/44.0)
|   |   |   |   |   |   H2S > 0.093
|   |   |   |   |   |   |   PM25 <= 0: 1 (28.0/6.0)
|   |   |   |   |   |   |   PM25 > 0
|   |   |   |   |   |   |   |   ETHANOL <= 0.006: 1 (34.0/12.0)
|   |   |   |   |   |   |   |   ETHANOL > 0.006
|   |   |   |   |   |   |   |   |   SO2 <= 0.108
|   |   |   |   |   |   |   |   |   |   CFC <= 0.007: 0 (207.0/77.0)
|   |   |   |   |   |   |   |   |   |   CFC > 0.007
|   |   |   |   |   |   |   |   |   |   |   PM25 <= 21: 1 (81.0/27.0)
|   |   |   |   |   |   |   |   |   |   |   PM25 > 21: 0 (60.0/21.0)
|   |   |   |   |   |   |   |   |   SO2 > 0.108: 0 (103.0/23.0)
|   |   |   |   H2S > 0.094: 0 (1880.0/55.0)
|   |   CH3SH > 0.002
|   |   |   H2S <= 0.095: 1 (4569.0/5.0)
|   |   |   H2S > 0.095
|   |   |   |   CH3SH <= 0.003
|   |   |   |   |   H2S <= 0.097
|   |   |   |   |   |   NH3 <= 0.094: 0 (29.0/3.0)
|   |   |   |   |   |   NH3 > 0.094
|   |   |   |   |   |   |   H2S <= 0.096: 1 (241.0/52.0)
|   |   |   |   |   |   |   H2S > 0.096
|   |   |   |   |   |   |   |   PM10 <= 6: 1 (33.0/8.0)
|   |   |   |   |   |   |   |   PM10 > 6
|   |   |   |   |   |   |   |   |   ETHANOL <= 0.008: 0 (106.0/31.0)
|   |   |   |   |   |   |   |   |   ETHANOL > 0.008: 1 (46.0/21.0)
|   |   |   |   |   H2S > 0.097: 0 (254.0/12.0)
|   |   |   |   CH3SH > 0.003: 1 (1076.0/24.0)
|   NH3 > 0.102
|   |   CH3SH <= 0.008
|   |   |   CH3SH <= 0.007: 1 (38039.0/337.0)
|   |   |   CH3SH > 0.007
|   |   |   |   NH3 <= 0.109: 1 (1881.0)
|   |   |   |   NH3 > 0.109
|   |   |   |   |   ETHANOL <= 0.007
|   |   |   |   |   |   VOCS <= 0.066: 2 (50.0/19.0)
|   |   |   |   |   |   VOCS > 0.066: 1 (163.0/50.0)
|   |   |   |   |   ETHANOL > 0.007: 1 (191.0/29.0)
|   |   CH3SH > 0.008
|   |   |   NH3 <= 0.109
|   |   |   |   CH3SH <= 0.011
|   |   |   |   |   NH3 <= 0.108: 1 (1282.0)
|   |   |   |   |   NH3 > 0.108
|   |   |   |   |   |   CH3SH <= 0.009: 1 (291.0/3.0)
|   |   |   |   |   |   CH3SH > 0.009
|   |   |   |   |   |   |   CH3SH <= 0.01: 1 (182.0/38.0)
|   |   |   |   |   |   |   CH3SH > 0.01: 2 (71.0/23.0)
|   |   |   |   CH3SH > 0.011
|   |   |   |   |   NH3 <= 0.108
|   |   |   |   |   |   NH3 <= 0.107: 1 (111.0/7.0)
|   |   |   |   |   |   NH3 > 0.107
|   |   |   |   |   |   |   CH3SH <= 0.012: 1 (34.0/4.0)
|   |   |   |   |   |   |   CH3SH > 0.012: 2 (44.0/7.0)
```

```
|   |   |   |   |   NH3 > 0.108: 2 (169.0/3.0)
|   |   |   NH3 > 0.109
|   |   |   |   CH3SH <= 0.009
|   |   |   |   |   CFC <= 0.007: 2 (85.0/14.0)
|   |   |   |   |   CFC > 0.007
|   |   |   |   |   |   H2S <= 0.099
|   |   |   |   |   |   |   OU <= 2.5: 1 (33.0/15.0)
|   |   |   |   |   |   |   OU > 2.5: 2 (137.0/46.0)
|   |   |   |   |   |   H2S > 0.099: 1 (53.0/17.0)
|   |   |   |   CH3SH > 0.009: 2 (684.0/7.0)
NH3 > 0.11
|   NH3 <= 0.111
|   |   CH3SH <= 0.006
|   |   |   CH3SH <= 0.005: 1 (1439.0/34.0)
|   |   |   CH3SH > 0.005
|   |   |   |   OU <= 2.161
|   |   |   |   |   NO2 <= 0.085
|   |   |   |   |   |   SO2 <= 0.108: 1 (41.0/14.0)
|   |   |   |   |   |   SO2 > 0.108
|   |   |   |   |   |   |   VOCS <= 0.072: 2 (38.0/15.0)
|   |   |   |   |   |   |   VOCS > 0.072: 1 (26.0/10.0)
|   |   |   |   |   NO2 > 0.085
|   |   |   |   |   |   VOCS <= 0.067
|   |   |   |   |   |   |   NO2 <= 0.086: 1 (97.0/19.0)
|   |   |   |   |   |   |   NO2 > 0.086
|   |   |   |   |   |   |   |   CFC <= 0.006: 1 (37.0/14.0)
|   |   |   |   |   |   |   |   CFC > 0.006
|   |   |   |   |   |   |   |   |   PM25 <= 13: 2 (44.0/12.0)
|   |   |   |   |   |   |   |   |   PM25 > 13: 1 (27.0/11.0)
|   |   |   |   |   |   VOCS > 0.067: 1 (345.0/87.0)
|   |   |   |   OU > 2.161
|   |   |   |   |   ETHANOL <= 0.007
|   |   |   |   |   |   NO2 <= 0.086: 2 (49.0/21.0)
|   |   |   |   |   |   NO2 > 0.086: 1 (32.0/13.0)
|   |   |   |   |   ETHANOL > 0.007: 2 (37.0/8.0)
|   |   CH3SH > 0.006: 2 (2626.0/141.0)
|   NH3 > 0.111
|   |   CH3SH <= 0.005
|   |   |   NH3 <= 0.112
|   |   |   |   CH3SH <= 0.004
|   |   |   |   |   CH3SH <= 0.003: 1 (67.0/6.0)
|   |   |   |   |   CH3SH > 0.003
|   |   |   |   |   |   CFC <= 0.006
|   |   |   |   |   |   |   NO2 <= 0.088
|   |   |   |   |   |   |   |   SO2 <= 0.108
|   |   |   |   |   |   |   |   |   SO2 <= 0.107: 2 (30.0/14.0)
|   |   |   |   |   |   |   |   |   SO2 > 0.107: 1 (55.0/21.0)
|   |   |   |   |   |   |   |   SO2 > 0.108: 2 (52.0/22.0)
|   |   |   |   |   |   |   NO2 > 0.088: 2 (79.0/24.0)
|   |   |   |   |   |   CFC > 0.006: 1 (124.0/46.0)
|   |   |   |   CH3SH > 0.004: 2 (682.0/100.0)
|   |   |   NH3 > 0.112: 2 (1147.0)
|   |   CH3SH > 0.005: 2 (37293.0/4.0)

Number of Leaves  :     85

Size of the tree :      169


Time taken to build model: 3.65 seconds
```

```
=== Stratified cross-validation ===
=== Summary ===

Correctly Classified Instances      102628               97.5412 %
Incorrectly Classified Instances      2587                2.4588 %
Kappa statistic                          0.9575
Mean absolute error                      0.0235
Root mean squared error                  0.1099
Relative absolute error                  6.065  %
Root relative squared error             24.9957 %
Total Number of Instances           105215

=== Detailed Accuracy By Class ===

                 TP Rate  FP Rate  Precision  Recall   F-Measure  MCC      ROC Area  PRC Area  Class
                 0.900    0.006    0.944      0.900    0.921      0.913    0.993     0.971     0
                 0.979    0.028    0.971      0.979    0.975      0.951    0.996     0.994     1
                 0.989    0.008    0.988      0.989    0.988      0.980    0.999     0.999     2
Weighted Avg.    0.975    0.018    0.975      0.975    0.975      0.959    0.997     0.994

=== Confusion Matrix ===

     a     b     c   <-- classified as
  9234  1029     0 |     a = 0
   552 50603   514 |     b = 1
     0   492 42791 |     c = 2
```

**[그림 9.14]** WEKA로 분류회귀나무 시행 결과

위 결과에서 회귀 나무 모형을 통해 분류한 결과 총 105,215개의 악취 데이터에서 102,628개의 TMA 라벨을 바르게 분류하였고, 2,587개의 라벨을 오분류함으로 약 2.4588%의 오류 수준을 나타냈다.

분류 오류뿐만 아니라 평가 모듈은 카파 통계, 평균 절대 오차, 트리가 할당한 클래스 확률 추정 값의 제곱근 평균 제곱 오차까지 출력한다. 제곱근 평균 제곱 오차는 손실 값들의 제곱 평균값에 제곱근을 취한 값이다. 평균 절대 오차는 제곱값 대신 절대값을 이용한다는 차이를 제외하면 제곱근 평균 제곱 오차와 비슷하게 계산된다. 또한 사전 확률 값을 기반으로 하는 상대 오차 값도 출력한다.

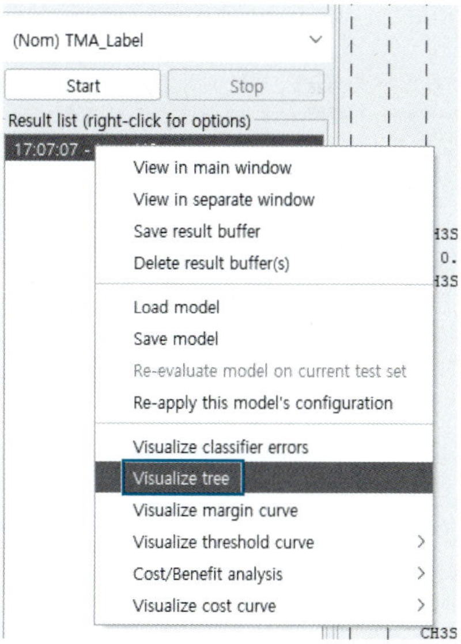


[그림 9.15] tree 결과의 시각화

트리를 시각적으로 보려면 Result list에서 실행된 내용을 마우스 오른쪽 버튼으로 클릭하고 Visualize tree를 클릭해야 한다. 실행한 결과는 [그림 9.16]과 같다.

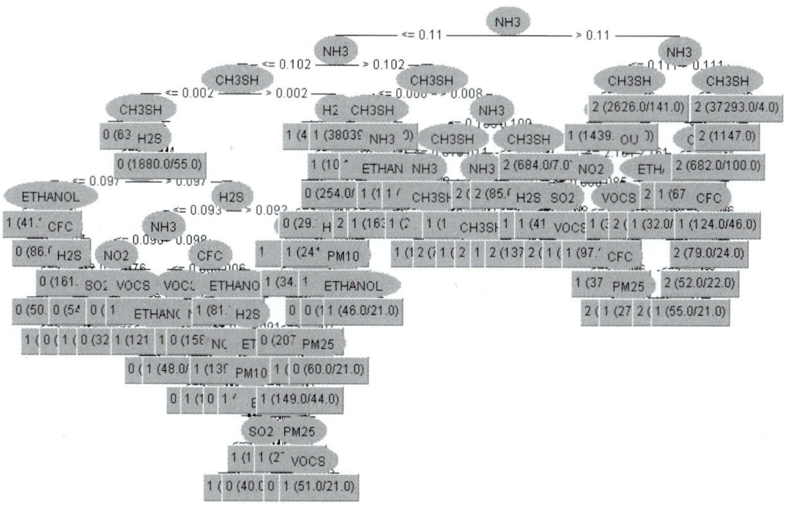


[그림 9.16] 악취 데이터에 대한 의사결정 트리

이번에는 앞선 데이터를 R을 이용하여 실습해 보자.

```
# 작업경로 설정
getwd() # 자신의 작업경로 확인
setwd("path")

# 데이터 로드
data <- read.csv("./악취데이터(4장, 9장, 10장).csv")
str(data)
```

* 먼저 데이터를 불러올 수 있도록 작업경로를 확인 후 설정하고 악취 데이터를 불러온다. str(data)를 실행하여 데이터 구조를 확인한다.

```
> str(data)
'data.frame':	105215 obs. of  14 variables:
 $ DTA_DT   : chr  "2019-01-01 0:00" "2019-01-01 0:10" "2019-01-01 0:20" "2019-01-01 0:30" ...
 $ OU       : num  3.05 2.83 2.69 2.71 2.79 ...
 $ H2S      : num  0.105 0.105 0.106 0.106 0.105 0.106 0.106 0.106 0.106 0.106 ...
 $ NH3      : num  0.12 0.12 0.12 0.12 0.12 0.12 0.12 0.12 0.12 0.12 ...
 $ VOCS     : num  0.063 0.063 0.063 0.063 0.063 0.063 0.063 0.063 0.063 0.063 ...
 $ ETHANOL  : num  0.006 0.006 0.006 0.006 0.006 0.006 0.006 0.006 0.006 0.006 ...
 $ TMA      : num  0.048 0.048 0.047 0.047 0.048 0.049 0.05 0.05 0.049 0.048 ...
 $ CH3SH    : num  0.02 0.019 0.019 0.019 0.019 0.021 0.022 0.022 0.022 0.02 ...
 $ CFC      : num  0.007 0.007 0.007 0.007 0.007 0.007 0.007 0.007 0.007 0.007 ...
 $ PM25     : int  29 27 26 26 26 28 33 32 31 28 ...
 $ PM10     : int  51 49 46 45 45 50 57 56 54 49 ...
 $ SO2      : num  0.114 0.114 0.115 0.114 0.114 0.114 0.114 0.114 0.114 0.115 ...
 $ NO2      : num  0.094 0.094 0.094 0.094 0.094 0.094 0.094 0.094 0.094 0.094 ...
 $ TMA_Label: int  2 2 2 2 2 2 2 2 2 2 ...
```

**[그림 9.17]** 악취 데이터 구조 확인

```
# 라이브러리 설치
library(rpart)
install.packages("rpart.plot")
library(rpart.plot)
```

* 회귀 및 분류를 위한 의사 결정 트리를 구축하기 위해서 rpart 패키지를 설치한다. rpart.plot 패키지는 앞서 구축된 의사결정 트리를 시각화하기 위한 도구를 제공한다. 트리의 구조와 각 노드에서의 분기 규칙, 클레스 레이블 등을 시각적으로 확인할 수 있도록 돕는다.

```
# 전처리_변수 제거
data <- data[, !(names(data) %in% c("TMA","DTA_DT"))]
# 전처리_종속 변수 타입 변경
data$TMA_Label <- as.factor(data$TMA_Label)
```

* 먼저 전처리를 진행한다. 종속변수인 TMA_Label을 이용하기에 중복되는 TMA는 제거하고, 날짜를 표현하는 DTA_DT 역시 제거한다. 코드를 가볍게 살펴보면 데이터 변수열에서(= name(data)) 두 변수 모두(=c("TMA", "DTA_DT")) 해당한다면(=%in%) 제외, 부정하라(!)가 된다.
* TMA_Label은 0, 1, 2로 구분되는 범주형 변수이기 때문에 int형에서 factor로 타입을 변경한다.

```
# 재현성을 위한 시드 설정
set.seed(123)

# 데이터 분리(8:2)
split_index <- sample(1:nrow(data), size = round(0.8 * nrow(data)))
train_data <- data[split_index, ]
test_data <- data[-split_index, ]

# 최종 데이터셋 확인
nrow(train_data)  # 학습 데이터 수
nrow(test_data)  # 평가 데이터 수
```

* 재현성을 위해 랜덤 시드는 고정한다.
* 데이터를 훈련 및 테스트를 8:2로 sample 함수를 이용하여 분할한다. 먼저 split_index에 랜덤하게 80%를 가지도록 설정한다. 훈련 데이터에는 그대로 사용하여 80%를, 테스트 데이터에서는 앞에 −를 사용하여 20%로 분할한다.

```
# 분류 트리 모델 생성
treemod <- rpart(TMA_Label ~ ., data = train_data, method = "class")

# 트리 시각화
rpart.plot(treemod, fallen.leaves = TRUE)
```

rpart를 이용하여 트리 모델을 생성한다. 형태는 rpart(formula, data, method)인데 formula는 종속변수와 독립변수들 간의 관계를 정의하는 부분이다. 예를 들어, y ~ x1+x2와 같이 나타낼 수 있다. 현재 TMA_Label ~ .로 만든 이유는 종속변수를 제외하고는 모든 변수를 독립변수로 쓰기 때문에 다음과 같이 나타냈다.

data는 어떤 데이터를 쓸지 정의하는 부분이며, 여기서는 모델을 만들기 위한 데이터이기에 학습 데이터를 쓴다. method는 분석 방법론을 뜻하는데 현재 우리는 종속변수가 범주형이기 때문에 class를 사용했다.

트리 시각화는 rpart.plot을 이용했으며, fallen.leaves 매개변수를 true로 설정할 경우 트리 말단 노드가 트리의 다른 부분과 함께 시각화된다. 이는 구조를 더 쉽게 이해할 수 있도록 도와준다. 다음은 시각화한 트리이다.

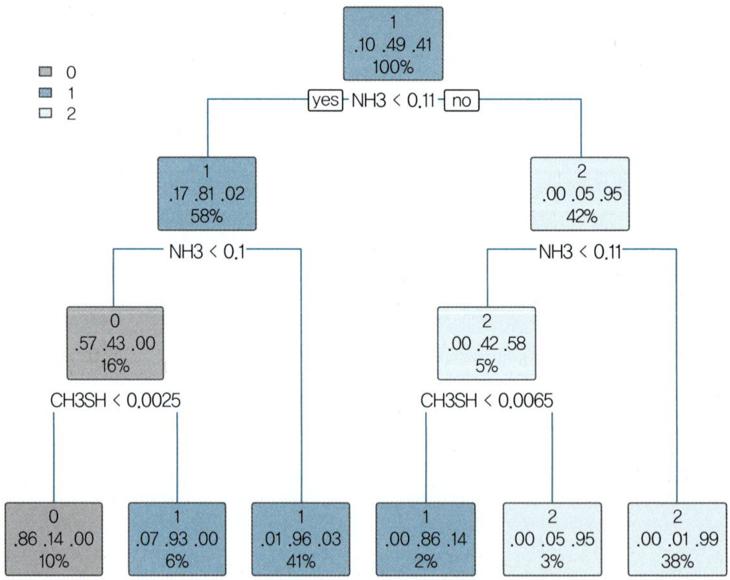


**[그림 9.18]** R을 활용한 트리 시각화

```
# ccp_alpha로 트리 가지치기
pruned_tree <- rpart(TMA_Label ~ ., data= train_data, method = "class", cp= 0.05)

# 가지치기된 트리 시각화
rpart.plot(pruned_tree, fallen.leaves = TRUE)
```

이번에는 가지치기를 진행한다. 가지치기는 의사 결정 트리에서 나무의 크기를 제어하는 기술 중 하나이다. 특징을 살펴보자면 과적합을 방지할 수 있다. 훈련데이터에 과적합이 되기 쉽기 때문에 새로운 데이터의 예측이 떨어질 수 있는데 이를 방지하는 목적으로 이용된다. 그리고 복잡한 트리를 간결하게 하기에 계산속도가 빨라져 성능이 향상되고 가시성이 높아진다.

가지치기를 하기 위해 복잡성 비용 볼인 cp 매개변수를 이용한다. 이 매개변수의 값이 크면 가지치기가 강화되어 더 많은 노드가 정리되고, 트리의 깊이가 줄어든다. 반대로 값이 작으면 약화되어 덜 정리되고 트리의 깊이가 깊어진다. 현재 'cp =0.05'로 설정하였는데 노드들의 복잡성이 해당 값보다 더 크면 가지치기가 시행된다.

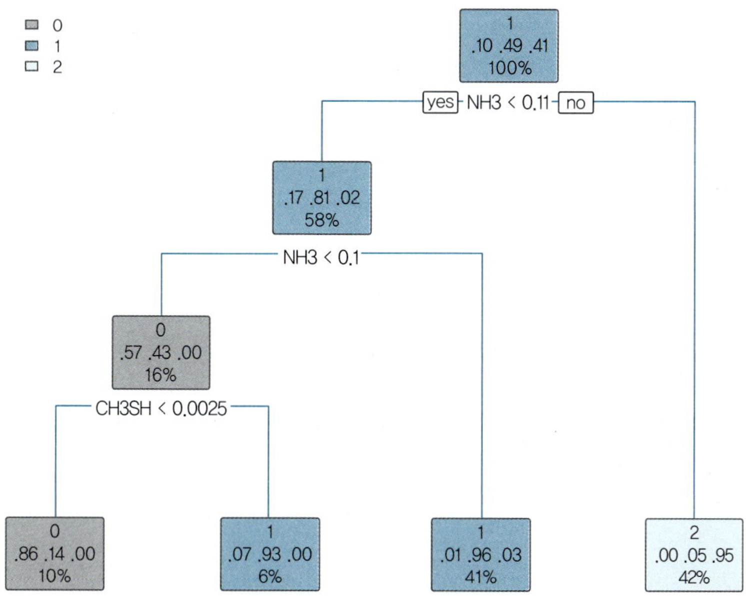


**[그림 9.19]** R을 활용한 가지 친 트리 시각화

앞선 트리보다 간결해졌지만, 다소 주는 정보가 적어 보이기도 한다. 그렇기에 cp의 수치를 적절히 조절하여 가지치기를 해야 한다.

```
# 테스트 데이터에 대한 예측
y_pred <- predict(pruned_tree, test_data[ , -ncol(test_data)], type = "class")
y_true <- test_data$TMA_Label

# 혼동행렬
confusion <- table(y_true, y_pred)
print(confusion)
```

```
        y_pred
y_true     0    1    2
     0  1931  130    0
     1   285 9572  478
     2     0  248 8399
```

[그림 9.20] R을 활용한 가지 친 트리 혼동행렬 결과

* 마지막으로 테스트 데이터를 활용하여 기존 모델의 성능을 파악한다. 성능은 혼동행렬을 통해 확인했다.
* 마찬가지로 파이썬을 이용하여 실습해 보자. 이전과 동일한 방식으로 구글 코랩 환경에서 진행한다.

```
# 라이브러리 설치
import pandas as pd
from sklearn.tree import DecisionTreeClassifier
from sklearn.model_selection import train_test_split
from sklearn.metrics import confusion_matrix
import matplotlib.pyplot as plt
from sklearn import tree
```

* 분류 트리 모델이기 때문에 DecisonTreeClassifier를 임포트해 주고 혼동행렬을 위한 confusion_matrix, 시각화를 위한 pyplot, train, test 분리를 위

한 train_test_split을 임포트한다.

```
# 데이터 로드
data = pd.read_csv("/content/악취데이터(9장,10장).csv")
print(data.head())
print(data.info())
```

```
               DTA_DT     OU    H2S   NH3   VOCS  ETHANOL    TMA  CH3SH  \
0  2019-01-01 00:00:00  3.052  0.105  0.12  0.063    0.006  0.048  0.020
1  2019-01-01 00:10:00  2.828  0.105  0.12  0.063    0.006  0.048  0.019
2  2019-01-01 00:20:00  2.689  0.106  0.12  0.063    0.006  0.047  0.019
3  2019-01-01 00:30:00  2.713  0.106  0.12  0.063    0.006  0.047  0.019
4  2019-01-01 00:40:00  2.792  0.105  0.12  0.063    0.006  0.048  0.019

     CFC  PM25  PM10    SO2    NO2  TMA_Label
0  0.007    29    51  0.114  0.094          2
1  0.007    27    49  0.114  0.094          2
2  0.007    26    46  0.115  0.094          2
3  0.007    26    45  0.114  0.094          2
4  0.007    26    45  0.114  0.094          2
<class 'pandas.core.frame.DataFrame'>
RangeIndex: 105215 entries, 0 to 105214
Data columns (total 14 columns):
 #   Column     Non-Null Count   Dtype
---  ------     --------------   -----
 0   DTA_DT     105215 non-null  object
 1   OU         105215 non-null  float64
 2   H2S        105215 non-null  float64
 3   NH3        105215 non-null  float64
 4   VOCS       105215 non-null  float64
 5   ETHANOL    105215 non-null  float64
 6   TMA        105215 non-null  float64
 7   CH3SH      105215 non-null  float64
 8   CFC        105215 non-null  float64
 9   PM25       105215 non-null  int64
 10  PM10       105215 non-null  int64
 11  SO2        105215 non-null  float64
 12  NO2        105215 non-null  float64
 13  TMA_Label  105215 non-null  int64
dtypes: float64(10), int64(3), object(1)
memory usage: 11.2+ MB
None
```

[그림 9.21] 악취 데이터 구조

* 코랩 내의 content 폴더에 악취 데이터를 업로드하고 이를 불러온다. 이어 잘 불러왔는지 데이터를 확인한다.

```
# 전처리_변수 제거
data= data.drop(columns=["TMA", "DTA_DT"])

# 전처리_종속변수 타입 변경
data["TMA_Label"] = data["TMA_Label"].astype("category")
data.info() # 데이터 확인
```

* 일부 이용하지 않을 변수를 제거하고 int 형태의 TMA_Label을 카테고리 타입으로 바꿔준다.

```
# 난수 고정
seed = 123

# 데이터 분리
train_data, test_data = train_test_split(data, test_size=0.2, random_state=seed)
```

* 난수를 고정하고 train_test_split을 이용하여 8대 2 비율로 나눠준다.

```
# 분류 트리 모델 생성
treemod = DecisionTreeClassifier()
treemod.fit(train_data.drop("TMA_Label", axis=1), train_data["TMA_Label"])
```

* DecisionTreeClassifier을 이용하여 트리 모델을 생성한다. 모델에 학습 데이터를 적용시킬 때는 다음과 같은 treemod.fit(독립변수, 종속변수) 형태로 적용한다. 이때 종속변수는 TMA_Label이 1개이기에 drop을 이용하면 간략하게 표현할 수 있다. (종속변수를 제외한 모든 변수 = 독립변수)

```
▾ DecisionTreeClassifier
DecisionTreeClassifier()
```

```
# 시각화
plt.figure(figsize=(30, 30))
tree.plot_tree(treemod, feature_names=train_data.columns[:-1], class_
names=train_data["TMA_Label"].cat.categories.astype(str))
plt.show()
```

* 앞선 훈련 데이터를 시각화해 보자. 먼저 크기를 정한 후 독립변수, 종속변수 들의 이름을 지정해 준다. 이후 plt.show()로 도출한다.

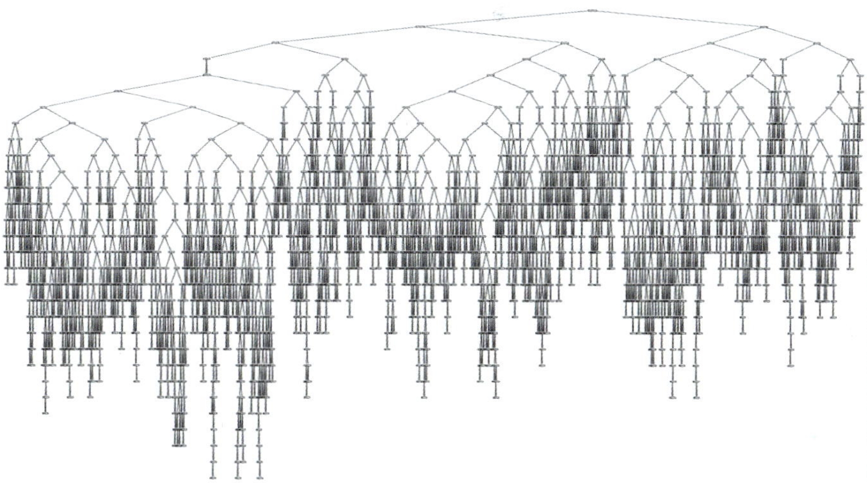

[그림 9.22] 코랩을 활용한 악취 데이터 트리 시각화

* 시각화된 그림을 보았을 때 분류는 잘 된 것으로 보이지만, 가시성이 떨어지는 것을 확인할 수 있다. 그렇기에 가지치기를 하여 결정트리를 다시 시각화해 보자.

```
# 가지치기된 모델 제작
pruned_tree = DecisionTreeClassifier(ccp_alpha=0.01)
pruned_tree.fit(train_data.drop("TMA_Label", axis=1), train_data["TMA_Label"])
```

```
# 가지치기된 트리 시각화
plt.figure(figsize=(30, 30))
tree.plot_tree(pruned_tree, feature_names=train_data.columns[:-1], class_
names=train_data["TMA_Label"].cat.categories.astype(str))
plt.show()
```

* 가지치기를 하기 위해 복잡성 비용 볼인 ccp_alpha 매개변수를 이용한다. 현재 'ccp_alpha=0.01'로 설정한다.

```
▾ DecisionTreeClassifier
DecisionTreeClassifier(ccp_alpha=0.01)
```

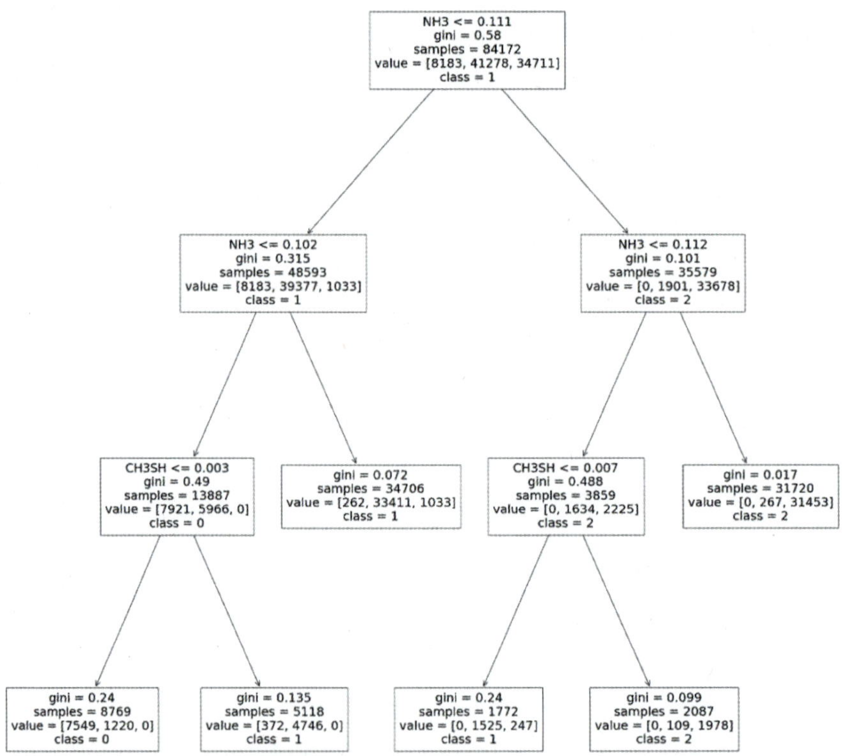


**[그림 9.23]** 코랩을 활용한 가지 친 악취 데이터 시각화

* 앞선 시각화 그림보다 훨씬 간결하고 이해하기 쉽게 나타났다.

```
# 테스트 데이터를 사용하여 모델 예측 생성
y_pred = pruned_tree.predict(test_data.drop("TMA_Label", axis=1))
y_true = test_data["TMA_Label"]

# 혼동 행렬 생성
confusion = confusion_matrix(y_true, y_pred)
print("Confusion Matrix:")
print(confusion)
```

* 마지막으로 테스트 데이터로 모델 예측 성능을 혼동행렬을 통해 확인한다.

```
Confusion Matrix:
[[1932  148    0]
 [ 293 9996  102]
 [   0  326 8246]]
```

## 8. 분류나무에 의한 분류 규칙

분류나무는 나무가 매우 크지 않다면 쉽게 이해할 수 있는 분류규칙이 있다. 각 끝마디는 분류규칙과 같은데, 위의 예제를 통해 최적의 가지 친 나무에서 왼쪽 중간의 끝마디는 다음과 같은 규칙을 생성한다. 그 중 세부적으로 가지 친 나무 규칙을 살펴보면 다음과 같다.

IF(NH3<=0.11) AND (CH3SH<=0.01) AND (ETHANOL<=0.01) AND (PM10<=0.5) AND (OU<=2.15) THEN class1 yes

하지만 많은 경우 규칙의 수는 중복된 규칙들을 제거함으로써 줄일 수 있다.

IF(NH3<=0.11) AND (CH3SH<=0.01) AND (ETHANOL<=0.01) AND

(NH3<=0.17) AND (ETHANOL <=0.08) AND (OU>2.15) THEN 집단2 yes

는 다음과 같이 단순하게 할 수 있다.

IF(NH3<=0.17) AND (CH3SH<=0.01) AND (ETHANOL<=0.08) AND (OU>2.15) THEN 집단2 yes

이와 같이 데이터를 어느 특정 집단으로 분류하는 나무 알고리즘은 명쾌하고, 모형을 이해하기 쉽기 때문에 최종 분류만이 목적이 아닌 경우에 매우 유용하다. 예를 들어, 마케팅 부서에서 고객들이 정기예금에 더 많이 등록하도록 새로운 전략을 짜고자 한다. 마지막 연락한 시간이 524초 초과였고 5월달인 경우 많은 사람들이 정기예금에 등록할 확률이 높은 것을 고려했을 때 새로운 마케팅 전략을 특정 조건에 맞추어 짤 수 있다. 판별함수와 같은 다른 판별도구와 비교해 보면, 나무 기반 분류규칙은 관리자와 운영직원에게 쉽게 설명할 수 있다. 분류규칙의 논리는 신경망 모형에서의 가중치와 비교하여 훨씬 더 이해하기 쉽다.

## 9. 모형의 장단점과 추가 고려사항

분류와 회귀나무기법은 패키지화된 좋은 분류 및 예측도구이다. 이 방법은 또한 나무의 상위 분리수준에서 일반적으로 나타나는 가장 중요한 입력변수들을 사용하는 등의 입력변수를 선정하는 데에도 매우 유용하다. 이 나무는 다음과 같은 측면에서 사용자들에게 상대적으로 적은 노력을 필요로 한다. 첫째, 변수를 변환할 필요가 없다. 둘째, 변수군의 선택은 분할의 일부이므로 자동으로 수행된다. 현 악취 예제에서는 변수군이 적기 때문에 드러나진 않았지만, 최적의 가지 친 나무는 자동적으로 이용할 일부 변수만을 선택한다.

분류와 회귀나무에서 마디 분할의 선택은 관찰값들의 절대 크기가 아닌, 관찰 값들의 실제 크기 순서에 따라 결정되기 때문에 또한 기본적으로 극단치의 효과가 상대적으로 적다. 그러나 이 모형은 데이터의 변화에 민감하고 심지어 약간의 데이터 변경에도 다른 분할을 만들어낸다.

입력변수와 출력변수 사이의 특정한 관계를 가정하는 모형과 달리, 분류와 회귀나무는 비선형이고 비모수방법이기 때문에 입력변수와 출력변수 사이의 다양한 유형의 관계가 가능하다. 하지만 이 점이 약점이 될 수 있다. 분할이 입력변수들 간의 조합보다 단일 입력변수들을 바탕으로 행해지기 때문에, 이 나무 기법은 선형 또는 로지스틱 회귀모형에서 특정 선형 구조하에서 입력변수들 간의 관계를 반영하지 못하는 경우가 종종 있다. 분류나무는 입력변수의 공간을 수평적, 수직적 분할을 통해 충분히 집단을 나눌 수 있는 사례에서 유용한 분류 도구이다.

분류나무의 성과와 관련된 또 다른 문제는 좋은 분류모형을 만들기 위해서는 많은 데이터 집합이 필요하다는 것이다. 최근에 Breimean과 Clutler는 random forest를 제시하여 이러한 문제를 분류 나무로 확장하여 다루었다. 기본 아이디어는 데이터로부터 다수의 분류나무를 생성하고 그 결과를 더 나은 분류기를 얻기 위해 결합하는 것이다.

random forest

분류와 회귀나무의 장점은 결측치를 대체하거나 결측값을 가진 관찰치를 삭제하지 않아도 결측 데이터를 처리할 수 있다는 것이다. 따라서 이 방법은 해당 변수가 분류 성능에 미치는 영향도의 관점에서 변수들의 중요도 순위를 평가하는 목적으로 확장될 수 있다. 한편, 계산 측면에서 나무모형은 모든 변수에 대해 모든 가능한 분리를 계산하기 위해서 수많은 정렬계산 과정이 필요하기 때문에 나무를 성장시키는 데 상대적으로 많은 시간이 소요된다. 또한 평가용 집합을 이용하여 데이터를 가지치기할 경우 더 많은 계산 시간이 요구된다. 결론적으로 분류와 회귀나무에서 가장 실제적으로 중요한 이점은 나무들이 생성하는, 이해하기 쉽게 표현된 규칙에 있다. 이러한 명쾌성으로 인해서 경영분야에서 많이 활용되고 있다.

# 참·고·문·헌

Leo Breiman, Jerome Friedman, Charles J. Stone, R. A. Olshen(1984) Classification and Regression Trees. Cambridge: Chapman and Hall/CRC.

Han, Jiawei. and Kamber, Micheline(2007). 데이터 마이닝: 개념과 기법(강창완 외 11 역). 서울: 사이플러스 (원저 2005년 출판)

Pang-Ning Tan, Michael Steinbach, Vipin Kumar(2007) 데이터 마이닝(용환승 외 6 역). 서울: 인피니티 북스 (원저 2006)

GALIT SHMUELI, NITIN R. PATEL and PETER C. BRUCE(2009). 비즈니스인텔리전스를 위한 데이터 마이닝(신택수, 홍태호 역). 파주: 사이텍미디어. (원저 2006년 출판)

Alex Berson, Stephen Smith, and Kert Theling (2000). CRM을 위한 데이터 마이닝(홍성완 외 6 역). 서울: 대청미디어 (원저 1999년 출판)

Ian H. Witten, Eibe Frank, and Mark A. Hall(2013). 데이터 마이닝: 데이터 속 숨은 의미를 찾는 기계 학습의 이론과 응용(이승현 역). 의왕: 에이콘. (원저 2011년 출판)

이정진 (2011). R, SAS, MS-SQL을 활용한 데이터 마이닝. 파주: 자유아카데미.

최종후, 한상태, 강현철, 김은석(1998). AnswerTree를 이용한 데이터 마이닝 의사결정나무 분석. 서울: SPSS아카데미.

## 연·습·문·제

1. 분류 및 회귀나무 알고리즘에서 주요 변수를 선정하기 위해서는 순수도 지수를 이용한다. 정성적 변수에 대한 순수도 계산과정은 어떻게 수행되는지 서술하시오.

2. 다음은 마이닝회사의 고객거래 데이터이다. 여기서 연봉을 목적변수라고 하자. ID3 알고리즘을 이용하여 Decision Tree를 그리시오.

| 성명 | 업종 | 연봉(만 원) | 월 거래량(만 원) | 월 거래 건수 | 고객등급 |
|---|---|---|---|---|---|
| 송혜교 | 자영업 | 2500~3000 | 100~150 | 15 | B |
| 안성기 | 사무직 | 2500~3000 | 100~150 | 15 | B |
| 박상아 | 자영업 | 3000~3500 | 200~250 | 20 | A |
| 설경구 | 사무직 | 2000~2500 | 200~250 | 20 | A |
| 채림 | 공무원 | 2000~2500 | 150~200 | 15 | B |
| 유호성 | 자영업 | 2500~3000 | 100~150 | 15 | C |
| 송윤아 | 공무원 | 2500~3000 | 50~100 | 20 | B |

10

CHAPTER

# 군집분석

이 장에서는 비지도학습 모형의 대표적인 알고리즘인 군집분석 알고리즘에 대해 설명한다. 군집분석 알고리즘이란 데이터의 각 객체(레코드)들 간의 거리 척도를 활용하여 유사도를 계산하여 유사성이 큰 몇 개의 그룹(군집)으로 구분하기 위한 알고리즘이다. 객체 간의 유사도를 계산하기 위한 방법으로서 수치형, 범주형, 혼합형 데이터에 따라 다른 방법론을 적용하게 된다. 또한, 군집분석의 대표적인 알고리즘인 K 평균 기법에 대해서 학습한다.

# 1. 군집분석

앞서 연구한 분류(classification)는 소속집단을 아는 데이터를 이용한다. 분류와 달리 군집분석(clustering analysis)은 소속집단을 모르는 데이터를 연구할 때 이용된다. 군집분석은 군집의 개수, 내용, 구조가 파악되지 않은 상태에서 유사성(similarity) 또는 관련성(relation)을 근거로 그룹 또는 군집들로 나누는 통계적 기법이다. 이 개념은 정보과학, 경영학, 심리학, 사회학, 생물학 등 다양한 분야에서 이용되고 있다.

군집은 같은 군집 안에 있는 데이터들은 유사하고, 다른 군집의 데이터들과는 상이한 군집을 형성한다. 이때 군집 내의 유사성은 높고, 군집 간의 차이점을 벌리는 것이 목적이다. 하지만 군집의 개수나 구조가 확실치 않아 최적의 군집 찾기에 어려움이 있다. 이러한 문제를 해결하기 위해 수많은 군집화 알고리즘이 개발되어 왔다. 하나의 알고리즘이 모든 응용, 데이터, 군집에 적합하지는 않다. 때문에 분석가는 상황에 따라 적절한 모형을 선택하여야 한다.

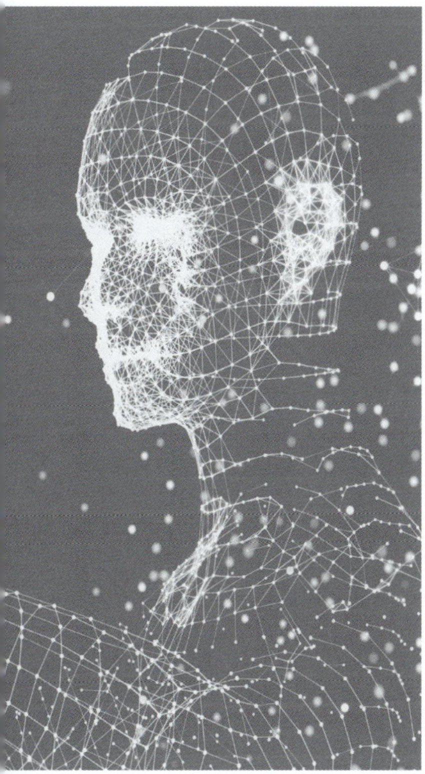

다변량 자료를 각 특성의 유사성에 따라 여러 그룹(군집 또는 집락)으로 나누는 통계적 기법 중의 하나

P개

| ID | 성별 | 나이 | 직업 | 학력 | 본인소득 | 가입일 | 연횟수 | 연간금액 | 결제 |
|---|---|---|---|---|---|---|---|---|---|
| 1 | 1 | 21 | 7 | 2 |  | 9908 | 1 | 10000 | 1 |
| 3 | 2 | 25 | 2 | 4 | 3 | 9902 | 2 | 124000 | 1 |
| 4 | 2 | 25 | 2 | 4 | 3 | 9902 | 2 | 124000 | 1 |
| 5 | 1 | 30 | 2 | 4 | 7 | 9705 | 2 | 157000 | 1 |
| 6 | 2 | 47 | 4 | 1 | 5 | 9904 | 1 | 10000 | 1 |
| 8 | 1 | 24 | 7 | 2 | 2 | 9804 | 1 | 10000 | 1 |
| 14 | 2 | 22 | 2 | 4 |  | 9908 | 2 | 38000 | 1 |
| 15 | 2 | 22 | 2 | 4 |  | 9908 | 2 | 38000 | 1 |
| 16 | 1 | 19 | 7 | 2 |  | 9908 | 1 | 34500 | 1 |
| 17 | 1 | 37 | 5 | 4 | 5 | 9710 | 2 | 57000 | 1 |
| 18 | 1 | 37 | 5 | 4 | 5 | 9710 | 2 | 57000 | 1 |
| 19 | 1 | 39 | 2 | 6 | 2 | 9812 | 2 | 40500 | 1 |
| 20 | 1 | 39 | 2 | 6 | 2 | 9812 | 2 | 40500 | 1 |

N개

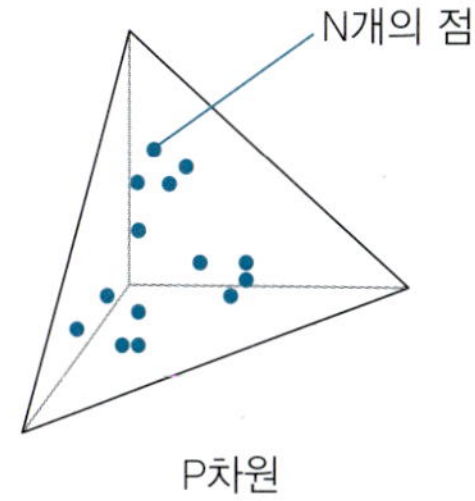


군집의 개수, 내용, 구조가 파악되지 않은 상태에서 특성을 파악하며, 군집들 간에 관계를 분석(탐색적 통계분석)

[그림 10.1] 군집 분석의 개요

## 2. 단순한 군집의 예

군집화에 대해 자세히 설명하기 전에 별의 군집 분석 문제를 생각해 보자. 우리는 비슷한 별을 찾기 위해 온도와 광도 변수를 사용할 수 있다.

군집화는 탐사 데이터 분석의 한 사례로, 데이터를 탐사하면 유용한 정보를 얻을 수 있을뿐더러 데이터 속의 가치를 찾아낼 수 있다. 다음 **[그림 10.2]**의 예제처럼 별에 관심을 갖고 있다면 별의 광도와 온도에 따라 어떻게 분류되는지 이해하고 싶을 것이다.

다음 **[그림 10.2]**에서는 별의 광도와 온도 사이의 관계를 분석하여 행성의 생명주기에 따라 3개의 군집으로 별을 분류하였다. 이제 군집화에 대해 더 폭 넓게 설명하려 한다. 두 가지 주요 군집화에 대해 설명한 후 실제 유사도 개념이 어떻게 적용되는지 예를 들어 설명해 보고자 한다.

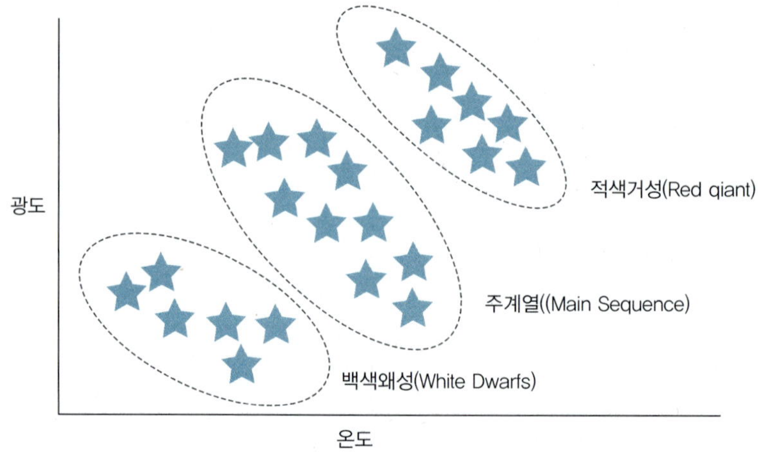


**[그림 10.2]** 별의 군집분석

## 3. 군집분석 모형

군집분석 모형은 크게 계층적(hierarchical) 군집분석과 분할적(partitional) 군집분석으로 나뉜다.

계층적 군집분석은 한 군집 안에 하위 군집들을 가지는 것으로 전체 데이터를 한 군집으로 하고 이를 부분군집으로 분할한 후, 각각의 부분군집을 다시 또 분할하는 계층형식 군집방법으로 전체 군집의 종류를 나무형태로 표시할 수 있다. 계층적 군집모형에는 한 데이터에서 출발해 가장 가까운 군집을 차례대로 묶는 응집형(agglomerative) 방법과 모든 데이터를 하나의 군집으로 간주한 후 차례로 분리해서 최종 군집이 하나의 데이터가 되도록 하는 분리형(divisive) 방법이 있다. [r302]

분할적 군집분석은 전체 데이터를 서로 겹치지 않게 분할하는 방법으로 k-중심군집(k-centroid clustering) 모형을 중심으로 한다. K-중심군집 모형은 프로토타입에 근거한 모형으로 데이터의 중심측도를 결정하는 방법에 따라 나뉜다.

이 밖에도 군집모형들은 **프로토타입 기반**(prototype based) **모형**, **밀도 기반**(density based) **모형**, **그래프 기반**(graph based) **모형** 등이 있다.

프로토타입 기반(prototype based) 모형

밀도 기반(density based) 모형

그래프 기반(graph based) 모형

## 4. 계층적 군집분석

계층적 군집분석은 10.2에서 설명했듯이, 한 군집 안에 하위 군집을 가지는 것으로 설명할 수 있으며, 군집을 형성하는 방법은 상향식 방법과 하향식 방법 두 가지가 있다.

상향식 방법을 결합형 군집(agglomerative clustering)이라 부르며, 하향식 방법을 분리형 군집(divisive clustering)이라 부른다. 상향식 군집방법은 한 데이터에서 출발해 가장 가까운 군집을 차례대로 묶는 방법으로 군집 간의 거리를 어떻게 정의하느냐에 따라 여러 가지 변형 형태가 있으며, 최근에 인기 있는 방법으로 먼저 각 인스턴스를 하나의 군집으로 간주하고, 단 하나의 군집만이 남을 때까지 가장 근접한 두 군집을 찾아 합쳐 나가는 작업을 반복한다. 하향식 군집방법은 모든 데이터를 하나의 군집으로 간주한 후 차례대로 분리해서 최종 군집이 하나의 데이터가 되도록 하는 방법이다.

[그림 10.3]과 같이 상향식 군집방법은 Step 0에는 각각의 인스턴스가 존재하며, Step이 올라갈수록 그 인스턴스 간의 거리를 측정하여 유사한 인스턴스끼리 결합한다. 하나의 군집을 형성하는 것이다. 반대로 하향식 군집방법은 Step 0에 모든 데이터를 하나의 군집으로 보고 Step이 올라갈수록 군집 안에 있는 인스턴스를 쪼개는 것이다.

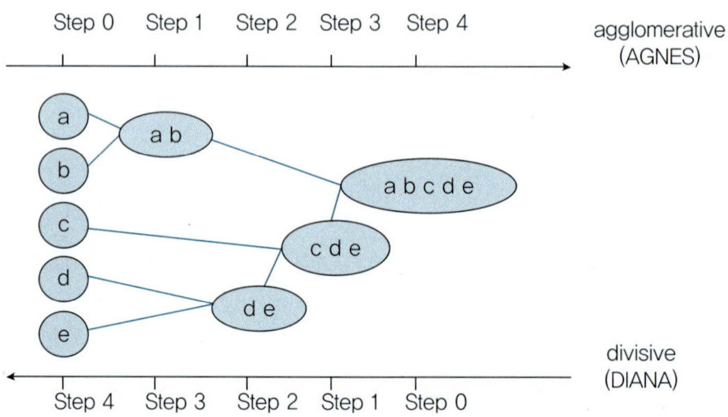


[그림 10.3] 계층적 군집 방법

### 4.1 두 레코드 간 거리 계산

레코드 $i$와 $j$ 사이의 비유사성 척도(dissimilarity measure)를 $d_{i,j}$ 라고 정의하고 두 레코드 사이의 거리를 측정하고자 한다. 두 레코드 사이의 거리는 연관성을 측정함으로 계산된다. 만약 두 점이 가깝다면 두 점은 유사하다고 할 수 있다. 두 레코드 간의 거리를 측정하는 대표적인 방법은 유클리드 거리(Euclidian distance)이다. $i$와 $j$ 사이의 유클리드 거리를 계산하기 위해서 먼저 $i$와 $j$ 사이의 차이를 알아야 한다. 유클리드 거리 계산식은 다음과 같다.

$$d_{i,j} = \sqrt{(x_{i1} - x_{j1})^2 + (x_{i2} - x_{j2})^2 + \cdots + (x_{ip} - x_{jp})^2}$$

유클리드 거리가 대표적으로 사용되는 방법이지만, 큰 값에 영향을 많이 받으므로 변수에 사용된 측정단위 간의 차이가 있다면 정규화를 해주어야 한다. 또한, 유클리드 거리는 측정 항목들 사이의 관계가 무시되며, 극단치에 민감하다는 단점을 가지고 있다.

### (1) 수치형 척도의 정규화

원시 척도는 각 변수의 단위 크기(scale)에 영향을 받기 때문에, 값이 큰 변수(예: 매출액)는 총 거리에 매우 큰 영향을 주게 된다.

따라서 유클리드 거리를 구하기 전에는 일반적으로 연속형 값들을 정규화(또는 표준화)하는 단계를 거치게 된다.

정규화는 모든 측정값들을 같은 단위로 변환한다. 측정값들을 정규화한다는 것은 측정치에서 평균을 뺀 후, 표준편차(standard deviation)로 나누는 것을 의미한다(정규화된 값을 소위 $z$-값이라 한다).

### (2) 거리 측정 기준: 수치형 데이터의 다른 거리 척도

- 상관관계 기반 유사성(Correlation-based similarity): 이 거리는 때로는 레코드 간의 비유사성을 측정하는 거리보다는 유사성을 측정하는 데 더 가까우며, 사용하기가 편리하다. 대표적인 유사성 척도로는 상관계수의 제곱값인 $r_{ij}^2$ 이 있다.

$$r_{ij}^2 = \frac{\sum_{m=1}^{p}(x_{im}-\bar{x}_m)(x_{jm}-\bar{x}_m)}{\sqrt{\sum_{m=1}^{p}(x_{im}-\bar{x}_m)^2\sum_{m=1}^{p}(x_{jm}-\bar{x}_m)^2}}$$

- 통계적 거리(Statistical distance): 마할라노비스(Mahalanobis) 거리로 부르기도 하는 이 측정기준은 변수들 사이의 상관관계를 고려한다는 점에서 이미 언급된 다른 측정기준보다 더 우수하다. 이 측정기준에서 다른 변수들과 높은 상관관계를 가지는 변수들은 상관관계가 없거나 중간 정도의 상관관계를 갖는 변수들만큼의 영향력은 없다. 레코드 $i$와 $j$ 사이의 통계적 거리는 다음과 같이 정의된다.

$$d_{i,j} = \sqrt{(x_i - x_j)' S^{-1} (x_i - x_j)}$$

- 맨하탄 거리(Manhattan distance) 또는 “시티 블록(city block)” 거리: 이 거리는 차이에 대한 제곱값이 아니라 차이의 절대값을 고려하며, 다음과 같이 정의된다.

$$d_{ij} = \sum_{m=1}^{p} |x_{im} - x_{jm}|$$

- 최대좌표 거리(Maximum coordinate distance): 이 거리는 단순히 가장 멀리 떨어진 레코드 $i$와 $j$의 레코드를 찾는 것이며, 다음과 같이 정의된다.

$$d_{ij} = \max_{m=1,2,\cdots,p} |x_{im} - x_{jm}|$$

### (3) 거리 측정 기준: 범주형 데이터의 다른 거리척도

이진 변수를 가진 사례의 경우에는 거리 척도보다는 유사성 척도를 사용하는 것이 좀 더 직관적으로 바람직하다. 만약, 모든 $x_{ij}$ 값들이 이진 속성을 갖는다면, 모든 레코드 $i$와 $j$에 대해 다음의 2×2 분할표를 만들 수 있다:

| | | 레코드 j | | |
|---|---|---|---|---|
| | | 0 | 1 | |
| 레코드 $i$ | 0 | a | b | a+b |
| | 1 | c | d | c+d |
| | | a+c | b+d | p |

$a$는 레코드 $i$와 $j$에서 모두 해당 변수의 속성(attribute)이 존재하지 않는 예측변수의 개수를 나타내고, $d$는 두 레코드 $i$와 $j$에서 모두 해당 변수의 속성이 존재하는 예측변수의 개수를 말한다. 이러한 경우에 가장 유용한 유사도 척도는 다음과 같다.

**매칭 계수**(Matching coefficient): (a+d)/p

**자카드 계수**(Jaquard's coefficient): d/(b+c+d)

매칭 계수(Matching coefficient)

자카드 계수(Jaquard' s coefficient)

이 계수는 속성값이 모두 존재하지 않는 0으로 매치되는 조합은 무시한다. 이것은 다음과 같은 경우에 사용되는 것이 바람직하다. 즉 단순히 이 두 사람 안에는 많은 성격(특성)들이 빠져 있기 때문에 두 사람이 유사하다고 생각하지 않을 때이다. 예를 들어, 만약 '코베트(Corvette) 스포츠카의 소유'라는 변수가 변수들 중의 하나라면, 두 사람이 비슷한가에 대한 문제에 있어서 "yes" 값에 대해 일치할 때 유사성의 증거가 될 수 있지만, "no" 값에 대해 일치할 경우에는 두 사람이 과연 유사한지 그렇지 않은지에 대한 정보는 거의 나타내지 않는다.

### (4) 거리 측정 기준: 혼합형 데이터의 다른 거리척도

변수들이 혼합형(일부는 연속형이고 일부는 이진형)인 경우, Gower가 제안한 유사도 계수(similarity coefficient)는 매우 유용하다. Gower의 유사성 척도(Gower's similarity measure)는 각 변수를 [0, 1] 크기의 값으로 조정한 후, 각 변수에 대해 거리를 계산한 후, 이를 가중 평균한 값이다. 이것은 다음과 같이 정의된다.

$$s_{ij}^2 = \frac{\sum_{m=1}^{p} w_{ijm} s_{ijm}}{\sum_{m=1}^{p} w_{ijm}}$$

여기서 $w_{ijm}=1$ 이고, 다음의 규칙을 따른다고 가정한다.

첫째, 한 쌍의 레코드들 중의 하나의 측정값이 알려져 있지 않을 때에는 $w_{ijm}=0$ 이다.

둘째, 이진이 아닌 범주형 변수에 대해서 만약 레코드들이 동일한 범주에 속해 있지 않을 때에는 $s_{ijm}=0$ 이고, 동일한 범주에 속해 있을 경우에는 $s_{ijm}=1$ 이다.

셋째, 연속형 변수들에 대해서는 $s_{ijm}=1-\frac{|x_{im}-x_{jm}|}{\max(x_m)-\min(x_m)}$ 이다.

## 4.2 두 군집 간 거리 계산

레코드 간 거리를 계산하여 유사한 집단을 묶은 것을 군집이라 한다. 군집간의 거리를 계산하는 방법은 크게 4가지 유형이 존재한다. – 최단 연결법, 최대 연결법, 평균 연결법, 중심거리

$M$개의 레코드 $X_1, X_2, \cdots, X_m$ 을 포함하는 군집 $X$와 $n$개의 레코드 $Y_1, Y_2, \cdots, Y_n$ 을 포함하는 군집 $Y$가 있다고 가정하고 두 군집 간의 거리를 계산하는 4가지 측정 방법을 알아보자.

- 최단 연결법(sing linkage): 가장 가까이에 있는 두 관측치 $X_i$, $Y_j$ 사이의 거리

$$\min(\text{distance}(X_i, Y_j)), \qquad i=1, 2, \cdots, m \quad j=1, 2, \cdots, n$$

- 최대 연결법(complete linkage): 가장 멀리 떨어진 두 관측치 $X_i$, $Y_j$ 사이의 거리

$$\max(\text{distance}(X_i, Y_j)), \qquad i=1, 2, \cdots, m \quad j=1, 2, \cdots, n$$

- 평균 연결법(average linkage): 하나의 군집 내에 있는 관측치들과 다른 군집 내에 있는 관측치들 사이의 모든 가능한 거리의 평균거리

$$\text{average}(\text{distance}(X_i, Y_j)), \qquad i=1, 2, \cdots, m \quad j=1, 2, \cdots, n$$

- 중심거리(centroid distance): 두 군집의 중심 간의 거리. 군집의 중심은 군집에 있는 모든 레코드들의 측정 벡터 평균값이다. 군집 $Y$의 중심은 벡터 $\overline{X_y} = [1/n\sum_{i=1}^{n} y_{1i}, \cdots, 1/n\sum_{i=1}^{n} y_{pi}]$이다. 따라서 군집 $X$와 $Y$ 사이의 거리는 다음과 같다.

$$\text{Distance}\,|\overline{x}_x - \overline{x}_y|$$

## 5. K-평균 알고리즘

k-means 군집화 알고리즘은 중점 기반 군집화 알고리즘 중 가장 널리 사용된다. K-means에서 평균은 중점이며, 군집에 들어 있는 객체들은 각 차원별로 산술 평균값으로 표현된다. 따라서 군집의 중점을 계산하려면 중점의 $x$ 좌표를 구하기 위해 군집 안에 있는 모든 점의 $x$ 값에 대한 평균을, 중점의 $y$ 좌표를 구하기 위해 군집 안에 있는 모든 점의 $y$ 값에 대한 평균을 구해야 한다. 일반적으로 중점은 군집에 있는 모든 사례가 갖는 특징의 평균값이다.

[그림 10.4]는 k-means 군집화 방법을 나타낸 그림이다. 계층적 군집화와는 달리 k-means 군집화는 원하는 군집의 개수를 정하고 시작한다. K를 2로 지정했으므로 k-means 군집화는 2개의 군집 중점과 각 군집에 어느 점들이 속하는지에 대한 정보를 반환한다. 그러므로 정보에 의해 각 군집이 자신의 중점에 가까운 점들을 갖고 있기 때문에 이 기법을 최근접이웃 군집화라고 부르기도 한다. K를 정하고 가장 가까운 군집 중점이 어느 것인지 판단해 군집 중점 주위에 군집을 형성한다. 그리고 각 군집마다 실제 중점을 다시 계산한다. 중점을 다시 계산하면 [그림 10.4]의 (c)와 같이 중점이 이동한다. 그림에서 새로 나타난 빨간 점은 얼핏 봐도

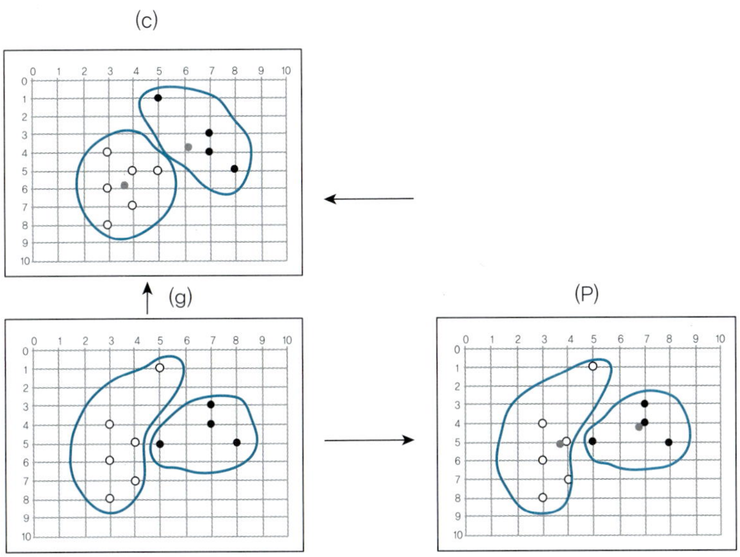


[그림 10.4] k-means 군집화 방법

군집의 중점처럼 보인다.

k-means 군집화는 이 과정을 반복하므로 중점을 계산하고 더 이상 군집에 변화가 생기지 않을 때 군집화를 멈춘다.

### 5.1 k-means 군집화 장단점

k-means 알고리즘은 실행시간 측면에서 각 데이터와 군집 중점 간의 거리만 계산하므로 여러 번 반복 실행해도 비교적 빠르다. 그러나 계층적 군집화에서는 시작 단계의 모든 측정점 쌍과 각 회차마다 모든 군집 쌍 간의 거리를 알아야 하므로 일반적으로 느리다.

하지만 k-means 알고리즘은 좋은 $k$ 값을 결정하는 것이 알고리즘 성능의 핵심이 된다. 여러 $k$ 값으로 실험해 보고 어떤 $k$ 값이 좋은 결과를 내는지 알아볼 수 있다. 너무 작고 지나치게 세세한 군집이 있으면 $k$ 값을 줄이고, 너무 넓게 퍼진 군집이 있으면 $k$ 값을 늘리면서 $k$ 값을 결정해야 한다.

## 6. EM 알고리즘

EM 알고리즘은 확장된 혼합 모델로 단순 베이지안과 매우 흡사하다. E 단계는 Expectation, 즉 주어진 분포 매개변수를 통해 각 인스턴스들이 속할 군집을 추정하는 과정이다. M 단계는 Maximization 즉, 분류된 인스턴스들로부터 매개변수들을 추정하는 과정으로 데이터의 분포 우도가 최대가 되는 M을 찾는 단계이다. EM 알고리즘에서 인스턴스들이 범주적이라기보다는 확률적으로 클래스에 할당된다는 것과 큰 차이가 나지 않는다. EM 알고리즘은 전체적인 처리 작업을 거치며, 기본적인 작업을 수행하기 위해 사용한다.

## 7. 악취데이터 예제

### 예제 1: 악취데이터를 통한 TMA 수준 예측

다음의 예시는 악취데이터이다. 이 데이터는 오창지구대에서 2019년부터 2020년까지 2년간 수집된 다양한 악취 정보로 구성된다. 각 데이터는 12개의 수치형 악취변수, TMA를 라벨링한 변수 1개, 수집 시기를 표현하는 날짜형 변수로 구성되며, TMA를 예측하기 위해 이용하고 있다.

〈표 10.1〉 악취데이터 변수 내역

| 변수명 | 변수 내역 |
|---|---|
| DTA_DT | 날짜 |
| OU | 복합 악취 |
| H2S | 황화수소 |
| NH3 | 암모니아 |
| VOCS | 휘발성 유기화합물 |
| ETHANOL | 에탄올 |
| TMA | 트리메탈아미 |
| CH3SH | 메틸메르캅탄 |
| CFC | 프레온가스 |
| PM25 | 초미세먼지 |
| PM10 | 미세먼지 |
| SO2 | 이산화황 |
| NO2 | 이산화질소 |
| TMA_Label | 트리메탈아민 라벨링<br>(0.01 이하 = 0,<br>0.01 초과 0.02이하 = 1,<br>0.02 초과 = 2) |

먼저 WEKA를 활용해서 실습해 보자.

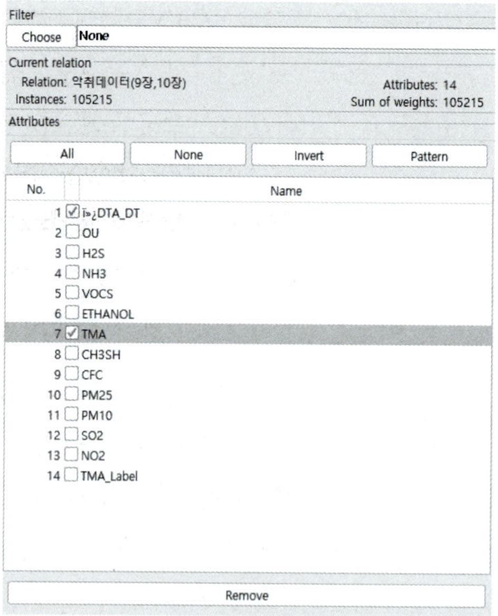


**[그림 10.5]** WEKA 변수 제거

* WEKA 툴을 사용하여 악취 데이터를 불러온다. 이용하지 않을 TMA와 DTA_DT 변수를 제거한다.

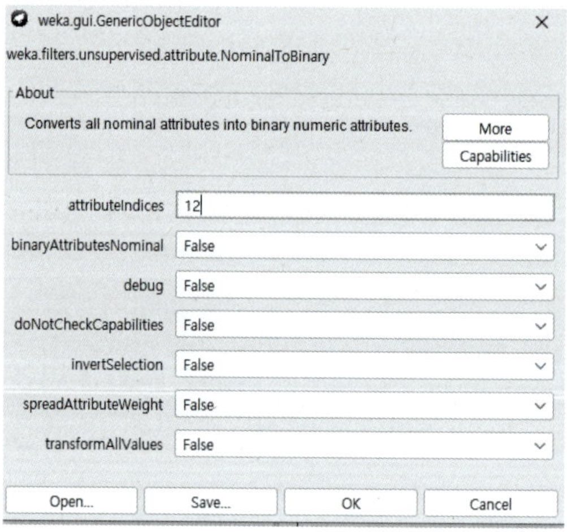


**[그림 10.6]** WEKA 변수 타입 변경

* 앞서서도 이야기했지만 WEKA에서는 범주형 변수를 연속형 변수로 인식하

기 때문에 TMA_Label 변수의 타입을 Numeric to Binary를 이용하여 변경 한다.

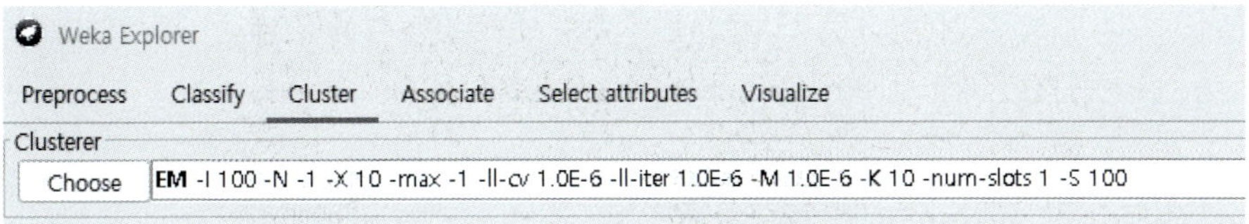


[그림 10.7] WEKA에서 군집분석 실행

* Cluster 탭을 클릭하면 **[그림 10.8]**과 같은 화면이 나타난다. 상단 좌측에 Choose를 클릭하면 다양한 군집 알고리즘을 선택할 수 있다. 본 책에서는 EM 알고리즘으로 군집화를 실행하기 위해 EM 알고리즘을 선택하였다.

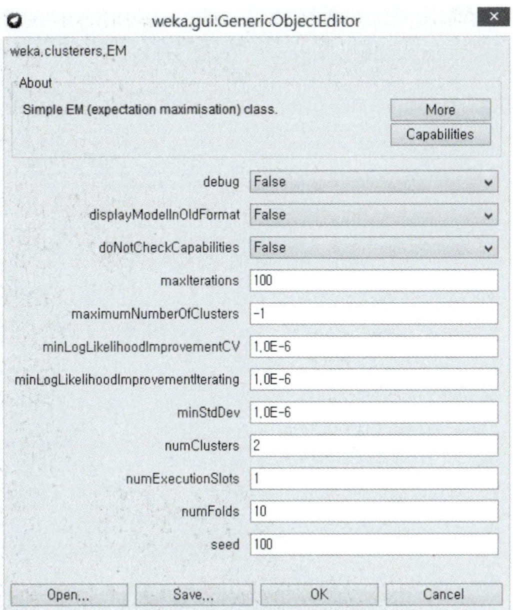


[그림 10.8] 객체 편집기 화면

객체 편집기 화면에서 numClusters를 −1로 선택하면 계산에 의해 최적화된 군집 수로 나눠주는 것이고, 사용자가 지정할 수도 있다.

다음의 **[그림 10.9]**는 EM 알고리즘을 적용한 결과를 출력한 것으로 군집의 개수를 3으로 설정하여 3개의 군집이 형성되었다. 또한 테이블 항목들은 수치 속성이나 명목 속성 값들의 빈도수에 대한 정규분포의 매개변수를 보여준다. 가장 하단에 있는 로그 우도 값과 학습된 모델이 분류기로 데이터에 적용될 때 각 군집에 할당되는 인스턴스의 개수도 확인할 수 있다.

```
            Cluster
Attribute         0        1        2
             (0.59)   (0.41)   (0.01)
======================================
OU
  mean       2.1127   3.0964   1.0018
  std. dev.  0.3903   1.4014   0.0419

H2S
  mean        0.095   0.1023   0.0004
  std. dev.  0.0023   0.0028   0.0094

NH3
  mean       0.1045   0.1154   0.0002
  std. dev.   0.004   0.0031   0.0046

VOCS
  mean       0.0713   0.0671   0.0001
  std. dev.  0.0083   0.0045   0.0032

ETHANOL
  mean       0.0077   0.0065        0
  std. dev.  0.0011   0.0009   0.0003

CH3SH
  mean        0.004   0.0112   0.0001
  std. dev.  0.0022   0.0046   0.0018

CFC
  mean       0.0076   0.0076        0
  std. dev.  0.0012   0.0016   0.0003

PM25
  mean      12.9356  27.7597   0.0791
  std. dev. 13.7616   24.841   1.8848

PM10
  mean      19.6939   45.429    0.109
  std. dev. 21.1914  41.7519   2.5969

SO2
  mean       0.1077   0.1113   0.0017
  std. dev.   0.003   0.0022     0.04

NO2
  mean       0.0808   0.0904    0.007
  std. dev.  0.0036   0.0028   0.1675

TMA_Label
  mean        0.846        2   0.0018
  std. dev.  0.3704   0.0048   0.0419


Time taken to build model (full training data) : 221.77 seconds

=== Model and evaluation on training set ===

Clustered Instances

0       61437 ( 58%)
1       43209 ( 41%)
2         569 (  1%)


Log likelihood: 27.10327
```

**[그림 10.9]** WEKA로 악취 데이터에 EM 알고리즘을 적용한 결과

다음은 R을 활용하여 군집분석을 실행해 보자.

```
# 작업 위치 및 데이터 불러오기
getwd()
setwd("path")
data <- read.csv("./악취데이터(4장, 9장, 10장).csv")
str(data)
```

* 작업경로를 설정하고 데이터를 불러와서 확인한다.

```
# 변수 제거
data <- data[,!(names(data)%in% c("TMA", "DTA_DT"))]
str(data)
```

* 이용하지 않을 변수를 제거하고 최종 데이터를 확인한다.

```
> str(data)
'data.frame':   105215 obs. of  12 variables:
 $ OU       : num  3.05 2.83 2.69 2.71 2.79 ...
 $ H2S      : num  0.105 0.105 0.106 0.106 0.105 0.106 0.106 0.106 0.106 0.106 ...
 $ NH3      : num  0.12 0.12 0.12 0.12 0.12 0.12 0.12 0.12 0.12 0.12 ...
 $ VOCS     : num  0.063 0.063 0.063 0.063 0.063 0.063 0.063 0.063 0.063 0.063 ...
 $ ETHANOL  : num  0.006 0.006 0.006 0.006 0.006 0.006 0.006 0.006 0.006 0.006 ...
 $ CH3SH    : num  0.02 0.019 0.019 0.019 0.019 0.021 0.022 0.022 0.022 0.02 ...
 $ CFC      : num  0.007 0.007 0.007 0.007 0.007 0.007 0.007 0.007 0.007 0.007 ...
 $ PM25     : int  29 27 26 26 26 28 33 32 31 28 ...
 $ PM10     : int  51 49 46 45 45 50 57 56 54 49 ...
 $ SO2      : num  0.114 0.114 0.115 0.114 0.114 0.114 0.114 0.114 0.114 0.115 ...
 $ NO2      : num  0.094 0.094 0.094 0.094 0.094 0.094 0.094 0.094 0.094 0.094 ...
 $ TMA_Label: int  2 2 2 2 2 2 2 2 2 2 ...
```

[그림 10.10] 최종 데이터셋 확인

```
# 군집분석 실행
result <- kmeans(data, centers=3)
print(result$centers)
```

* 군집분석을 실행한다. 따로 라이브러리를 설치할 필요 없이 kmeans를 활용한다. center는 군집의 개수를 몇 개로 둘 것인지를 정하는 매개변수이다. TMA_Label에서 3개의 타입으로 나누었기에 center는 3으로 설정한다.

```
> print(result$centers)
        OU        H2S       NH3       VOCS     ETHANOL       CH3SH         CFC     PM25      PM10       SO2
1 3.106808 0.10010544 0.1117331 0.06968214 0.007206998 0.009910761 0.008206533 36.05487  56.45809 0.1098156
2 2.252713 0.09632789 0.1069262 0.06895225 0.007167657 0.005493456 0.007299132  9.16775  14.47562 0.1080852
3 3.449795 0.10164890 0.1142115 0.06994020 0.007415963 0.014684591 0.008217265 89.64649 150.21654 0.1102927
         NO2 TMA_Label
1 0.08728213  1.592165
2 0.08303263  1.187893
3 0.08888739  1.867374
```

**[그림 10.11]** R을 활용한 중심점 좌표 확인

```
# fpc 설치
install.packages("fpc")
library(fpc)
plotcluster(data, result$cluster, color=TRUE, shade=TRUE)
```

* 군집분석의 결과는 시각화를 활용한다. 이를 위해 fpc 패키지를 설치한다. fpc 패키지는, 특히 'plotcluster' 함수는 R에서 군집 분석 결과를 시각화하고 평가하는 데 도움을 준다.
* 라이브러리를 설치하고 함수를 실행해 보자. Plotcluster(군집분석을 시행한 데이터셋(=data), 군집정보(=result$cluster), 색상 여부, 군집영역 색상 여부)로 실행된다.

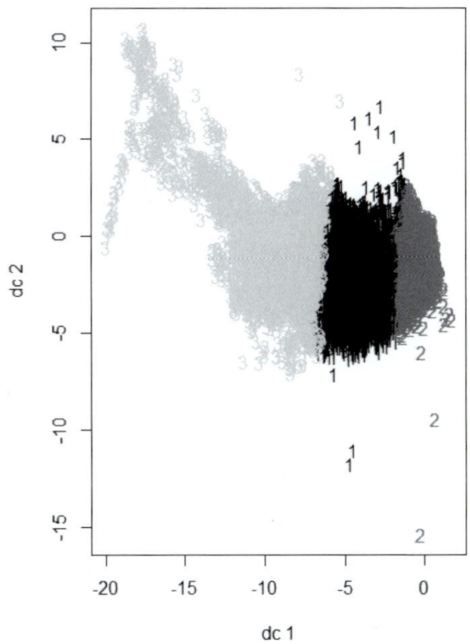


[그림 10.12] R을 활용한 군집분석 시각화

* 이번에는 파이썬을 활용하여 군집분석을 실행하고 SSE를 도출해 보자.

```
# 라이브러리 설치
import pandas as pd
from sklearn.cluster import KMeans
import matplotlib.pyplot as plt
```

* 필요한 모듈을 먼저 임포트한다. 군집분석을 위해 sklearn에 kmeans를, 시각화를 위해 matplotlib에 pyplot을 사용한다.

```
# 데이터 불러오기
data = pd.read_csv("/content/악취데이터(4장, 9장, 10장).csv")
print(data.head())  # 데이터 확인
```

* 데이터를 로드하고 확인한다.

```
# 전처리_변수 제거
data = data.drop(columns = ["TMA", "DTA_DT", "NH3", "VOCS", "ETHANOL",
"CH3SH","CFC","H2S"]) # NH3, VOCS, ETHANOL, CH3SH, CFC, H2S 제외

# 결과 확인
print(data.info())
```

* 이용하지 않을 TMA, DTA_DT를 제거한다.
* 기존의 모든 변수를 이용할 시 앞선 R에 비해 군집이 두드러지게 나타나지 않기에 특성이 덜 나타나는 변수는 제거하였다.

```
<class 'pandas.core.frame.DataFrame'>
RangeIndex: 105215 entries, 0 to 105214
Data columns (total 6 columns):
 #   Column     Non-Null Count   Dtype
---  ------     --------------   -----
 0   OU         105215 non-null  float64
 1   PM25       105215 non-null  int64
 2   PM10       105215 non-null  int64
 3   SO2        105215 non-null  float64
 4   NO2        105215 non-null  float64
 5   TMA_Label  105215 non-null  int64
dtypes: float64(3), int64(3)
memory usage: 4.8 MB
None
```

[그림 10.13] 최종 변수

```
# 군집 분석 실행
kmeans = KMeans(n_clusters=3)
kmeans.fit(data)
centers = kmeans.cluster_centers_
print(centers)
```

* kmeans 함수를 활용하여 군집분석을 실행한다. 마찬가지로 클러스터의 개수는 3으로 둔다. 시각화를 위해 중심점을 구하고 확인한다.

```
# 시각화
plt.scatter(data.iloc[:, 0], data.iloc[:, 1], c=kmeans.labels_, cmap='viridis')
plt.scatter(centers[:, 0], centers[:, 1], c='red', marker='x')
plt.title('K-means Clustering')
plt.xlabel('Feature 1')
plt.ylabel('Feature 2')
plt.show()
```

* 시각화를 위해 데이터의 산점도를 그린다. c는 중심점으로 표시는 x로 나타나게 만들었다.
* cmap으로 색상맵을 지정한다. 여기서는 viridis 색상맵을 선택했다. [그림 10.14]를 참고하여 다양한 색상맵으로 시각화를 활용해 보자.

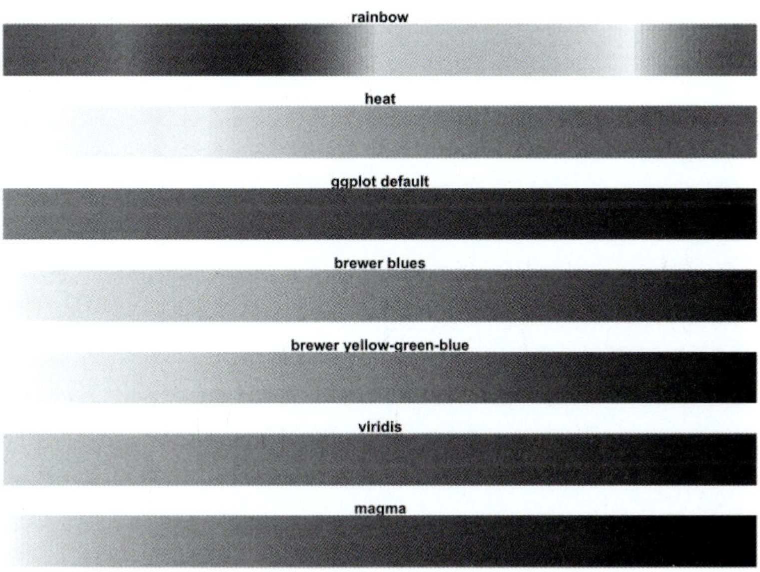


[그림 10.14] 색상맵 예시

* plt.title를 통해 제목을 선택할 수 있고, 각 축의 이름 역시 plt.xlabel, plt.ylabel에서 변경할 수 있다. plt.show를 통해 도출해 보자.

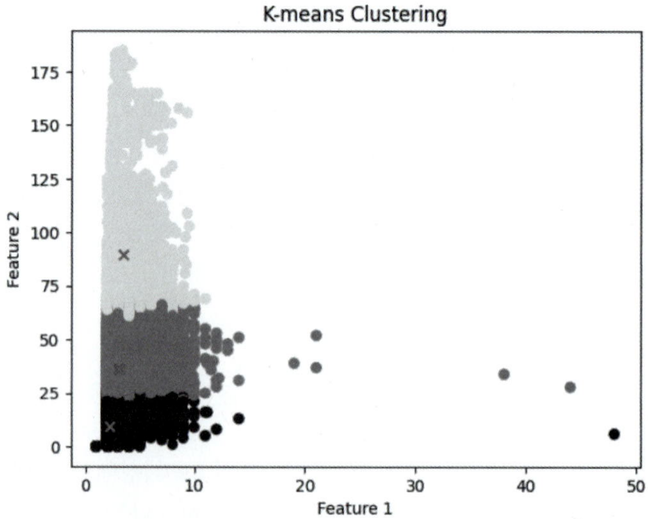


[그림 10.15] 파이썬을 활용한 군집분석 시각화 결과

# 참·고·문·헌

Michael J. A. Berry, and Gordon Linoff(1997). Data Mining Techniques: For Marketing, Sales, and Customer Support. USA: John Wiley & Sones, Inc.

Foster Provost, and Tom Fawcett(2014). 비즈니스를 위한 데이터 과학: 빅데이터를 바라보는 데이터 마이닝과 분석적 사고(강권학 역). 한빛미디어(주). (원저 2013년 출판)

Ian H. Witten, Eibe Frank, and Mark A. Hall(2013). 데이터마이닝: 데이터 속 숨은 의미를 찾는 기계 학습의 이론과 응용(이승현 역). 의왕: 에이콘. (원저 2011년 출판)

Pang-Ning Tan, Michael Steinbach, Vipin Kumar(2007) 데이터마이닝(용환승 외 6 역). 서울: 인피니티 북스 (원저 2006년 출판)

Alex Berson, Stephen Smith, and Kert Theling (2000). CRM을 위한 데이터 마이닝(홍성완 외 6 역). 서울: 대청미디어 (원저 1999년 출판)

GALIT SHMUELI, NITIN R. PATEL and PETER C. BRUCE(2009). 비즈니스인텔리전스를 위한 데이터마이닝(신택수, 홍태호 역). 파주: 사이텍미디어. (원저 2006년 출판)

이정진 (2011). R, SAS, MS-SQL을 활용한 데이터마이닝. 파주: 자유아카데미.

Bob Rudis, Noam Ross and Simon Garnier(2024-01-28). Introduction to the viridis color maps

# 연·습·문·제

1. 아래의 필드를 가지는 데이터들의 객체(레코드) 간의 거리를 계산하기 위한 척도에 대해서 서술하시오.

   1) 정량적 속성값
   2) 정성적 속성값
   3) 혼합형 속성값

2. 계층적 군집분석 방법에는 최단연결법, 최장연결법, 평균연결법, 중심 연결법 등이 있다. 각각의 방법론에 대해서 서술하시오.

3. 본문 사례에서 제시된 악취 데이터에 대해서 k 값을 2부터 6까지 1씩 증가시키면서 k 평균 기법을 이용하여 군집분석을 수행하시오. 결과를 살펴보면서 k 값의 변화에 따라 어떤 차이점이 있는지 서술하시오.

11

CHAPTER

# 인공 신경망

이 장에서는 분류와 예측에 널리 활용되고 있는 인공신경망 알고리즘에 대해 설명한다. 인공신경망은 최근 들어 영상인식이나 음성인식과 같은 인공지능 응용에 숨겨진 강력한 딥러닝 기법의 기반이 되고 있다. 이 장에서는 인공신경망의 개념에 대해서 설명하며, 이를 이해하기 위한 단층신경망을 사례를 통해 설명하며, 이를 다층으로 확대하여 적용하기 위한 방법론을 설명한다. 다른 방법론과 다르게 입력된 데이터의 결과값을 변형하기 위한 다양한 전이함수에 대해서도 설명한다.

1. Elementary Neurophysiology: Neuron
2. Hebbian Learning
3. 단층신경망
4. 다층신경망
5. 다층신경망 모형의 학습
6. 과적합 없애기
7. 신경망 모형의 장단점

## 1. Elementary Neurophysiology: Neuron

인간의 뇌는 주로 뉴런(neuron)이라 불리는 신경 세포로 구성되어 있으며, 축색돌기(axon)라 부르는 섬유 가닥들로 다른 뉴런과 연결되어 있다. 축색돌기는 뉴런들이 자극될 때마다 한 뉴런에서 다른 뉴런으로 신경 자극을 전달하는 데 사용된다. 뉴런은 수상돌기(dendrite)를 통해 다른 신경들의 축색돌기와 연결되는데, 이 수상돌기는 뉴런 세포체가 확장된 것이다. 수상돌기와 축색돌기의 연결점은 시냅스(synapse)라 불린다. 신경정신과 의사들은 인간의 두뇌가 같은 충동이 반복적으로 자극되면 뉴런 사이의 시냅스 연결의 강도를 변경함으로써 학습하는 것을 발견하였다.

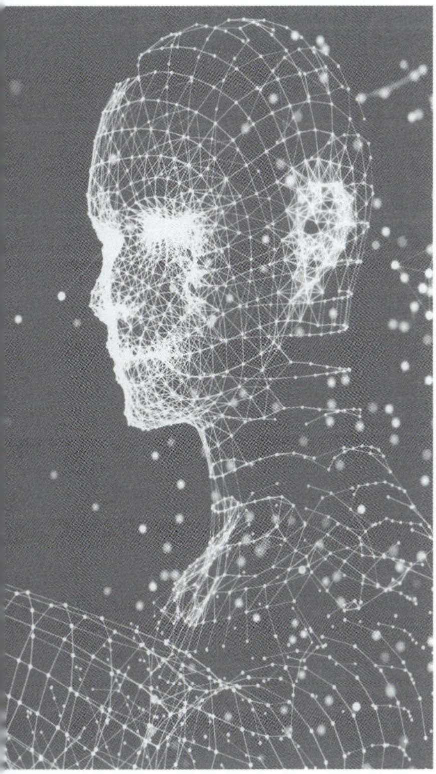

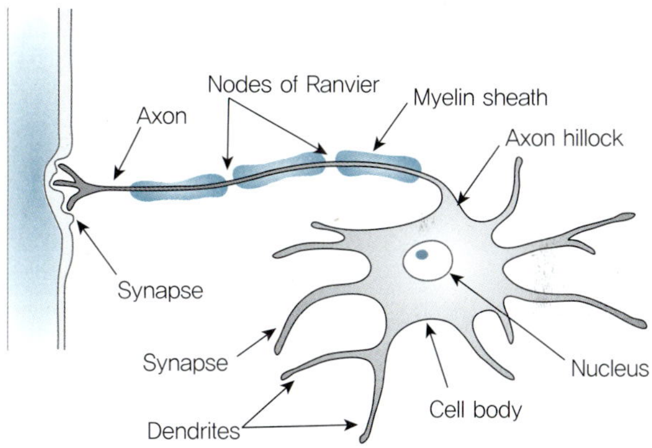


[그림 11.1] 뉴런 신경망

- 중추 신경계(Central Neuron System)의 기본 단위
- Synapse: neuron과 neuron의 연결 부위
- 사람: 1,010개의 neuron들이 뇌를 구성, 1,014개의 연결

신경망(neural networks) 모형은 인공신경망(artificial neural networks)으로 불리며, 인간의 두뇌가 학습하는 과정을 모방한 분류와

예측 모형이다. 신경망의 가장 큰 장점은 높은 예측성과에 있는데, 신경망의 구조는 다른 분류모형에서는 불가능한 입력변수와 출력변수 사이의 매우 복잡한 관계를 파악한다.

### (1) 신경망 모형 적용사례: 부동산 감정

- 뉴럴 네트워크는 부동산 자산 특성에 근거하여 시장 가치를 추정하는 감정사를 대신할 수도 있다.
  - 부동산 중개인이 부동산을 구매하고자 하는 고객이 좋아할만한 주택을 더 잘 연계할 수 있도록 도울 수 있다.
  - 심지어 경험이 없는 중개인의 생산성을 높일 수 있도록 도울 수도 있다.

[그림 11.2] Real Estate Appraisal

뉴럴 네트워크는 한 분야의 전문가가 경험을 통해 얻는 것과 같은 방법으로 학습하는 기능을 갖고 있다. 부동산 감정 예시를 살펴보자. 왜 우리들은 자동화된 감정을 원할까? 자동화된 감정 기능은 부동산업자가 미래의 구매자에게 적합한 집을 잘 매치시키도록 도와주고 비록 경험이 없는 부동산업자라 하더라고 생산성을 높일 수 있게 해준다.

뉴럴 네트워크를 통해 미래의 구매자가 원하는 집을 묘사할 때 그것을 반영하여 가격을 즉시 나타내 주는 기능을 한다. 또한 지속적인 감정은 개개인의 대출과 대출 포트폴리오의 위험을 평가하는 데 굉장히 중요하다.

이 목적을 위해 Freddie Mac(연방 주택 대출 모기지 회사)은 대출 탐지자라고 불리는 제품을 개발했고 미국 전역의 주택을 자동적으로 감정하는 데 사용했다.

## 2. Hebbian Learning

Hebbian Learning은 최초 신경망의 기본 개념을 제시한 학습론으로 이를 요약하면, cell A가 cell B를 자극시키는 데 충분하고 지속적인 원인으로 작용하면 cell A의 작용력이 내부적으로 변화를 일으켜 증가하게 되는 것이다.

Pavlov's Experiment에 의하면 개는 음식을 줄 때 종을 울리고 그러한 과정이 지속된다면, 후에는 그 개는 종 소리만 들어도 침을 흘리게 된다. 이런 신진 대사 과정을 간단히 Hebb가 cell C가 cell B를 자극한 것으로 도식화한 것이다. 처음에 개의 뇌 구조는 종 소리와 침을 흘리는 반응과는 전혀 관계가 없었으나, 그렇게 되도록 뇌 구조 또는 뇌를 구성하는 뉴런들의 연결 구조가 바뀐 것이라 할 수 있다. 이런 학습을 Hebbian Learning이라고 한다.

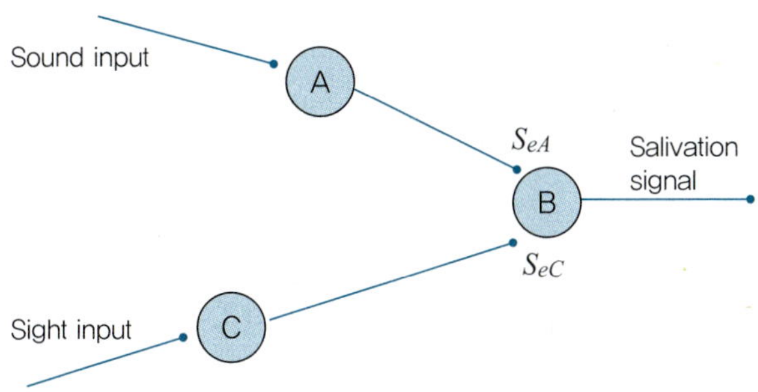


**[그림 11.3]** Hebbian Learning

1957년 미국의 Rosenblatt에 의해 퍼셉트론(perceptron)이라는 단층신경망(single-layer neural network) 모형이 소개되었다. 하지만 퍼셉트론은 선형문제만을 해결할 수 있어 이를 보완하고자 1969년 Minsky와 Papert는 퍼셉트론에 은닉층(hidden layer)을 도입하는 다층신경망(multi-layer neural network)을 소개하였다. 1982년 Hopefield는 다층신경망의 가중계수를 효과적으로 추정할 수 있는 역전파(back-propagation) 알고리즘을 개발하였다. 먼저 퍼셉트론인 단층신경망에 대해 소개한다.

## 3. 단층신경망

이 절에서는 간단한 예제를 활용하여 단층신경망을 설명하도록 한다.

**예제 1: 단층신경망**

다음과 같은 데이터 집합을 고려해보자. 〈표 11.1〉은 세 개의 변수 $x_1, x_2, x_3$ 를 입력노드(input node)로 가지며, 출력 변수 y는 세 입력 변수 중 두 개 이상이 0이면 −1을, 0이 한 개 이하이면 +1의 값을 갖는 데이터 집합을 보여준다.

[그림 11.4]는 이 데이터에 대한 일반적인 신경망 모형의 예를 보여주고 있다. 이 예제는 입력노드(input node)와 출력노드(output node)로 구성되어 있으며, 노드를 연결하고 있는 화살표의 값은 가중치라고 한다. 또한, 상수 $w_0$ 는 추가된 편의(bias)라고 부른다. 모델에 의해 계산된 출력은 다음과 같다.

$$\hat{y} = \begin{cases} 1, & 0.3x_1 + 0.3x_2 + 0.3x_3 - 0.4 > 0 \\ -1, & 0.3x_1 + 0.3x_2 + 0.3x_3 - 0.4 < 0 \end{cases}$$

예를 들어, $x_1, x_2, x_3$ 가 모두 0이라면 $0.3x_1 + 0.3x_2 + 0.3x_3 - 0.4$ 의 값은 −0.4이므로 $\hat{y}$ 값은 −1이 되고 $x_1, x_2, x_3$ 가 각각 0, 1, 1이라면 $0.3x_1 + 0.3x_2 + 0.3x_3 - 0.4$ 의 값은 0.2이므로 $\hat{y}$ 값은 1이 된다.

〈표 11.1〉 세 변수에 대한 데이터

| $x_1$ | $x_2$ | $x_3$ | $y$ |
|---|---|---|---|
| 0 | 0 | 0 | -1 |
| 0 | 0 | 1 | -1 |
| 0 | 1 | 0 | -1 |
| 0 | 1 | 1 | +1 |
| 1 | 0 | 0 | -1 |
| 1 | 0 | 1 | +1 |
| 1 | 1 | 0 | +1 |
| 1 | 1 | 1 | +1 |

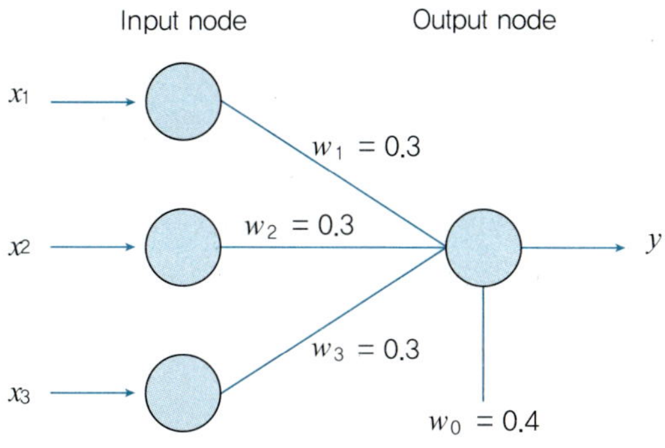


**[그림 11.4]** 단층신경망 네트워크

**[그림 11.4]**에서 각각의 노드는 신경망 네트워크에서 뉴런이라고 부른다. 각각의 입력노드는 출력노드와 가중계수로 연결되어 있으며, 입력노드와 출력노드의 관계를 연결시켜 주는 최적의 가중계수를 훈련시키는 과정을 통해 학습하게 된다. 신경망의 출력노드는 집단의 값 $\hat{y}$을 계산하는데 각 입력노드의 가중계수를 이용한 선형결합에 상수 $w_0=0.4$를 빼서 $x_1w_1+x_2w_2+x_3w_3-w_0$ 값을 계산하는데, 이를 선형합성함수(linear combination function)라 부른다.

여기서 각 변수 값의 선형결합 또는 가중합 $x_1w_1+x_2w_2+x_3w_3-w_0$을 합성함수(combination function)라 부른다. 부호함수 sign($x$)는 $x$가 양수일 때 $+1$ 값을 갖고 음수일 때 $-1$ 값을 갖는 함수로서 이를 활성함수(activation function)라 부른다. 활성함수는 합성함수의 값을 일정한 범위의 값으로 변환해 주는 함수를 의미한다.

〈표 11.2〉 활성함수의 종류

| | 활성함수 | 범위 |
|---|---|---|
| 부호(sign) 함수 | $f(x)=\text{sign}(x)$ | $-1, +1$ |
| 시그모이드(sigmoid) 함수 | $f(x)=\frac{1}{1+e^{-x}}$ | (0, 1) |
| Than 함수 | $f(x)=\frac{e^x-e^{-x}}{e^x+e^{-x}}$ | $(-1, 1)$ |
| 가우스(gauss) 함수 | $f(x)=e-\frac{x^2}{2}$ | (0, 1) |

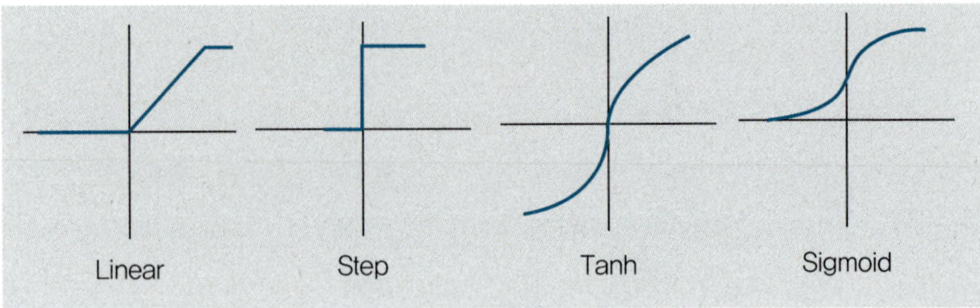


[그림 11.5] 활성함수의 종류

## 4. 다층신경망

단층신경망의 경우 선형분류함수를 통해 데이터를 예측, 분류한다. 하지만 선형 함수로 분류하기 어려운 데이터의 경우는 비선형 함수인 다층신경망(multilayer neural network) 모형이 더 적합하다.

[그림 11.6]의 1, 2, 3은 입력층, 4, 5는 은닉층, 6은 출력층으로 각각의 노드에 1~6의 번호를 부여하였다. 연결되어 있는 선은 단층신경망과 마찬가지로 가중치를 의미하며, 상수 $w_0$ 는 추가된 편의(bias)이다.

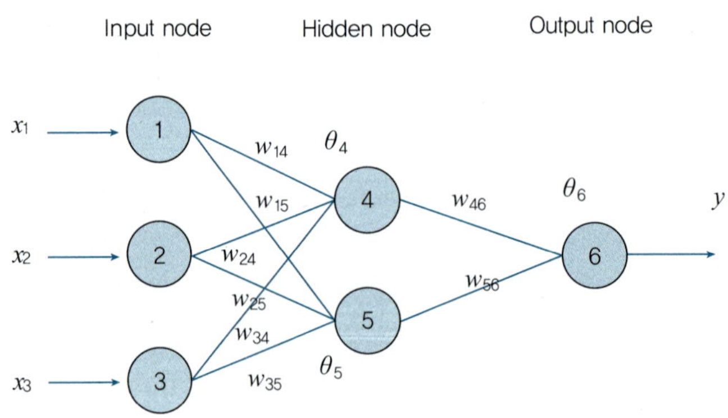


[그림 11.6] 다층신경망 네트워크

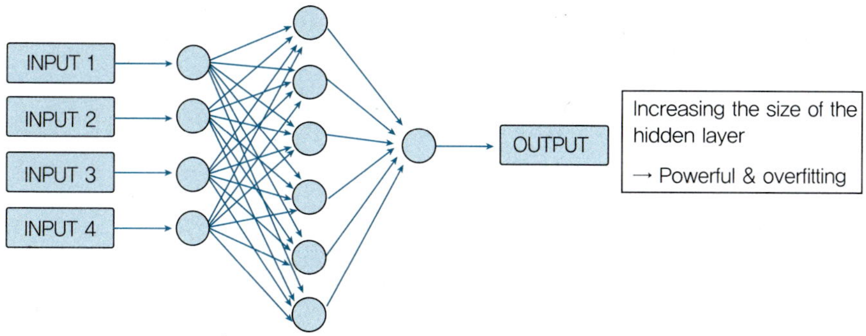


(a)

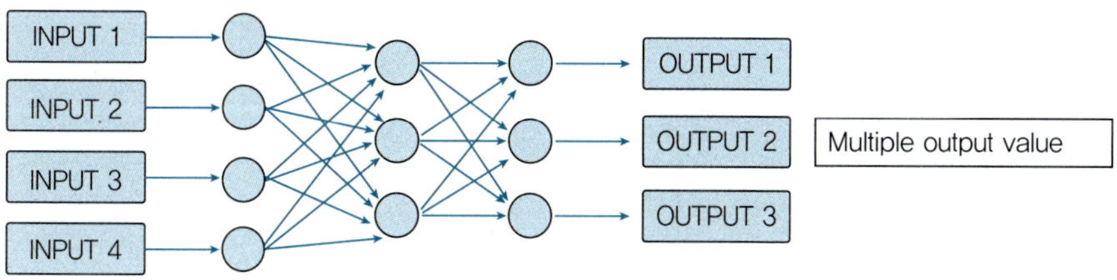


(b)

**[그림 11.7]** 다양한 다층신경망 네트워크

**[그림 11.7]**의 (a)는 **[그림 11.6]** 다층신경망 모형에서 은닉층의 크기를 늘린 모형으로 이는 network를 강하게 만들지만 과적합의 위험이 있을 수 있다. (b)의 경우 다중 결과값을 만들어 낼 수 있다.

다층신경망 모형의 이해를 돕기 위해 다음의 다층신경망 예제를 살펴보자.

**예제 2: 소규모 데이터 집합을 이용한 월급 예측**

다음은 OO 회사의 데이터이다.

목적변수를 월급이라고 할 경우

**〈표 11.3〉** 소규모 데이터 집합을 이용한 월급 예측 예제

| 성명 | 부서 | 나이 | 월급(만 원) | 인사등급 |
|---|---|---|---|---|
| 박상아 | 영업부 | 31~35 | 100~150 | 2 |
| 심은하 | 경리부 | 30~35 | 100~150 | 2 |

| 안성기 | 총무부 | 46~50 | 200~250 | 1 |
|---|---|---|---|---|
| 한석규 | 영업부 | 36~40 | 200~250 | 1 |
| 고소영 | 영업부 | 31~35 | 150~200 | 2 |

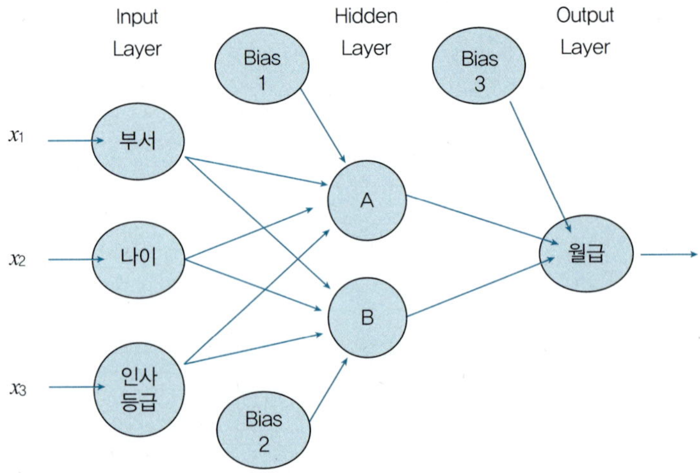


[그림 11.8] 월급 예측 평가 데이터 집합을 이용한 신경망

예제 2의 출력값을 구하는 과정은 다음과 같다.

### (1) Value를 0~1 사이의 값을 가지도록 수정한다(정규화)

신경망은 입력변수와 출력변수가 0~1 사이의 값을 가질 때 최대 성과를 낸다. 이러한 이유로 모든 변수를 신경망에 입력하기 전에 0~1의 값으로 변환해야 하며, 이 과정을 정규화라고 한다. a~b의 범위 내의 값을 갖는 수치형 변수 X에 대한 정규화 식은 다음과 같다.

$$X_{norm} = \frac{X-a}{b-a}$$

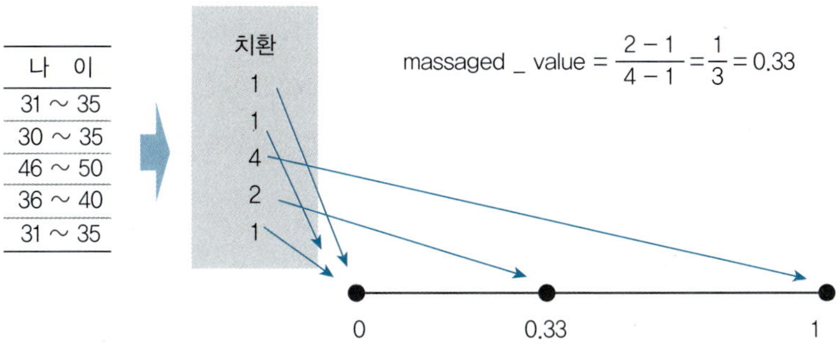


**[그림 11.9]** 예제 2의 나이 변수 정규화

예제 2로 돌아와서 나이를 정규화하기 위해서 먼저 나이의 분포를 적절한 수치로 치환해야 한다. 나이를 1~4 사이의 수로 치환한다고 가정하면 치환한 결과는 30~35세는 1, 36~40세는 2, 41~45세는 3, 46~50세는 4이다. 30~35세 값을 정규화시키기 위한 계산식은 다음과 같다.

$$X_{30\sim35} = \frac{1-1}{4-4} = 0$$

동일한 계산식을 적용하면 30~35세는 0, 36~40세는 0.33, 46~50세는 1로 정규화된다. 모든 데이터를 정규화한 결과는 다음과 같다.

**〈표 11.4〉** 월급 예측 예제 정규화

| 성명 | 부서 | 나이 | 월급 | 인사등급 |
|---|---|---|---|---|
| 박상아 | 0 | 0 | 100~150 | 1 |
| 심은하 | 0.5 | 0 | 100~150 | 1 |
| 안성기 | 1 | 1 | 200~250 | 0 |
| 한석규 | 0 | 0.33 | 200~250 | 0 |
| 고소영 | 0 | 0 | 150~200 | 1 |

### (2) 모든 weight와 bias value 초기화

신경망의 입력층, 은닉층, 출력층에 대해서 노드의 입력과 출력으로 나누어 설명할 수 있다. 각 층의 주요 차이점은 입력에서 출력까지 연결되는 함수에 의해 결정된다.

입력노드는 예측변수의 값을 표시하는 역할을 한다. 입력노드의 출력은 입력변수의 값과 같다. 예제 2에서 예측변수는 부서, 나이, 인사등급 3개이므로 3개의 노드를 갖고, 각 입력노드는 은닉층의 노드로 전달된다. 예를 들어 입력층의 입력값이 부서 = 0, 나이 = 0, 인사등급 = 1이고 이 층의 출력값 또한 0, 0, 1이 된다.

은닉층 노드는 입력층의 출력값을 은닉층의 입력값으로 사용한다. 이 예제의 은닉층은 2개의 노드로 구성되며, 은닉층의 출력값을 계산하기 위해서는 입력변수 값의 가중합을 계산하고 이 값을 활성함수에 적용한다. 입력값 $x_1, x_2, x_3, \cdots, x_n$ 에 대해서 가중합계인 $\theta_j + \sum_{i=1}^{n} w_{ij}x_i$ 를 구함으로 이를 노드 $j$의 출력값으로 계산한다. 노드 $j$의 편의값(bias)으로 불리는 $\theta_j$ 는 노드 $j$의 공헌수준을 통제하는 상수의 역할을 한다. 다음 단계에서는 이 합계값에 함수를 취한다. 이 함수는 매우 작거나 큰 값이 갖는 극단치 효과를 완화시키는 동시에 함수의 값을 일정값 사이에서 선형성을 유지시킨다.

만약 시그모이드 함수를 활성함수로 사용한다면 은닉층에서 노드 j의 출력값은 다음과 같이 계산된다.

$$output_j = f(\theta_j + \sum_{i=1}^{n} w_{ij}x_i) = \frac{1}{1+e^{-(\theta_j + \sum_{i=1}^{n} w_{ij}x_i)}}$$

그럼 다시 예제로 돌아와서 노드 4의 초기 가중치 $\theta_4 = -0.4$, $w_{14} = 0.2$, $w_{24} = 0.4$, $w_{34} = -0.5$로 가정할 때, 활성함수가 시그모이드 함수일 경우 첫 번째 관찰치를 이용한 은닉층의 노드 4의 출력값은 다음과 같이 계산된다.

〈표 11.5〉 예제 2 노드에 대한 가중치

| X1 | X2 | X3 | W14 | W15 | W24 | W25 | W34 | W35 | W46 | W56 | $\theta_4$ | $\theta_5$ | $\theta_6$ |
|---|---|---|---|---|---|---|---|---|---|---|---|---|---|
| 0 | 0 | 1 | 0.2 | −0.3 | 0.4 | 0.1 | −0.5 | 0.2 | −0.3 | −0.2 | −0.4 | 0.2 | 0.1 |

$$output_4 = \frac{1}{1+e^{-(-0.4)+(0)(0.2)+(0)(0.4)+(1)(-0.5)}} = 0.55$$

마찬가지 방법으로 노드 5의 출력값을 구하면 $\frac{1}{1+e^{-(0.2)+(0)(-0.3)+(0)(0.1)+(1)(0.1)}}$ $=0.52$가 도출된다.

마지막으로 출력층은 은닉층으로부터 입력값을 얻는다. 출력층의 출력값을 얻기 위해서는 위에서와 마찬가지로 동일한 활성함수가 적용된다. 여기서 구해진 출력값은 모형의 예측값이 된다.

이 예제에서 노드 6은 은닉층 2개의 은닉노드로부터 입력값을 받는다. 출력변수의 예측값은 다음과 같이 계산된다.

$$output_6=\frac{1}{1+e^{-(0.1)+(-0.3)(0.55)+(-0.2)(0.52)}}=0.57$$

## 5. 다층신경망 모형의 학습

다층신경망 모형의 가중치를 추정하여 최적의 결과를 내는 것을 모형의 학습이라 한다. 모든 관찰치를 11.3 과정과 같은 방법으로 적용하여 신경망 출력값을 계산하고 예측값과 실제값을 비교하여 두 값의 차이인 출력노드의 오차를 구한다. 도출된 오차는 계수추정과정에 이용되어 반복적으로 추정 가중치를 갱신시키는 역할을 한다.

모형을 학습하기 위해 모형의 오차를 사용하는 가장 대표적인 방법은 역전파 알고리즘(back propagation algorithm)이다. 역전파는 변경 가능한 가중치에 대해 네트워크 에러의 기울기를 계산하는 데 사용된다. 여기서의 기울기는 에러를 최소화하는 가중치를 찾기 위한 기울기하강법(gradient descent method)을 이용한다. 출력노드 $k$의 출력값을 $\widehat{y_k}$로 표기할 때, 출력노드 $k$의 오차는 다음과 같이 계산된다.

$$err_k=\widehat{y_k}(1-\widehat{y_k})(y_k-\widehat{y_k})$$

이 오차는 오차의 일반적 정의인 $(y_k-\widehat{y_k})$와 비슷하다. 즉, $err_k$는 추정오차

$(y_k - \widehat{y_k})$에 오차 변화율 $\widehat{y_k}(1-\widehat{y_k})$을 곱한 것이 된다.

각 노드에 대한 오차를 구하면 **〈표 11.6〉**과 같다.

〈표 11.6〉 예제 2에 대한 신경망 가중치 오차

| Unit j | Errj |
|---|---|
| 6 | $(0.66)(1-0.66)(0-0.66)=0.15$ |
| 5 | $(0.45)(1-0.45)(-0.15)(-0.2)=0.0075$ |
| 4 | $(0.62)(1-0.62)(-0.15)(-0.3)=0.0106$ |

이때 신경망의 가중치는 다음과 같이 갱신된다.

$$\theta_j^{new} = \theta_j^{old} + lerr_j$$
$$w_{i,j}^{new} = w_{i,j}^{old} + lerr_j$$

이 식에서 l은 학습률(learning rate) 파라미터라고 하며, 일반적으로 0과 1 사이의 범위에서 상수로 존재하고, 한 번 학습이 일어날 때마다 이 파라미터를 이용하여 가중치의 변동량을 제어한다.

가중치를 갱신하는 2가지 방법에는 사례별 갱신(case updating)과 일괄 갱신(batch updating)이 있다. 사례별 갱신의 경우 각 관찰치가 신경망에 적용될 때마다 가중치가 갱신된다. 이를 가중치 조정시도(trial)라고 부른다. 이 때 학습률이 0.9라고 하면, 가중치는 다음과 같이 갱신된다.

$$w_{14} = 0.2 + (0.9)(0.0106)(0) = 0.2$$
$$w_{15} = -0.3 + (0.9)(0.0075)(0) = -0.3$$
$$w_{24} = 0.4 + (0.9)(0.0106)(0) = 0.4$$
$$w_{25} = 0.1 + (0.9)(0.0075)(0) = 0.1$$
$$w_{34} = 0.2 + (0.9)(0.0106)(1) = 0.210$$
$$w_{35} = 0.1 + (0.9)(0.0075)(1) = 0.107$$
$$w_{46} = -0.3 + (0.9)(-0.15)(0.62) = -0.384$$

$$w_{56} = -0.2 + (0.9)(-0.15)(0.45) = -0.261$$
$$\theta_4 = -0.4 + (0.9)(0.0075) = -0.393$$
$$\theta_5 = 0.2 + (0.9)(0.0075) = 0.207$$
$$\theta_6 = 0.1 + (0.9)(-0.15) = -0.035$$

**[그림 11.10]** 계산으로부터 도출된 신경망 가중치

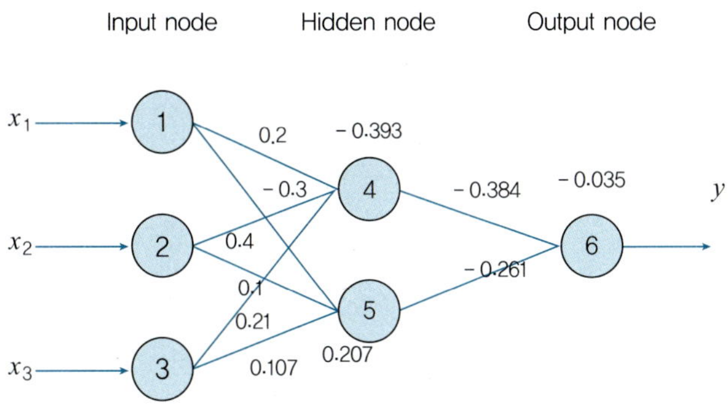


**[그림 11.11]** 신경망 가중치를 나타낸 예제 데이터의 신경망

### 예제 3: 기상 오염 데이터 집합을 이용한 초미세먼지 수준

다음은 기상 오염 데이터이다. 이 Air_Pollution 데이터를 가지고 미세먼지와 초미세먼지를 예측할 수 있다.

**〈표 11.7〉** Air_Pollution 데이터 예제 변수 내역

| 변수명 | 변수 내역 |
|---|---|
| Temp | 온도 |
| Wind Speed | 풍속(m/s) |
| Humidity | 습도(%) |
| Air Pressure | 기압(hPa) |
| Snow Depth | 눈 깊이(cm) |
| 박무, 연무, 비, 눈, 소나기, 안개, 햇무리, 안개비, 소낙눈, 동우, 진눈깨비, 뇌전, 황사, 천둥, 우박, 무지개, 채운, 싸락눈, 번개, 가루눈, 낮은 안개, 눈보라, 달무리 | 더미 변수(0, 1) |

| Coal Gasification_0<br>_NoDir | 20km 주변 모든 방향에서 석탄 가스화로 만든<br>전기 공장의 수 |
|---|---|
| Oil_0_NoDir | 20km 주변 모든 방향에서 석유로 만든<br>전기 공장의 수 |
| Gas_50_NoDir | 20~50km 주변 모든 방향에서 가스로 만든<br>전기 공장의 수 |
| Oil_50 | 특정 방향에서 20~50km 이내에 있는<br>석유로 만든 전기 공장의 수 |
| Gas_50 | 특정 방향에서 20~50km 이내에 있는<br>가스로 만든 전기 공장의 수 |
| C_PM10 | 4개(Good, Moderated, Unhealthy, Very<br>Unhealthy) 카테고리로 범주화한 미세먼지 |
| PM10 | 미세먼지 |
| PM2.5 | 초미세먼지 |

여기서도 7장에서와 같이 기존 데이터에서 분석에 용이하게끔 미리 전처리를 진행하였다. 활용하지 않을 변수들을 삭제하고 일부 변수들을 더미 변수로 변경하여 진행하였다.

더미 변수에 대해서 한 번 더 설명하자면 더미 변수는 통계 분석 및 머신 러닝 모델에서 범주형 데이터를 다룰 때 사용되는 개념이다. 범주형 변수는 일반적으로 문자열 레이블이나 정수로 표현되는데, 이러한 변수들을 수치형 데이터로 변환해야 모델에 적용 가능하기 때문이다.

주로 0과 1로 표현되며, 해당 범주에 속하면 1, 속하지 않으면 0으로 표현된다. 예를 들어, 소나기 변수는 소나기 내림과 내리지 않음 두 가지 범주로 나눌 수 있다. 이를 더미 변수로 표현하면 내렸다면 1, 내리지 않았다면 0으로 표현된다.

더미 변수의 사용은 모델의 해석이나 예측력을 높이는 데 도움이 될 수 있다. 하지만 너무 많은 더미변수는 모델의 복잡성을 증가시킬 수 있으므로 적절한 선택이 필요하다. 그리고 이 데이터를 상관관계 분석을 통해 상관계수 0.1 이상의 독립변수 6가지(Temp, Wind Speed, 박무, 연무, 안개, 황사)와 정확도를 높이기 위해 PM10를 범주화한 C_PM10을 독립변수로 사용하여 분석하였다.

〈표 11.8〉 PM10 범주화(G, M, U, V)

| Category | Range | Health Effects |
|---|---|---|
| Good | 0~30 | 대기 오염과 관련된 질병으로 고통받는 환자에게 영향을 미치지 않는 수준 |
| Moderate | 31~80 | 만성 노출의 경우 환자에게 미미한 영향을 미칠 수 있는 수준 |
| Unhealthy | 81~150 | 환자 및 민감한 집단(어린이, 노약자, 노약자)에게 해로운 영향을 미칠 수 있고 일반 대중에게 불쾌감을 줄 수 있는 수준 |
| Very Unhealthy | 151+ | 급성 노출 시 환자 및 민감한 그룹의 구성원에게 심각한 영향을 미칠 수 있는 수준 |

우리는 위 예제를 WEKA 툴을 사용하여 초미세먼지 수준 예측을 수행해 보자.

Weka에서 인공 신경망을 실행하기 위해서는 먼저 classify 패널을 클릭하고 상단 좌측에 있는 Choose 버튼을 눌러 function의 Multilayer Perceptron을 선택한다. 여기서 Multilayer Perceptron은 역전파를 이용해 훈련을 수행하는 신경망 네트워크다.

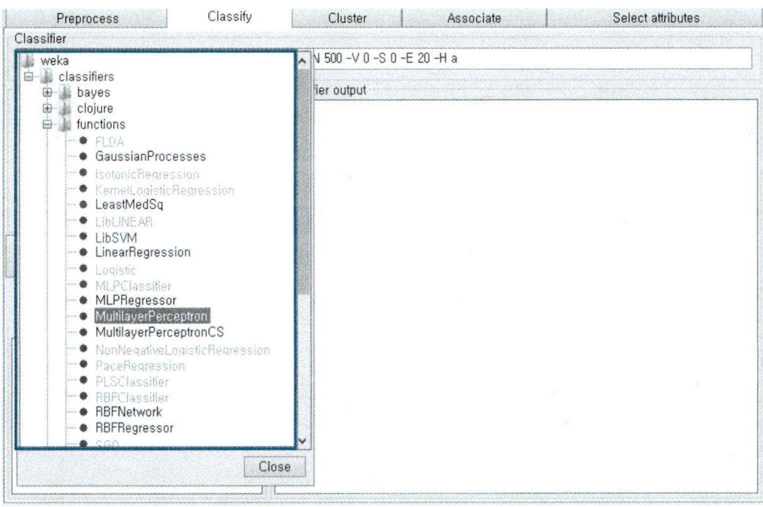


[그림 11.12] WEKA를 이용한 예제 데이터

예제 데이터를 로딩하고 객체 편집기에서 GUI를 true로 설정한 다음, Classify 패널에서 start를 클릭하면 신경망 네트워크가 수행되고 [그림 11.14]와 같이 별도의 다이어그램이 나타난다.

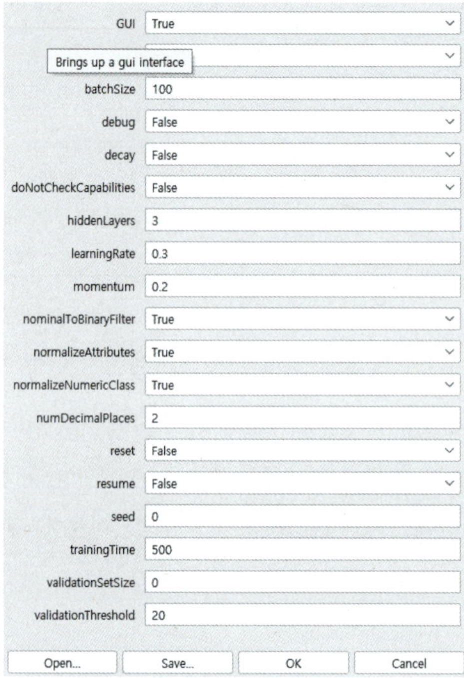


[그림 11.13] 신경망 모형에 대한 객체 편집기

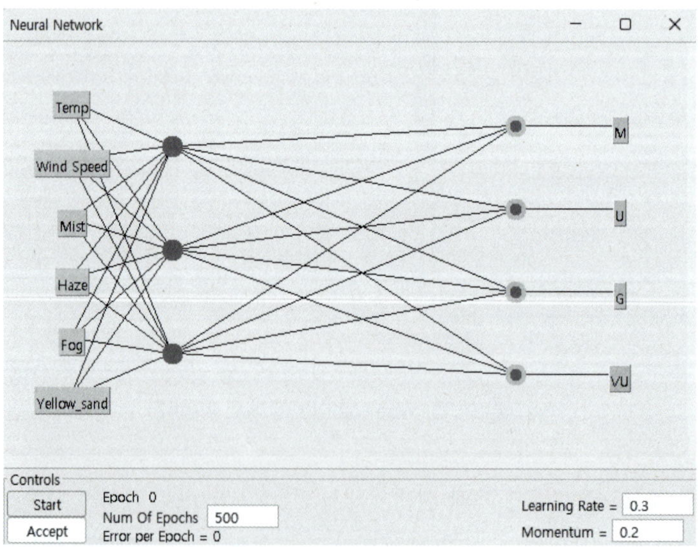


[그림 11.14] 신경망 모형 GUI

이 신경망 네트워크는 세 개의 레이어를 갖는다. 좌측에 있는 입력 레이어에는 직사각형 박스마다 각 속성이 들어 있다(녹색). 옆에 있는 은닉층(적색)과 모든 입력 노드는 서로 연결돼 있다. 우측에는 출력층이 있다(주황색). 가장 오른쪽에 있는 라벨은 출력 노드들이 나타내는 클래스를 보여주며, 수치 클래스에 대한 출력 노드들은 자동적으로 임계치가 없는 선형 유닛들로 변환된다.

하지만 객체 편집기를 이용하여 여러 매개변수를 설정할 수 있으므로 반드시 GUI를 통해 MultilayerPerceptron을 실행할 필요는 없다. 객체 편집기에서 autoBuild를 설정하면 은닉층들이 추가되고 연결된다.

hiddenLayers 매개변수는 어떤 은닉층들을 만들고, 각 은닉층이 얼마나 많은 노드를 담고 있는지 정의한다. hiddenLayers 매개변수는 정수 대신 사전에 정의해 놓은 변수들을 이용해 설정할 수도 있는데, *i*는 속성의 개수, *o*는 클래스 값의 개수, *a*는 두 값들의 평균, *t*는 두 값들의 총합을 의미한다. **[그림 11.14]**는 *a*로 설정했을 때의 결과이다. Dacay 매개변수는 시간에 따라 학습률이 감소하게 한다. 이 매개변수는 초기값을 epoch 수로 나눠 현재의 학습률을 계산한다. 이는 네트워크가 발산하지 않게 방지해 주며, 성능을 향상시키기도 한다.

Reset 매개변수는 자동으로 낮은 학습률을 갖도록 네트워크를 리셋시키고 GUI를 사용하지 않을 경우에만 활성화된다.

trainningTime 매개변수는 훈련 epoch의 횟수를 설정한다. 대신 검증을 위해 데이터 비율은 validationSetSize로 설정한다. 그런 다음엔 지속적으로 검증 집합에 대한 성능 저하가 시작되기 전까지 또한 지정한 epoch 횟수에 도달할 때까지 훈련이 계속된다. 비율을 0으로 설정하면 아무런 검증 집합도 사용되지 않는다.

validationThreshold 매개변수는 훈련 작업을 마치기 전까지 얼마나 많은 연속적인 횟수만큼 유효집합의 오차가 줄어들 수 있는지 결정한다.

NominalToBinatyFilter 필터는 기본적으로 MultilayerPerceptron 객체 편집기에 설정돼 있다. 이 설정을 비활성화시키면 명목 속성들이 실제로 서수의 성격을 갖는 데이터에 대한 처리 성능이 향상될 수 있다. 속성들은 정규화될 수 있으며(norminalizeAttributes), 추가로 수치 클래스를 정규화할 수 있다(norminalizeNumericClass).

```
=== Classifier model (full training set) ===

Sigmoid Node 0
    Inputs    Weights
    Threshold    -0.20313250202382496
    Node 4    -0.24733937859722033
    Node 5    1.1634590557507376
    Node 6    -1.339845394366812
Sigmoid Node 1
    Inputs    Weights
    Threshold    -0.33207165592489213
    Node 4    -0.7492447021476923
    Node 5    -1.6322752747751483
    Node 6    -0.5265805664893716
Sigmoid Node 2
    Inputs    Weights
    Threshold    -3.496680776392373
    Node 4    0.7611652258012601
    Node 5    1.6790988503440414
    Node 6    -0.3831195381639188
Sigmoid Node 3
    Inputs    Weights
    Threshold    -2.258716556240419
    Node 4    1.891960833570491
    Node 5    -5.322349358064139
    Node 6    2.488764074736427
Sigmoid Node 4
    Inputs    Weights
    Threshold    -9.496939408873251
    Attrib Temp    9.840343795327362
    Attrib Wind Speed    6.112300360967947
    Attrib Mist    -0.6311440235027305
    Attrib Haze    -5.084218424191029
    Attrib Fog    -0.9820576562760405
    Attrib Yellow_sand    -5.013144110008844
Sigmoid Node 5
    Inputs    Weights
    Threshold    -16.23727356093988
    Attrib Temp    12.378824209093507
    Attrib Wind Speed    3.862814575919683
    Attrib Mist    0.4609169071087823
    Attrib Haze    -10.83848509695414
    Attrib Fog    -5.886731263850265
    Attrib Yellow_sand    -15.269445863120469
Sigmoid Node 6
    Inputs    Weights
    Threshold    -12.216668175453052
    Attrib Temp    20.223366880332588
    Attrib Wind Speed    -9.942729721783037
    Attrib Mist    -2.2682841891297056
    Attrib Haze    -0.565208583519844
    Attrib Fog    4.946524873163106
    Attrib Yellow_sand    15.767117570626331
```

```
Class M
    Input
    Node 0
Class U
    Input
    Node 1
Class G
    Input
    Node 2
Class VU
    Input
    Node 3


Time taken to build model: 15.69 seconds

=== Stratified cross-validation ===
=== Summary ===

Correctly Classified Instances       27858               59.6915 %
Incorrectly Classified Instances     18812               40.3085 %
Kappa statistic                          0.2045
Mean absolute error                      0.2582
Root mean squared error                  0.3629
Relative absolute error                 88.9988 %
Root relative squared error             95.2822 %
Total Number of Instances            46670

=== Detailed Accuracy By Class ===

                 TP Rate  FP Rate  Precision  Recall   F-Measure  MCC      ROC Area  PRC Area  Class
                 0.817    0.635    0.642      0.817    0.719      0.205    0.638     0.676     M
                 0.463    0.174    0.467      0.463    0.465      0.289    0.744     0.439     U
                 0.001    0.000    0.308      0.001    0.003      0.012    0.725     0.242     G
                 0.152    0.007    0.463      0.152    0.229      0.250    0.827     0.204     VU
Weighted Avg.    0.597    0.413    0.548      0.597    0.544      0.203    0.683     0.542

=== Confusion Matrix ===

     a     b     c     d   <-- classified as
 22211  4828    16   133 |     a = M
  6063  5368     2   171 |     b = U
  5765   316     8    10 |     c = G
   537   971     0   271 |     d = VU
```

[그림 11.15] 예제 데이터에 적용된 신경망 결과

도출된 결과는 [그림 11.15]와 같으며, 학습결과가 좋지 않은 이유는 학습에 필요한 데이터 셋이 매우 적기 때문이다.

R을 이용하여 인공 신경망 분석을 실행해 보자.

```
# 작업 경로 설정
set.seed(1)
setwd("path")
```

```
# 라이브러리 설치
install.packages("nnet")
library("nnet")
```

* 작업 경로를 설정하고 난수를 고정한 후 작업 경로를 파악하고, 인공 신경망 분석에 필요한 'nnet' 패키지를 설치한다.

```
# 데이터 로드 및 독립변수 종속 변수 지정
dataset <- read.csv("./Air_Pollution_Dataset.csv",  fileEncoding = "euc-kr")
dataset = dataset[(names(dataset) %in% c('Temp', 'Wind Speed', '박무', '황사', '연무',
'안개', 'C_PM10'))]
dataset$C_PM10 <-as.factor(dataset$C_PM10)
str(dataset)
```

* 독립변수와 종속 변수를 지정하고 데이터를 확인하다.

```
'data.frame':   46670 obs. of  6 variables:
 $ Temp   : num  -3.2 0 0.3 -0.1 -0.1 0.8 0 -1.2 -1.7 -2.5 ...
 $ 박무   : int  1 1 1 1 1 1 1 1 1 1 ...
 $ 연무   : int  0 0 0 0 0 0 0 0 0 0 ...
 $ 안개   : int  0 0 0 0 0 0 0 0 0 0 ...
 $ 황사   : int  0 0 0 0 0 0 0 0 0 0 ...
 $ C_PM10: Factor w/ 4 levels "G","M","U","VU": 2 2 3 3 3 2 2 2 2 3 ...
```

[그림 11.16] 최종 변수 지정 확인

```
# 데이터 분리
sample_num = sample(1:nrow(dataset), size=round(0.3*nrow(dataset)))
train_data = dataset[-sample_num,]
test_data = dataset[sample_num,]
```

* 데이터를 학습용과 테스트용으로 분할한다. 전체 70%를 훈련용으로, 나머지 30%는 테스트용으로 분할한다.

* 분리한 데이터를 train_data와 test_data에 나누어 저장한다.

```
# 신경망 모델 학습
nnet_model <- nnet(C_PM10~ ., data = train_data, size = 3, maxit = 1000) # size :
hidden node 수
```

* nnet(train_data = 학습 데이터, C_PM10 = 종속 변수, size =hidden node 수, maxit = 훈련 반복 횟수) 함수를 사용하여 신경망 모델을 생성한다.

```
# 예측값
y_pred <- predict(nnet_model, test_data, type="class")

# C_PM10값을 actual 변수에 저장
y_test <- test_data$C_PM10
y_test <- as.vector(y_test)

# 예측값과 실제값 간의 교차표를 생성
Table(y_test, y_pred)

check <- data.frame(y_pred, y_test)
count=0 # 변수 count초기화

for(i in 1:nrow(test_data)){
  if (check$pre1[i] == check$actual[i]){
    count = count +1}
}
# 정확도 출력
print(count/nrow(test_data))
```

* 테스트 데이터를 사용하여 모델 예측값을 생성한다. 현재 모델의 목적은 분류(classification)이기에 type=" " 옵션은 "class"로 지정한다.
* 테스트 데이터프레임에 C_PM10 열을 y_test 변수에 저장한다. 실제 C_PM10 값을 y_test 변수에 저장할 때, 예측값과 실제값 비교를 용이하게 하고

자 'as vector'를 활용하여 벡터 형태로 변환한다.

* 일치하는 예측 개수를 세기 위해 변수 count를 초기화하고 테스트 데이터의 각 행에 대해 예측값과 실제값이 일치하는 경우 count를 증가시키도록 반복한다.

비교 결과 및 정확도는 다음과 같다.

```
         pre1
actual     M    U   VU
    G   1777   81    0
    M   6990 1146   10
    U   1957 1491   15
    VU   146  364   24
```

[그림 11.17] 예측값과 실제값 간의 교차표

```
0.6074566
```

[그림 11.18] 정확도 출력값

모델의 정확도가 높지 않은 이유는 데이터 불균형 문제, 데이터 수 문제 등의 품질 문제, 모델의 과적합 또는 과소적합 등 다양하게 존재한다. 그렇기에 향후 모델을 제작하기 전 데이터 탐색과 전처리 단계를 통해 품질을 개선해야 하고, 여러 모델을 시도하여 성능평가를 하며, 하이퍼 파라미터 최적화, 새로운 특징 도출 등 다양한 방향으로 진행해야 한다.

이번에는 파이썬을 활용하여 인공지능 분석을 실행해 보자.

```
# 라이브러리 설치
import pandas as pd
from sklearn.model_selection import train_test_split
from sklearn.neural_network import MLPClassifier
from sklearn.metrics import confusion_matrix, accuracy_score
```

* 필요한 라이브러리를 임포트한다. 'train_test_split'은 학습/테스트 분할하기

위해 MLPClassifier는 다층 퍼셉트론(Multi-Layer Perceptron, MLP) 알고리즘을 구현한 클래스이며, 'confusion_matrix'는 혼동행렬을 구하기 위함이다.

```
# 데이터 불러오기
data = pd.read_csv("./Air_Pollution_Dataset(11장).csv")
print(data.head()) # 데이터 확인
```

* 데이터를 로드하고 확인한다.

```
   Temp  Wind Speed  Humidity  Snow Depth  Oil_0_NoDir  Gas_50_NoDir  Oil_50  ₩
0  -3.2         0.4      85.0         8.5         61.4          48.3       0
1   0.0         0.4      76.0         8.1         61.4          48.3       0
2   0.3         2.3      78.0         7.6         61.4          48.3       0
3  -0.1         2.3      84.0         7.5         61.4          48.3       0
4  -0.1         1.3      92.0         8.5         61.4          48.3       0

   Gas_50  PM2.5  Month  Hour  Mist  Haze  Rain  Snow  Fog  Yellow_sand  PM10  ₩
0     0.0      0      1    11     1     0     0     1    0            0    65
1     0.0      0      1    12     1     0     0     1    0            0    73
2    48.3      0      1    13     1     0     0     1    0            0   101
3     0.0      0      1    14     1     0     0     1    0            0    96
4     0.0      0      1    15     1     0     0     1    0            0    82

  C_PM10
0      M
1      M
2      U
3      U
4      U
```

[그림 11.19] 데이터 확인

```
# 전처리_변수 선택
data=data[['Temp', 'Wind Speed', 'Mist', 'Yellow_sand', 'Haze', 'Fog', 'C_PM10']]
print(data.info())
```

* 기존에 상관분석을 통해 독립 및 종속변수들에 활용할 데이터를 재지정한다. 인공신경망 모델이 주이므로 상관분석 진행은 생략한다.

```
# 학습용과 테스트용 분리
train_data, test_data = train_test_split(data, test_size=0.3, random_state=1)
```

* sklearn의 train_test_split 함수를 사용하여 데이터를 학습용과 테스트용으로 나눈다.

```
# 모델학습
nnet_model = MLPClassifier(hidden_layer_sizes=(4,), max_iter=100, random_
state=1)
nnet_model.fit(train_data.drop('C_PM10', axis=1), train_data['C_PM10'])
```

* MLPClassifier를 사용하여 다층 퍼셉트론(MLP) 모델을 정의한다. 은닉 레이어의 크기를 (4,)로 설정하고 최대 반복 횟수를 100으로 지정한다.

다음의 표에서 MLPClassifier 모델에서의 파라미터를 가볍게 알아보자.

〈표 11.9〉 MLPClassifier 모델 파라미터 및 용도

| 파라미터 | 용도 |
|---|---|
| hidden_layer_sizes | hidden laye의 크기를 설정하는 파라미터. tuple로 전달하며, tuple의 i번째 element가 i번째 hidden layer의 크기 |
| activation | hidden layer에 사용할 활성화 함수의 종류. 'identity', 'logistic', 'tanh', 'relu' 사용 가능 |
| solver | 가중치 최적화를 위해 활용하는 optimizer의 종류. 'lbfgs', 'sgd', 'adam' 사용 가능 |
| batch_size | 최적화를 시키기 위한 mini-batch 크기 설정 |
| learning_rate | 단계별로 움직이는 학습 속도. 'constant', 'invscaling', 'adaptive' 사용 가능 |
| max_iter | 최대 반복 횟수(training iteration 수행할 횟수 = epoch) |

```
# 실제값과 예측값 비교
y_pred = nnet_model.predict(test_data.drop('C_PM10', axis=1))
y_test = test_data['C_PM10']

comparison= pd.DataFrame({'실제값':y_test, '예측값':y_pred})
print(comparison)
```

* 예측 결과를 y_pred, 실제 값을 y_test에 저장한 후 예측 정도를 확인하기 위해 실제값과 예측값을 비교한다.

* 모델의 성능을 평가하기 위해 혼동행렬을 활용하여 계산한다.

```
        실제값 예측값
20312    U    M
12891    U    M
41088    M    U
22702    U    U
43397    M    M
...     ..   ..
3286     U    M
46088    M    M
28038    M    M
34880    M    M
45363    U    U

[14001 rows x 2 columns]
```

[그림 11.20] 실제값과 예측값 비교

```
정확도: 0.61124205413899
Confusion Matrix:
[[   0 1721   59    0]
 [   0 7012 1124    0]
 [   0 1991 1546    0]
 [   0  155  393    0]]
```

[그림 11.21] 혼동행렬 결과

## 6. 과적합 없애기

신경망의 약점은 학습 데이터에 대해서 과적합을 쉽게 하게 된다는 것이며, 이에 따라 평가용 데이터의 오류율(그리고 새로운 데이터에 대해서 특히 중요함)이 매우 커지는 문제가 발생한다.

따라서 신경망의 학습 가중치 조정주기(epoch)의 횟수를 제한하여 데이터에 대해 과적합을 못하게 하는 것이 중요하다. 분류와 회귀나무(CART)의 경우처럼 평가용 집합의 성과를 검토하여 언제 성과가 떨어지는지(반면에 학습용 집합의 성과는 계속 증가함)를 살펴봄으로써 과적합화 여부를 판단할 수 있다.

이 접근 방법은 학습 가중치 조정주기(epoch)의 횟수를 제한하는 알고리즘에서 사용된다(XLMiner에서는 지원되지 않음). 신경망이 학습되는 동안 주기적으로 평가용 데이터 집합의 오류율을 계산한다. 평가용 데이터의 오류는 학습용 데이터보다 이전 가중치 조정주기(epoch)에서 감소하다가 얼마 후에 증가하기 시작한다. 최소 평가용 오류점이 학습을 위한 가중치 조정주기(epoch)의 최적 수를 정하는 좋은 지표이며, 이 단계에서의 가중치는 새로운 데이터에 대해서 가장 낮은 오류율을 제공할 가능성이 높다.

## 7. 신경망 모형의 장단점

신경망에서 가장 뛰어난 장점은 좋은 예측성과에 있다. 신경망은 잡음이 많은 데이터에도 매우 안정적이며, 예측변수와 반응변수 간의 관계가 매우 복잡할 때도 이를 파악할 수 있는 능력이 뛰어나다.

하지만 신경망 모형은 분류 결과에 대해 왜 그렇게 분류하게 되었는지 설명하기가 쉽지 않아 이 모형을 블랙박스라 부르기도 한다. 모형의 해석이 어렵다는 것은 모형의 수정이 어려울 수 있어 신경망의 단점이라 할 수 있다.

둘째, 신경망의 매우 높은 유연성은 학습과정에 충분한 데이터를 가질 때에만 가능하다. 만약 학습에 필요한 데이터가 충분하지 않다면 신경망의 성과가 낮아질 것이다. 이와 관련된 문제로서 신경망을 이용한 분류문제에서 학습을 정상적으로 수행하기 위해서는 가장 적은 수의 목표집단도 충분한 데이터를 가져야 한다.

셋째, 신경망 모형의 기술적인 문제로 신경망의 가중치는 **전역 최적점**이 아닌 **지역 최적점**에 빠질 위험이 있다. 이 때의 가중치는 학습용 데이터에서 모형을 가장 잘 적합시키지 않은 채로 수렴된다. 이러한 문제를 해결하기 위해서는 학습률을 조절하거나 천천히 모멘텀을 줄여 나가는 방법을 사용할 수 있다. 그러나 이러한 파라미터의 조정이 최종 가중치의 최적화를 보장해주는 것은 아니다.

전역 최적점
지역 최적점

넷째, 신경망의 훈련 과정은 은닉층과 노드의 수가 많으면 매우 시간이 걸리는 작업이다. 하지만 훈련이 끝난 후에 시험용 데이터에 대해서는 신속하게 분류할 수 있다.

# 참·고·문·헌

A. Freeman, and Manry M. T.(1991). Neural networks: Algorithms, applications, and programming techniques. Addison-wesley company.

Michael J. A. Berry, and Gordon Linoff(1997). Data Mining Techniques: For Marketing, Sales, and Customer Support. USA: John Wiley & Sones, Inc.

GALIT SHMUELI, NITIN R. PATEL and PETER C. BRUCE(2009). 비즈니스인텔리전스를 위한 데이터 마이닝(신택수, 홍태호 역). 파주: 사이텍미디어. (원저 2006년 출판)

Philip N., and Johnson-Laird (1991). 컴퓨터와 마음(이정모, 조혜자 역). 서울: 민음사. (원저 1988년 출판)

Pang-Ning Tan, Michael Steinbach, Vipin Kumar(2007) 데이터 마이닝(용환승 외 6 역). 서울: 인피니티 북스 (원저 2006)

Ian H. Witten, Eibe Frank, and Mark A. Hall(2013). 데이터 마이닝: 데이터 속 숨은 의미를 찾는 기계 학습의 이론과 응용(이승현 역). 의왕: 에이콘. (원저 2011년 출판)

전치혁 (2012). 데이터 마이닝 기법과 응용. 서울: 한나래.

김대수 (1992). 신경망 이론과 응용1. 하이테크정보사.

김대수 (1994). 첨단 컴퓨터의 세계. 전자신문사.

오창석 (1996). 신경망 이론 뉴로 컴퓨터. 내하출판사.

이정진 (2011). R, SAS, MS-SQL을 활용한 데이터 마이닝. 파주: 자유아카데미.

# 연·습·문·제

**1.** 다음은 마이닝 회사의 고객거래 데이터이다. 여기서 연봉을 목적변수라고 하자.

**〈표 11.10〉** 연봉예측 예제

| 성명 | 업종 | 연봉(만 원) | 월 거래량(만 원) | 월 거래 건수 | 고객등급 |
|---|---|---|---|---|---|
| 송혜교 | 자영업 | 2500~3000 | 100~150 | 15 | B |
| 안성기 | 사무직 | 2500~3000 | 100~150 | 15 | B |
| 박상아 | 자영업 | 3000~3500 | 200~250 | 20 | A |
| 설경구 | 사무직 | 2000~2500 | 200~250 | 20 | A |
| 채림 | 공무원 | 2000~2500 | 150~200 | 15 | B |
| 유호성 | 자영업 | 2500~3000 | 100~150 | 15 | C |
| 송윤아 | 공무원 | 2500~3000 | 50~100 | 20 | B |

back Propagation 알고리즘을 이용하여 weight 및 bias를 업데이트하시오.

**2.** 초기치는 다음과 같다.

**〈표 11.11〉** 노드에 대한 가중치 및 편의

| $X_1$ | $X_2$ | $X_3$ | $W_{14}$ | $W_{24}$ | $W_{34}$ | $W_{44}$ | $W_{15}$ | $W_{25}$ | $W_{35}$ | $W_{45}$ | $W_{46}$ | $W_{56}$ | $\theta_1$ | $\theta_2$ | $\theta_3$ |
|---|---|---|---|---|---|---|---|---|---|---|---|---|---|---|---|
|  |  |  | 0.4 | 0.5 | -0.6 | 0.7 | 0.8 | 0.9 | -0.3 | 0.7 | 0.6 | 0.3 | 0.5 | 0.4 | -0.4 |

Learning rate가 0.9라고 할 때 back Propagation 알고리즘을 이용하여 weight 및 bias를 2명까지 업데이트하시오.

12

CHAPTER

# 연관성 규칙

이 장에서는 비지도학습으로서 객체(레코드)들 간의 관계성을 파악하기 위해 널리 사용되는 연관성 규칙 혹은 장바구니 분석 알고리즘에 대해 설명한다. 객체 간의 관계성을 파악하기 위해서, 확률의 개념으로부터 파생된 지지도, 신뢰도, 리프트 등의 개념을 설명한다. 연관성 규칙은 거래 형식의 데이터베이스로부터 제품들 간 함께 구매되는 경향을 찾기 위해서 활용되고 있다. 여러 객체들 간의 연관성을 찾기 위해 실무에서 널리 활용되고 있는 Apriori 알고리즘을 설명하고 관련 사례를 통해 학습한다.

1. 시장바구니 분석 개요
2. 시장바구니 분석의 기본 개념
3. 시장바구니 분석 지표
4. 연관성 규칙 기법의 기본 과정
5. 시장바구니 분석 예제
6. 연관성 규칙의 장 단점
7. 어프라이어리 알고리즘(Apriori Algorithm)
8. 기타 연관성 규칙 기법

# 1. 시장바구니 분석 개요

## 1.1 시장바구니 분석(연관성 규칙 발견)이란?

하나의 거래나 사건에 포함되어 있는 항목들의 경향을 파악해서 상호연관성을 발견하는 것

예) 쇼핑 카트에 담긴 품목(항목)들(1회 쇼핑, 전체 품목)

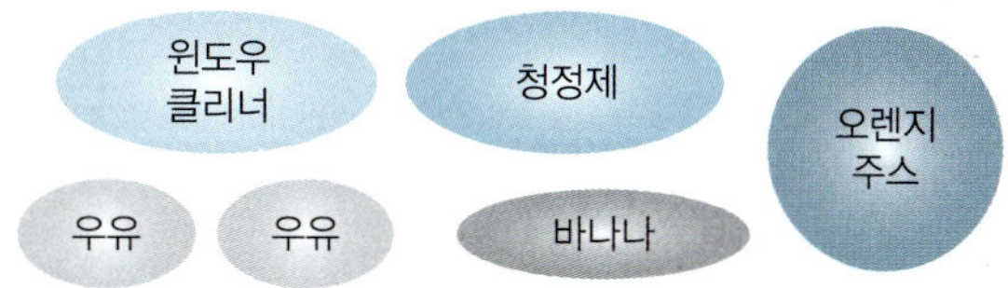


[그림 12.1] 쇼핑 카트에 담긴 품목들

1) 구매자가 제품을 구매할 때 이웃의 영향이 있었는가?

2) 오렌지 주스와 청정제 구입 시 윈도우 클리너를 같이 구입하는가?

3) 우유를 바나나 구입 시 함께 구입하는가? 또한 구입할 때 특정 브랜드를 구입하는가?

4) 청정제를 어느 곳에 위치시켜야 판매고가 최대화되는가?

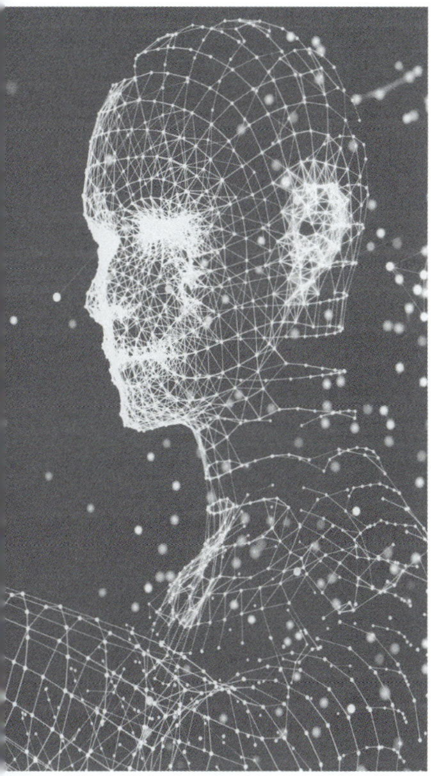

시장바구니 분석(연관성 규칙 발견)은 하나의 거래나 사건에 포함되어 있는 항목들의 경향을 파악해서 상호 연관성을 발견하는 것을 말한다.

[그림 12.1]의 예시는 한 고객의 쇼핑 카트 안의 물품 품목이다. 고객은 윈도우 클리너, 청정제, 오렌지 주스, 우유 2개, 바나나를 쇼핑 카트에 담았다. 우리가 시장바구니 분석(연관성 규칙 발견)을 공부하기 전에 먼저 위의 질문을 통해 개념을 익히기로 하자.

"구매자가 제품을 구매할 때 이웃의 영향이 있었는가?"라는 질문이 시장바구니 분석의 가장 기초가 되는 질문일 것이다. 이 질문을 시작으로 제품 품목 연관성을 파악할 수 있기 때문이다.

다음 질문인 "오렌지 주스와 청정제 구입 시 윈도우 클리너를 같이 구입하는가?"는 오렌지 주스, 청정제와 윈도우 클리너의 연관성을 파악하기 위한 것이다. 세 번째 질문 역시 마찬가지이다. 우유와 바나나의 연관성을 파악할 수 있는 질문이다. 더 나아가 브랜드와 제품의 연관성까지 파악할 수 있다.

이와 같은 질문을 통해 슈퍼마켓이나 마트는 청정제와 어떤 물품이 연관이 있는지 파악하여 서로 연관성 있는 제품을 가까운 곳에 배치시키는 등 고객에게 마케팅 활동을 할 수 있다.

### 1.2 거래와 항목

시장바구니 분석은 하나 또는 여러 개의 품목이나 제공된 서비스의 거래와 이 거래에 대한 정보에서 시작한다.

예) 마크로의 Point-Of-Sale Transaction

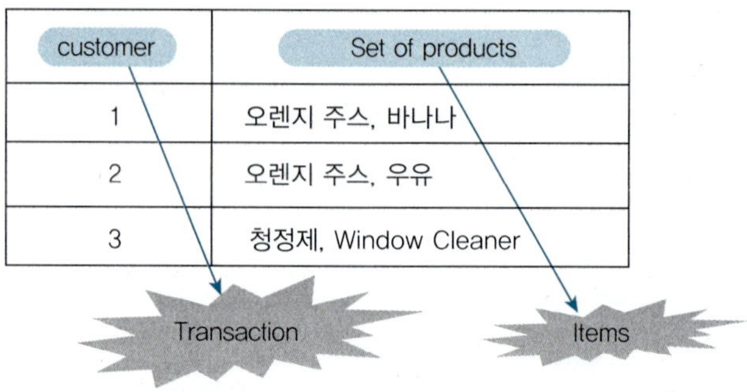


**[그림 12.2]** 마크로의 Point Of Sale Transaction

시장바구니 분석의 데이터 형태는 소위 시장바구니 또는 바스켓 데이터라 한다. 이때 한 고객, 즉 한 바스켓의 정보를 하나의 거래(transaction)라 한다. 항목(item)은 품목들의 집합으로 한 고객이 사는 제품 품목 세트를 말한다. 거래(transaction)와 항목(item)은 제품 간의 연관성을 살펴보고자 하는 것으로 수많은 트랜잭션을 분석하여 빈번히 나타나는 규칙을 찾아낼 수 있다.

## 1.3 연관성 규칙

- 어떤 Item 집합의 존재가 다른 Item 집합의 존재를 암시하는 것을 의미하며, 다음과 같이 표시한다.

(Item set A) ⇨ (Item set B)

(if A then B : 만일 A가 일어나면 B가 일어난다.)

- 함께 구매하는 상품의 조합이나 서비스 패턴을 발견하는 데 이용
- 특정 제품 또는 사건들이 동시에 발생하는 패턴을 파악하는 데 이용
  예) 가정용품 판매 기간 동안 같이 판매해야 하는 상품의 패턴 발견

연관성 규칙(association rules)은 "어떤 item 집합의 존재가 다른 Item 집합의 존재를 암시하는 것"이라 정의할 수 있다. 결국 연관성 규칙은 함께 구매하는 상품의 조합이나 서비스의 유용한 패턴을 말하는 것이다. 또한 연관성 규칙은 가정용품 판매 기간 동안 같이 판매해야 하는 상품의 패턴 발견과 같이 특정 제품 또는 사건들이 동시에 발생하는 패턴을 파악하는 데 이용된다. 이 기법은 원래 고객 거래 데이터베이스를 연구하면서 서로 다른 항목집합에 대한 구매 의존성을 결정하는 방법으로서 처음 적용하였기 때문에 시장바구니 분석(Market Basket Analysis)이라 부르기도 한다.

시장바구니 분석은 기업의 마케팅에서 가장 널리 사용되고 있다. 컴퓨터 기술의 발달과 함께 기업은 상세한 고객 거래정보를 이용할 수 있게 되었고, 이는 자동적으로 데이터베이스 내에 저장된 항목집합들 간의 연관성을 찾는 기법 개발로 이어졌다.

바코드 스캐너를 이용하여 수집된 슈퍼마켓 데이터를 이용하는 예를 들어보자. 슈퍼마켓에서 쇼핑하고 있는 한 고객이 카트에 담긴 물품을 계산하는 과정에서 바코드 스캐너를 이용하게 된다. 바코드 스캐닝을 통해 읽힌 물품 데이터는 장바구니 데이터베이스(market basket database)에 입력된다. 입력된 데이터로부터 슈퍼마켓 관리자는 고객들의 구매 행태를 분석하여 상품 진열대에 최적으로 제품을 배치

시키거나 또는 교차판매나 판매촉진 등을 하며, 구매패턴에 근거하여 고객을 세분화할 수 있다.

## 2. 시장바구니 분석의 기본 개념

### 2.1 거래데이터

각각의 거래는 "어떤 제품이 다른 제품과 함께 팔릴 것인가"에 대한 정보를 제공한다. 위의 고객의 구매 상품 리스트를 통해 함께 팔린 제품 쌍에 대한 횟수를 나타내는 제품의 동시구매 테이블을 만들 수 있다.

**고객의 구매 상품 List**

〈표 12.1〉 고객 구매 상품 list

| ID | 판매 상품 |
|---|---|
| 1 | 소주, 콜라, 맥주 |
| 2 | 소주, 콜라, 와인 |
| 3 | 소주, 주스 |
| 4 | 콜라, 맥주 |
| 5 | 소주, 콜라, 맥주, 와인 |
| 6 | 주스 |

**제품의 동시구매 횟수**

〈표 12.2〉 제품들 간의 동시구매 빈도

| | 소주 | 맥주 | 콜라 | 주스 | 와인 |
|---|---|---|---|---|---|
| 소주 | 4 | 2 | 3 | 1 | 2 |
| 맥주 | 2 | 3 | 3 | 0 | 1 |
| 콜라 | 3 | 3 | 4 | 0 | 2 |
| 주스 | 1 | 0 | 0 | 2 | 0 |
| 와인 | 2 | 1 | 2 | 0 | 2 |

〈표 12.2〉는 거래에서 두 제품의 동시구매에 대한 횟수를 나타낸다. 고객의 구매 상품 리스트를 보면 소주와 맥주를 함께 산 구매자는 ID 1, 5로 총 2번의 판매 기록이 있다. 따라서 제품의 동시구매 테이블에서 소주와 맥주가 함께 팔린 부분에 2가 기록되는 것이다. 마찬가지로 소주와 콜라를 함께 구매한 고객은 ID 1, 2, 5로 총 3번의 판매 기록이 있다. 따라서 제품의 동시구매 테이블에서 소주와 콜라가 함께 팔린 부분에 3이 기록되는 것이다.

또한 〈표 12.2〉의 제품의 동시구매 테이블에서 "소주" 행과 "소주" 열이 교차하는 지점의 값 4는 전체 거래에서 소주가 팔린 횟수를 의미한다.

## 2.2 연관성 규칙 발견

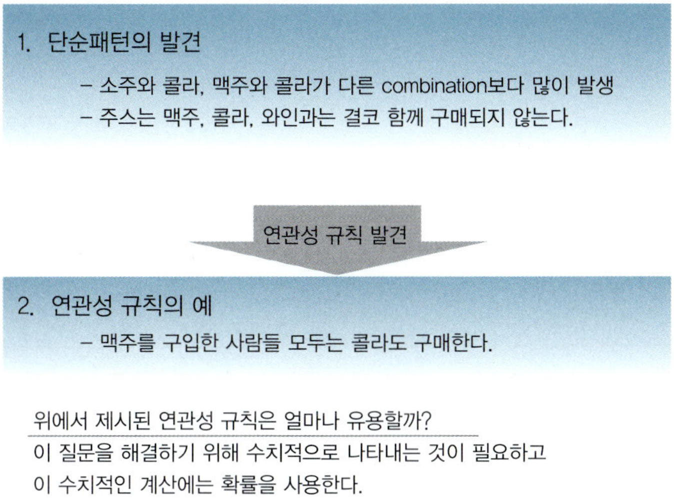


**[그림 12.3]** 연관성 규칙 발견

동시구매 테이블은 다음과 같은 몇 가지 단순 패턴을 포함하고 있다.

"소주와 콜라, 맥주와 콜라가 다른 조합보다 많이 발생하며, 주스는 맥주, 콜라, 와인과는 결코 함께 구매되지 않는다."는 단순 패턴 발견을 통해 우리는 다음과 같은 공식적인 규칙을 제안할 수 있다. "맥주를 구입한 사람들 모두 콜라도 구매한다." 먼저, 우리는 어떻게 자동적으로 이와 같은 규칙을 발견하는가를 논의하기보다 이 연관성 규칙이 얼마나 유용한가를 생각해 보아야 한다.

연관성 규칙이 얼마나 유용한가는 수치적 계산을 통해 판단할 수 있다. 이 수치적 계산에는 확률을 이용한 척도인 지지도(support), 신뢰도(confidence), 향상도(lift ratio)가 있다.

## 3. 시장바구니 분석 지표

### 3.1 지지도와 신뢰도 1

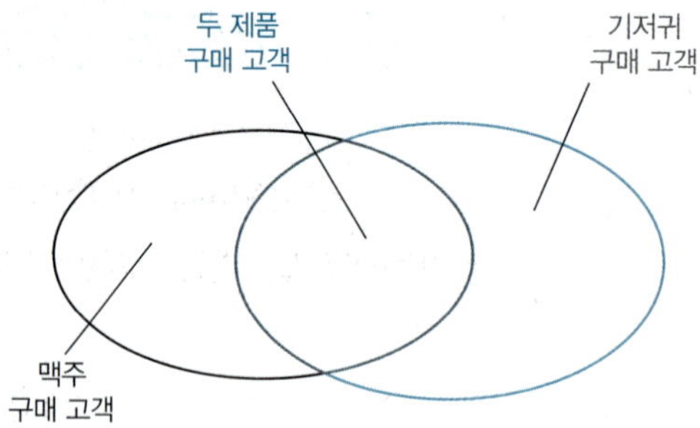


최소지지도와 최소신뢰도 이상의 값을 가지는 A&B → C(A와 B를 사면 C를 구매)와 같은 규칙을 갖는 항목의 집합을 발견하자.

- 세 개의 품목을 동시에 구매한 거래의 확률, 지지도(s)를 구해서 최소지지도 이상의 값을 가지는 세 개의 품목을 포함하는 거래를 찾는다.
- 최소지지도 이상의 세 개의 품목 거래 중 A와 B를 동시에 구매한 거래가 C를 포함하는 조건부 확률을 계산하여 최소신뢰도 이상의 값을 가지는 품목들의 조합을 찾는다.

**[그림 12.4]** 구매자의 구매 상품 집합

**〈표 12.3〉** 거래 ID별 구매 상품

| 거래 ID | 구매 상품 |
| --- | --- |
| 2000 | A, B, C |
| 1000 | A, C |
| 4000 | A, D |
| 5000 | B, E, F |

왼쪽 거래에서, 최소지지도 50%, 최소신뢰도 50%로 설정하였을 때, 왼쪽 거래 중에서 품목 A, C에 대해서 왼쪽 거래를 이용하여 지지도와 신뢰도를 계산해 보자.

- A ⇒ C (?, ?)
- C ⇒ A (?, ?)

연관성 규칙의 척도를 이해하기 전에, 연관성 분석에서 사용하는 항목(item), 트랜잭션(Transaction), 항목집합(Item set)에 대해 다시 정리해 보자.

- 항목은 각각의 '제품(품목)'을 의미한다. 예를 들어, 마트에서 팔고 있는 맥주, 기저귀, 코카콜라, 소고기는 각각의 항목(품목)이 될 수 있다.
- 트랜잭션은 하나 하나의 '거래'를 의미한다. 마트에서 하루에 100명의 손님이 물건을 구매했다면, 100개의 트랜잭션이 발생했다고 볼 수 있다. 트랜잭션은 한 개 이상의 항목(Item)을 가져야 한다.
- 항목집합은 한 개 또는 여러 개의 '항목을 묶어놓은 집합'을 의미한다. 예를 들어, {펩시}처럼 하나의 항목을 항목집합으로 만들거나, 또는 {코카콜라, 사이다, 환타}처럼 여러 개의 항목을 묶어서 항목집합을 만들 수 있다. 다음으로

연관성 분석의 척도인 지지도, 신뢰도, 향상도를 이해해 보자.

〈표 12.4〉 두 항목집합 X와 Y에 대한 지지도, 신뢰도, 향상도 이해

| 척도명 | 척도에 대한 설명 | 계산식 |
|---|---|---|
| 지지도 (support) | 전체 거래 건수 대비 항목집합 $X$와 $Y$를 모두 포함하는 거래 건수의 비율 | $\frac{X\text{와 } Y\text{를 모두 포함하는 거래 수}}{\text{전체 거래 수}}$ |
| 신뢰도 (confidence) | 항목집합 $X$를 포함하는 거래 중에서 $Y$도 포함하는 거래 건수의 비율 | $\frac{X\text{와 } Y\text{를 모두 포함하는 거래 수}}{X\text{가 포함된 거래 수}}$ |
| 향상도 (lift ratio) | 항목집합 $Y$의 확률 대비 항목집합 $X$가 주어졌을 때의 항목집합 B의 확률 증가 비율 | $\frac{confidence(X \Rightarrow Y)}{P(Y)}$ |

$I = \{i_1, i_2, \cdots, i_m\}$을 항목집합들의 집합이라 하고 $X \subset I$, $Y \subset I$ 작업 관련 데이터 $D = \{T_1, T_2, \cdots, T_n\}$을 트랜잭션의 집합이라 할 때, 지지도(support)는 집합 $D$에서 $X \cap Y$($X$와 $Y$를 모두 포함하는 트랜잭션)가 발생할 확률을 의미한다. 즉, 전체 거래 중에서 선행($X$)과 후행($Y$)의 항목집합 양쪽을 모두 포함하는 거래의 수를 말한다. 이를 지지도라고 부르는 이유는 해당 데이터가 규칙의 타당성을 '지지하는' 정도를 측정하기 때문이다. 지지도는 또한 데이터베이스 내에서 레코드 총 개수의 백분율로서 표현되기도 한다.

$$\text{support}(X \Rightarrow Y) = P(X \cap Y) = \frac{n(X \cap Y)}{N}$$

※ $P(X \cap Y)$ = 항목집합 $X$와 $Y$를 모두 포함하는 트랜잭션의 확률
※ $n(X \cap Y)$ = 항목집합 $X$와 $Y$를 모두 포함하는 트랜잭션의 수
※ $N$ = 전체 트랜잭션 수

신뢰도는 조건부 확률의 개념으로 항목집합 $X$(조건)가 발생한다고 주어질 때 항목집합 $Y$(결과)도 동시에 발생할 확률을 의미한다. 즉, 트랜잭션에 항목집합 $X$를 포함하면서 항목집합 $Y$도 동시에 포함할 확률을 나타내며, 신뢰도가 큰 규칙일수록 의미가 있다고 할 수 있다.

$$\text{Confidence}(X \Rightarrow Y) = P(Y|X) = \frac{\text{support}(X \cap Y)}{\text{support}(X)} = \frac{\frac{n(X \cap Y)}{N}}{\frac{n(X)}{N}} = \frac{n(X \cap Y)}{n(X)}$$

※ $n(X \cap Y)$ = 전체 트랜잭션에서 항목집합 $X$와 $Y$를 모두 포함하는 트랜잭션의 수
※ $n(X)$ = 전체 트랜잭션에서 항목집합 $X$를 포함하는 트랜잭션의 수
※ $N$= 전체 트랜잭션 수

지지도는 전체 데이터베이스에서 무작위로 선택된 거래가 선행과 후행에 있는 모든 항목들을 포함할 확률로 정의할 수 있다. 반면 신뢰도는 모든 선행 항목들을 포함하는 거래가 주어질 때 임의로 선택된 거래가 후행 항목들을 포함하는 조건부 확률(conditional probability)로 표현할 수 있다.

만약 규칙의 신뢰도가 높다고 한다면, 이 규칙은 일반적으로 강한 연관성 규칙이라는 것을 의미한다. 그러나 신뢰도가 높다는 것은 항상 항목 간의 강한 연관성이 있다는 것을 의미하는 것은 아니다. 그 이유는 만약 {선행 항목 AND/OR 후행 항목}의 지지도가 높다면, 비록 선행 항목과 후행 항목이 서로 독립적이라고 할지라도 높은 신뢰도를 가지기 때문이다.

예를 들어, 만약 거의 모든 고객들이 기저귀를 구매하고 거의 모든 고객들이 맥주를 구매한다면, 이 규칙의 신뢰도는 그 항목들 사이의 연관성과는 상관없이 높게 나타날 것이다.

연관성 규칙의 강도를 판단하는 더 나은 방법은 이 규칙의 신뢰도를 기준 신뢰도와 비교하는 것이다. 여기서 기준신뢰도(benchmark confidence)는 거래 내의 후행 항목집합의 발생과 각 규칙의 선행 항목집합의 발생이 서로 독립적이라고 가정할 때의 신뢰도를 말한다.

이렇게 선행과 후행 항목집합들이 서로 독립적이라고 가정할 경우, 지지도는 다음과 같이 계산된다.

**지지도 = *P*(선행 항목집합 AND 후행 항목집합) = *P*(선행 항목집합) * *P*(수행 항목집합)**

그리고 기준 신뢰도는 다음과 같다.

$$\text{기준 신뢰도} = \frac{P(\text{선행 항목집합}) \times P(\text{후행 항목집합})}{P(\text{선행 항목집합})} = P(\text{수행 항목집합})$$

표본데이터를 이용한 규칙의 기준신뢰도의 추정치(benchmark confidence value)는 다음과 같이 계산된다.

$$\text{기준 신뢰도} = \frac{\text{후행 항목집합의 거래 수}}{\text{데이터 베이스 내의 총거래 수}}$$

신뢰도와 기준 신뢰도를 비교할 때 하나의 비율지표가 사용될 수 있다. 이것은 규칙의 향상도(lift ratio) 또는 리프트 비율이라고 부른다. 이 향상도는 규칙의 신뢰도를 선행 항목과 후행 항목이 서로 독립적일 때의 기준 신뢰도로 나눈 비율을 말한다.

$$\text{향상도} = \frac{\text{신뢰도}}{\text{기준 신뢰도}}$$

만약 향상도가 1.0보다 크다면, 이 규칙은 어느 정도 유용성이 있다는 것을 나타낸다. 다시 말해서, 선행 항목집합과 후행 항목집합 사이의 연관성 정도는 선행 항목집합과 후행 항목집합이 서로 독립적일 경우 기대되는 연관성보다 더 높다는 것을 의미한다. 그러므로 향상도가 클수록 연관성은 더 강해진다. 만약 향상도가 1과 같다면, 규칙의 신뢰도는 기준 신뢰도와 같게 되므로 이때 선행 항목집합과 후행 항목집합은 서로 독립적이라고 본다. 또한 향상도가 1보다 작다면, 선행 항목집합과 후행 항목집합은 음의 연관성이 나타나게 된다.

다음 사례를 통해 지지도, 신뢰도 및 향상도를 구해보자.

## 3.2 지지도와 신뢰도 2

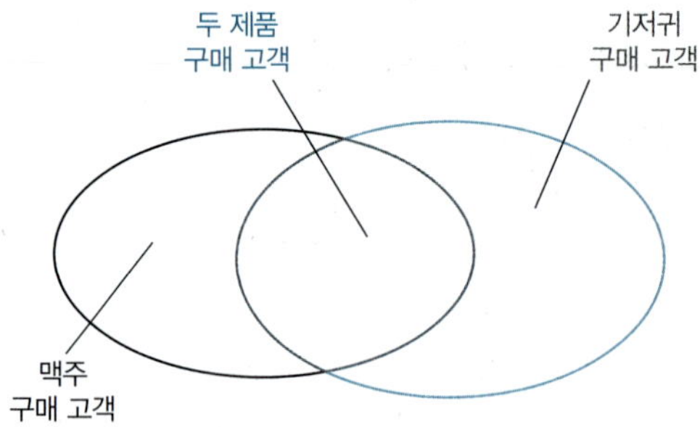


최소지지도와 최소신뢰도 이상의 값을 가지는 A&B → C(A와 B를 사면 C를 구매)와 같은 규칙을 갖는 항목의 집합을 발견하자.

- 세 개의 품목을 동시에 구매한 거래의 확률, 지지도(s)를 구해서 최소지지도 이상의 값을 가지는 세 개의 품목을 포함하는 거래를 찾는다.
- 최소지지도 이상의 세 개의 품목 거래 중 A와 B를 동시에 구매한 거래가 C를 포함하는 조건부 확률을 계산하여, 최소신뢰도 이상의 값을 가지는 품목들의 조합을 찾는다.

[그림 12.5] 구매자의 구매 상품 집합

〈표 12.5〉 거래 ID별 구매 상품

| 거래 ID | 구매 상품 |
|---|---|
| 2000 | A, B, C |
| 1000 | A, C |
| 4000 | A, D |
| 5000 | B, E, F |

왼쪽 거래에서, 최소지지도 50%, 최소신뢰도 50%로 설정하였을 때, 왼쪽 거래 중에서 품목 A, C에 대해서 지지도와 신뢰도를 계산해 보자.

- A ⇒ C (50%, 66.6%)
- C ⇒ A (50%, 100%)

"A를 구매하면, C를 구매한다."라는 연관성 규칙에 대한 지지도와 신뢰도, 향상도를 구해보도록 하자. 최소 지지도는 50% 이상(2 이상)으로 정한다.

〈표 12.5〉의 거래 데이터는 〈표 12.6〉과 같이 표시할 수 있다. 즉, 구매 항목의 목록 형식을 나타내거나 혹은 각 행은 거래를 나타내고 각 열은 구매항목을 나타내는 이진 행렬 형태로 각 셀에 해당 항목의 거래 유무에 따라서 1 또는 0 중의 하나로 나타내는 방식이다. 〈표 12.6〉은 이진 행렬 형태로 변환한 고객의 구매 상품에 대한 데이터를 보여준다.

〈표 12.6〉 거래상품에 대한 지지도

| 거래 | A | B | C | D | E | F |
|---|---|---|---|---|---|---|
| 1000 | 1 | 1 | 1 | 0 | 0 | 0 |
| 2000 | 1 | 0 | 1 | 0 | 0 | 0 |
| 4000 | 1 | 0 | 0 | 1 | 0 | 0 |

| 5000 | 0 | 1 | 0 | 0 | 1 | 1 |
|---|---|---|---|---|---|---|

〈표 12.7〉 지지도가 2 이상인 항목에 대한 지지도

| 항목집합 | 지지도(수) |
|---|---|
| {A} | 3 |
| {B} | 2 |
| {C} | 2 |
| {A, C} | 2 |

〈표 12.7〉에서 {A}는 3의 지지도를 갖는데, 그 이유는 전체 거래 가운데 3번의 거래에서 소주가 포함되었기 때문이다. 마찬가지로 {A, C}도 전체 거래에서 2번의 거래가 있었기 때문에 2의 지지도를 갖는 것이다. 나머지 {E}, {F}, {A, B}, {A, D}, {B, C}, {B, E}, {B, F}, {E, F}, {A, B, C}, {B, E, F}는 전체 거래 가운데 1번의 거래만 발생하였기 때문에 빠진 것이다.

A(선행 항목)를 구매하고 C(후행 항목)를 구매하는 경우의 지지도, 신뢰도, 향상도는 다음과 같다.

$$\text{지지도}(A \Rightarrow C) = \frac{\text{선행 항목집합과 후행 항목집합을 동시에 포함하는 거래의 수}}{\text{전체 거래의 수}} = \frac{2}{4} = 0.5\%$$

$$\text{신뢰도}(A \Rightarrow C) = \frac{\{A, C\}\text{의 지지도}}{\{A\}\text{의 지지도}} = \frac{\frac{2}{4}}{\frac{3}{4}} = \frac{2}{3} = 0.66\%$$

$$\text{향상도}(A \Rightarrow C) = \frac{\text{신뢰도}}{\text{기준 신뢰도}} = \frac{\frac{2}{3}}{\frac{2}{4}} = \frac{4}{3} = 1.33\%$$

C(선행 항목)를 구매하고 A(후행 항목)를 구매하는 경우의 지지도, 신뢰도, 향상도는 다음과 같다.

$$\text{지지도}(C \Rightarrow A) = \frac{\text{선행 항목집합과 후행 항목집합을 동시에 포함하는 거래의 수}}{\text{전체 거래의 수}} = \frac{2}{4} = 0.5\%$$

$$\text{신뢰도}(C \Rightarrow A) = \frac{\{A, C\}\text{의 지지도}}{\{C\}\text{의 지지도}} = \frac{\frac{2}{4}}{\frac{2}{4}} = 1 = 100\%$$

$$\text{향상도}(C \Rightarrow A) = \frac{\text{신뢰도}}{\text{기준 신뢰도}} = \frac{1}{\frac{3}{4}} = \frac{4}{3} = 1.33\%$$

## 4. 연관성 규칙 기법의 기본 과정

**1단계: 적절한 제품 수준에 따른 분석 항목을 선정**

- 제품 수준별 관리도(product taxonomy)를 이용

**2단계: 동시구매 행렬(co-occurrence matrix) 작성 및 확률 계산**

- 시장바구니 내에 동시에 구매된 항목들의 개수 및 지지도, 신뢰도, 리프트 등의 확률 계산

**3단계: 확률값 분석과 유용한 연관성 규칙 결정**

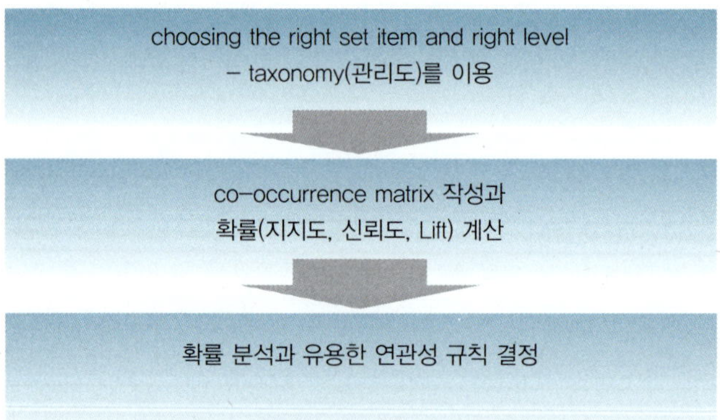


[그림 12.6] 연관성 규칙 기법의 기본 과정

### 4.1 1단계: 적절한 제품 수준에 따른 분석 항목 선정

장바구니 분석에 사용되는 데이터는 상품 판매 시 기록되는 거래 내역(transanction)이다. 이러한 판매 데이터를 수집하고 사용하는 것은 장바구니 분석

적용의 중요한 부분이다. 예를 들어, 일반 소비재 식품을 판매하는 매장의 선반에서 수천 개의 제품이 있는 냉동 피자는 피자의 토핑(치즈, 페퍼로니, 버섯 등)과 피자의 빵 종류 및 크기와 관련하여 적절한 수준에서 선정된 제품이 분석용 항목으로 고려될 것이다.

따라서, 통밀 야채 피자 또는 또띠아 고기 피자 등의 구매는 1인용의 구매로 같은 냉동 피자로 구매 항목에 포함될 것이다. 반면에 냉동식품 매니저나 피자 레스토랑의 체인점은 주문된 특정 컴비네이션 토핑에 흥미를 가질 수 있을 것이다.

적정한 제품 수준의 선택은 분석을 위한 중요한 고려사항이다. 만약 슈퍼마켓의 거래내역 데이터가 매일 냉동 피자의 종류, 브랜드, 크기를 추적해야 하는 경우라면, 모든 항목들은 분석을 위한 냉동 피자 항목으로 상세하게 묘사할 필요가 있다.

〈표 12.1〉은 고객이 구매한 거래내역을 보여주고 있다.

### 4.2 2단계: 동시구매 행렬(co-occurrence matrix) 작성 및 확률 계산

고객들의 거래내역 데이터를 이용하여 구매된 항목들을 행렬로 나열한다. 나열된 항목들의 겹치는 칸은 행과 열에 해당하는 항목들을 구매한 횟수를 기록한다. 행과 열에 해당하는 항목이 같은 대각 행렬에는 각각의 항목을 구매한 횟수를 나타낸다. 그렇지 않은 행렬에는 해당되는 행과 열에 대응되는 항목들을 5시에 구매한 횟수를 나타낸다.

〈표 12.1〉에 있던 구매 리스트는 〈표 12.2〉와 같은 동시구매 행렬로 표현할 수 있다. 예를 들어, 소주 행과 소주 열이 만나는 칸에는 4명의 고객이 소주를 구매했다는 것을 표현한다. 그리고 소주 행과 맥주 열이 만나는 칸의 숫자 2는 2명의 고객이 소주와 맥주를 구매했다는 것을 표현한다. 동시구매 행렬을 이용하면, 쉽게 지지도 계산을 할 수 있다.

### 4.3 3단계: 확률 분석과 유용한 연관성 규칙 결정

동시구매 행렬을 사용하면 단순패턴 및 연관성 규칙 등을 손쉽게 찾아낼 수 있다. 예를 들어, 6명의 거래 내역 중에서 가장 많이 구매한 항목은 소주와 콜라인 것을 알 수 있다. 또한, 두 개의 항목들 간 연관성 중에서 소주와 콜라, 맥주와 콜라를 동시 구매하는 비율이 다른 조합보다 많이 발생한다는 것을 알 수 있다. 또한, 주스 항목의 경우 맥주, 콜라, 와인과는 함께 구매되지 않는다는 사실을 알 수 있다.

## 5. 시장바구니 분석 예제

빈발 항목집합

연관성 분석에서 **빈발 항목집합**을 찾기 위해 일반적으로 최소 지지도를 설정한다. 최소 지지도(Minimum support)란, 발생한 규칙들에 대해서 자주 발생하는 항목집합이라고 판단할 수 있는 최소한의 값이다. 따라서 연관성 분석을 진행할 때 최소 지지도를 넘는 항목집합을 탐색한다. 그 다음, 빈발 항목집합에서 강한 연관 규칙을 발견하기 위해 최소 신뢰도를 설정한다. 최소 신뢰도(Minimum confidence)란, 만들어진 규칙이 실제로 연관성이 있다고 신뢰할 수 있는 최소한의 값이다. 최소 지지도를 통해 빈발 항목집합을 발견하고, 최소 신뢰도를 통해 연관 규칙을 발견하는 것이 연관성 분석이다.

고객의 구매 List

| ID | 판매상품 |
|---|---|
| 1 | 소주, 콜라, 맥주 |
| 2 | 소주, 콜라, 와인 |
| 3 | 소주, 주스 |
| 4 | 콜라, 맥주 |
| 5 | 소주, 콜라, 맥주, 와인 |
| 6 | 주스 |

최소지지도가 50%인 연관성 규칙

| 지지도 50% | 해당 Transaction | 신뢰도 |
|---|---|---|
| 소주 → 콜라 | 1, 2, 5 | 75% |
| 콜라 → 맥주 | 1, 4, 5 | 75% |
| 맥주 → 콜라 | 1, 4, 5 | 100% |

향상도 = P(콜라/맥주) / P(콜라) = 1 / (4/6) = 1.5

* 연관성 규칙: 맥주를 구입한 사람들 모두는(100%) 콜라도 구매한다.
- 그리고 이러한 경향을 가지는 사람들은 전체의 절반(50%) 정도 한다.
- 맥주 구매 시 콜라를 구입하게 될 가능성은 맥주 구매가 전제되지 않았을 경우보다 1.5배나 높아진다.

[그림 12.7] 시장 바구니 분석 예제

### (1) 모든 빈발 항목집합 찾기(최소 지지도)

거래 데이터는 보통 다음의 2가지 형식 중 하나로 표시된다. 즉, 각 행은 거래를 나타내고, 각 열은 항목들을 나타내는 이진 행렬 형태로 각 셀에 해당 항목의 거래 유무에 따라서 1 또는 0 중의 하나로 나타내는 방식이다. **〈표 12.8〉**은 항목의 목록 형태로 고객의 구매 상품에 대한 데이터를 보여준다. 이 표는 이진 행렬 형태로 변환될 수 있다.

**〈표 12.8〉** 고객의 구매 상품 데이터를 이진 행렬로 변환

| 거래 | 소주 | 콜라 | 맥주 | 와인 | 주스 |
|---|---|---|---|---|---|
| 1 | 1 | 1 | 1 | 0 | 0 |
| 2 | 1 | 1 | 0 | 1 | 0 |
| 3 | 1 | 0 | 0 | 0 | 1 |
| 4 | 0 | 1 | 1 | 0 | 0 |
| 5 | 1 | 1 | 1 | 1 | 0 |
| 6 | 0 | 0 | 0 | 0 | 1 |

**〈표 12.9〉** 지지도를 2 이상 가진 항목집합들

| 항목집합 | 지지도(수) |
|---|---|
| {소주} | 4 |
| {콜라} | 4 |
| {맥주} | 3 |
| {와인} | 2 |
| {주스} | 2 |
| {소주, 콜라} | 3 |
| {소주, 맥주} | 2 |
| {소주, 와인} | 2 |
| {콜라, 맥주} | 3 |
| {콜라, 와인} | 2 |
| {소주, 맥주, 콜라} | 2 |
| {소주, 콜라, 와인} | 2 |

**〈표 12.9〉**에서 {소주}는 4의 지지도를 갖는데, 그 이유는 전체 거래 가운데 4번의 거래에서 소주가 포함되었기 때문이다. 마찬가지로 {소주, 콜라, 와인}도 전체 거래에서 2번의 거래가 있었기 때문에 2의 지지도를 갖는 것이다.

### (2) 빈발 항목집합에서 강한 연관 규칙 발견(최소 신뢰도)

연관성이 강한 규칙들을 선택하는 과정은 사전에 정의된 지지도와 신뢰도의 요구 수준을 만족하는 모든 연관성 규칙들을 생성시키는 데서 출발한다. 이 과정은 크게 2단계로 이루어진다. 첫 번째 단계에서는 일정 수준 이상의 지지도를 갖는 모든 '빈발' 항목집단을 찾는다. 두 번째 단계에서는 빈발 항목집합들로부터 신뢰도의 요구조건을 충족시키는 연관성 규칙을 찾아낸다. 첫 번째 단계의 목적은 데이터베이스 내에서 희소한 항목조합들을 제거하는 것이고, 두 번째 단계의 목적은 1단계에서 걸러진 규칙들 중에서 신뢰도가 높은 규칙들을 선택하는 것이다. 대부분 연관성 규칙 데이터에서 발생하는 연산처리의 문제는 첫 번째 단계에서 발생한다.

두 번째 단계에서의 신뢰도 계산은 간단하다. 예를 들어, 고객의 구매상품의 {소주}와 같은 하위 집합은 적어도 {소주, 콜라}를 포함하는 하위집합만큼 빈번하게 발생하기 때문에 각 하위집합은 또한 그 목록 내에 위치하게 된다.

이때 신뢰도는 항목집합에 대한 지지도 대 항목집합의 각 하위집합에 대한 지지도의 비율로 간단히 계산된다. 이 신뢰도 값이 신뢰도를 위해 요구되는 분류 기준값을 초과하는 경우에만 이에 대응하는 규칙이 생성된다.

$$\text{규칙 1: \{소주\}} \Rightarrow \text{\{콜라\}, 신뢰도} = \frac{\text{\{소주, 콜라\}의 지지도}}{\text{\{소주\}의 지지도}} = \frac{3}{4} = 75\%$$

$$\text{규칙 2: \{콜라\}} \Rightarrow \text{\{맥주\}, 신뢰도} = \frac{\text{\{맥주, 콜라\}의 지지도}}{\text{\{콜라\}의 지지도}} = \frac{3}{4} = 75\%$$

$$\text{규칙 3: \{맥주\}} \Rightarrow \text{\{콜라\}, 신뢰도} = \frac{\text{\{맥주, 콜라\}의 지지도}}{\text{\{맥주\}의 지지도}} = \frac{3}{3} = 100\%$$

위의 규칙은 최소 기준 신뢰도가 50% 이상인 것들이다. 위의 결과에서 도출할 수 있는 규칙은 다음과 같다.

"맥주를 구매하는 사람은 모두 콜라는 구매하며, 이러한 경향을 가지는 사람들은 전체의 절반(50%) 정도이다. 또한 맥주 구매 시 콜라를 구입하게 될 가능성은 맥주 구매가 전제되지 않았을 경우보다 1.5배 높아진다."

## 6. 연관성 규칙의 장 단점

• 장점

1. 결과가 명확하고 이해하기 쉽다.
2. 자료구조와 계산 과정이 간단하다.

• 단점

1. 항목의 수를 결정하기가 어렵다.
2. 드물게 발생하는 항목에 대해서 처리가 어렵다.
3. DBMS 등과 같은 전산화 작업이 없을 시는 동일한 거래를 추적하기가 힘들다.
4. 항목의 수가 증가하면 계산 시간이 급격히 증가한다.

[그림 12.8] 연관성 규칙의 장 · 단점

### (1) 장점

- 결과가 명확하고 이해하기 쉽다.
  - 장바구니 분석의 결과는 연관성 규칙이다. "if-then"의 규칙과 같은 데이터에서 패턴은 결과를 이해하기 쉽게 만들고, 결과를 액션(action)으로 가능하게 한다.
- 장바구니 분석은 가변 길이 데이터에서도 적용된다.
  - 장바구니 분석은 요약 없이 가변 길이 데이터를 다룰 수 있다. 다른 기법은 원래 본 데이터를 수정한 고정 형식 레코드를 요구하는 경향이 있다. 하지만 장바구니 분석은 다른 정보의 손실 없이 트랜잭션을 처리할 수 있다.
- 계산이 간단하다.
  - 장바구니 분석을 적용하기 위해 필요한 계산은 간단하다. 계산은 수는 트랜잭션의 수나 각기 다른 아이템의 수와 함께 분석에서 빠르게 증가한다. 장바구니 분석은 스프레드시트를 사용함으로 신경망 분석과 같은 다른 복잡한 기법에 비해 더 편리하게 사용될 수 있다.

### (2) 단점

- 항목의 수를 결정하기가 어렵다.
  - 장바구니 분석을 하는 데 있어 가장 어려운 문제는 분석에 사용할 항목의

수를 결정하는 것이다. 분류에 따라 아이템을 일반화함으로써, 분석에서 사용되는 아이템의 빈도는 대략 같아질 것이다. 비록 일반화 과정에서 몇몇 정보를 잃을지라도, 일반화된 아이템을 거쳐 정보를 캡처하기 위해 가상 아이템은 분석에 다시 삽입할 수 있다.

- 드물게 발생하는 항목에 대해서 처리가 어렵다.
  - 장바구니 분석은 모든 항목이 데이터에서 대략 비슷한 빈도를 가질 때 최상으로 작동한다. 드물게 발생하는 항목은 트랜잭션이 거의 없고 축소될 것이다. 비록 데이터가 드물지라도, 값으로 고려되는 최소 지지 임계값의 수정은 항목값을 고려사항으로 유지하는 확실한 방법 중 하나이다. 항목 분류의 사용은 드문 항목이 드러날 수 있게 해주고, 몇몇 형태의 분석에 포함되도록 한다.
- DBMS 등과 같은 전산화 작업이 없을 시는 동일한 거래를 추적하기가 힘들다.
- 항목의 수가 증가하면 계산 시간이 급격히 증가한다.
  - 일반적인 연관 규칙에 요구되는 계산은 항목의 수와 고려되는 규칙의 복잡성과 함께 기하급수적으로 증가하고 있다. 해결책은 항목의 일반화를 통해 항목의 수를 줄이는 것이다. 하지만 보다 일반적은 항목은 덜 유동적이다. 계산의 수를 조절하는 방법은 고려사항으로부터 중요한 규칙을 제거하는 것이다.

## 7. 어프라이어리 알고리즘(Apriori Algorithm)

Apriori 알고리즘은 이진 연관 규칙에 대한 빈발 항목집합을 찾아내는 데 유용한 알고리즘이다. 이 알고리즘의 이름은 빈발 항목집합의 사전 지식을 사용한다는 데에서 비롯되었다. Apriori는 k번째 항목 집합이 (k+1)번째 항목 집합을 발견하기 위해 사용되는 반복적 접근 방법을 사용하는데, 이는 수준별 방법으로 알려져 있다. 첫째로, 빈발 항목집합을 각 항목의 빈도수의 누적 합을 얻기 위해 데이터베이스를 스캔하여 찾는다. 누적 합이 1이 되는 부분은 제거하고 각 항목들의 2개로 조합하여 누적 합을 찾는다. 마찬가지로 누적 합이 1이 되는 부분은 제거하고 각 항목들을 3개로 조합하여 누적 합을 찾는다. 이런 식으로 계속되어 더 이상의 빈발

k-항목집합이 없을 때까지 진행된다.

- Apriori 성질: 빈발 항목집합의 공집합이 아닌 모든 부분집합은 반드시 빈발하다.

다음의 **[그림 12.9]**를 통해 구체적인 예를 살펴보자. 위 데이터는 4개의 트랜잭션이 있다. 즉, 트랜잭션에 있는 빈발 항목집합을 찾는 Apriori 알고리즘을 예시한 것이다.

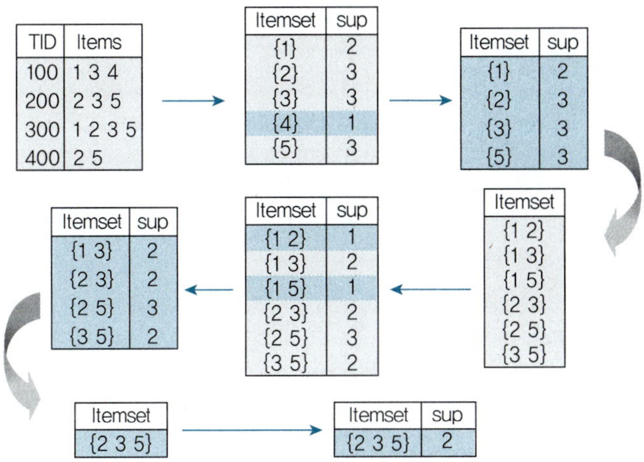


**[그림 12.9]** Apriori Algorithm 예제

(1) 알고리즘 첫 번째 단계로 각 항목의 개수를 계산하기 위해 모든 트랜잭션을 탐색한다. 그 결과 항목집합은 {1}, {2}, {3}, {4}, {5}이고 각각의 항목에 대한 개수가 2, 3, 3, 1, 3이다.

(2) 트랜잭션의 최소 지지도가 2라고 가정하자. 따라서 지지도가 2가 되지 못하는 항목인 4가 제거된다.

(3) 각 항목을 두 개로 결합한다. 그 결과 항목 집합은 {1, 2}, {1, 3}, {1, 5}, {2, 3}, {2, 5}, {3, 5}이고, 각각의 항목에 대한 빈발 횟수는 1, 2, 1, 2, 3, 2이다.

(4) 최소 지지도가 2이기 때문에 지지도가 1인 {1, 2}, {1, 5} 항목은 제거된다.

(5) 3번과 마찬가지로 각 항목을 세 개로 결합한다. 결합 결과 {2, 3, 5} 외엔 나머지 3개의 결합은 1이나 0이므로 빈발 항목 집합은 {2, 3, 5}가 된다.

## 8. 기타 연관성 규칙 기법

### 8.1 순차적 연관성 규칙 발견(Sequence Association Rules Discovery)

Sequences Association Rules Discovery

A ⟶ B : A라는 사건이 발생한 후 B가 발생

예제 : 새 컴퓨터를 구입한 사람 중 25%는 그 다음 날에 레이저프린트를 구입할 것이다.

Dissociation Rules Discovery

| | |
|---|---|
| If ~ A and ~ B then ~ C | If ~ A and ~ B then C |
| If ~ A and B then ~ C | If ~ A and B then C |
| If A and ~ B then ~ C | If A and ~ B then C |

[그림 12.10] sequences Association Rules Discovery

시장바구니 분석은 "~이면 ~이다"라는 "IF~THEN" 형식을 취한다. 예를 들어, 슈퍼마켓 POS 시스템을 통해 얻는 규칙들은 다음과 같은 형태일 것이다.

**야채를 사면 케첩도 산다.**
**종이접시를 사면 플라스틱 포크도 산다.**
**살사 소스를 사면 칩도 산다.**

여기서 IF절(조건절)은 선행(antecedent)이라는 용어로, THEN절(주절)은 후행(consequent)이라는 용어로 지칭한다. 위의 규칙에서, "if 야채 구매 then 케첩 구매"를 보면 야채 구매는 선행이고 케첩 구매는 후행이 된다.

순차적 패턴이란 고객들의 시간에 따른 구매 행태를 말하며, 이의 탐사를 위해서는 고객별, 시간별 트랜잭션 데이터가 필요하다. 예를 들어, 많은 고객들이 마트에서 "야채"를 사면 "케첩"도 산다는 패턴 등이다.

## 8.2 다수준 연관성 규칙(Multi-level Association Rules)

- Items often form hierarchy.
- Items at the lower level are expected to have lower support.
- Rules regarding itemsets at appropriate levels could be quite useful.
- Transaction database can be encoded based on dimensions and levels.
- We can explore shared multi-level mining.

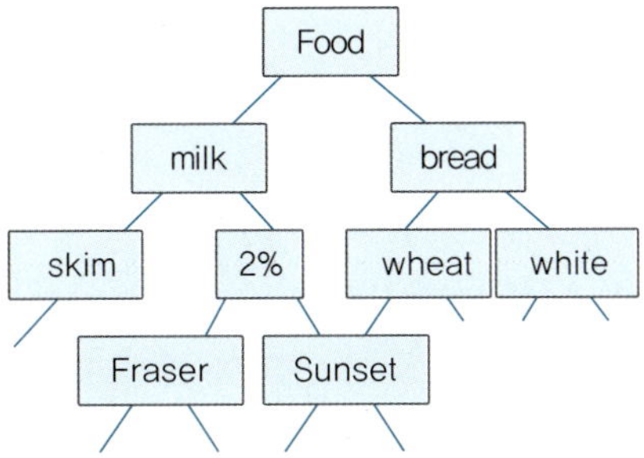


| TID | Items |
|---|---|
| T1 | {111, 121, 211, 221} |
| T2 | {111, 211, 222, 323} |
| T3 | {112, 122, 221, 411} |
| T4 | {111, 121} |
| T5 | {111, 122, 211, 221, 413} |

**[그림 12.11]** 다수준 연관규칙 예제

많은 응용에서 다차원 공간에서 데이터가 가지는 희박성 때문에 추상화의 기본 또는 하위 수준의 항목들 사이에서 강한 연관규칙을 찾아내기란 매우 어렵다. 상위 수준의 항목들 사이에서 발견된 강한 연관성은 상식적으로 알고 있는 것을 나타낼 수도 있다. 하지만 어떤 사람에게는 당연한 결과가 다른 사람에게는 새로운 정보가 될 수 있다. 따라서 데이터 마이닝 시스템은 추상화의 다수준에서 항목들 사이의 연관규칙을 찾아낼 수 있으며, 다른 추상화 공간들로 이동할 수 있는 충분한 유연성을 가지고 있어야 한다.

**[그림 12.11]**은 한 판매점의 판매 업무와 트랜잭션 데이터이다. **[그림 12.11]**의 표에는 각 트랜잭션에 대해 구매된 품목을 보여주고 있다. 그림은 이 제품들의 개념계층을 나타낸 것인데, 하위 수준에서 상위 수준으로 올라갈수록 더 일반적 개념을 포함하고 있다. 데이터는 개념계층에서 데이터 안의 하위 수준 개념을 조상인 상위 수준 개념으로 대치하면서 일반화시킨다.

그림의 개념계층은 5개의 수준, 즉, 0, 1, 2, 3, 4 수준으로 구성되어 있으며, 뿌리 노드의 food는 계층 0이고 위에서 아래로 번호를 부여한다. 따라서 수준 1은 milk, bread이며, 수준 2는 skim, 2%, wheat, white이다. 수준 3은 fraser, sunset이며, 수준 4는 개념계층에서 가장 구체적인 추상화 수준을 나타내고 있다. 그것은 원 자료값으로 구성된다. 범주형 속성에 대한 개념계층은 데이터베이스 스키마 내에서 종종 함축적이며, 이는 데이터 사전처리를 이용하여 자동 생성될 수 있다. 우리의 예에서 그림의 개념계층은 제품 규정에 대한 데이터로부터 생성되었다.

[그림 12.11]의 제품들은 그림에서 가장 하위 수준의 제품들이다. 이러한 하위 수준 제품 사이에서 흥미 있는 구매패턴을 찾아내기란 매우 어렵다. 예를 들어, 제품 "111" 혹은 "413" 각각이 트랜잭션에서 매우 작은 비율을 보인다면, 이들 사이에서 강한 연관성을 찾아내기란 매우 어렵다. 소수의 사람들만이 이들 제품을 함께 구입할 것이며, 이 항목집합은 최소 지지도를 만족하기 어렵게 된다. 그러나 우리는 "skim milk"와 "wheat bread" 사이와 같은 항목들의 일반화된 추상화 개념 사이의 강한 연관성을 발견하는 것이 훨씬 더 쉽다는 것을 기대한다.

추상화의 다수준에서 데이터에 대한 마이닝을 통해 생성된 연관규칙들을 다수준 연관 규칙(multilevel association rules)이라고 한다. 다수준 연관규칙들은 지지도-신뢰도 틀 안에서 개념계층을 이용하여 효율적으로 마이닝될 수 있다. 일반적으로 하향식(top-down) 방법을 이용하는데 각 수준에서 빈발 항목집합을 계산한 후에 개수를 누적시킨다.

먼저 수준 1에서 빈발 항목집합을 찾고 그 다음에는 낮은 수준으로 내려가면서 더 구체적인 개념계층으로 더 이상 빈발 항목집합이 나타나지 않을 때까지 수행한다. 각 수준에서 빈발 항목집합을 찾는 알고리즘은 Apriori를 사용하거나 또는 변형된 다른 알고리즘을 사용하기도 한다. 변형된 알고리즘에 대해서는 다음에서 설명하고 있으며, 각 변형은 약간씩 다른 방식으로 지지도 임계값을 포함하고 있다.

## 8.3 다수준 내 균일 지지도 사용 연관성 규칙

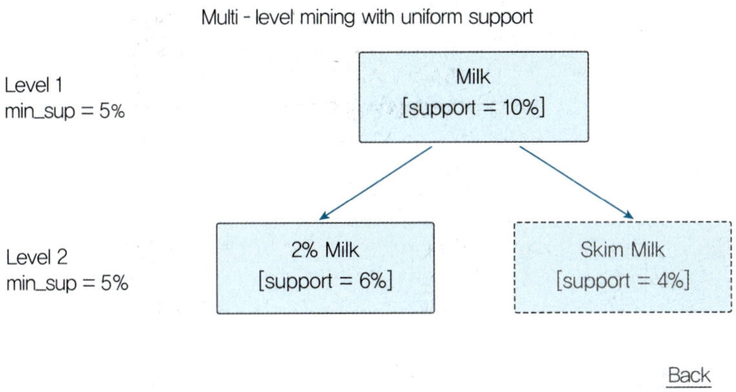


**[그림 12.12]** 균일 지지도 예제

모든 추상화 수준에서 마이닝을 할 때 동일한 최소 지지도 임계값을 사용한다. 예를 들면, 그림에서 모든 수준에서 5%의 최소 지지도 임계값을 사용하였다. "Milk"와 "2% Milk"는 빈발하고, "Skim Milk"는 빈발하지 않다.

균일한(uniform) 최소 지지도 임계값을 사용하여 규칙을 찾아내는 과정은 단순하다. 이 방법은 간단하여 단 하나의 최소 지지도 임계값만을 만족하면 된다. 조상이 자손들의 큰 집합이라는 지식에 근거하여 Apriori와 같은 최적화 기법이 적용될 수 있다. 이러한 탐색은 조상 노드의 항목이 최소 지지도를 만족하지 않는 임의의 항목집합을 검사하는 것을 회피한다.

그러나 균일 지지도(uniform support) 접근법은 몇 가지 단점들을 가진다. 낮은 추상화 수준의 항목들은 상위 추상화 수준의 항목들만큼 빈발하게 발생하지 않을 것이다. 만약 최소 지지도 임계값이 매우 높다면, 낮은 수준에서 의미 있는 일부 연관규칙을 놓치게 될 것이다. 또한 만약 이 임계값이 너무 낮다면, 높은 수준에서 너무 많은 불필요한 규칙들을 생성하게 될 것이다. 이러한 문제가 다음과 같은 기법을 생각하게 된 동기이다.

## 8.4 다수준 내 감소 지지도 사용 연관성 규칙

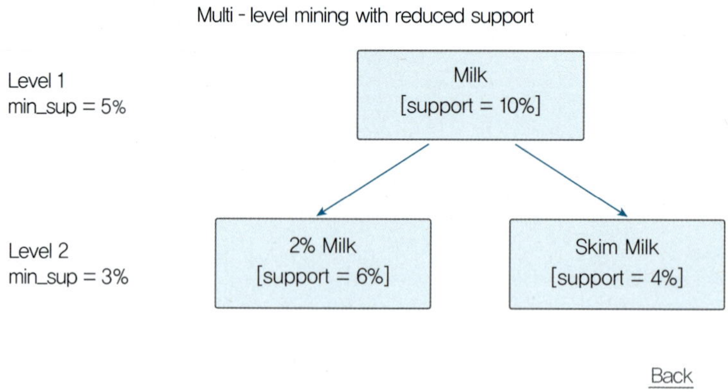


**[그림 12.13]** Multi–level mining with reduced support

각 수준의 항목들은 그들의 최소 지지도 임계값을 갖는다. 추상화 수준의 깊이가 클수록 관련 임계값은 작아진다. 예를 들면, 그림에서 수준 1과 수준 2의 최소 지지도 임계값은 각각 5%와 3%이다. 이와 같은 방법으로 "Milk", "2% Milk", "Skim Milk"는 모두 빈발 항목이 된다.

# 참·고·문·헌

Michael J. A. Berry, and Gordon Linoff(1997). Data Mining Techniques: For Marketing, Sales, and Customer Support. USA: John Wiley & Sones, Inc.

Alex Berson, Stephen Smith, and Kert Theling (2000). CRM을 위한 데이터 마이닝(홍성완 외 6 역). 서울:대청미디어 (원저 1999년 출판)

Han, Jiawei. and Kamber, Micheline(2007). 데이터 마이닝:개념과 기법(강창완 외 11 역). 서울: 사이플러스 (원저 2005년 출판)

GALIT SHMUELI, NITIN R. PATEL and PETER C. BRUCE(2009). 비즈니스인텔리전스를 위한 데이터 마이닝(신택수, 홍태호 역). 파주:사이텍미디어. (원저 2006년 출판)

전치혁 (2012). 데이터 마이닝 기법과 응용. 서울: 한나래.

# 연·습·문·제

1. 거래 데이터베이스에서 지지도가 단순히 높은 구매 제품들 간의 관계가 유의하지 않을 수 있는 상황에 대해서 설명하시오.

2. 구매 제품들 간의 지지도 이외에 어떠한 지표가 중요한지에 대해서 서술하시오.

3. 다음 데이터베이스는 4개의 트랜잭션을 가지고 있다. 최소지지도=60%, 최소신뢰도=50%라고 하자.

| Cust_ID | TID | 구매 물품 |
|---|---|---|
| 01 | T100 | {한국_딸기, 서울_우유, 국민_치즈, 파리_빵} |
| 02 | T200 | {경희_치즈, 남양_우유, 대구_사과, 초코_파이, 크라운_빵} |
| 01 | T300 | {예산_사과, 남양_우유, 크라운_빵, 초코_파이} |
| 03 | T400 | {크라운_빵, 서울_우유, 국민_치즈} |

1) 만약 ∀X ∈ 트랜잭션, 구매(X, 구매물품)^구매(X, 구매물품2) ⇒ 구매(X, 구매물품3)이라고 할 경우, 최대 아이템 집합을 구하시오(예를 들면, 구매물품 n은 "딸기"이다).

2) 만약 ∀X ∈ 고객, 구매(X, 구매물품)^구매(X, 구매물품2) ⇒ 구매(X, 구매물품3)이라고 할 경우, 최대 아이템 집합과 규칙을 구하시오(예를 들면, 구매물품 n은 "한국_딸기"이다).

13

CHAPTER

# 부록: 소프트웨어 소개 및 설치

데이터 마이닝 알고리즘을 수행하기 위한 도구들 중에서 GUI가 직관적인 웨카, 빅데이터 분석도구인 R 프로그래밍, 파이썬 프로그램에 대해서 살펴본다. 각각의 도구에 대해서 설치하는 방법, 기본적인 도구 사용 방법 등에 대해서 살펴본다.

## 1. WEKA 소프트웨어 설치 및 사용

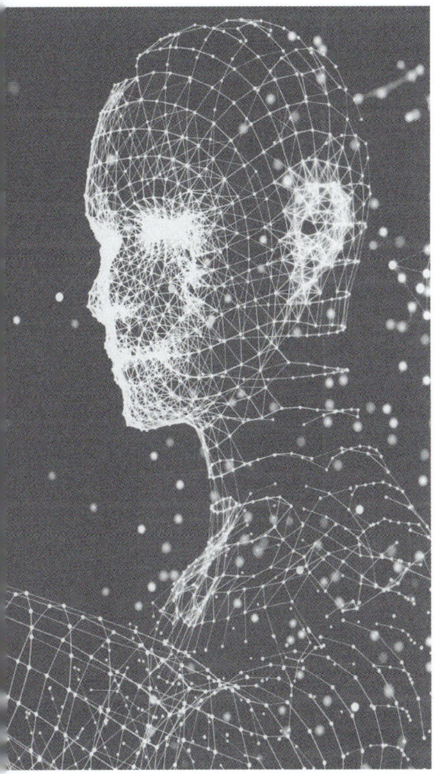

(1) **소개**: WEKA는 뉴질랜드의 와이카토 대학에서 개발되었으며, Waikao Environment for Knowledge Analysis의 약자이다. WEKA는 자바 기반으로 개발됐으며, 대부분의 플랫폼에서 사용 가능하다.
WEKA는 분류, 예측, 군집, 연관규칙, 속성 선택 알고리즘 등 데이터 마이닝 및 통계 기법을 포괄적으로 다룬다. 또한 여러가지 데이터 시각화 기능들과 데이터 전처리 도구들을 제공하고 있으며, arff 파일 형식을 기본 파일 형식으로 취하지만, csv, xml 등 다양한 파일 형식으로도 데이터 로딩이 가능하다.

(2) **설치 방법**: 설치 주소는 다음과 같다. https://sourceforge.net/projects/WEKA/
자바가 설치된 컴퓨터라면 자바의 jar 실행 파일을 다운로드하거나 특정 플랫폼에 의존적인 설치 파일을 다운로드하면 된다.

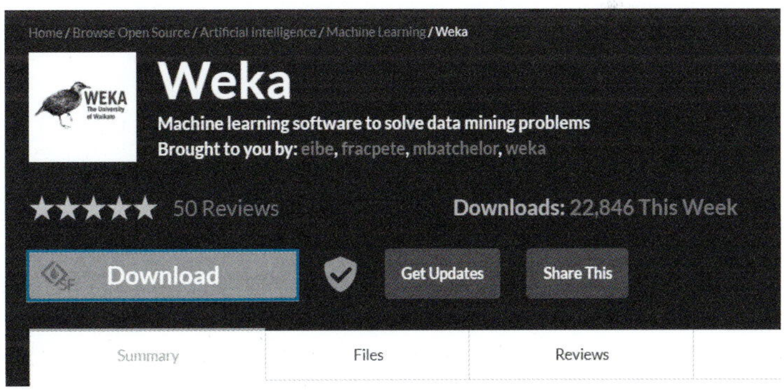


**[그림 13.1]** WEKA 다운로드 홈페이지

(3) **실행**: WEKA를 실행시키고 Explorer를 클릭하면 다양한 분석이 가능하다.

[그림 13.2] WEKA 실행 화면

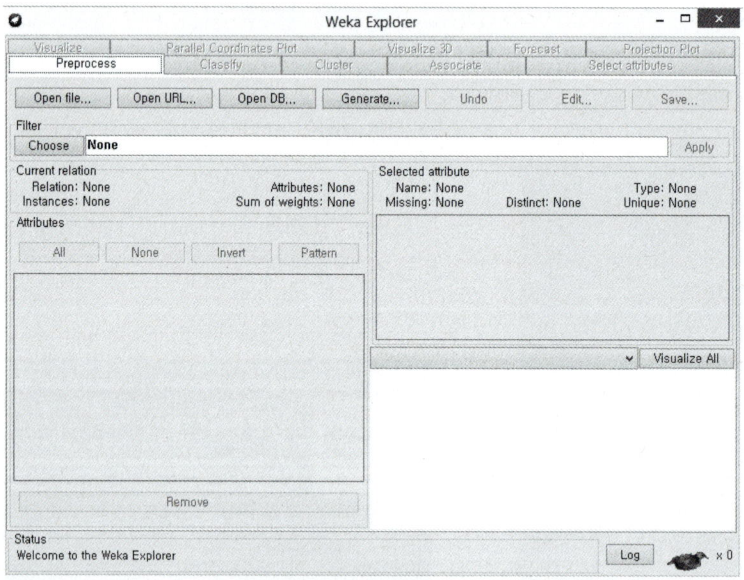


[그림 13.3] WEKA 실행 화면

preprocess 탭에서 open file…을 클릭하여 분석할 데이터를 선택한다. WEKA는 .arff, .csv, .json 등 다양한 파일 형식을 지원한다. 우리는 엑셀 데이터를 많이 활용하기 때문에 csv 파일을 주로 이용하며, 제대로 분석을 진행하기 위해서 데이터 상에서의 한글을 영문으로 모두 수정한 후 데이터 로드를 진행한다.

데이터가 로드되면 데이터 속성이 표시된다. 여기서 데이터를 정규화하거나 결측값을 처리하는 등의 전처리 작업을 수행할 수 있다. 특정 속성을 선택하여 제거하거나 변환할 수 있다.

알고리즘을 선택하고 모델을 구축하기 위해서는 Classify 탭으로 이동한다. Choose 버튼을 클릭하여 사용할 기계학습 알고리즘을 선택한다. WEKA는 다양한 알고리즘을 제공한다(예: J48, NaiveBayes, RandomForest 등). 알고리즘을 선택한 후 Start 버튼을 클릭하여 모델을 구축한다.

모델이 구축되고 나면 결과가 화면에 출력된다. 여기에는 분류 정확도, 혼동 행렬, ROC 곡선 등 다양한 평가 지표가 표시된다. 추가로 Visualize 버튼을 클릭하면 결과를 시각화로 표현할 수 있다.

군집화를 진행하려면 Cluster 탭으로 이동한다. Choose 버튼을 클릭하여 사용할 군집화 알고리즘을 선택한 후(예: SimpleKMeans), Start 버튼을 클릭하여 수행한다.

연관규칙을 진행하려면 Associate 탭으로 이동한다. Choose 버튼을 클릭하여 사용할 연관 규칙 알고리즘을 선택한 후(예: Apriori), Start 버튼을 클릭하여 생성한다.

## 1.1 R 소프트웨어

(1) **소개**: R은 통계 계산과 시각화를 위한 프로그래밍 언어이다. 뉴질랜드 오클랜드 대학의 로버트 젠틀맨(Robert Gentleman)과 로스 이하카(Ross Ihaka)가 개발하였다. 오픈 소스로 배포되고 있어 무료로 사용할 수 있다. R 언어에는 대부분의 통계 기법과 데이터 분석 기법이 라이브러리 패키지로 구현이 되어 있으며, 사용자는 사용하고자 하는 알고리즘을 담고 있는 라이브러리를 찾아 이용하면 된다.

(2) **설치**: 설치 주소는 다음과 같다. https://www.r-project.org
사이트에 접속한 후 CRAN 메뉴를 클릭하고 한국 홈페이지 서버를 찾아 자신의 OS에 맞게 다운로드한다.

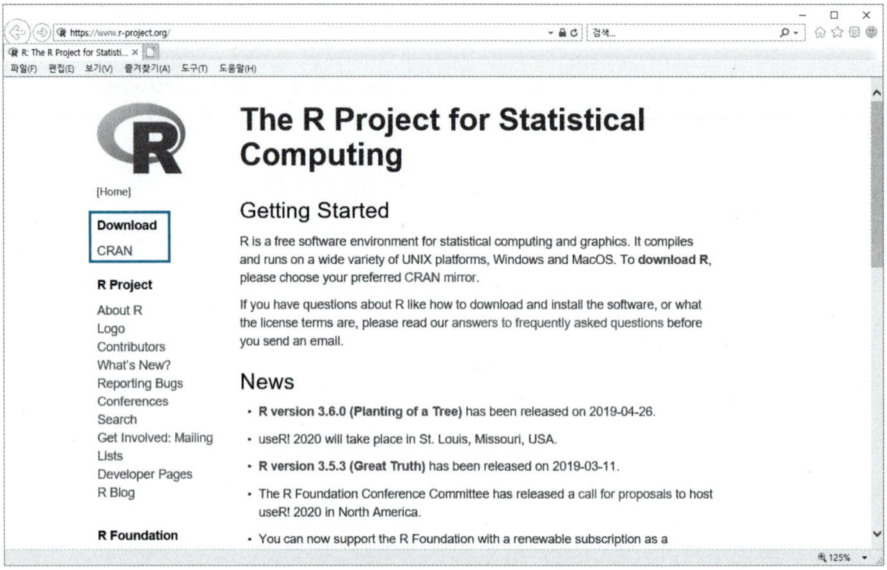


[그림 13.4] R 다운로드 홈페이지

[그림 13.5] R 한국 버전 선택

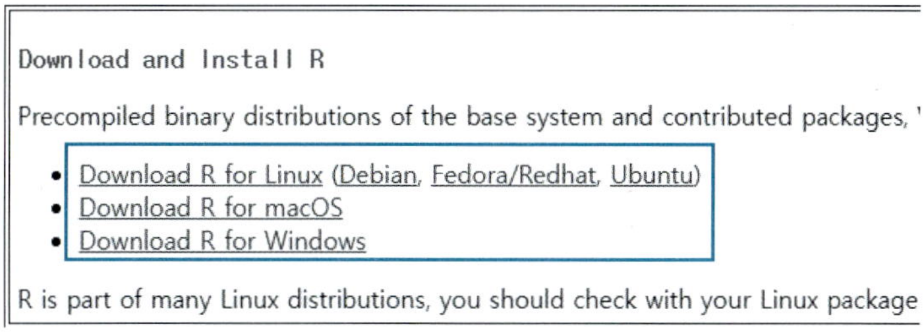


[그림 13.6] 자신의 OS에 맞는 타입 선택

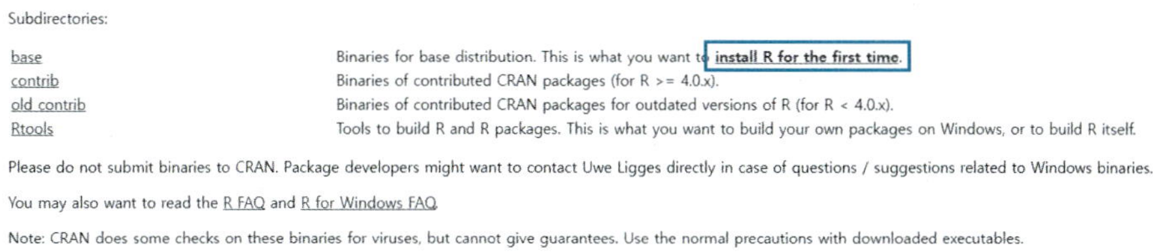


[그림 13.7] 기본 버전 다운로드

(3) **사용 방법**: 설치할 때, 경로를 직접 재설정해주어야 한다. R을 사용할 때 설치한 경로에 공백이 있으면 발생하는 오류가 많다. 따라서 설치할 때부터 경로를 직접 재설정하여 공백을 없애 주어야 한다.

기본 경로 'C:₩Program Files₩R₩R-3.6.0'은 Program Files에 공백이 들어가 있기 때문에 'C:₩R₩R-3.6.0'으로 경로를 바꾸어 준다.

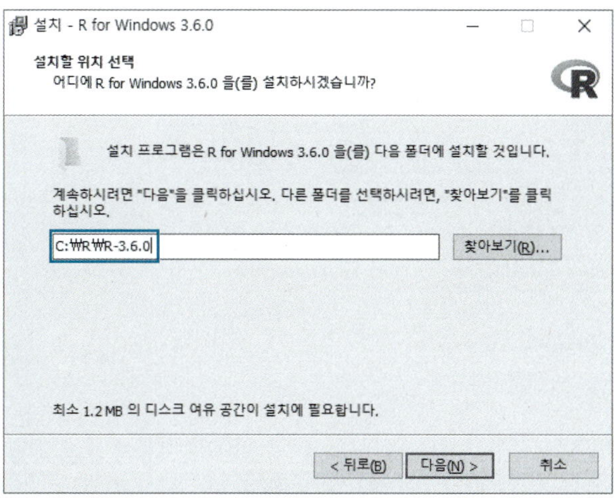


[그림 13.8] 경로 변경

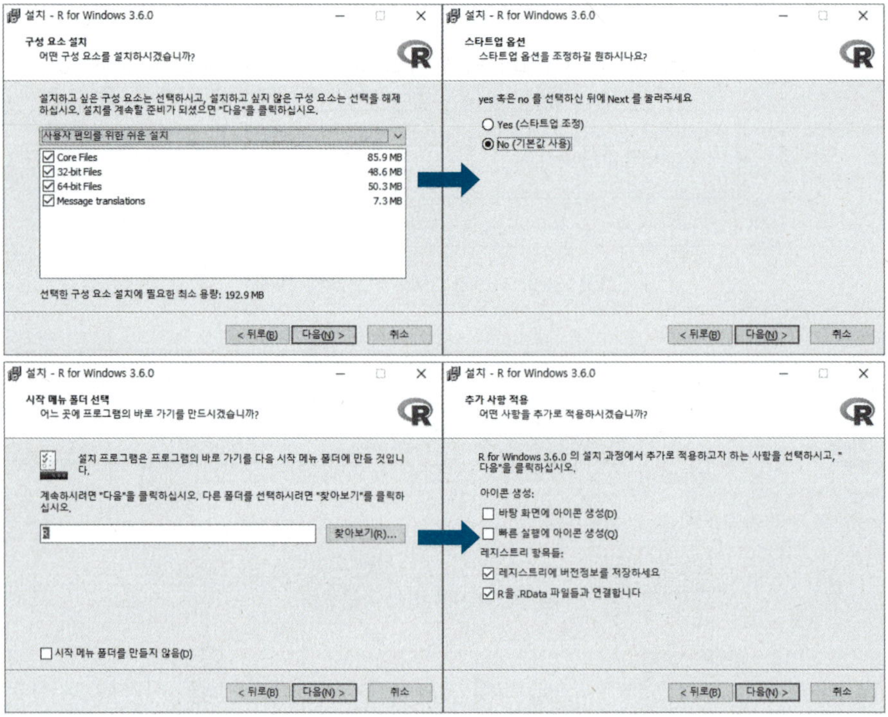


[그림 13.9] 기본 설치 과정 진행

설치가 완료되면 R 프로그램을 실행하여 작동을 확인한다. print("Hello World!")를 입력하여 정상적으로 출력되는지 확인한다.

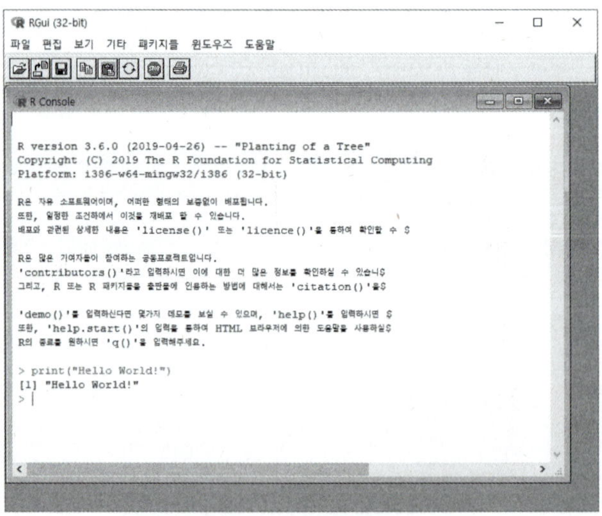


[그림 13.10] 프로그램 정상 출력 확인

(4) **환경변수**: 프로그램은 정상적으로 설치되었지만, 추가적으로 환경변수를 설정해야 한다. 환경변수 설정이란, 컴퓨터의 어떤 경로에서라도 해당 프로그래밍 언어를 실행할 수 있도록 하는 설정을 의미한다. (즉, 해당 폴더가 아니더라도 실행할 수 있도록 하기 위함이다.) 어떤 프로그래밍 언어를 사용하든 환경변수를 설정해 주는 것이 바람직하다. R 언어를 사용할 때에도 환경변수 설정을 해주어야 한다.
먼저 환경변수 설정이 되어 있는지 확인해야 하는데 window 키+R을 누르거나, 윈도우 검색 창에서 'cmd'를 검색한 후 실행한다.

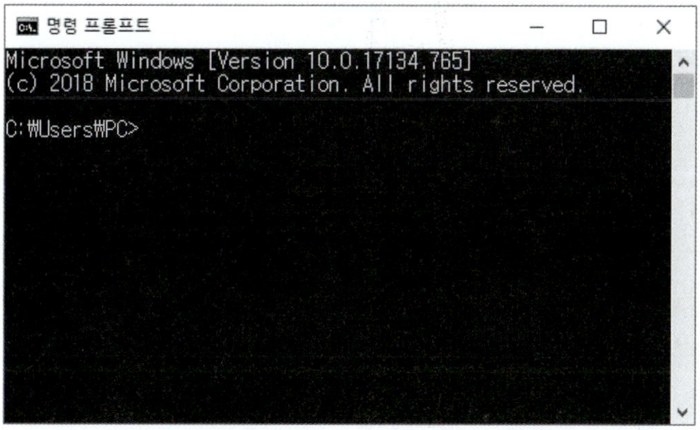


**[그림 13.11]** cmd 화면

cmd 창에 R을 입력하여 실행이 되는지 확인한다. 환경변수가 설정되어 있지 않다면, 다음 그림과 같이 실행되지 않는 것을 확인할 수 있다. 이러한 경우에, 환경변수 설정을 진행해야 한다.

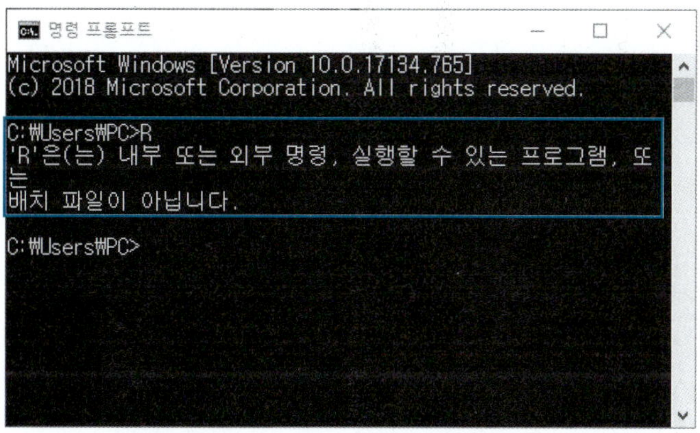


**[그림 13.12]** 설정되지 않은 R의 환경변수

환경변수의 설정을 위해서는 제어판에서 '시스템 및 보안'을 클릭 후, '시스템'을 클릭한다. 창의 왼쪽 '고급 시스템 설정'을 클릭한 후, 시스템 속성 고급 화면에서 맨 아래의 '환경변수'를 클릭한다. 변수 'Path'를 누른 후 다음의 편집을 클릭한다.

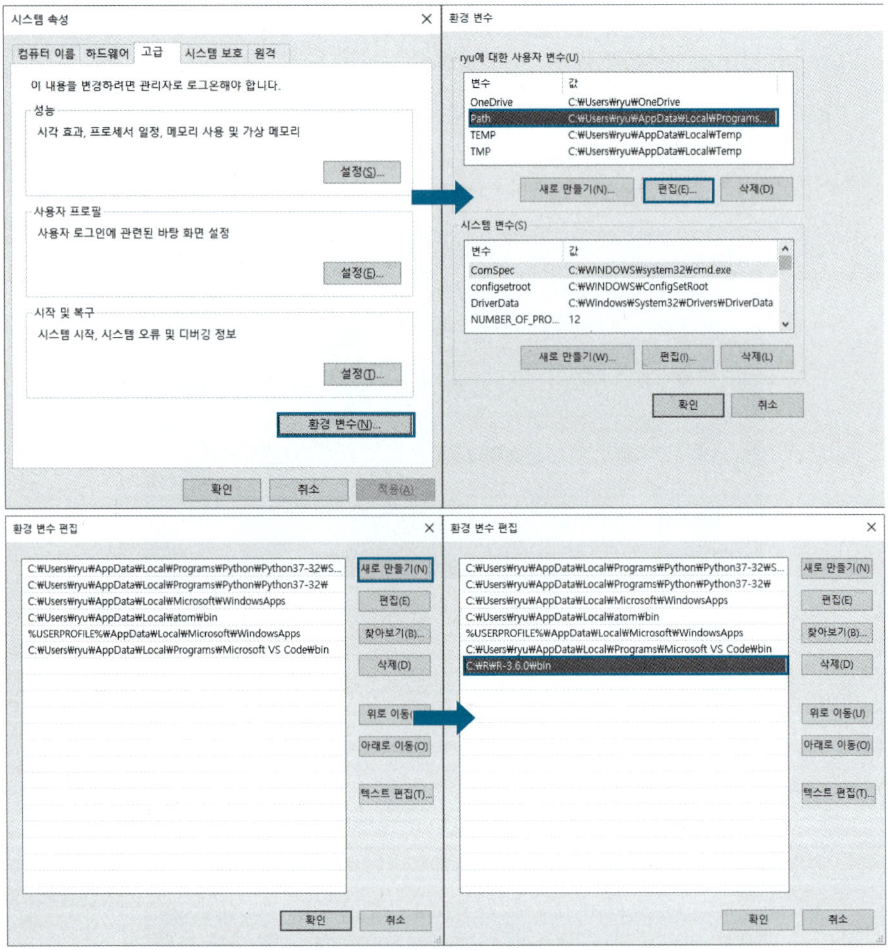


[그림 13.13] Path 설정 방법

환경변수 편집창에서 '새로 만들기'를 클릭한 후, R을 설치한 경로에 만들어진 bin 폴더를 입력하고 확인을 누른다. 위에 설정 방법의 bin 주소는 예시이면 자신이 설치한 R 버전에 맞게끔 설정한다(예: 3.7.0인 경우 C:₩R₩R-3.7.0₩bin).

환경변수 설정이 완료되었다면 다시 cmd 창을 새로 켠 다음 제대로 설정이 되었는지 확인해 본다. 다음에서 소개할 R-Studio도 같은 방법으로 환경변수 설정을 해준다.

## 1.2 R-Studio 소프트웨어

(1) **소개:** R 언어를 이용한 코딩, 디버깅 등 여러 작업을 쉽게 하도록 도와주는 통합개발환경이다. 프로그래밍 언어 콜드퓨전의 개발자 JJ Allaire가 만들었다. R을 위한 자유-오픈 소스 통합 개발 환경이며, 그냥 사용할 수도 있지만, R-studio를 이용하면 훨씬 간편하게 작업을 진행할 수 있다.

(2) **설치:** 설치 주소는 다음과 같다. https://posit.co/download/rstudio-desktop/
접속해서 오른쪽에 있는 Download RStudio DeskTop FOR WINDOWS 파란 박스를 클릭한다. 운영체제가 윈도우가 아니라면 아래로 내려가 자신의 OS에 맞는 버전으로 다운로드한다.

| OS | Download | Size | SHA-256 |
|---|---|---|---|
| Windows 10/11 | RSTUDIO-2024.04.2-764.EXE | 262.79 MB | 09E1E38A |
| macOS 12+ | RSTUDIO-2024.04.2-764.DMG | 664.40 MB | D0DDD395 |
| Ubuntu 20/Debian 11 | RSTUDIO-2024.04.2-764-AMD64.DEB | 194.73 MB | 87B20155 |
| Ubuntu 22/Debian 12 | RSTUDIO-2024.04.2-764-AMD64.DEB | 196.64 MB | 1D0BD2F5 |
| OpenSUSE 15 | RSTUDIO-2024.04.2-764-X86_64.RPM | 196.89 MB | CC0E1D88 |
| Fedora 34/Red Hat 8 | RSTUDIO-2024.04.2-764-X86_64.RPM | 219.85 MB | DC097731 |
| Fedora 36/Red Hat 9 | RSTUDIO-2024.04.2-764-X86_64.RPM | 210.75 MB | 38140ED7 |

[그림 13.14] 자신의 OS에 맞는 R-Studio 다운로드

R-Studio도 마찬가지로 설치 경로를 C:₩Rstudio로 직접 재설정해주는 것이 좋다.

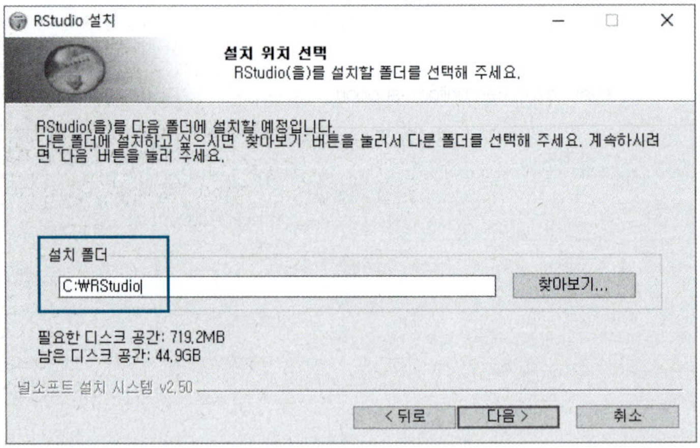


**[그림 13.15]** R-Studio 설치 경로 재설정

(3) **사용 방법**: 먼저 R-Studio를 실행하면 인터페이스 창이 뜬다.

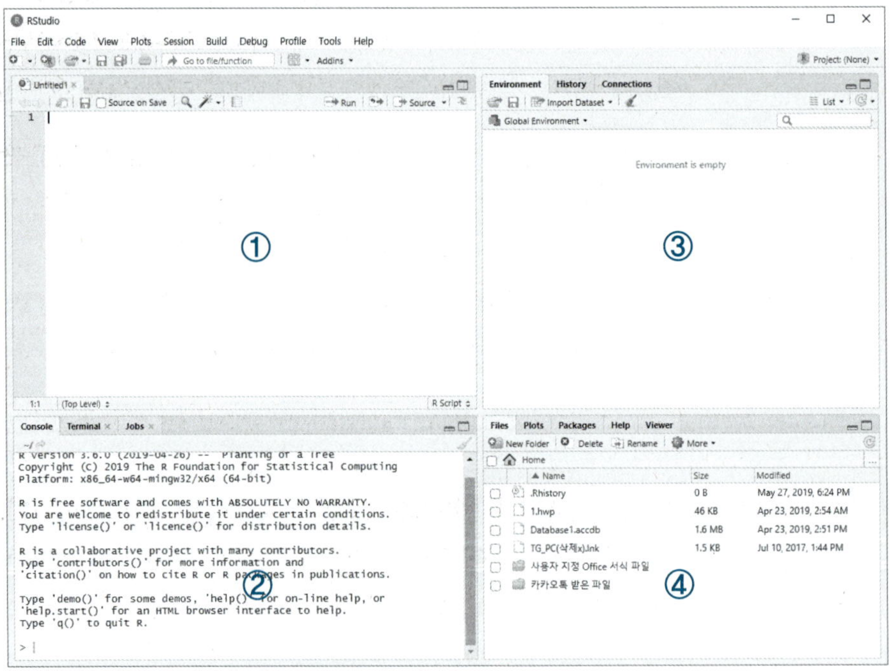


**[그림 13.16]** R-Studio 인터페이스

① 스크립트 창: 코드를 작성하고 편집하는 '작업공간'

② R console 창: 실행결과를 확인하는 '콘솔공간'

③ Environment, History 등: 작업영역과 이력을 확인하는 '환경공간'

④ Files, Plots, Packages, Help 등 부가적인 기능을 확인하는 '기타공간'

R-studio는 Tools → Global Options에서 Pane Layout 메뉴에서 인터페이스 위치를 바꿀 수 있다.

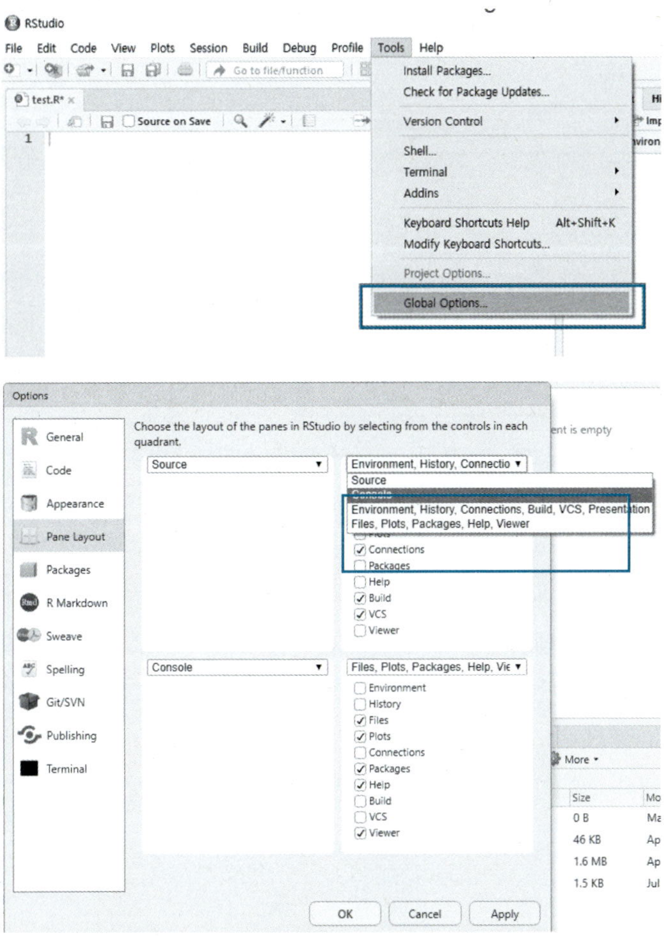


[그림 13.17] R-Studio 환경공간과 콘솔공간 위치 바꾸기

Environment를 누르고 Console을 클릭한다. 아래에 Apply를 누르고 ok를 누르면 적용된 인터페이스 창으로 변경된다.

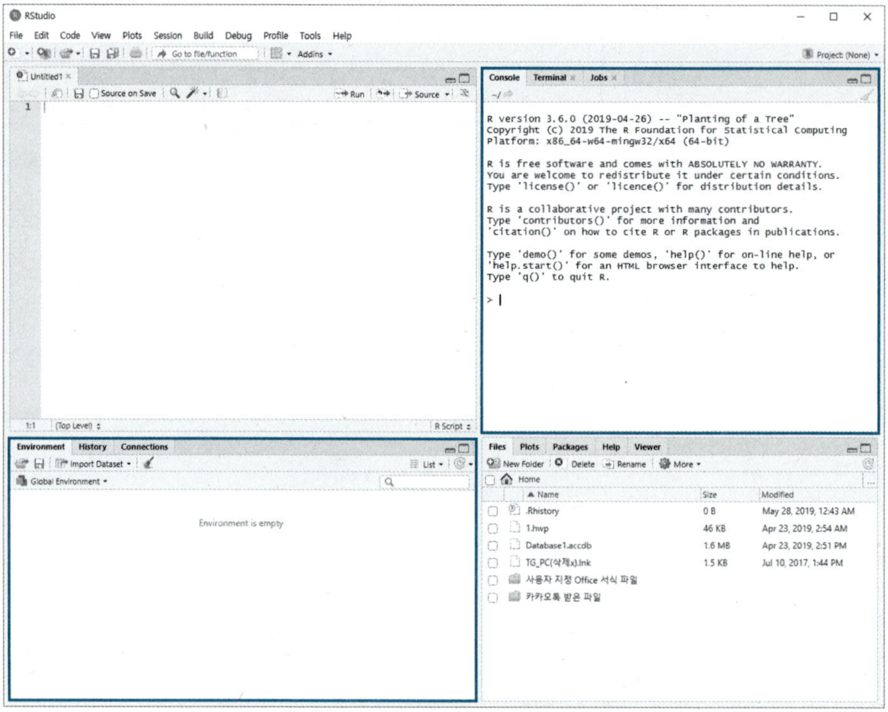


**[그림 13.18]** R-Studio로 변경된 인터페이스 공간

작업경로(working directory)란 R-studio에서 데이터를 불러오거나 다시 저장하는 작업을 수행할 때, 데이터 위치 폴더 또는 저장시킬 폴더를 의미한다. 작업경로가 아닌 곳에서도 데이터를 불러올 수 있지만, 기본적으로 작업경로를 통해서 불러오는 것이 안정적이다. 현재 작업경로는 getwd() 코드로 확인할 수 있다(getwd는 get working directory를 의미). 스크립트 실행 방법은 Run 버튼을 누르면 되고, 한 줄씩 실행하여 확인하고 싶을 경우에는 Ctrl+Enter 키를 누르면 된다.

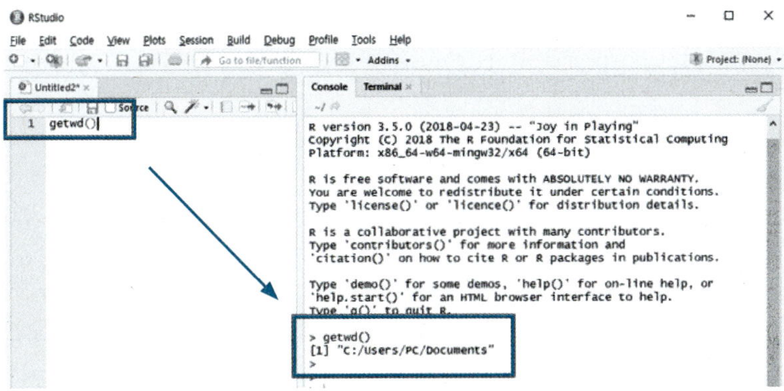


[그림 13.19] 작업경로 확인

작업경로를 설정하는 데는 2가지 방법이 있다. 첫 번째는 Tool을 이용하여 설정하는 것인데 'session' 메뉴에서 'Set Working Directory' → 'Choose Directory'를 클릭한다. 자기가 원하는 경로(폴더)를 선택하면 작업경로 설정이 완료된다.

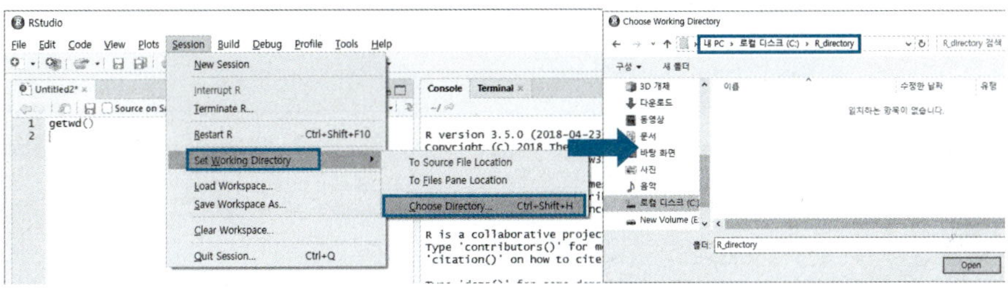


[그림 13.20] Tool을 활용한 작업경로 변경

다른 방법으로는 스크립트 창에 코드를 작성하여 설정하는 것인데, 스크립트 창에 setwd("자신이 지정한 경로")를 작성하여 실행한다. R 언어에서는 경로를 입력할 때, ₩ 표시를 ₩₩로 표시해야 한다(예: setwd("C: ₩₩ R_directory")).

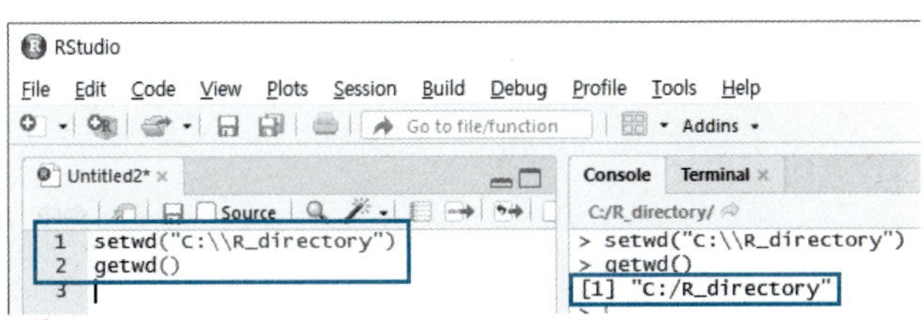


[그림 13.21] 스크립트 창을 활용한 작업경로 변경

R 언어는 수많은 패키지들로 구성되어 있다. 실제로 R을 사용하고 있는 많은 통계학자와 개발자들이 R에서 사용할 수 있는 통계 및 분석 패키지를 직접 만들어 배포하고 있다. 이러한 다양한 패키지를 사용하기 위해서는 자신이 원하는 기능을 담고 있는 패키지를 찾고, 해당 패키지를 직접 다운로드를 받는 과정이 필요하다. 이것은 스마트폰을 사용할 때 원하는 어플리케이션을 다운로드 받는 것과 유사하다고 볼 수 있다.

R 언어에서 패키지를 사용하기 위해서는 (1) 패키지 설치, (2) 패키지 로딩 이렇게 두 가지 단계를 거쳐야 한다.

### (1) 패키지 설치 방법

① Google 검색 등을 통해 설치하고자 하는 패키지를 찾는다. (여기서는 "knitr" 패키지를 예로 들어 설치하는 과정을 설명)

② R-studio의 기타 공간에서 Packages → install 버튼을 클릭한다.

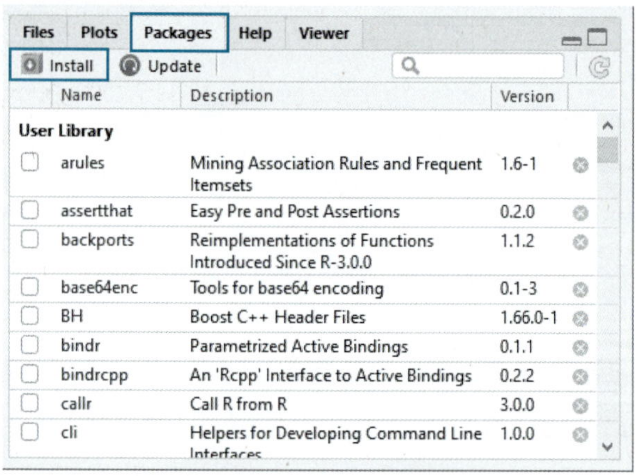


[그림 13.22] 패키지 설치 방법 ②

③ 'Packages'에 설치하고자 하는 패키지명을 입력하고 install을 클릭한다.

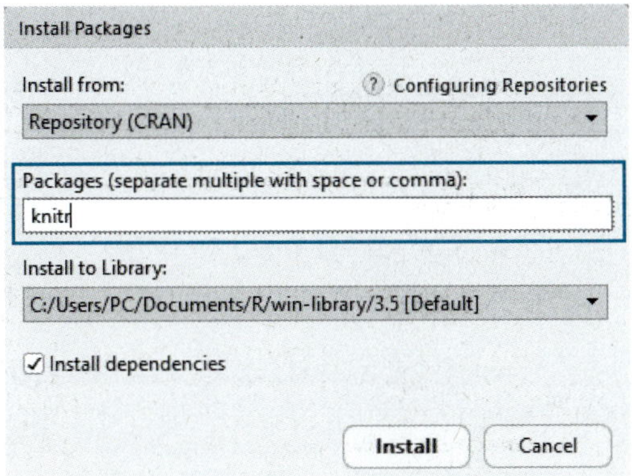


[그림 13.23] 패키지 설치 방법 ③

④ Console 창에서 설치가 완료된 것 또는 오류가 발생한 것을 확인할 수 있다.

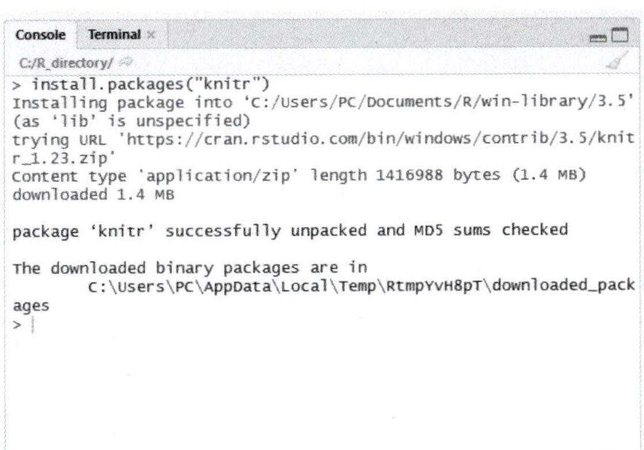


[그림 13.24] 패키지 설치 결과 ④

위의 방식과 다르게 패키지는 스크립트 창에 install.packages("패키지명")을 작성하여도 설치가 가능하다.

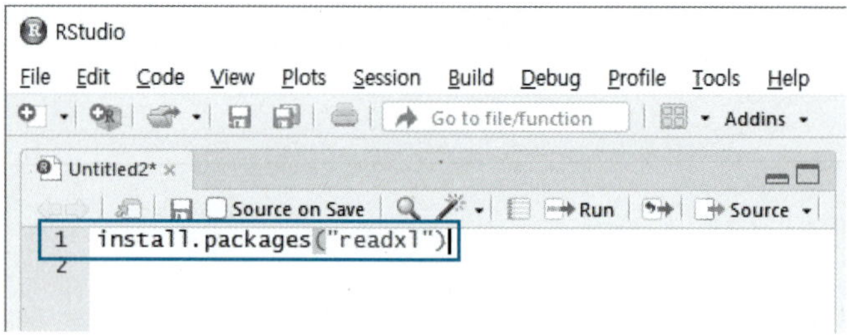


[그림 13.25] 코드를 활용한 패키지 설치

패키지 설치는 최초 1회만 설치를 완료하면 이후에는 설치 과정 없이 이용할 수 있다. 설치한 패키지를 실제로 사용하기 위해서는 패키지를 불러오는 작업이 필요하다. R에서 패키지를 불러오기 위해서는 스크립트 창에 library( ) 코드를 작성해야 한다(예: library("이용하고자 하는 패키지명")).

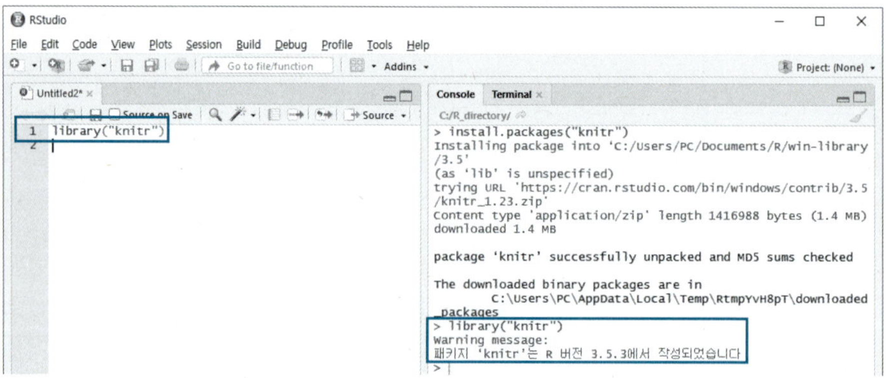


[그림 13.26] 패키지 로딩

외부 데이터를 불러오는 작업은 실제로 R 언어를 활용하여 데이터를 분석할 때 가장 먼저 해야 하는 단계이며, 필수적으로 알아야 하는 기능이다. R 언어에서는 텍스트 파일(txt), 엑셀 파일(csv, xlsx 등)을 불러와서 사용할 수 있다. (참고로 데이터 파일을 R 언어로 불러오기 위해서는 작업경로를 설정하는 것이 좋다.) 여기서는 엑셀 파일(csv, xlsx 등)을 불러오는 방법만 설명한다.

CSV 파일을 불러오기 위해서는 스크립트 창에서 read.csv 함수를 작성해야 한다.

```
read.csv(file = "파일 이름.csv", header = TRUE)
```

- 인자
  - file: 파일명을 작성한다. 뒤에 확장자(.csv)를 붙여주어야 한다.
  - header: 파일 첫 줄에 변수명이 있으면 TRUE, 없다면 FALSE를 입력한다.

여기서는 예제로 Actors.csv 파일을 가지고 R 언어에 읽어오고자 한다.

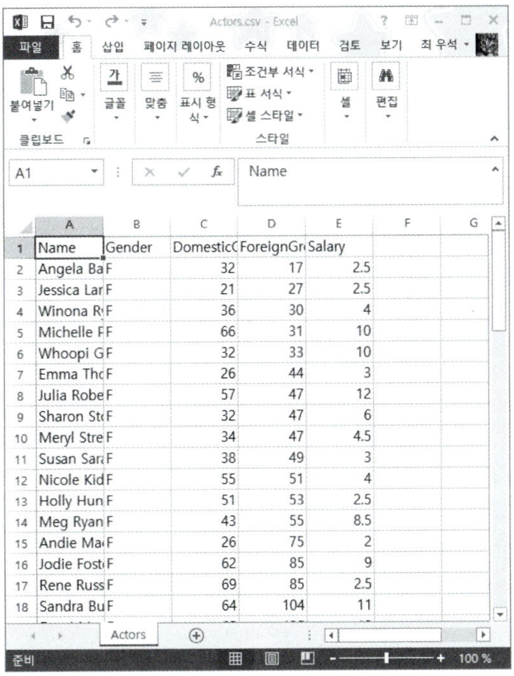


[그림 13.27] Actors.csv 파일

Actor.csv 파일을 작업경로 폴더에 옮긴다. 그 다음, 스크립트 창에 dataset <- read.csv(file = "Actors.csv", header = TRUE)를 작성하고 실행한다. 'Dataset' 이름은 자신이 설정해준다(A, X 등 다른 이름으로 바꿔도 된다).

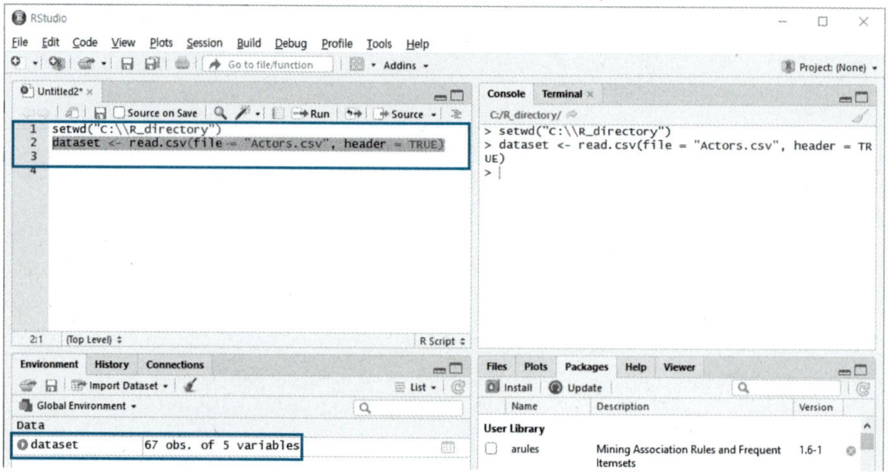


[그림 13.28] csv 파일 불러오기

스크립트를 실행하면 환경공간에 dataset이 새롭게 추가되는 것을 알 수 있다. 불러온 데이터를 확인할 때는 print(dataset)을 실행한다.

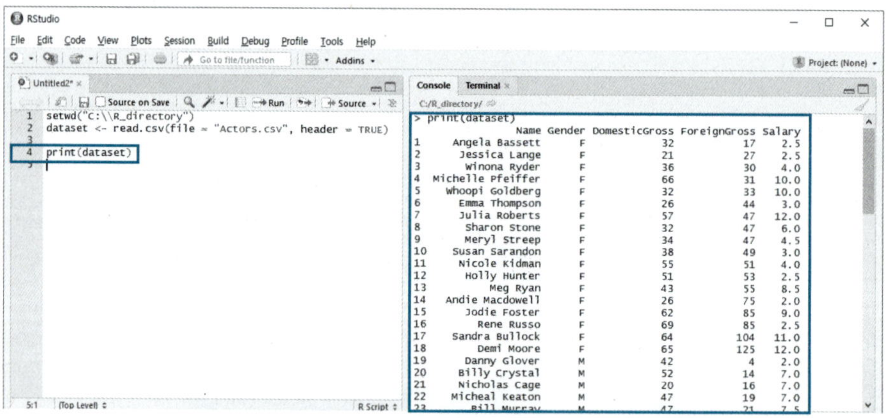


[그림 13.29] csv 파일 확인하기

csv 파일 외에도 xls 파일을 불러올 수 있다. 사실, R의 기본 기능에서는 xls 파일을 읽어오는 기능이 없다. 따라서 엑셀을 읽어오는 기능을 하는 패키지를 설치하여야 한다. 엑셀을 읽어오는 패키지로 'readxl'와 'Rcpp'가 있다. 따라서 다음의 패키지를 설치하여 불러온다.

```
Install.packages("readxl")
Install.packages("Rcpp")
library("readxl")
library("Rcpp")
```

xls 파일을 불러오기 위해서는 스크립트 창에서 read_excel 함수를 작성한다.

```
read_excel(path ="파일 이름", col_names = TRUE)
```

- 인자
  - path= 파일명을 작성한다. 확장자(.xls)를 붙여주어야 한다.
  - col_names= 파일 첫 줄이 변수명이면 TRUE, 없다면 FALSE를 입력한다.

Readxl을 설치 및 불러오지 않으면 실행되지 않는다. 실행되지 않는다면 제대로 설치되어 있는지 확인해 본다.

이번에도 앞선 예제와 동일하지만 형태만 다른 Actors.xls 파일을 가지고 R 언어에서 읽어오고자 한다.

Actor.xlsx 파일을 작업경로 폴더에 옮긴다. 그 다음, 스크립트 창에 다음을 작성하고 실행한다. dataset2 〈- read_excel(path =”Actors.xls”, col_names = TRUE);

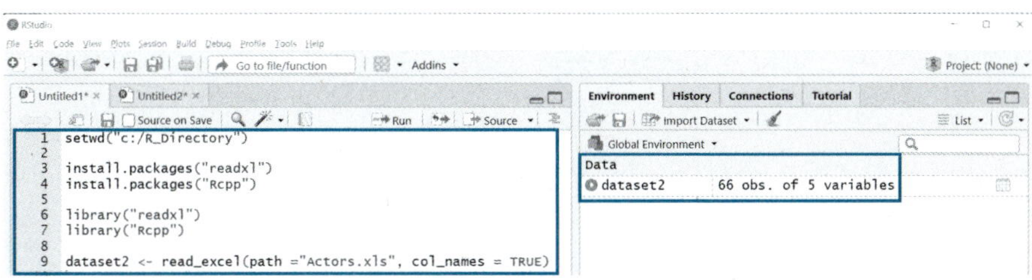


[그림 13.30] xls 파일 불러오기

마지막으로 R에서 작업한 데이터를 다시 엑셀 파일(csv)로 저장하기 위해서는 스크립트 창에 write.csv() 함수를 사용하여야 한다. 참고로 저장한 파일은 작업경로 폴더에 저장된다.

```
write.csv(변수명, file="저장할 파일 이름.csv", row.names =FLASE)
```

- 인자
  - 변수명: 엑셀 파일로 저장하기 위한 변수(데이터)를 입력한다.
  - file: 저장하기 위한 파일 이름을 입력한다. 확장자(.csv)도 붙여야 한다.
  - row.names: TRUE로 설정하면 데이터의 index도 하나의 column에 들어간다.

처음 dataset으로 불러온 Actor.csv 파일을 다시 저장해 보자. 스크립트 창에 write.csv(dataset2, "save.csv", row.names=FALSE)를 작성 후 실행한다. 실행을 완료했으면, 작업경로 폴더를 확인하여 저장된 것을 확인한다.

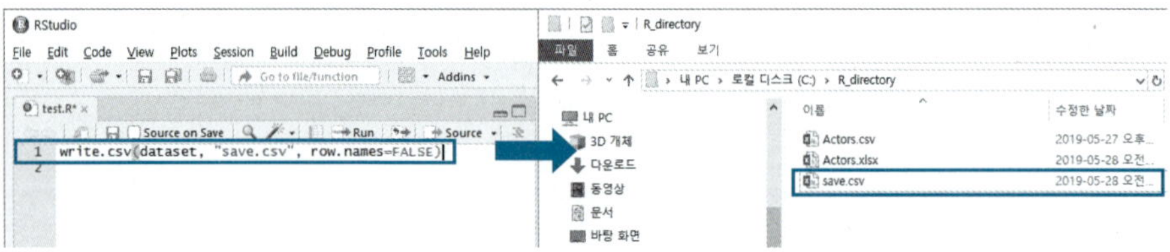


[그림 13.31] 데이터 파일 저장하기

작성한 스크립트(코드)는 기본적으로 작업경로 폴더에 저장된다. 다른 장소에 저장해도 상관없으나, 작성한 스크립트를 체계적으로 보관하기 위해서는 작업경로 폴더 또는 작업경로 폴더의 하위 폴더를 만들어서 저장하는 것이 바람직하다.

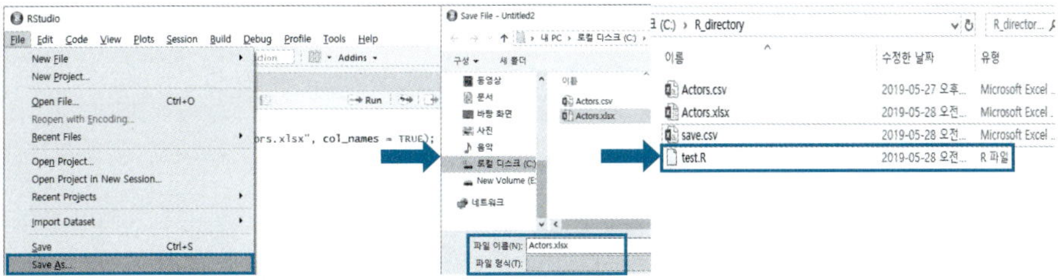

[그림 13.32] 스크립트 파일 저장하기

데이터의 처리와 이해를 직접 파일로 작업해 보면서 R(R-Studio) 코드 사용 방법을 마무리하자. 다음의 코드를 콘솔에 직접 입력하며, 내장된 데이터 예제를 사용한다.

* R Studio Console에서 직접 입력한다. 내장된(Built-In) 데이터 예제이다.

```
data("airquality") # airquality 데이터셋 불러오기
head(airquality) # airquality 데이터셋 살펴보기, 위에서부터 5개
tail(airquality) # 아래에서부터 5개

edit(airquality) # 데이터셋을 Editor로 읽어 편집할 수 있는 기본 방법
setwd("C:\R_Directory")
write.csv(airquality, "airquality.csv") # 데이터셋을 CSV로 쓰기; 사전 작업
# -> 파일 확인
```

* 메뉴 File 〉 Import Dataset 〉 From CSV에서 불러온다.

```
aqm <- read.csv("airquality.csv") # 파일을 읽어서 데이터셋으로 전달; 확인
```

* R Studio Console에서 직접 입력한다.

```
str(aqm) # 앞에서 배운 데이터 구조 확인
# -> 데이터셋의 행/렬 수, 각 변수의 타입을 확인할 수 있다.
```

```
> str(aqm)
'data.frame':   153 obs. of  7 variables:
 $ X      : int  1 2 3 4 5 6 7 8 9 10 ...
 $ Ozone  : int  41 36 12 18 NA 28 23 19 8 NA ...
 $ Solar.R: int  190 118 149 313 NA NA 299 99 19 194 ...
 $ Wind   : num  7.4 8 12.6 11.5 14.3 14.9 8.6 13.8 20.1 8.6 ...
 $ Temp   : int  67 72 74 62 56 66 65 59 61 69 ...
 $ Month  : int  5 5 5 5 5 5 5 5 5 5 ...
 $ Day    : int  1 2 3 4 5 6 7 8 9 10 ...
```

```
summary(aqm) # 데이터의 정보(Information) 확인
# -> 각 변수의 4분위수 및 최대/최소값 확인
```

```
> summary(aqm)
       X             Ozone           Solar.R           Wind             Temp
 Min.   :  1   Min.   :  1.00   Min.   :  7.0   Min.   : 1.700   Min.   :56.00
 1st Qu.: 39   1st Qu.: 18.00   1st Qu.:115.8   1st Qu.: 7.400   1st Qu.:72.00
 Median : 77   Median : 31.50   Median :205.0   Median : 9.700   Median :79.00
 Mean   : 77   Mean   : 42.13   Mean   :185.9   Mean   : 9.958   Mean   :77.88
 3rd Qu.:115   3rd Qu.: 63.25   3rd Qu.:258.8   3rd Qu.:11.500   3rd Qu.:85.00
 Max.   :153   Max.   :168.00   Max.   :334.0   Max.   :20.700   Max.   :97.00
               NA's   :37       NA's   :7
```

* R Studio Console에서 직접 입력한다. 이상 데이터의 처리(결측)

```
View(aqm) # 불러들인 데이터 전체를 R에서 확인할 수도 있음
```

| | X | Ozone | Solar.R | Wind | Temp | Month | Day |
|---|---|---|---|---|---|---|---|
| 1 | 1 | 41 | 190 | 7.4 | 67 | 5 | 1 |
| 2 | 2 | 36 | 118 | 8.0 | 72 | 5 | 2 |
| 3 | 3 | 12 | 149 | 12.6 | 74 | 5 | 3 |
| 4 | 4 | 18 | 313 | 11.5 | 62 | 5 | 4 |
| 5 | 5 | NA | NA | 14.3 | 56 | 5 | 5 |
| 6 | 6 | 28 | NA | 14.9 | 66 | 5 | 6 |
| 7 | 7 | 23 | 299 | 8.6 | 65 | 5 | 7 |
| 8 | 8 | 19 | 99 | 13.8 | 59 | 5 | 8 |
| 9 | 9 | 8 | 19 | 20.1 | 61 | 5 | 9 |
| 10 | 10 | NA | 194 | 8.6 | 69 | 5 | 10 |

```
head(aqm) # 데이터의 시작 부분 중에서 일부를 보여줄 수 있음 -> 1~6행
tail(aqm) # 데이터의 끝 부분 중에서 일부를 보여줄 수 있음 -> 끝에서 6개 행
```

* R에서 mean() 함수를 통해 평균을 구할 수 있다.
* 다만, 데이터에 빈 값이 있으면 na.rm을 T(true)로 설정하여야 한다.
* R Studio Console에서 요약치를 구한다.

```
mean(aqm$Ozone) # 데이터셋 안에 NA가 존재하기 때문에 실행되지 않는다.
mean(aqm$Ozone, na.rm = T) # na.rm=T로 설정해서 NA 해당 데이터는 제외하고 평균 계산
```

* R에서 분산과 표준편차는 각각 var() 함수와 sd() 함수를 통해 구할 수 있다.
* 다만, 데이터에 빈 값이 있으면 na.rm를 T(true)로 설정하여야 한다.

**R Studio Console에서 요약치 구하기 2**

```
var(aqm$Ozone, na.rm = T) # 분산
sd(aqm$Ozone, na.rm = T) # 표준편차(Standard Deviation)
```

## 2. COLAB 소프트웨어

구글에서 무료로 제공하는 딥러닝 환경으로 무료 GPU를 적용할 수 있는 개발 환경이다. 대부분의 라이브러리는 자동으로 설치되어 있으므로 따로 설치과정이 불필요하다. Google Drive와 Jupyter Notebook(.ipynb)을 사용하기에 따로 설치하는 과정이 없고, 클라우드 상에서 동작한다. 인터넷 브라우저로 실행하기에 사용이 간단하고, 다른 사람과의 코드 공유, 공동 개발도 쉽다. 코드는 ipynb 파일, 학습에 사용하는 데이터도 구글 드라이브에 올려놓으면 된다.

(1) **사용 방법**: https://colab.google/ 링크에 접속하여 구글 계정 또는 회원 가입 후 'NEW NoteBook'을 클릭하여 새 노트를 생성한다. 기존에 작성 중인 노트를 열고 싶다면 'Open Colab'을 클릭한다.

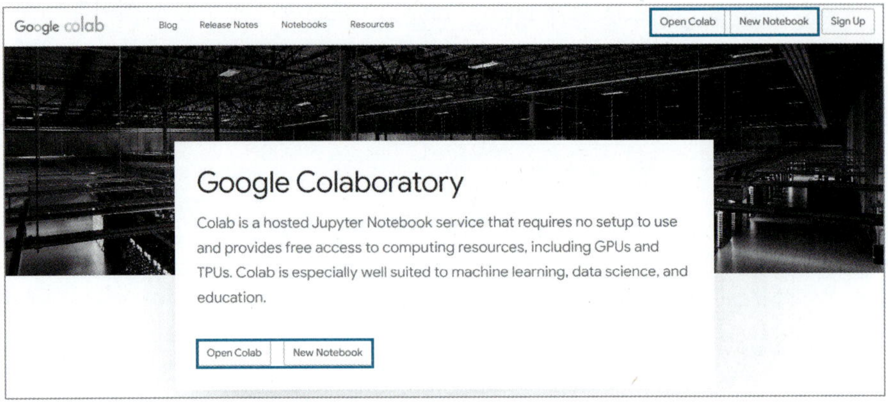


[그림 13.33] COLAB 첫 화면

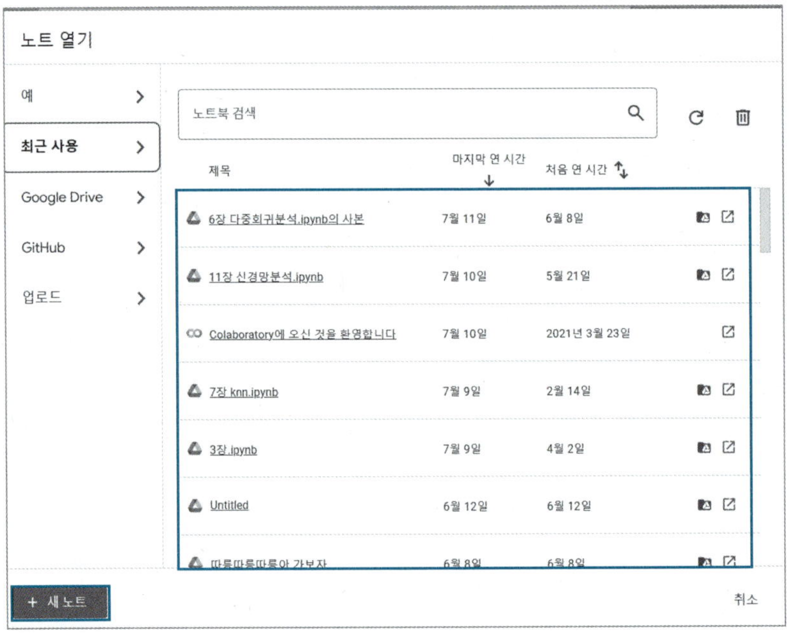


[그림 13.34] Open Colab 화면

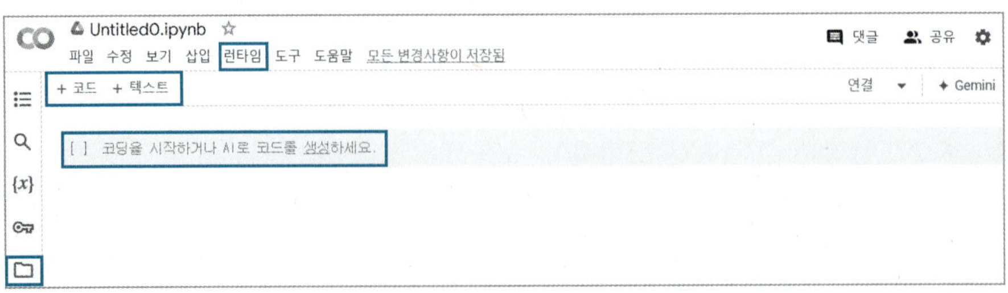


[그림 13.35] New Notebook 화면

노트북 인터페이스를 알아보면 먼저 회색 박스로 이루어진 부분을 셀이라고 부른다. 셀에는 코드 셀과 텍스트 셀이 있다. 코드 셀에 Python 코드를 작성하고 실행할 수 있으며, 텍스트 셀에는 마크다운 형식으로 설명이나 문서를 작성할 수 있다. 추가적으로 코드나 텍스트 셀을 추가할 때는 위의 +코드, +텍스트 부분을 클릭한다.

* 런타임은 유형(예: Python 3, GPU, TPU 등)을 선택할 수 있다. 런타임에 런타임 유형 변경을 클릭 후, GPU 또는 TPU를 선택한다.

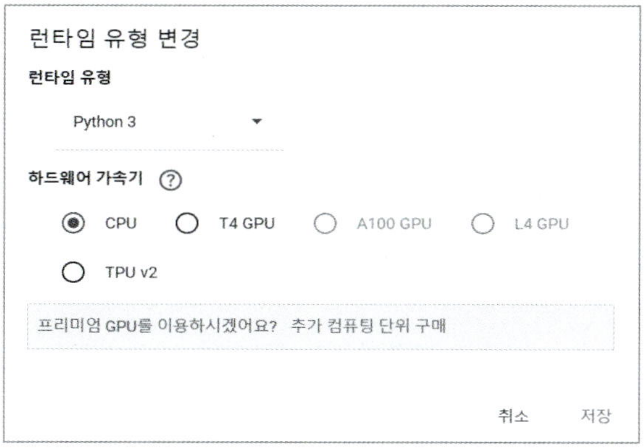


[그림 13.36] 런타임 유형 변경

* 데이터 파일을 업로드하여 코드를 진행할 때는 인터페이스 왼쪽 아래의 파일 네모 박스를 클릭한다. 클릭 후 나타나는 빈 공간에 기존 파일을 끌어다 넣는다. 데이터 로드 시 파일의 경로는 해당 파일을 우클릭한 후 경로 복사를 진행하거나, "./파일명.파일 형태"로 직접 경로를 써서 로드한다.

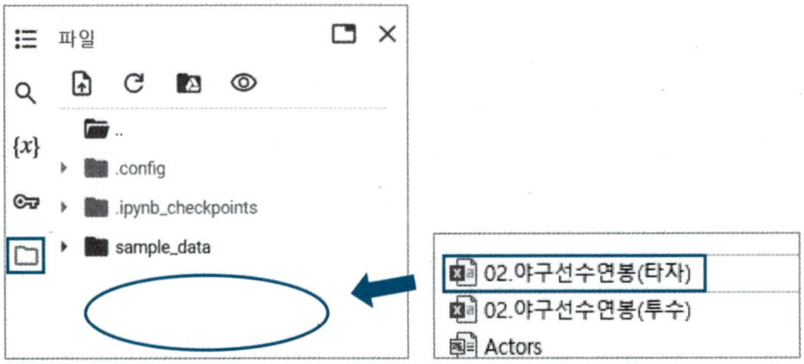


**[그림 13.37]** 파일 업로드 방법

* 코드를 실행할 때는 코드 박스 왼쪽의 삼각형 실행 버튼을 클릭하거나 Shift+Enter 키를 누른다. 코드에 문제가 없다면 코드 박스 옆 녹색 체크 표시가 뜬다. 실행 결과는 바로 아래에 나온다.

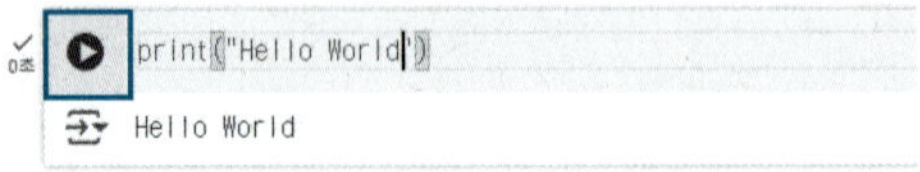


**[그림 13.38]** 코드 실행

* Colab에는 많은 기본 라이브러리가 이미 설치되어 있지만, 추가 라이브러리가 필요한 경우 pip 명령을 사용하여 설치할 수 있다.

```
!pip install 라이브러리명
```

# 찾·아·보·기

## ㅅ



## ㅇ



## ㅈ